탐정활동의 이론과 실무

DETECTIVE ACTIVITY THEORY AND PRACTICE

 김형중 · 김동일 공저

박영사

2020년 8월 「신용정보보호법」 제40조 금지조항의 일부가 개정되고 난 후 신용정보회사(종사자 포함)를 제외하고 누구나 '탐정'이란 용어와 상호 명칭을 사용할 수 있게 되었으나, 이와 같은 해석이 법률적으로 공인화된 법적 자격을 의미하는 것은 아니다.

즉, 현행법상 탐정이 되기 위한 요건을 규정한 법적 규정 자체가 없기 때문에, 국내의 탐정 자격은 대부분 일정한 요건하에서 자격을 발급받아 활동하는 민간자격증에 불과할 뿐이다. 따라서 탐정이나 탐정업자는 민간자격증에 의해서 활동하는 지위에 있을뿐, 국가에서 공식적으로 인정한 공인탐정은 아니다.

탐정제도는 크게 대륙법계와 영미법계로 나누어 논하는 것이 일반적이지만, 탐정제도가 국가의 공권력의 한계와 이를 보완할 수 있는 다양한 방법 중의 하나로 사회적 필요성에 의해 탄생되었다는 측면에서는 공통점을 갖는다. 다만, 대륙법계에서는 국가의 공권력 한계에 따른 자구책으로, 반면 영미법계에서는 자경치안사상을 바탕으로 자신들의 생명·신체·재산의 안전과 보호를 위하여 민간경비의 한 분야로서 자생적으로 출발하였다는 점에서 큰 차이를 보이고 있다.

한편, 우리나라의 경우는 일제강점기와 해방정국의 혼란한 상황, 그리고 제3공화국을 거치면서 채권추심을 목적으로 한 불법적인 영역에서 일종의 탐정업이 태동하게 되었다. 이러한 이유 등으로 탐정에 대한 국민들의 인식은 불법행위를 자행하고 인권과 사생활을 침해하는 직업군으로 각인되게 되었고, 이 또한 탐정이 공인화되는 과정에서 하나의 걸림돌로 작용하는 것만은 틀림이 없는 사실이다.

본서(本書)에서는 탐정의 직업화를 위한 이론과 실무를 국민들의 눈높이에 맞춤으로서 그동안의 부정적 이미지를 쇄신하고, '탐정＝공공재'라는 탐정 인식의 시대적 변화와 공감대를 이끌어 내고자 하는 의도에서 학문적, 실무적 시도를 하였다.

학문적으로 탐정학은 아직까지 그 역사가 짧고 학문공동체가 합의하고 공유하는 상위이론체계로서의 패러다임(Paradigm)이 결여되어 있기 때문에, 정상과학으로서 학문성을 확보하고 있다고 보기는 어렵다. 즉, 탐정학의 위치는 정상과학으로서의 학문성을 위한 이론개발단계에 있고, 걸음마 단계수준이라고 볼 수 있다. 뿐만 아니라 탐정학은 사실학과 규범학이 혼재되어 있는 성격을 가진 종합과학이므로, 학제 간 연구를 통하여 탐정학의 정체성을 확보해야 하는 일 또한 무엇보다 중요하다고 하겠다.

그럼에도 불구하고 현실적으로는 탐정학의 편제나 내용 등에 대한 정설적인 견해가 없기 때문에 각기 필자들의 생각에 의해 편제나 내용 등이 전개될 수밖에 없는 한계점을 가지게 된다. 따라서 이러한 한계점으로 인하여 탐정관련 모법이 제정된다면 탐정학의 체계나 내용이 획기적으로 변화가 일어날 수밖에 없게 된다는 것은 자명한 사실이다. 하지만 이러한 위험요소를 무릅쓰고 탐정관련 전반에 대한 목차들을 균형있게 논하려고 시도하였고, 이런 맥락에서 처음으로 탐정철학과 탐정역사의 장(場)을 마련하여 기본틀로 자리매김하였다.

실무적으로는 공통적인 사안을 제외하고는 공조직에 의한 경찰의 수사 메커니즘을 되도록 탈피하려고 노력하였고, 「신용정보법」에 의한 채권추심업무는 탐정업무와 관련성이 적기 때문에 본서(本書)에서 완전히 배제하였다.

특히 본서(本書)에서는 탐정의 자질향상과 직업윤리, 탐정을 양성하기 위한 교육과정의 강화, 탐정업무관련 개별법 정리, 탐정의 현장 조사활동, 신규 출현 탐정업무 영역, 탐정업 창업실무(인사·노무·의뢰건의 접수 및 상담기법·수임료의 책정방법·계약 체결시 유의점), 보고서작성 및 업무종결 방법에 대한 부분등을 기존의 서적과는 달리 구체적으로 심도있게 논의하였다.

끝으로 저자와 함께 이 책이 나오기까지 전 과정에 동참하여 수정·보완과 창업부분을 기술해 주신 김동일 박사에게 감사의 마음을 전하며, 향후 본서의 진일보한 발전을 위해 앞으로도 지속적으로 애써 주시기를 당부드리면서 …, 아울러 본서(本書) 발간에 물심양면으로 지원을 아끼지 않은 박영사 안상준 대표와 박세기 부장에게도 이 자리를 빌려 고마움의 말씀을 전하고 싶다.

2023년 6월 해송정에서
저자 김 형 중

제1편 탐정학 이론편

제1장 탐정학 개관·· 3
제1절 탐정학의 이론적 기초··· 3
제2절 탐정의 업무 및 수단·· 13

제2장 탐정철학·· 17
제1절 탐정철학의 존재이유·· 17
제2절 외국의 탐정협회와 윤리강령·· 24
제3절 우리나라의 경찰과 변호사 윤리강령··· 49
제4절 우리나라의 탐정윤리강령 제정에 관한 제언································· 60
제5절 탐정의 자질과 인권론·· 62

제3장 탐정역사·· 80
제1절 탐정사(史)의 개관·· 80
제2절 우리나라 탐정의 발달사·· 91
제3절 외국의 탐정제도의 발달사··· 110

제4장 탐정학의 기본법·· 141
제1절 헌법··· 141
제2절 민법··· 142

제3절 형법··· 164

제4절 민사·형사소송법··· 173

제5장 탐정학 관련 개별법·· 189

제1절 총설·· 189

제2절 정보공개 제도(「정보공개법」)··· 190

제3절 개인정보보호제도(「개인정보보호법」)··· 205

제4절 신용정보의 이용 및 보호에 관한 법률(「신용정보보호법」)········· 224

제5절 통신비밀보호법··· 227

제6절 위치정보 보호 및 이용 등에 관한 법률(「위치정보보호법」)········· 234

제7절 정보통신망 이용촉진 및 정보보호 등에 관한 법률
       (「정보통신망법」)··· 237

제8절 부정경쟁방지 및 영업비밀보호에 관한 법률(「부정경쟁방지법」)·· 240

제9절 유실물법··· 241

제10절 주민등록법·· 247

제11절 탐정업과 인접직역의 법률관계·· 249

제2편 탐정학 실무편

제1장 탐정의 조사활동 개관·· 265

제2장 정보수집활동론·· 274

제1절 개설·· 274

제2절 탐정의 정보수집 활동··· 282

제3절 탐정의 정보수집 기법··· 304

제3장 탐문·감시기법·· 314

제1절 탐문조사기법과 인간심리의 이해··· 314

제2절 감시기법(미행·잠복)··· 336

제4장 아동 및 가출인 등 실종자 찾기 기법··· 353

제1절 실종아동 및 가출인 발생원인과 조치·· 353

제2절 실종자의 소재확인 방법론·· 364

제3절 출입국관리사범 및 해외도피사범의 조치 등에 관한 일반론····· 376

제4절 지식재산권 침해방지기법··· 380

제5장 탐정 창업 ··· 397

    제1절 개설··· 397

    제2절 창업실무··· 409

    제3절 탐정의 업무영역··· 418

    제4절 공익신고자 포상제도 등··· 426

    제5절 서식··· 437

참고문헌 455

제1편

탐정학 이론편

제1장 ·‥ 탐정학 개관

제1절 탐정학의 이론적 기초

Ⅰ. 탐정학의 학문적 정체성

탐정학은 학문적 정체성이 있는가? 특정학문의 학문성은 토마스 쿤(Thomas Kuhn)이 말하는 학문적 패러다임(Paradigm) 존재여부에 의해 평가된다. 패러다임(Paradigm)은 학자 공동체가 동의한 하나의 상위이론이며, 일반화된 이론의 위치에 있는 것을 의미한다. 따라서 이 패러다임에 의해서 학자들의 연구가 지배되는 것이다. 탐정학의 학문성 인정여부는 토마스 쿤의 견해에 의해서 그 독자성이 있는지 없는지, 즉 정체성[1]이 있는지 없는지를 따져 보아야 한다. 탐정학은 아직까지 학문 공동체에서 합의하고 공유하는 상위이론이나 모형이 개발된 것이 없을 뿐 아니라, 개념이나 연구방법 등에 대한 학문 공동체의 동의가 거의 전무한 상태에 있는 것이 현실이다. 탐정학은 다양한 사회과학(민법·형법·민형사소송법·행정법 등)이 접목되어 있고, 사실학(범죄학·수사학 등)과 규범학(윤리학 등)이 혼재되어 있는 종합과학이라고 볼 수 있다. 그러나 현재의 탐정학의 실상은 종합적인 학문적 성격으로 오는 혼재성, 인접직역(職域: 특정한 직업의 영역이나 범위)[2]과의 기법상의 유사성과 중첩성, 그리고 탐정학의 영역(폭과 깊이)을 어디까지로 해야 할 것인지 하는 한계성 등 수많은 문제들이 산적되어 있다. 그럼에도 불구하고 이를 규명하거나 체계적으로 정립하려는 학문적 연구결과 등이 미흡하여 현 단계에서는 독자적인 학문성을 거론하는 것 자체가 무리인 것 같다. 이런 측면에서 볼 때 탐정학이 정상과학[3]

---

1) 정체성이란 학문을 연구하는 독자적인 영역(locus, Boundary) 및 주제(Focus, Subject) 즉, 완전한 패러다임을 가지는 것을 의미한다.

2) 탐정의 인접직역으로는 변호사·법무사·행정사·공인중개사 등을 들 수 있다.

3) Thomas Kuhn, The Structure of Scientific Revolution, Chicago: University of Chicago, 1962, pp. 1~42. 토마스 쿤(Thomas Kuhn)은 그의 저서 「과학의 구조」에서 패러다임을 정상과학과 연결시켜 이해하고자 하였다. 정상과학을 기반으로 하고 있는 패러다임은 그 분야의 하나 또는 그 이상의 과학적 업적을 말하는데,

으로서의 학문성을 정립하기 위해서는 탐정(탐정업)과 관련된 모든 사람들의 노력이 필요하고, 이것은 탐정업무와 관련된 모든 사람의 책무(責務)라고 생각되어 진다.

II. 탐정학의 학문적 성격

탐정학은 민간인이 주체가 되어 행하는 사실조사에 관한 학문으로서, 조사에 적용되는 수단과 기술을 탐구하고 그에 대한 제약(制約)을 해석하는 경험론적 응용사회과학이다.[4] 앞으로 탐정제도나 탐정직업이 정착화되기 위해서는 탐정업 제정과 이에 대한 법해석 등이 선결적으로 정립되고 체계화되어야 할 것이다. 탐정학의 학문적 성격을 분설(分說)하면 다음과 같다.

1. 경험과학의 한 분과학문으로서의 탐정학

경험과학은 우리가 이 세계 속에서 경험하게 되는 사물과 사실에 관한 옳은 명제들, 즉 경험적 진리들의 체계라고 할 수 있다. 따라서 탐정학은 사회생활 속에서 경험하게 되는 치안과 관련된 현상들에 대한 경험적 명제들을 취급하는 학문적 성격을 내포하고 있으므로, 경험과학으로 분류된다.

2. 사회과학의 한 분과학문으로서의 탐정학

경험과학은 인문과학·자연과학·사회과학으로 나뉘어지며, 탐정학은 사회과학에 속한다. 사회과학은 사람들의 여러 사회적 행위들에 관한 진리탐구를 목표로 삼는 학문영역으로 사회학·지리학·정치학·경제학·심리학·법학·행정학·경영학·교육학·가정학 등이 이에 해당된다.[5] 따라서 탐정학은 사회생활의 안전과 관련된 측면을 다루기 때문에 사회과학의 한 분과학문이라고 볼 수 있을 것이다.

이는 검증된 이론체계 및 그 이론을 성공적으로 적용한 지식체계로서 학문공동체가 인정하는 교과서의 형태로 존재한다.

4) 김종식 외 공편저,「탐정학술편람」, 서울: 한국지식개발원, 2016, p. 24.
5) 김상호 외,「경찰학 개론」, 서울: 법문사, 2006, p. 23.

3. 실용학문·응용학문으로서의 탐정학

탐정학은 경찰권 발동의 한계로 인하여 현실적으로 요구되는 피해자의 권익보호나 피해구제 등의 관련문제를 해결하기 위한 지식체계라는 측면에서 실용학문이다. 또한 탐정학은 순수한 기초과학이 아니라, 기초적인 분과학문들이 이루어 놓은 이론과 지식을 응용하여 탐정행정과 관련된 문제해결의 필요한 이론이나 기법을 정립하는 학문이라는 측면에서 응용학문이라고 볼 수 있다.

1) 과학성

통상적으로 학문연구에서, 과학성이란 왜(why)를 중심으로 객관적 자료를 수집하고, 이를 통계적·경험적 방법에 의해 인과성(因果性)과 유형성(類型性)을 정립하는 것을 말한다. 즉, 과학성은 설명성·인과성·객관성을 강조한다. 따라서 탐정학에서 과학성이라 하는 것은 탐정업무를 수행하는 과정에서 파생되는 현실적인 현상을 객관적·논리적으로 설명하는 한편, 이에 따른 예측이론 등을 개발하고 체계화시키는 것을 추구한다.

2) 기술성

기술성이란 무엇인가에 대하여 Simon은 「목표의 효율적인 수행방법을 다루는 것」이라고 정의하였다. 기술성은 어떻게(how)를 중심으로 실용성·실천성·처방성을 내포하는 것으로 볼 수 있다. 탐정학 연구에는 객관적 분석(과학성)뿐만 아니라 많은 가치문제나 인간관계의 복잡성 등이 개입될 수밖에 없다. 따라서 탐정학은 현실적 문제를 해결하고 실현하기 위하여 탐정활동 그 자체를 진단하고 처방하는 문제해결활동으로서의 성격을 가질 수밖에 없다. 이런 의미에서 탐정학은 문제해결지향성·처방성·실천성 등을 내포하는 기술적 성격을 지녀야만, 그 존재가치가 있는 것이다.

Ⅲ. 탐정학의 이해

민간영역에서 경찰과 밀접하게 관련된 분야로는 민간경비와 민간조사[6]를 들 수 있다. 민간경비는 특정고객의 생명·신체·재산을 보호하고 질서유지를 위한 모든 범죄예

---

6) 탐정이라는 용어가 신용정보법상 금지 규정으로 인하여 민간조사라는 용어로 사용되어 왔으나, 2020년 신용정보보호법 제5호의 개정으로 탐정이란 용어를 합법적으로 사용할 수 있게 되었다. 따라서 본 저서에서는 기존 사용했던 '민간조사'를 '탐정'이라는 용어로 통일하여 기술하였다.

방활동을 주요업무로 하는 반면, 탐정은 의뢰인의 의뢰 범위내에서 목적달성을 위해 인적·물적 조사대상에 대한 사실확인을 주업무로 한다. 따라서 탐정은 정보자료 서비스적 측면(미아찾기 등)과 수사활동적 측면(소재불명자 소재파악 등)의 양 성격을 동시에 가지고 있다고 보아야 한다.

1. 탐정의 개념

1) 탐정의 용어

탐정을 의미하는 영문으로는 다양하게 용어를 사용하고 있지만, 주로 'Private Detective' 혹은 'Private Investigator'를 사용하고 있다. 'Private Detective'의 'Detective'는 '숨겨진 것을 떼어내다'라는 의미를 내포하고 있고, 명사적으로는 '탐정·형사·조사관', 그리고 동사적으로는 '발견하다·탐지하다' 등의 의미를 갖게 된다.[7] 즉, 'Detective'는 국가공무원이나 민간인으로서 사건을 조사하는 자를 말하는데, 국가공무원인 경우에는 '형사', 민간인인 경우에는 '사립탐정'을 의미한다.[8]

한편, 'Private Investigator'의 'Investigator' 단어 역시 'Private Detective'와 구분 없이 보편적으로 사용되고 있다. 'Investigator' 용어는 'to track or trace'를 뜻하는 라틴어 'vestigare'로부터 유래되었다. 따라서 '정보나 사실들을 수집한다'는 뜻을 담고 있는 '추적하다, 수색하다, 조사하다'라는 의미와 동일한 뜻으로 해석할 수 있다.[9] 즉, '진실발견을 위한 조사'의 개념이 강하게 함축되어 있으며, 명사로서 'Investigator'는 '수사관, 조사관'을 뜻한다.

이런 맥락에서 본다면 사립탐정(Private Detective) 혹은 민간조사원(Private Investigator)이라는 의미와 상통한다.[10] 오늘날 영어권 국가의 'Private Detective' 혹은 'Private Investigator'를 우리나라와 일본에서는 번안하여 일반적으로 '사립탐정' 또는 '탐정'이라고 칭하고 있다.

---

7) 이대선, "한국형 탐정관리제도의 운영 방안에 관한 연구", 단국대학교 박사학위논문, 2019, p. 13.
8) 김형중, 「탐정활동의 이론 및 실무」, 서울: 박영사, 2020, p. 6.
9) 강영숙 외, 「탐정(민간조사)학 개론」, 인천: 진영사, 2009, p. 5.
10) 이상훈, "신직업으로서 탐정제도의 필요성과 업무범위에 관한 연구", 한국경찰연구, 17(4), 한국경찰연구학회, 2018, p. 188.

2) 탐정의 정의

'탐정'이란 정의는 대륙법계(독일·프랑스·일본 등)나 영미법계(독일·미국 등)를 막론하고 사전적 정의로만 해석되고 있고, 법문(法文)으로는 명시되어 있지 않다. 다만 법문상에는 '탐정의 업무범위'를 통해 탐정의 정의를 우회적으로 설명하고 있는 것이 일반적이다.[11]

(1) 탐정용어 개념의 확대

① 전 근대적 의미의 탐정용어

탐정이라는 용어는 대체로 근세기에 이르러서야 비로소 사용되기 시작하였고, 그 이전에는 간첩(細作)·첩자·밀정·SPY 등 다양한 용어로 사용되어 왔다. 따라서 탐정이라는 근현대적 정의를 살펴보기 전에 선행적으로 이와 유사한 활동을 하였던 간첩(細作)·첩자·밀정·SPY에 대한 사전적 의미와 그 존재가치에 대해 살펴볼 필요가 있다. 사전적 의미로서 간첩은 "적국·가상국·적대집단 등에 들어가 몰래 또는 공인되지 않은 방법으로 정보를 수집하거나 태업·전복활동 등을 하는 자를 말한다"라고 정의하고 있다.[12]

간첩활동의 기원을 알 수 있는 명확한 사료(史料)는 없으나, 동서양을 막론하고 국가형성(고대국가)과 더불어 국가보존과 발전의 수단으로 상대국의 국정(國情)·전투력·전쟁계획 등을 몰래 알아내기 위한 간첩(細作)·첩자·밀정·SPY라는 군사탐정의 활용은 필수적인 요소였다.[13] 따라서 탐정의 기원은 전쟁의 와중에서 비밀리에 정보를 수집하려는 수요에 응하기 위해 몰래 담당하였던 자를 총칭한다고 할 수 있다. 그러나 당시의 탐정기능과 유사한 간첩은 오늘날과 같이 사인(私人)에 의해 운영된 것이 아니고 국가에 의해 채용되고 운영되었기 때문에, 근현대의 사설탐정과는 주체·내용 면에서 전혀 그 의미를 달리한다.[14]

다만, 근현대적 탐정의 사전적 의미와 과거의 간첩(細作)·첩자·밀정·SPY라는 용어의 개념은 넓은 의미에서 맥을 같이 한다고 볼 수 있기 때문에, 탐정의 기원은 이들 용어와 활동에서 그 기원점을 찾더라도 큰 무리는 없을 것이다. 원래 군사용어로서의 간첩(細作)·첩자·밀정·SPY 등의 개념은 국가 간의 군사·외교에 관한 정보를 은밀히 정탐·수집하는 행위를 의미하였고, 특히 제2차 세계대전 이후의 냉전시대에는 미국 CIA

---

11) 김종식 외 공편저, 「탐정학술편람」, 서울: 한국지식개발원, 2016, p. 26.
12) 김형중 외 공저, 「민간조사의 이론 및 실무」, 서울: 박영사, 2020, pp. 18~20.
13) 한국정신문화원, 「한국민족대백과사전1」, 1991, p. 274.
14) 김형중 외 공저, 앞의 책, p. 78.

(미국중앙정보국, Central Intelligence Agency: 이하 CIA)와 소련 KGB(소련정보기관, Komitet Gosudarstvennoj Bezopasnosti: 이하 KGB)가 치열한 첩보수집 대결을 벌였는데, 이를 SPY전쟁이라고 부르기도 한다. 이런 의미에서 SPY는 인류역사에서 두 번째로 오래된 직업[15]이라고 보고 있기도 하다.

② 스파이(탐정) 개념의 확대

오늘날 정보사회에서의 스파이(탐정)의 역할은 개인의 의뢰사건에서부터 상대방의 첨단 산업체 기술을 수집·탐지하는 영역까지 확대되고 있으며, 진정한 스파이의 임무는 '산업스파이'라고 말해지기도 한다. 미래학자 앨빈 토플러는 산업스파이가 21세기에 가장 큰 산업 중 하나가 되고, 치열한 정보전쟁속에서 날로 늘어가는 「금융스파이」가 이 세기를 특징지을 것이라고 말했다.[16] 이런 맥락에서 볼 때 앞으로 스파이(사설탐정)의 역할은 시·공간을 초월하여 보다 더 확대될 것이라고 전망된다.

(2) 동·서양의 근현대적 의미의 탐정용어

우리나라의 근현대적 사전적 의미의 탐정은 "비밀사항이나 사정을 몰래 살펴 알아내거나 또는 그러한 일에 종사하는 사람을 말한다"고 정의하고 있다.[17] 따라서 사전적 의미에서의 탐정은 '행위'개념과 '행위자'개념을 동시에 포괄하는 개념으로 정의하고 있다. 한편, 서양사전에서의 SPY는 명사적으로 'SPY행위를 하는 사람, 또는 다른 국가·조직·단체에 관한 비밀정보를 알아내고 찾아내는 것이 직업이거나 사람을 뜻하는 것'으로, 그리고 동사로서는 대개 적대적인 목적을 가지고 비밀스럽게 은밀하게 지켜보는 행위라고 정의하고 있다.[18] 따라서 서양의 경우에도 SPY라는 개념은 사람의 개념(명사)과 행위의 개념(동사)을 동시에 포괄하는 개념으로 정의하고 있어,[19] 동서양 모두 그 뜻이 대동소이하다.

---

15) 인류의 가장 오래된 직업은 창부(娼婦, 매춘부)였고, 두 번째로 오래된 직업은 SPY라고 프레드 러스트만(미국 전직 CIA요원 출신)은 주장하고 있다(프레드 러스트만 지음, 박제동 옮김, 「CIA주식회사」, 서울: 수희재, 2004, p. 4).
16) 프레드 러스트만 지음, 박제동 옮김, 앞의 책, p. 20.
17) 이희승 편저, 「국어대사전」, 서울: 민중서림, 1961, p. 3378.
18) Merriam~Webstes Collegiate Dictionary, 1995: 1140; LongMan, Advanced American Dictionary, 2009, p. 1539.
19) 탐정의 사전적 정의는 동서양 공히 사람의 개념(명사)과 행위의 개념(동사)으로 병행하여 정의되어 지고 있으나, 본서(本書)에서는 용어상의 혼란을 피하기 위하여 탐정을 '비밀사항이나 사정을 알아내는 사람(명사개념)'으로 정의하였다.

이런 맥락에서 본다면 동양에서 사용하였던 간첩·첩자·밀정이나 서양에서 사용하던 SPY라는 개념은 점차적으로 그 개념이 확대되어 오늘날 전쟁뿐만 아니라 개인의 의뢰사건에서부터 상대방의 첨단산업체 기술을 수집·탐지하는 영역까지 확대되고 있으며 (산업SPY), 여기서 파생된 직업군이 '탐정'이라고 볼 수 있다.

3) 탐정과 관련된 용어의 이해

(1) 공설탐정(공립탐정)과 사설탐정(사립탐정)

양자의 구별은 그 주체가 누구냐에 따라 구분된다. 탐정활동의 주체가 공적기관이면 공설(공립)탐정이다. 과거에는 극히 예외적으로 국가에서 민간인을 채용하여 공적으로 운영되기도 한 사례도 있으나(고구려 장수왕 때 승려 도림, 조선조 중종 때의 숙지, 1749년 영국의 탐정조직인 보스트리트러너),[20] 오늘날에는 세계 어느 나라를 막론하고 정부나 공적기관 내에 탐정이라고 호칭되는 별도의 조직이나 요원을 두고 있는 나라는 없다. 반면, 사설탐정(탐정)은 민간에 의해 운영되고 있는 것만을 말한다. 따라서 탐정활동의 주체가 민간인이면, 국가에서 공적으로 인정된 것이나 비공인 상태이던 간에 사설탐정으로 호칭된다.[21]

이런 맥락에서 본다면 공립탐정과 사설탐정의 구별 개념은 무의미한 것이며, '사설탐정'이라는 용어도 단순하게 '탐정'이라고 호칭하여도 무방하다고 생각되어 진다.

(2) 공인탐정(公認探偵)과 비공인탐정

공인(公認)이라는 뜻은 국가나 공공 혹은 사회단체 등이 어느 행위나 대상에 대해 공식적으로 인정하는 것을 말한다(예컨대, 월드컵 공인구, 공인인증서 등). 따라서 공인탐정의 '공인(公認)'이라는 접두사는 활동주체에 따른 구분이 아니라 합법성(적법화·법률화) 여부를 기준으로 한 개념이라고 볼 수 있다. 그러므로 공인탐정은 민간이 주체가 되는 탐정에 대하여 국가가 직업으로 법제화하고, 그에 따라 탐정에 대한 일정한 활동을 보장하는 공인된 법적 자격이라고 할 수 있다(예컨대, 공인중개사). 만약 21대 국회에서 제출된 법안이 통과되어 일정한 요건을 갖추게 되면, '탐정'은 공인탐정으로서 자격을 인정받게 된다.

반면, 비공인탐정이라 함은 국가에서 공식적으로 인정하지 않은 탐정을 말하며 공

---

20) 이에 대해서는 각국의 탐정역사에서 구체적으로 기술하였다.
21) 김종식 외 공편저, 위의 책, p. 35.

인탐정과 대칭되는 개념이다.

4) 우리나라에서의 탐정의 지위

(1) 현행법상 탐정이 되기 위한 요건을 규정한 법적 규정은 별도로 없기 때문에, 대부분 민간자격을 발급받아 활동하고 있다. 따라서 국내의 탐정 자격증은 민간자격증이기 때문에, 국가에서 공식적으로 인정한 공인탐정은 아니다.

(2) 최근 국회에서 발의된 "탐정업 관리에 관한 법률(안)"에 따르면 "탐정이 되려는 사람은 경찰청장이 등록심사·결정하여 등록한 민간자격관리기관[22]에서 실시하는 탐정 자격시험에 합격하여야 한다"고 규정하고 있다. 다만, 부칙에는 "이 법률 시행일 전의 규정에 따라 경찰청장의 등록심사·결정을 받고 지정된 민간자격 발급기관에서 탐정관련 자격을 취득한 자는 대통령령으로 정한 교육을 이수하고 시험에 합격한 경우에 탐정 자격을 취득한 것으로 본다"고 규정하고 있다. 따라서 이 법률(안)이 통과될 경우, 기(旣) 취득한 탐정 자격증은 탐정 자격에 결정적인 역할을 할 것으로 보인다.

5) 탐정업과 수사의 구별

(1) '탐정업'은 타인의 의뢰를 받아 계약을 맺고 보수를 받으며, 위법하지 않은 범위 내에서 의뢰받은 사건에 대한 조사활동을 통하여 사실관계 확인 및 관련 정보 등을 분석하여 그 결과를 의뢰인에게 제공하는 업무를 말하며, 탐정은 이러한 업무를 수행하는 자'라고 정의할 수 있다. 따라서 현행법상 또는 최근 발의된 '탐정업 관리에 관한 법률(안)'에 의하더라도, 탐정은 범죄수사나 사건처리에 관하여는 아무것도 할 수 없는 민간인에 불과하다. 반면, 수사는 형사사건에 대하여 공소의 제기·유지를 위해 범죄사실을 조사하고, 범인검거 및 증거를 발견·수집·보전을 목적으로 하는 공적 수사기관(경찰·검찰)의 활동을 말한다.

(2) 양자의 구별

양자는 다음과 같은 점에서 구별된다.

---

22) 2022년 8월 현재 주무부처(경찰청 등)에 민간조사 또는 탐정사 자격 발급기관으로 등록된 곳은 모두 84곳이다.

구 분	수사기관	탐정업
주 체	공적 수사기관의 수사활동(국가)	의뢰인에게 위임받은 조사업무로, 사적업무 (탐정업)
수사 및 조사개시	국가기관인 수사기관(검찰, 경찰)의 주관적 혐의에 따라 수사개시	민간으로서의 의뢰인의 의뢰에 따라 조사시작
사건범위	형사사건 일체. 단, 민사문제에 관여하는 수사활동 불가(민사사건 불개입의 원칙)	법률내 수임된 민·형사 사건
신분	검사·사법경찰관리 등 공무원 신분	사인(私人)의 지위
법률효과 발생유무	수사는 수사기관의 활동으로 인한 법률행위로서, 그에 따라 법에 규정된 법률효과[23]가 발생함	탐정은 의뢰인으로부터 요구를 받은 조사·정보수집활동 등의 사실행위를 수행한 것에 불과하고, 그 행위에 대해 어떠한 법적효과도 부여되지 않음
증거의 사용유무	수사기관이 수사에 의해 획득한 증거는 다른 국가기관은 물론, 일반인도 각종 소송 등에서 증거자료로 활용할 수 있음	탐정에 의해 얻은 정보나 자료는 특별한 사유가 없는 한 「의뢰자」에게만 사용권이 인정됨
적용원칙	죄형 법정 주의	계약자유의 원칙
운영비용	국가예산(국가부담)	수임료(의뢰인이 부담)
정보수집과 정보사용자의 관계	수사기관의 경우, 정보수집자이면서 정보사용자임	정보수임자와 탐정이 엄격히 분리됨. 정보의 사용권은 오로지 의뢰자만이 갖게 됨
공개여부	수사는 납치·테러·마약범죄 등 특수한 범죄를 제외하고는 수사여부를 공개하는 것이 원칙임	탐정은 업무의 특성상 비공개를 원칙으로 함

2. 탐정의 기능

1) 공권력이 미치지 못하는 개인의 사적영역에 대한 피해구제

수사기관의 활동은 국민의 법적 권리를 침해하고 사유재산권을 침해하는 법률상 불법행위에 기인한 범죄행위가 발생한 경우에 국한된다. 그러기 때문에 이러한 행정작용은 현실적으로 절실히 요구되는 피해자의 권익보호나 피해구제와는 차이가 있을 수밖에 없다. 따라서 피해자 등의 권익과 재산권보호 등을 위한 제도적 보완책이 필요하게 되었고, 이에 부응하여 등장할 것이 바로 탐정의 존재라고 볼 수 있다.

---

23) 법률효과란 일정 법률요건(법률관계의 발생·변경·소멸 등의 효과를 가져오는 원인이 되는 사실)에 의거하여 법률상 생기는 효과를 말한다. 즉, 일정한 경우에 일정한 권리의 변동이 생기는 것을 말한다. 예컨대, 매매라고 하는 법률요건(계약)에 기인하는 법률효과는 목적물의 인도채무와 대금의 지급채무이다.

2) 공권력의 한계를 보이는 특수 또는 전문영역의 조사업무

현대사회의 다양화·복잡화·전문화는 일반적인 공적기관(경찰 등)에 의한 활동영역에 주요한 장애요인 중의 하나가 되고 있다. 따라서 특수 또는 전문영역에 전문화된 탐정의 역할이 더욱 요구되고 있다.

3) 국민의 고품격 치안서비스의 욕구 충족

오늘날 치안유지의 대표조직인 경찰은 법집행기능, 즉 범인검거 및 범죄대응 쪽으로 흘러가고 있고, 재산권 피해나 피해구제와 같은 치안서비스는 민간조직[24]에서 담당하는 것이 세계 각국의 일반적인 경향이다. 따라서 고품격 치안서비스를 받고자 하는 국민의 수요에 맞추는 한편, 정부의 재정지출 감축과 수익자부담이론에 따라 치안서비스도 민영화·민간위탁·민간협력의 혼성치안이 요청되고 있다.

4) 해외도피사범의 수사 및 검거에 참여

지구촌 시대를 맞이하여 범죄도 글로벌화되고 있다. 그러나 공적기관인 경찰의 수사력은 예산·인력난·과중한 업무 증대로 인하여 해외로 도피한 범죄자에 대한 수사활동 및 검거는 한계점에 와 있다고 볼 수 있다. 따라서 현지 국가와 공조수사가 불가능하고 해외도피 사범에 대한 강제구인권이 없는 경우, 사적 조직인 탐정제도를 활용함으로써 국가기관의 공권력 한계를 일정 부분 보완할 수도 있다.

5) 퇴직 전문인력의 일자리 창출

오랜 기간 동안 실무경력과 풍부한 경험을 갖고 퇴직한 전직 경찰·검찰·군(軍)수사기관 등 국가기관 퇴직자들에게 적은 비용으로 우수한 인적자원을 활용할 수 있는 기회를 제공할 수 있다. 이는 인생 이모작을 준비하는 퇴직 중장년층의 새로운 일자리 창출과 함께 그들에게 익숙한 업무를 수행케 함으로써, 적응력을 증진시키고 새로운 업무의 만족도를 고취 시킬 수 있는 분야이기도 하다.

---

24) 미국이나 일본 등 선진국의 민간경비업과 탐정업은 전문화된 서비스를 제공하는 민간경찰기관으로써, 치안을 담당하는 한 축으로 기능하는 수준에 도달해 있다. 한편 우리나라의 경우 민간경비업은 경찰의 역할과 기능을 일정부분 서로 공유하고 있어 대체로 정착단계 수준에 이르렀다고 생각되어 지나, 반면, 공인된 민간차원의 정보·조사 서비스시스템은 걸음마 단계 수준이라고 볼 수 있겠다.

6) 자국시장 보호 및 산업기술의 유출 방지

WTO체제 출범 이후 세계 각국은 자국의 시장과 산업을 보호하기 위하여 전력을 다하고 있다. 오늘날 세계 각국은 첨단 산업기술의 해외유출과 고도의 전문인재 스카웃, 그리고 상대국의 경쟁력 있는 기술이나 인력을 확보하기 위하여 산업스파이를 이용하기도 한다. 1997년 우리나라는 OECD에 가입과 함께 탐정업이 외국시장에 개방되었다. 거대자본과 기술을 바탕으로 국내에 들어온 해외탐정 전문기업들에게 국내의 핵심기술이나 인재들이 무방비로 노출되고 있고, 국부의 누출도 상당한 실정이다. 이와같은 이유로 국내 탐정업의 육성과 활성화는 시대적 요청사항이 되어 버렸다.

제2절 탐정의 업무 및 수단

Ⅰ. 용어의 정의

21대 국회의 이명수 의원 등 13인에 의해 발의된 "탐정업 관리에 관한 법률(안)"에 따른 용어들을 정의해 보면 다음과 같다.[25]

1. 탐정사

'탐정사'란 경찰청장이 등록·심사 결정하여 등록한 민간자격관리기관에서 실시하는 탐정사 자격시험에 합격하여 탐정사 자격을 취득한 자를 말한다.

2. 탐정업

'탐정업'이란 탐정업무의 전부 또는 일부를 행하는 영업을 말한다.

3. 탐정업자

'탐정업자'란 경찰청장에게 탐정업을 등록한 탐정사와 경찰청장에게 인가를 받은 탐정법인을 말한다.

---

25) 21대 국회의 이명수 의원등 13인이 발의한 「탐정업 관리에 관한 법률(안),2020.11.10.」의 일부 내용들이다.

Ⅱ. 탐정의 업무

1. 기본원칙

탐정은 탐정업무를 수행함에 있어서 적법하고 정당하게 하여야 하며, 헌법상의 개인의 사생활을 보장하고 타인의 권리와 이익을 침해하는 일이 없도록 하여야 한다.

2. 기본적 업무

탐정의 주된 업무는 전문적인 지식과 합법적인 방법을 통한 사실조사와 정보수집이다. 탐정은 법절차를 중요시하는 국가사법기관(경찰·검찰)보다 좀 더 유연하고 신속하게 대응하는 것이 가능하다. 따라서 법질서 유지나 국민의 권익보호를 위한 보완수단으로 기능한다는 점에서 그 의미 또한 크다고 할 수 있다. 즉, 국가사법기관의 수사력이 미치지 못하거나 세심하고도 신속한 조사가 필요한 각종 사건 등에 대해, 사실관계 조사나 정보수집으로 사법기관의 활동을 보조할 수도 있다.[26]

3. 탐정의 수단

1) 비권력적 사실행위(임의적 사실행위)[27]

국가사법기관인 경찰이나 검찰에게는 범죄수사를 위하여 형사소송법에 근거하여 체포·압수수색 등 강제처분권이 인정되며, 이에 불응할 경우에는 법적제재를 받게 된다. 그리고 필요시에는 일반국민에게 협조를 구할 수 있다. 반면, 국가사법기관과는 달리 탐정은 그 업무를 수행하는 과정에서 어떠한 경우에도 강제처분권이 인정되지 않으며, 조사대상자 역시 이에 응하거나 협조할 의무가 없다. 즉, 탐정의 조사활동은 타인의 권익을 침해하는 수단과 방법을 사용하여서는 안 된다. 따라서 탐정의 조사활동은 원칙적으로 비권력적 사실행위에 해당하며, 그 대표적인 수단으로는 탐문과 관찰, 그리고 정보수집활동 등을 들 수 있다.

---

26) 현실적으로 피해를 당한 피해자는 신속하게 범인과 피해상황을 파악해 대처하거나 손해배상 소송을 준비해야 하는데, 경찰이나 검찰은 업무량과 인원부족 등으로 만족스러운 치안서비스를 제공할 수 없는 경우가 비일비재하다. 이런 이유 등으로 탐정업에 대한 법률제정의 필요성과 탐정이 존재가 필요한 것이다.

27) 임의적 사실행위란 일정한 기준이나 원칙 없이 해도 좋고 안해도 괜찮은 그런 행위에 대하여, 하고 싶은 대로 행하는 것을 말한다. 경찰의 경우, 사실의 조회·확인 및 출석요구는 비권력적(임의적)사실행위에 해당한다(경찰관 직무집행법 제8조). 탐정의 경우, 탐문·관찰 등에 의한 정보수집활동이 이에 해당한다.

2) 간접조사의 원칙

탐정은 국가사법기관인 경찰이나 검찰과는 달리 강제조사나 직접조사를 할 수 있는 권한은 없다. 따라서 탐정은 오로지 스스로 사실관계를 조사하여 의뢰자에게 그 정보를 전달하는 기능을 수행하면 된다. 다만, 탐정이 조사(질문)에 응하느냐 마느냐의 판단과 결정은 전적으로 국민의 몫이므로, 민간인의 자발적 협조로 직접조사가 이루어지는 경우에는 언제든지 직접조사도 가능하다.

3) 탐정의 조사활동의 한계

비권력적 사실행위(임의적 사실행위)는 본래 침해행위가 아니기 때문에, 법적 근거를 필요로 하지 않는다. 탐정의 관찰·탐문·정보수집활동은 대표적인 임의적 사실행위이다. 그 중 정보수집활동은 비권력적 특성과 활동범위의 광범성 때문에, 그 한계가 중요한 의미를 갖는다고 볼 수 있다. 정보수집상의 한계로는 실정법적 한계와 조리상의 한계를 들 수 있다.

(1) 실정법적 한계

① 헌법상의 한계

개인정보보호는 사생활의 비밀과 자유의 한 부분이며, 사생활의 비밀과 자유는 인간행복의 최소한의 요건이다. 따라서 탐정의 조사활동은 개인의 사생활의 비밀과 자유 등의 기본권을 침해하지 않는 범위 내에서 법률에 의해서만 가능하다는 헌법상의 한계가 있다(헌법 제17조).

② 법률상의 한계

탐정은 관련법률 등(예컨대, 신용정보법·개인정보법 등)에서 금지한 정보를 수집하여서는 아니 된다. 원래 탐정의 정보수집활동은 사실행위이기 때문에, 취소소송 등 항고소송의 대상으로 삼을 수는 없다. 그러나 관련법 등에 위반되었을 경우에는 형사상 책임뿐만 아니라 탐정의 활동으로 인하여 손해를 입힌 경우에는 손해배상 등의 문제가 따른다.

(2) 조리상의 한계

조리법상의 비례원칙은 탐정의 개인정보의 수집·처리·이용 등과 관련하여 그 적법성 여부 판단에 중요한 기준이 된다. 따라서 탐정이 정보를 수집하는 경우에는 구체적으로 다음과 같은 비례원칙[28]에 의해서 제한을 받을 수밖에 없다.

① 탐정은 의뢰인의 의도하는 목적을 달성하는 데 적합해야 한다(적합성의 원칙).

② 정보수집활동의 수단이 의도하는 목적에 필요한 최소한의 개인정보만을 적법하고 정당하게 수집하여야 한다(최소한의 정보수집과 필요성의 원칙).

③ 정보수집활동은 의뢰인의 목적달성을 위해 수단으로부터 나오는 개인에 대한 침해가 상당성을 초과해서는 안 된다(상당성의 원칙). 예컨대, 정보수집활동을 위하여 개인의 승용차에 불법으로 GPS를 부착하는 경우 등이 이에 해당한다. 따라서 타인의 권익을 침해하지 않는 범위내에서 정보수집활동이 이루어져야 한다. 즉, 정보수집과 타인의 권익침해 간에는 이익형량의 문제가 고려되어야 한다.

---

28) 예컨대, 행정법상의 비례원칙은 적합성의 원칙·필요성의 원칙(최소침해의 원칙)·상당성의 원칙으로 구성된다(김형중, 「새로쓴 경찰행정법」, 서울: 박영사, 2014, p. 32.)

제2장 ┆• 탐정철학

제1절 탐정철학의 존재이유

I. 서설

탐정의 기본이념은 탐정의 기본가치와 윤리를 포함하는 광의의 개념이다. 탐정의 가치관과 윤리는 '오늘날 우리 현실에 왜 탐정이 필요한가'라는 명제에 대한 철학적 배경을 의미한다. 이에는 탐정(탐정업)이 조직으로서 추구해야 할 조직이념론의 분야(탐정의 기본가치), 그리고 탐정 개개인이 갖추어야 할 바람직한 신념과 태도를 논하는 탐정윤리의 분야로 나눌 수 있다. 탐정 이념론은 탐정 조직의 가치를 논하고, 탐정 윤리는 탐정구성원들의 가치를 논한다는 점에서 완전히 독립적인 것이 아니고 상호의존적이다.

II. 가치와 가치관의 개념

1. 가치

엄밀히 말하면 '가치(a value)'와 '가치관'은 구분되는 개념이다. 사전적 의미로서 가치는 사물이 지니고 있는 값어치를 말하며, 철학적으로는 어떤 대상이 인간과의 관계에 의하여 지니게 되는 중요성을 의미한다.[1] 즉, 가치란 개인적으로나 사회적으로 보다 선호하는 '지속적인 신념'으로 정의되어진다. 가치는 불변하지는 않지만 비교적 지속적이며, 어떤 수단이나 행동의 결과가 사회적으로나 개인적으로 바람직한지를 판단하게 하는 규범적 신념이다.

---

1) 이희승 편저, 「국어 대사전」, 서울: 민중서림, 1999, p. 44.

2. 가치관

인간이 자기를 포함한 세계나 그 속의 만물에 대하여 가지는 평가의 근본적 태도나 보는 방법, 또는 가치를 중심으로 보는 관점을 가치관이라 한다. 즉, 가치관이란 옳은 것, 바람직한 것, 해야 할 것 또는 하지 말아야 할 것 등에 관한 일반적인 생각을 말한다.

1) 개인적 가치관

(1) 의의

사람은 누구나 판단의 기준이 되는 가치관을 가지고 있기 때문에 개인적 가치관은 개인의 선호 의지에 따라 명백해진다. 물질적 풍요로움을 추구하는 사람이 있는가 하면, 명예·자아실현 등을 추구하는 사람들도 존재하기 때문에 개인의 삶의 기준은 매우 다양하기 마련이다. 따라서 자신의 삶의 목표를 성취하기 위해 선호하는 행동 양식도 사람마다 다르다고 할 수 있다. 즉, 각자의 궁극적인 삶의 목적과 그 목적을 이루기 위해 채택한 행동양식을 개인적 가치관이라고 한다.

(2) 개인적 가치관의 형성 및 충돌

① 개인적 가치관의 형성

가치는 개인이 소속된 사회 문화 속에서 다양한 방법으로 습득되고 내면화된다. 일단 습득된 개개인의 가치는 상호 유기적으로 조직화된 하나의 체계를 이루게 된다. 동시에 그러한 체계 속에서 어떤 가치가 보다 손쉽게 적용할 수 있는지, 그리고 자기방어나 합리화·지식획득 및 자아실현에 기여하느냐에 따라서 하위 가치로부터 상위가치로 우선순위가 결정된다.

② 개인적 가치관의 충돌

가치관이란 인간의 성장과정에 있어서 개인 내력 혹은 환경과의 상호작용을 통해서 형성된 것으로 가변성과 지속성을 지니고 있다. 그렇지만 각 개개인의 여정이 다르기 때문에 상담이나 또 다른 방법으로 다른 이들을 도울 때 조언을 할 수도 있고 자신의 생각을 이야기할 수도 있겠지만, 자신의 가치관을 다른 이에게 강요하는 우를 범해서는 안 된다. 왜냐하면 각자 인간의 성장과정에서 형성된 가치는 그 목적이나 사명 또한 다르기 때문이다.

2) 사회적 가치관

개인의 자신이 속한 세계나 그 안에 존재하는 특정 대상에 관하여 나타내는 근원적인 태도나 관점을 말한다. 사회적 가치관은 개인적 가치관이 보다 추상화될 수 있는 보다 범위가 넓고 안정적이며 공식성(公式性)을 지닌 전체 사회 문화의 공약(公約: 공적 약속)을 의미한다. 예컨대, 기업의 본질은 이윤을 추구하지만 사회적 책임을 수행하기 위한 기업가 정신이 필요하다.[2]

3) 탐정의 가치관

탐정의 기본원리는 우리 인간의 모든 일과 생활에 도움이 되어야 한다는 것이 기본이념이다. 탐정제도는 현대 사회에서 국가가 국민에 대한 치안서비스의 보완책의 일환으로서, 또는 치안서비스의 공백을 메우기 위한 하나의 정책적 수단으로서의 산물이라고 할 수 있다. 탐정(탐정업)이라는 직업을 왜 선택하였고, 왜 선택하려고 하는가? 탐정은 어떤 철학으로 탐정업무를 수행해야 할 것인가. 돈인가, 건강인가, 보람인가? 탐정이라는 직업 역시 이윤을 추구하는 것이 본질이지만, 탐정이라는 직업 또한 이익창출에만 전념하는 것이 아니라 사회적 가치관을 추구하는 탐정 정신(탐정의 道)이 또한 필요하다 하겠다.

Ⅲ. 윤리·도덕

윤리와 도덕은 일상적으로 구분없이 사용되고 있지만 양자의 개념은 다르다.

1. 의의

윤리(ethics)란 사회 구성원으로서 지켜야 하는 행동지침을 말한다. 예컨대, 의사윤리·교사윤리라는 말이 이에 해당한다. 반면, 도덕(morals)이란 개인별로 옳고 그름을 판단하는 가치 기준을 말한다.

---

2) 최태원 sk회장은 한 언론과의 인터뷰에서 "사회적 가치는 생존문제, 행복한 사회를 만들고 싶다"고 하여 사회적 가치관을 추구하는 기업이 되고 싶다는 희망을 피력한 바 있다(2019. 12. 4. 연합뉴스).

2. 윤리와 도덕의 비교

구분	윤리	도덕
정의	사회구성원으로서 지켜야 하는 행동지침, 즉 사람으로서 마땅히 행하거나 지켜야 할 도리	개인별로 옳고 그름을 판단하는 가치 기준
원천	사회-외생적, 도덕적인 성향과 더불어 법률적 성향의 혼합적 성격을 가지며, 도덕보다는 규범의 성격이 강함	개인-내재적, 도덕은 내면성에 치우친 것이고, 법률은 외면성에 치우친 것임
지키는 이유	사회가 옳다고 규정했기 때문에	개인이 옳다고 믿기 때문에
유연성	다른 사람들의 규정에 따르는 것이므로 상황에 따라 변할 수 있음	기본적으로 일관성을 갖지만, 그러나 신념이 바뀌면 도덕관도 변할 수 있음
상호관계	자신의 도덕적 신념을 지키기 위해 사회·조직의 윤리를 따르지 않을 수도 있음	사회·조직의 윤리를 따르기 위해 자신의 도덕적 신념을 저버릴 수도 있음
형성	윤리는 조직과 사회구성원 사이의 관계에 의해 형성됨	도덕적 신념은 자신의 경험과 학습 결과에 의해 형성됨
영어 어원	그리스어 ethos(인성)	라틴어 mos(관습)

3. 윤리와 도덕의 충돌

어떻게 행동하는 것이 윤리적이고 어떻게 판단하는 것이 도덕적인 가는 상대적인 것이기 때문에, 윤리와 도덕은 서로 충돌하는 경우가 발생할 수 있다. 의사의 경우 자신의 도덕관으로는 안락사에 찬성하지만, 의사 윤리로 인해 안락사의 시술을 거부할 수도 있다. 즉, '안락사와 윤리'와 같은 민감한 이슈에 직면할 수도 있다. 한편, 살인자는 그 목숨으로 죗값을 치러야 한다고 믿는 변호사 일지라도 자신의 직업윤리를 지키기 위해 살인자를 성실하게 변호해야 할 경우도 있다. 이처럼 윤리와 도덕이 항상 일치하고 부합하는 것은 아니다.

Ⅳ. 직업과 직업윤리

1. 직업의 의의와 가치

1) 의의

사전적 의미에서 직업이라 함은 생계를 유지하기 위하여 자신의 적성과 능력에 따라 일정한 기간 동안 계속하여 종사하는 일을 말한다.[3] 따라서 사전적 정의로서의 직업은 돈을 벌기 위한 활동이라고 정리할 수 있지만, 돈을 버는 것 이외에 직업은 일자리·직종·경력·업종·노동 등으로 다양하게 그 의미가 이해되기도 한다.[4]

2) 직업의 가치

직업은 (1) 개인 및 가족의 생계유지, (2) 사회생활을 통한 공동체 일원으로서의 활동, (3) 자신의 꿈을 실현하기 위한 수단, (4) 봉사를 위한 수단 등과 같이 다양한 가치를 가지고 있다. 이처럼 직업은 일 그 자체가 목적이 아니라, 다른 목적을 달성하기 위한 수단 또는 도구로서의 역할을 의미한다.[5]

2. 사회규범으로서의 윤리(도덕)와 법

1) 사회규범으로서의 윤리와 도덕

(1) 사회규범으로서의 윤리와 도덕

① 인류가 공동체사회를 만들면서부터 구성원들에게 공동체사회의 일원으로 요구되는 사회적 규범이 발생하게 되었고, 그 결과 윤리라는 커다란 틀에서 인간의 행위에 대한 옳고 그름이나 선과 악, 또는 도덕적인 것에 대한 판단기준이 체계화되어 왔다. 이것이 사회전체에서 요구되는 보편적 윤리이다.

② 사회규범이란 사회공동체에서 지켜야 할 행동의 기준을 말하며, 사회규범으로는 도덕 또는 윤리(어른공경·효도 등)·법 등을 들 수 있다. 사회규범은 절대적이고 고정불변하는 것이 아니라 시대적 상황과 공간적 장소에 따라 변할 수 있다.[6] 오늘날 사회규범 중 법으로 규정되어 있는 것도 있으나, 법으로 규정되어 있지 않은 것도 허다하다. 따라서

---

3) 이희승 편저, 위의 책, p. 3625.

4) 미국의 사회학자 로버트 벨라(Robert Bellah)는 직업에 의해 한 개인의 정체성이 결정된다고 하였다. 예컨대, '당신의 직업은 무엇입니까'라는 질문에 "저는 공무원입니다.", "저는 대학교수입니다.", "저는 작은 사업을 합니다." 등과 같이 직업을 밝힘으로써 자신이 누구인지를 타인에게 알려준다. 이것은 자신의 직업을 통해 자신의 정체성을 설명하는 것으로서, 직업은 그 만큼 중요한 것이다(강보현, 「기업윤리」, 서울: 박영사, 2018, p. 287~290).

5) 강보현, 앞의 책, p. 291, 우리는 직업을 가지고 일을 함으로써 우리가 살아가기 위해 필요한 재화를 얻을 수 있다. 따라서 직업이 가지는 도구적 가치는 모든 사람에게 매우 중요하다.

6) 우리나라에서는 동성연애와 문신을 새기는 것은 불법은 아니지만 아직까지 일반적으로 옳지 않은 일로 받아들여지고 있다. 그러나 말레시아에는 동성애가 불법이며 유죄인 경우 최대 20년 형을 받게 된다(중앙일보, 완와르, 동성애 혐의 벗었다, 국제면, 2012. 1. 11.).

윤리와 도덕, 그 밖의 비공식적 사회규범(관혼상제 등)은 비강제적 성격을 지니고, 그 위반에 대해서는 양심의 가책이나 구성원들의 비난으로 그치게 된다.[7]

(2) 사회규범으로서의 법

① 공식적 권위(국민의 대표기관인 국회)에 의해서 탄생하게 되는 법의 효력은 국가의 강제력에 의해 보장된다. 따라서 사회규범을 어긴 행위라 하더라도 비공식적 사회규범(도덕 또는 윤리)은 법에 명문의 규정이 없기 때문에, 처벌하지 못한다.

② 공적기관(경찰·검찰·행정기관)이 당면한 문제를 해결하기 위한 규범으로서 가장 강력한 것은 「법」이라고 말할 수 있으며, 정당한 법이 요구하는 바는 윤리도 요구한다.[8]

3. 직업윤리

1) 정의

(1) 직업윤리란 어떤 직업을 수행하는 사람들에게 요구되는 행동규범을 의미한다. 즉, 어떤 직업에 종사하고 있을 때에 그 직업에서 특별히 요구되는 기본적인 도리와 질서를 직업윤리라고 한다. 직업윤리라는 말은 전문적인 용어로서 시작된 것이 아니라 상식적인 일반용어로 시작되었다. 따라서 직업윤리는 일반적 윤리의 원칙(도덕·윤리 등과 같은 보편적 윤리의 원칙)을 구체적인 대상에 적용할 때 형성되는 다양한 측면의 윤리(기업윤리·공무원윤리·탐정윤리 등)를 말한다.[9]

(2) 모든 사람은 직업의 특수성에 따라서 각각 다른 직업윤리를 가지게 된다. 그러나 이러한 직업윤리들은 일반적 윤리의 원칙(보편적 윤리의 원칙)을 바탕으로 삼고, 그 바탕 위에 각자의 특수성에 맞는 직업윤리가 정립된다. 따라서 일반윤리와 직업윤리는 서로 대립하는 것이 아니라 상호보완하는 관계에 있다.

2) 직업윤리의 종류

직업윤리는 일반적 직업윤리와 특수 직업윤리로 구분할 수 있다.

---

7) 이성용, 「경찰윤리」, 서울: 박영사, 2015, p. 39.
8) 윤리와 법을 대립시켜 생각할 이유는 없으며, 사회적 문제해결에서 윤리는 법보다 더 넓은 범위를 담당한다는 차이가 있을 뿐이다. 인간의 행위규범으로서의 윤리는 명령성·금지성·예절·관습 등의 형식으로 나타나기도 한다. 반면 법률은 이러한 윤리질서가 국가적 권위에 의해 강제성을 부여받은 대표적인 사회윤리이다.
9) 김형중 외, 「일반경비원 현장실무론」, 서울: 박영사, 2019. p. 5.

(1) 일반적 직업윤리

일반적 직업윤리는 직업을 가진 사람이라면 누구나 지켜야 할 공통적인 윤리규범을 말하는 것으로, 어느 직장에 다니느냐를 구분하지 않는다. 직업윤리는 직업생활에서 나타내는 행동이나 태도의 옳고 그름을 판단할 수 있는 기준의 역할을 하기 때문에, 일반적인 직업윤리의 근원적인 철학은 공동체 윤리와 근로윤리라고 볼 수 있다.[10] 즉, 직업의 세계에는 사회라는 공동체의 질서를 도모함으로써 공동체의 발전을 위해서 요구되는 기본적인 원칙(공동체 윤리)과 기준(근로윤리와 질서)이 있어야 하기 때문에, 일반적 직업윤리는 사회통념상의 가치와 기준을 지킬 것이라는 사회적으로 기대되는 마음가짐이다. 따라서 직업인은 책임·의무·정직·신의성실 등의 정신을 함양시켜야 하며, 나아가 소명의식·사명감·자부심을 가지고 자기 직업에 임하는 자세가 무엇보다 필요하다 하겠다.[11]

(2) 특수 직업윤리

① 의의

현대사회는 점차적으로 복잡·다분화해져 가고 있다. 이에 따라 새로운 산업분야가 등장하면서 수많은 직업군이 다양하게 표출되고 있고, 동시에 첨단지식과 정보사회에 걸맞는 새로운 전문직종이 두드러지게 증가하고 있다. 이러한 새로운 전문직 종사자들에게는 일반직종과는 다르게 특별히 요구되는 행동기준과 윤리가 필요하게 되는데, 이를 특수 직업윤리라고 한다.

② 특수직업군(職業群)과 윤리관

특수직업군으로는 변호사·의사·약사·회계사·노무사·각종 기술사·학자·교사·과학자·금융인 등을 들 수 있다. 탐정도 직무수행의 성격에 비추어 볼 때 높은 도덕적 행동기준과 지침, 윤리가 요구되는 특수 직업군의 범주에 속한다고 볼 수 있다. 만약 특수직종 종사자가 공동체의 가치를 망각한 채 개인의 영달과 비도덕적인 목표를 성취하기 위하여 특수직종에게 요구되는 행동기준을 무시하고 임의로 행동한다면, 그 여파는 일반직종 종사자의 일탈과는 비교할 수 없는 사회적 파장과 문제를 야기하게 된다.[12] 그

---

10) 예컨대, 의사가 환자를 치료할 때 책임감 있게 하여야 하고, 교사가 학생을 가르칠 때에 성실하게 가르쳐야 하고, 공장의 노동자가 물건을 만들어 낼 때 정직하게 만들어 내는 것 등은 직종은 다르지만 직업인이 지켜야 할 기본적인 원칙과 기준도리(윤리·도덕)이다.
11) 이재희·김경진 외,「직업윤리」, 서울: 양성원, 2017, p. 57; 김형중,「민간조사의 이론 및 실무」, 서울: 박영사, 2020, p. 294.

러기 때문에 전문적인 지식이나 기술을 요하는 전문직의 경우 장기간의 공식적 교육 등 고도의 지적 훈련을 필요로 하고 사회적으로 인정되는 일정한 자격이 요구될 뿐만 아니라, 한편으로는 직업 단체 스스로가 정한 직업윤리와 행동강령에 의해 자율적으로 종사자 개개인의 행위를 규제하고 있기도 하다.

③ 탐정의 직업윤리

탐정윤리란 일반적으로 탐정에게 요구되는 직업윤리로서, 탐정이 그 직무를 수행함에 있어 준수해야 하는 의무를 포괄하는 행동규칙이라고 할 수 있다. 따라서 탐정은 일반적 윤리의 원칙(보편적 윤리의 원칙)이외에 집단과 조직에서 요구하는 특수윤리에 의해서도 개인의 행위 관계가 통제되기도 하는데, 이는 세계 각국의 공통된 현상이다. 그러나 우리나라의 경우 아직까지 탐정 관련 모법이 제정되지 않은 상태에서 탐정협회 등이 우후죽순적으로 설립되고 있는 것이 현실이고, 탐정협회 차원의 윤리강령 제정에 의한 자율적인 통제가 이루어지기까지에는 상당한 기일이 소요될 것으로 판단된다.

이하에서는 외국의 탐정협회의 윤리강령과 우리나라의 공적기관인 경찰의 윤리·탐정과 유사직역 관계에 있는 변호사의 직업윤리 등을 살펴보고, 이를 기본틀로 하여 우리나라의 탐정윤리강령에 대한 방향을 개괄적으로 제시해 보고자 한다.

제2절 외국의 탐정협회와 윤리강령

I. 서설

세계 각국의 탐정협회 및 윤리강령(행동강령)은 제도적 또는 집단적으로 규율하는 것이 일반적인 경향인데, 통상적으로 대륙법계와 영미법계로 크게 나누어 볼 수 있다. 대륙법계(독일·프랑스·오스트리아·일본)와 영미법계(영국·미국)의 탐정협회 및 윤리강령(행동강령)은 자국의 정치적·경제적·사회적 상황에 따라 성립되었기 때문에, 각 국가마다

---

12) 김형중, 「민간조사의 이론 및 실무」, 서울: 박영사, 2020, p. 294. 예컨대, 정보통신 전문기술자가 인터넷상을 활용하여 아직까지 알려지지 않은 본인만의 방법으로 사이버범죄를 저지른다면, 이의 대응방법을 알지 못하는 일반인들은 속수무책이 될 수밖에 없고 설령 그러한 범죄행위자가 밝혀진다고 하여도 현행법상 처벌을 할 수 없는 불공정한 형국을 초래하게 될 것이다. 이러한 이유로 특수직종의 종사자들에게는 업무수행과 관련하여 광범위한 자율권을 인정하는 반면, 사회적 책임을 다하기 위하여 직업단체를 구성하고 자율과 행동강령을 제정하여 스스로를 정화하고 통제하려는 노력도 당연히 동반되어야 하는 것이다.

정도의 차이는 있다. 그러나 대체적으로 두 가지 방법에 의해서 운영되고 있는데, 하나는 자발적으로 구성된 탐정협회차원에서 제정된 행동강령에 의해서, 또 하나는 각국별로 제정된 관련법률 등(지침과 규정)에 의해서 운영되는 경우이다.

Ⅱ. 대륙법계 탐정협회와 윤리강령

1. 독일

1) 독일 탐정협회(BDD)의 변천과정

독일에서 탐정이라는 직업이 생긴 것은 영국·프랑스 등과는 달리 그리 오래되지 않았다. 1860년대 최초로 탐정 사무소가 개업되었고, 그 후 아래와 같은 일련의 변천과정을 거치면서 오늘에 이르게 되었다. 1896년 독일 최초의 협회인「독일제국탐정연구협회」설립 → 제1차 세계대전 후 또 다른 탐정협회와 합병,「독일제국탐정연합」으로 출발, 제2차 세계대전 이후「독일탐정연합(VDD)」으로 명칭 변경 → 독일연방공화국 이후 1950년 첫 번째 탐정국가전문협회「독일탐정연맹(BDD)」설립, 1952년 연방 재경부에 전문협회로 등록 → 1960년 7월 새로운「국제탐정연맹」협회 설립 → 1961년「국제탐정연맹」에서 분리, 채권추심만 담당하는「탐정과 정보중앙협회」발족 → 1983년 7월 5일「국제탐정연맹」과「탐정과 정보중앙협회」가 합병, 새로운「독일탐정협회(BDD)」가 설립되었고, 오늘날 세계 10개국의 회원이「독일탐정협회(BDD)」에 참여하고 있다. 현재「독일탐정협회(BDD)」는 독일에서 가장 대표적인 협회로 자리잡고 있으며, 약 3,300~4,000여명의 탐정이 활동하고 있는 것으로 추정하고 있다.[13]

2)「독일탐정협회(BDD)」의 핵심추진 내용[14]

독일의 탐정업은 법적규율(면허 및 자격제도 등) 없이 민간차원에 전적으로 위임되어 수행되고 있다. 따라서 탐정업을 수행하려는 자는 직업법(영업법) 제14조에 따른 사업자

---

13) 독일 탐정과 관련하여 업무를 수행하는 전체 인원에 대한 정확한 집계는 없으나, 독일탐정협회(BDD)에 따르면 독일에는 약 3,300~4,000여명 탐정이 있는 것으로 파악되며, 전통적인 탐정 활동 외에도 백화점(대형 쇼핑몰) 및 다양한 기업 등에서 보안작업을 수행하고 있다. (경재웅, "독일 탐정산업의 발전 및 운용에 관한 법적 근거 및 규제 방안", 한국경찰학회보 21권 6호, 2019, pp. 58~59).

14) 경재웅, "독일의 탐정산업의 발전 및 운용에 관한 법적 근거 및 규제 방안",「한국경찰학회보」, 21(6), 한국경찰학회, p. 65; 독일탐정연방 탐정협회(BDD), http://www.bdd.de/verbandspolitik.php의 자료(원문)을 바탕으로 하여 독일탐정협회의 핵심 추진 내용 등을 재작성 하였음을 밝혀둔다.

등록을 하게 되면, 독일의 모든 사람은 직업훈련·경험 및 개인 적성과 관계없이 "탐정"이라는 직업명을 사용하고 탐정업을 수행할 수 있다. 독일탐정협회(BDD)는 다음과 같은 업무를 주로 수행하고 있다.

(1) 탐정직업군의 이익 대변과 유럽연합(EU)의 탐정 협회 발족 등 추진

① 독일탐정협회(BDD)는 국회·주 의회 및 지방자치단체의 입법 기관과 관련하여 회원의 직업상의 이익을 대변하고 있다. 즉, 공공의 영역에서 탐정의 지위를 향상시키고, 협회의 신입 및 기존 탐정 등에 대한 표준화된 전문 교육의 제공 그리고 업계에 대한 법정 승인을 얻기 위한 여러 가지 노력을 기울이고 있다.

② 과거 독일의 탐정들은 독일탐정협회(BDD)를 바탕으로 입법부·행정부·사법부에 대하여 헌법적으로 보장된 권리를 쟁취하였으며, 이러한 권리를 확보하기 위하여 협회에 가입한다. 협회는 이들에 대하여 탐정으로서 최소한의 기준을 충족해야 한다는 전제하에 대학 및 무료 전문실무교육을 제공하는 등 탐정 직업을 수행하는 데 도움을 준다. 한편, 독일의 탐정들은 효과적인 탐정업무를 방해할 수 있는 법적 제재를 반대하며, 자유로운 직업적 관행을 인정받고자 한다. 따라서 독일탐정협회(BDD)는 이러한 탐정의 요구를 수호하고, 나아가 유럽연합(EU) 내에서의 적절한 법률을 도출해 내는 역할을 담당한다.

③「국제탐정협회(IKD)」의 창립 멤버

독일탐정협회(BDD)는 1963년에「오스트리아 탐정협회(öDV)」와「스위스탐정협회(FSDD)」와 함께「국제탐정협회」를 설립하여 유럽탐정협회 설립을 위한 초석을 마련하였으며, 나아가 유럽의 동부 블록과 연결하기 위한 여러 가지 노력을 하고 있다.

④「국제탐정연합(BID)」과 합병으로「탐정 및 조사산업 연합협회」창설

    ㉠「국제탐정연합(BID)」

        1960년「국제탐정연합(BID)」은 독일 탐정의 주요전문협회 중 하나로서, 각국의 다양한 개별적 능력과 조사 가능성을 연결하기 위하여 설립되었다. 「국제탐정연합(BID)」은 유럽 국가간의 경제적·정치적 결합과 전 세계 경제의 상호 연결성의 확대, 즉 국제 지향적 파트너쉽을 통한 협력의 구조적 이점을 활용한다는 아이디어에서 출발하였다.

    ㉡ 2019년 2월 23일「독일탐정협회」와「국제탐정연합」간 합병계약이 체결되었고, 새로운 협회의 명칭을「탐정 및 조사산업연합협회」로 결정하였다. 이는 독일 탐정산업에 있어서 수년에 걸친 다양한 이해집단을 통합하려는 부단한

노력에 대한 결과로 평가된다. 향후 「탐정 및 조사산업연합협회(BuDEG)」는 고객의 정당한 이익·계약 내용의 투명성·데이터 보호 등 소비자에게 초점을 맞추어 '탐정'의 서비스 역량을 설계하는 등 다각적인 방향에서 발전 방안을 마련하고 있다.

(2) 치안협력

독일의 탐정들은 경찰과 검찰의 업무 부담을 덜어주는 등 독일 내 치안에 기여하고 있다는 자부심을 갖고 있다. 따라서 모든 시민들은 자신의 정당한 이익을 지킬 권리가 있기 때문에, 이러한 긍정적인 치안 협력이 독일 탐정들에게 계속 제공될 수 있도록 보장하여야 한다고 연방정부에 요구하고 있다.

(3) 탐정 직업의 홍보활동

탐정협회들은 탐정직업의 명성과 사회적 안정을 증진시키기 위한 탐정들의 활동 등을 적극적으로 홍보함으로써, 탐정의 존재가치와 필요성을 부각시키는 데도 노력을 기울이고 있다.

3) 독일탐정 직업강령[15]

독일의 탐정의 경우 탐정업무와 관련하여서는 주로 독일 「민법」·「형법」 기타 관련 법규(「정보보호법」 등)에 의하여 규제되고 있고, 나아가 독일탐정 직업강령을 통하여 더욱 체계적으로 권리 및 의무를 규정하여 통제하고 있다.

(1) 독일 탐정에 대한 직업적 규제

① 독일탐정직업강령은 독일의 탐정과 국제 탐정을 대상으로 탐정들의 명성과 이미지를 유지·향상하고, 고객의 법적 보호와 정당한 이익을 효과적으로 집행하기 위한 여러 가지 방안 등을 규정하고 있다. 1967년 중앙정보 및 탐정협회는 "독일과 서베를린 전문 탐정을 위한 강령"에 기초하여 「본(Bonn, 통독 이전 서독의 수도) 행동강령」을 만장일치로 의결하였고, 이러한 전문 규정은 연방담합청(연방경제기술부 소속으로 독일의 경쟁규제기관)에서 검토하고 승인하였다. 이 강령의 규정은 특별한 사유 또는 법률이 없는 한 상업적 원인(탐정 계약)으로 탐정업무를 수행하는 자에게 적용된다. 이처럼 탐정업을 대표하는 강령은 최초로 1967년 제정되었고, 마지막으로 2015년 7월 10일 개정되어 현재에 이르고 있다.

---

15) 경재웅, 위의 논문, pp. 75~77.

② 독일 탐정 강령은 6개의 장, 24개의 조항으로 이루어져 있다. 본 서(書)에서는 6개의 장(1장 기본의무·2장 직업상 의무·3장 국가와 법원에 대한 특별의무·4장 협업상 특별의무·5장 의뢰인에 대한 특별의무·6장 상업상 거래에 대한 특별 의무) 중에서 제1장 기본의무에 한정하여 기술하였음을 밝혀둔다.

(2) 기본적 의무

① 양심적 의무

㉠ 탐정은 필요한 업무를 수행함에 필요한 전문 지식과 시간을 보유하고 있을 경우에 수임하여야 하며, 적법한 이익만을 추구하여야 한다.

㉡ 계약상 업무 실행은 최고의 전문지식(객관적인 최고 수준과 허용 가능한 모든 수단을 사용)으로 수행하여야 하며, 고객의 이익이 최우선적으로 고려되어야 한다. 따라서 고객 및 고객의 이익에 위험을 초래할 수 있는 모든 것은 피해야 한다.

② 데이터 보호의 의무

㉠ 탐정은 데이터 보호 책임자를 지정·임명하여야 하며(독일정보보호법 제5항), 국제탐정위원회(IKD)의 권고에 따른 데이터 보호 규정을 준수하여야 한다.

㉡ 모든 형태의 기록(문서·자료·전자기록 데이터) 등은 해당 보존 기간에 따라 보존·파쇄 및 삭제하여야 한다.

③ 기밀의 유지 의무

대륙법계나 영미법계의 공통적인 윤리 강령 중의 하나는 비밀유지 의무이다. 동·서양을 막론하고 탐정은 원칙적으로 의뢰자(고객)가 제공한 정보나 업무 수행 중 취득한 정보는 기밀로 취급하여 타인에게 누설해서는 안된다고 규정하고 있다.

④ 이해 충돌 방지 의무

㉠ 이해충돌은 업무를 담당하는 '개인의 이익'과 공정한 업무를 통한 '조직의 이익'이 충돌하는 것을 말한다. 즉, 공익을 추구해야 할 의무와 책임을 가지고 있는 공직자가 직무를 수행할 때 자신의 사적인 이해관계와 관련되어 공정한 직무 수행이 저해될 우려가 있는 상황을 말한다.

㉡ 독일의 경우 탐정은 공직자는 아니지만 탐정협회의 직업 강령에 이해 충돌 방지의 의무를 규정하고 있다. 즉, 예기치 못한 요인으로 인해 이해 충돌의 상황이 발생한 경우 탐정은 이를 행하여서는 안되며, 이러한 경우 수임하는

것은 선의의 위반으로 간주되어 계약은 무효된다.[16] 따라서 탐정은 이해관계가 있는 사안에 대하여 일방과 수임한 경우, 그 반대 당사자와의 계약을 체결할 수 없다.

⑤ 직업 수행상 의무

　㉠ 탐정들은 직업 수행 상 동료들과 협조할 의무가 있다. 그러나 이러한 협력의 원칙과 고객의 이익 사이에 충돌이 있는 경우 고객의 이익이 우선한다.

　㉡ 탐정간의 직업적 분쟁이 발생하는 경우 상호 우호적인 합의를 우선으로 하며, 법적 절차를 개시하기 전에 탐정업을 대표하는 협회의 중재나 청산 기관의 조정을 가지는 것을 원칙으로 한다.

⑥ 불공정 및 반경쟁적인 광고 행위 금지 의무

탐정은 모든 형태의 불공정하고 반경쟁적인 광고행위(부적절하고 오해의 소지가 있는 회사명, 불법한 비즈니스 기록 공개 등)를 하지 않을 의무가 있다.

4) 지방탐정협회(아덴 경제탐정사무소)의 윤리강령[17]

다음은 독일 지방탐정회사 중 하나인 라이프치히에 있는 아덴 경제탐정사무소의 윤리강령과 홍보 내용을 원문 그대로 번역한 것이다.

(1) 비밀엄수 및 법적보장

① 비밀엄수 의무

라이프치히 아덴 경제탐정사무소의 탐정들은 완전한 비밀 엄수를 맹세한다. 당신의 데이터는 우리가 안전하게 보관할 것이고, 당신의 사건에 대한 모든 절차와 당신의 정체성은 오로지 내부적으로만 논의된다. 우리 탐정들의 행동은 항상 합법적이기 때문에, 이들에 의해 수집한 증거들은 법적 수용성이 있다. 여기에는 예외없이 정당한 사안만 조사 대상으로 받아들여 진다는 사실도 포함된다.

그렇다면 어떤 사안이 정당합니까? 조사할 사안이 조사대상자의 인격권보다 높은

---

16) 탐정과 의뢰인은 신의와 성실의 원칙을 바탕으로 하며, 업무 수행 시 타인의 이익을 최우선 할 의무를 진다. 독일은 탐정직업 직업강령의 규정을 통하여 사법상의 기준을 마련하고 있으며, 독일 민법 제242조(신의성실의 원칙). 제817조(선량한 풍속 및 법률위반)에 따른 선량한 풍속 및 불공정 행위, 선의의 원칙을 위반하는 계약 및 이용약관은 법률에 반하여 무효이다.

17) http://www.aaden-detektive-leipzig.de/aaden-wirtschaftsdetektei-gmbh-leipzig/rechtssicherheit-ethik를 바탕으로 원문을 번역하였으나, 원문 내용과 약간 상이할 수 있음을 밝혀둔다.

경우에만 사안의 정당성이 확보된다. 예를 들면 당신의 새 여직원을 고용했는데, 그녀의 외모가 매우 매력적이며 이력서에 근거하여 그녀의 지능과 능력에 대한 긍정적인 결론을 내렸는데, 몇 주 또는 몇 달 후 그 여자는 사직하고 회사를 떠났다. 회사 직원들은 그 여자에게 연락하려고 노력하지만 이력서에 기재된 주소에는 더 이상 거주하지 않으며 기록된 전화번호로는 더 이상 연락이 되지 않을 경우 두 가지 방법이 있습니다.

　　㉠ 만약 당신이 그 여자와 사적인 관계를 만들기 위하여 만나고 싶어 한다면 이 경우에는 이전 여직원의 인격권이 우선이기 때문에, 우리 탐정사무소는 의뢰를 거부할 것입니다. 거부하지 않는다면 우리는 다만 당신에게 자료를 전달할 것이다. 다만, 이 자료 전달도 조사 대상자가 이 자료전달에 명시적으로 동의해야만 가능합니다.

　　㉡ 당신은 조사대상자가 경쟁 회사에서 의뢰를 받은 산업스파이로서 지속적으로 회사 내부 자료를 입수했다는 걸 알게 되었지만 비밀엄수를 이유로 이 사안을 경찰에 맡기지 않으려 하는 경우가 있을 수 있습니다. 이러한 사안에는 이전 여직원을 찾는 것이 범인의 인격권보다 더 우위에 있기 때문에, 이 경우에는 우리 탐정들이 당신을 위하여 일할 수 있습니다.

(2) 도덕과 윤리 및 조사 원칙

① 이해충돌이 발생하는 경우

우리의 경제탐정들은 개인적으로 관여되어 있지 않는 경우에만 의뢰를 수락할 수 있습니다. 그래야 객관적인 결과를 얻을 수 있고 법적 구속력을 유지할 수 있기 때문입니다. 어떤 형태로든 이해 충돌이 발생할 경우 우리는 그 임무를 거부합니다. 만약 나중에 상황이 발생할 경우 그것을 폐기합니다. 우리는 이것을 미리 명확히 하고 싶을 뿐이고, 그러한 사례는 지금까지 실제로 존재하지 않았다는 점을 강조하고 싶습니다.

② 조사원칙

　　㉠ 아덴 경제탐정들은 모든 법적 규정을 원칙적으로 준수합니다. 예를 들어 사진촬영이나 비디오로 촬영되는 경우, 법률상 촬영은 항상 금지되기 때문에 그 규정에 따라 우리는 그와 같은 행위를 하지 않습니다.

　　㉡ 대상자의 감시는 가장 개인적으로 보호되어야 할 생활 영역의 침해 행위입니다. 예를 들어 주택에서의 대상자의 감시는 법률에 의해 금지되고 있습니다. 따라서 아덴 탐정들은 라이프치히가 금지하듯이 대상자의 집에 카메라를 설치해서는 안 되고, 또한 그렇게 될 것입니다. 오직 이 방법만이 증거의 법

적 타당성을 보장할 수 있습니다.

③ 윤리의 정의에는 투명하고 이해할 수 있는 계약 구성과 공정한 수수료 제도 등이 포함됩니다.

2. 오스트리아

1) 개설

오스트리아 정식 명칭은 오스트리아 공화국이다. 유럽 대륙 중앙에 있는 내륙국으로 북쪽으로 독일·체코, 동쪽으로 헝가리·슬로바키아, 남쪽으로 슬로베니아·이탈리아, 서쪽으로 스위스와 리히텐슈타인에 접하고 있다. 1815년 독일 연방, 1938년 독일에 합방, 1955년 독립주권을 회복했다. 유럽의 6개 영세중립국 중 하나로서 수도는 빈, 공용어는 독일어다. 오스트리아 탐정협회의 윤리강령도 대체로 독일탐정협회의 윤리강령과 맥을 같이하고 있다.

2) 오스트리아 탐정협회의 윤리 강령[18]

아래의 탐정 윤리 강령은 오스트리아 탐정협회(OEDV)가 53회 총회(2003년 10월 18일)에서 결정한 것이다.

이 강령은 오스트리아 탐정협회(OEDV)의 모든 회원에게 구속력을 가진다. 회원과 비회원 탐정 또는 탐정과 무관한 사람들이 이 강령을 어길 경우 오스트리아 탐정 협회는 이를 간과하지 않는다.

① 우리는 전문성과 전문지식 그리고 객관성을 최대한 살려 법적 범위 내에서 집행할 수 있는 모든 수단을 동원하여 의뢰를 수행할 의무가 있다.

② 우리는 진정한 상업인의 신뢰성과 신중함을 가지고 고객에게 신뢰를 제공할 의무가 있다.

③ 우리는 고객의 정당하고 보호할 가치가 있는 이익은 최대한 주의를 기울여서 조사하고, 명백히 불법인 의뢰는 거부할 의무가 있다.

④ 우리는 고객의 권리를 존중하고 법적 조항에 상충되지 않는 한 의뢰인에게 보고하고 비밀을 지킨다.

---

18) Österreichischer Detektiv−Verband. http://www.oedv.at/ethische−grundsatze/ 의 원문내용을 번역하여 기술하였다.

⑤ 우리는 고객 상담·마케팅 업무 그리고 홍보활동을 할 때 공개적이고, 공정하고, 정직하고, 진실할 것을 약속한다. 탐정업에 대하여 언론 보도를 할 때 객관적이고 전문가의 입장에서 현황과 동료들에 대하여 이야기할 것을 약속한다.

⑥ 우리는 의뢰받은 것을 법적 규범에 따라 수행하고, 동료나 직원에게 법률 위반을 요구하거나 허용하지 않을 것이다.

⑦ 국내와 해외의 동료와 협력은 다른 모든 의뢰인과 동일한 관행이 적용된다.

⑧ 협회에서 동료란 서로에 대한 도움과 지원을 의미하며, 서로 공정하게 교류하고 건설적인 소통을 하며 협회의 문제에 대한 자발적인 협력을 의미한다.

3. 일본

1) 개설

최초 일본의 탐정업은 자유업으로 인정되어 일반 서비스업처럼 영업을 시작할 수 있었고, 개업에 따른 신고나 가맹의무가 없었다. 이 때문에 탐정업체의 난립으로 사회적 혼란이 일어나자, 2006년 6월 8일 탐정업법(「탐정업의 업무 적정화에 관한 법률」)을 제정하여 신고제로 전환하였다. 따라서 탐정을 하려고 하는 자는 내각부령(內閣府令)이 정하는 규정에 의해 영업소마다 당해 영업소의 소재지를 관할하는 도도부현[19] 공안위원회[20]에 소정의 사항을 기재한 신청서[21]와 첨부서류를 제출하여야 한다(내각부령 제4조 제1항).

2) 탐정의 결격사유

탐정의 자격요건은 허가제가 아니라 법률에 근거한 결격사유에 해당하지 않는 이

---

19) 도도부현(都道府縣)은 일본의 행정구획을 총칭하는 것으로 일본 전역을 말하는 것이다. 먼저 도(都)라 함은 일본의 수도인 동경도(東京都)를 지칭하는 것이고 (동경1개), 두 번째 도(道)라 함은 북해도(홋카이도1개)를 말한다. 부(府)는 교토부와 오사카부 두 개를 말하며, 현(縣)은 43여개 지방을 일컫는 말이다. 따라서 도도부현이라 함은 일본 전역을 말하는 것이고, 도부현(道府縣)이라 할 때는 수도인 동경을 제외한 지방전역을 지칭하는 말이다(김형중 「경찰학개론」, 서울: 청목출판사, 2020, p. 104.).

20) 일본의 경찰조직은 국가경찰인 경찰청과 7개의 관구경찰국(管區警察局), 지자체 경찰인 동경도(東京都) 경시청 및 43개의 도부현(道府縣)경찰본부로 이루어진 이원적 조직체계이다. 일본의 경찰에 대한 관리 역시 이원적 체계로 되어 있다. 국가경찰은 국가에서 설치된 국가공안위원회의 관리를 받고 있으며, 지자체경찰인 도도부현 경찰은 도도부현에 설치된 도도부현 공안위원회의 관리를 받고 있다.

21) 신청서에는 상호·명칭 또는 성명 및 주소, 영업소의 명칭 및 소재지와 당해 영업소가 주된 영업소인 경우에는 그 뜻, 이외에 당해 영업소에 있어서 광고 또는 선전을 하는 경우에 사용하는 명칭이 있는 때에는 당해 명칭, 법인에 있어서는 그 임원의 성명 및 주소 등을 기재하여야 한다(내각부령 제4조 제1항).

상 누구라도 탐정업을 할 수 있도록 하고 있다(내각부령 제3조).

결격사유	① 성년 피후견인·피보좌인 또는 파산자로서 복권되지 아니한 자
	② 금고 이상의 형에 처해지거나 이 법률규정에 위반하여 벌금형에 처해지고, 그 집행을 종료하거나 또는 집행을 받지 아니하기로 된 날부터 기산하여 5년을 경과하지 아니한 자
	③ 최근 5년간 본 법률 제15조의 규정에 의한 처분에 위반한 자
	④ 「폭력단원에 의한 부당한 행위의 방지 등에 관한 법률」에 규정한 폭력단원 또는 폭력단원이 아니게 된 날부터 5년을 경과하지 아니한 자(동법 제2조 제6호)
	⑤ 법인으로서 그 임원 중에 제 ①호부터 제 ④호까지의 어느 것인가에 해당하는 자가 있는 것

3) 탐정협회와 윤리강령

일본의 경우 등록된 탐정협회에서 자체적으로 윤리강령을 제정·운영하고 있다. 대표적으로 탐정협회인 「일본조사협회의 윤리강령」, 「일본탐정연합회」, 그리고 지방회인 「오사카 일본조사협회」의 윤리강령을 보면 다음과 같다.

(1) 「일본조사협회(일반사단법인)」의 윤리강령

① 설립목적 및 조직[22]

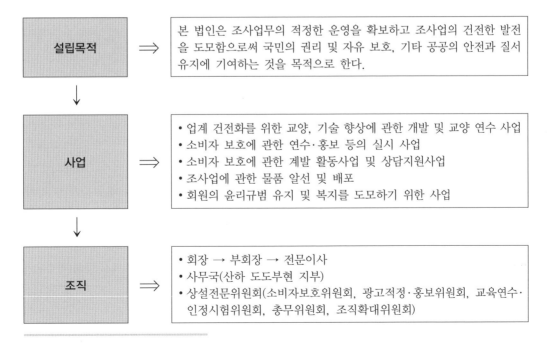

설립목적 ⇒	본 법인은 조사업무의 적정한 운영을 확보하고 조사업의 건전한 발전을 도모함으로써 국민의 권리 및 자유 보호, 기타 공공의 안전과 질서 유지에 기여하는 것을 목적으로 한다.
사업 ⇒	• 업계 건전화를 위한 교양, 기술 향상에 관한 개발 및 교양 연수 사업 • 소비자 보호에 관한 연수·홍보 등의 실시 사업 • 소비자 보호에 관한 계발 활동사업 및 상담지원사업 • 조사업에 관한 물품 알선 및 배포 • 회원의 윤리규범 유지 및 복지를 도모하기 위한 사업
조직 ⇒	• 회장 → 부회장 → 전문이사 • 사무국(산하 도도부현 지부) • 상설전문위원회(소비자보호위원회, 광고적정·홍보위원회, 교육연수·인정시험위원회, 총무위원회, 조직확대위원회)

---

22) http://nittyokyo.or.jp/annai/rinri/ 의 원문을 번역하여 기술하였음을 밝혀둔다. 검색일 2020. 9. 28.

② 윤리강령

　　㉠ 직업자각

　　　회원은 업무의 사회적 사명을 자각하고 직무를 성실 공정하게 수행하며 국
　　　민생활에 기여하도록 마음가짐을 가져야 한다.

　　㉡ 신의성실

　　　조사는 성실히 수행하고 정확성을 기하며 요금은 적정하게 함으로써 사업자
　　　로서 신의를 존중해야 한다.

　　㉢ 법령준수

　　　회원은 업무를 수행함에 있어서 상시 법령을 준수하고 사회상식을 벗어나는
　　　일이 없도록 해야 한다.

　　㉣ 인권존중

　　　회원은 항상 인권을 존중·옹호하도록 배려하고 타인의 명예권익을 훼손하거
　　　나 차별적인 조사를 행해서는 안 된다.

　　㉤ 비밀유지

　　　회원은 업무상 알게 된 사람의 비밀을 함부로 타인에게 누설하거나 말해서
　　　는 안 된다.

　　㉥ 자기연마

　　　회원은 항상 인격을 연마하고 업무와 관련한 지식기능의 향상에 노력해야
　　　한다.

　　㉦ 융화협조

　　　회원은 상호 융화하도록 협조, 단결하여 업계 발전에 이바지해야 한다.

③ 자주규제(자율규제)[23]

「일본조사협회」는 윤리강령과는 별도로 탐정활동과 관련된 자주규제(自主規制), 즉
「자율규제원칙」을 정하여 아래와 같은 내용은 절대로 하지 않는다는 행동준칙을 강력
하게 요구하고 있다.

　　㉠ 기본적 인권과 관련한 조사는 절대로 수건(受件, 수락)하지 않는다.

　　㉡ 일명 「이혼공작전문회사」(흥신소의 불륜조사와 유사하지만 이혼자료 수집이 주요업
　　　무)에 준하는 사안에 대해서는 절대로 조사하지 않는다.

---

23) http://nittyokyo.or.jp/annai/rinri/의 원문을 번역하여 기술하였음을 밝혀둔다. 검색일 2020. 9. 28.

ⓒ 전화번호만으로 가입자의 주소 및 성명 등 부정한 수법에 의한 정보입수는 절대로 하지 않는다.

ⓔ 이른바 범죄경력에 대한 풍문 이외의 부정한 수법에 의한 정보입수는 절대로 하지 않는다.

ⓜ 조사결과에 대하여 과대 또는 허위 보고는 절대로 하지 않는다.

ⓗ 차입 사실에 대하여 금융기관 등에서 부정수법에 의한 정보입수는 절대로 하지 않는다.

ⓢ 그 밖에 부적정한 광고게재 및 비합법이라고 판단되는 영업활동 및 조사수법은 절대로 하지 않는다.

(2) 「일본탐정업연합회(일반사단법인)」의 윤리강령[24]

① 회원의 자각
회원은 항상 탐정업자로서의 품위 유지에 노력하고 회원 상호의 명예를 존중해야 한다.

② 신뢰와 신의
회원은 항상 신뢰와 정직을 가지고 의뢰자에 대한 업무에 최선을 다해야 한다.

③ 법령준수
회원은 탐정업 법령 및 사회의 공서양속(公序良俗)에 위반하지 않고 그 질서를 존중해야 한다.

④ 인권존중
회원은 차별적인 사생활 침해에 해당하는 조사를 수행하지 않는다는 취지를 표명한다.

⑤ 비밀의 유지
회원은 의뢰자의 이익을 옹호하는 입장을 견지하기 위하여 업무상 알게 된 비밀을 타인에게 누설해서는 안된다.

⑥ 자기연마
회원은 폭넓은 지식의 확대와 기술 향상에 노력하고 의뢰자의 좋은 파트너로서 업무에 임해야 한다.

---

24) http://jad.area9.jp/article/0197192.html 의 원문을 번역하여 기술하였음을 밝혀둔다. 검색일 2020. 9. 28.

⑦ 융화협조

회원은 같은 뜻을 가진 하나의 단체이며 탐정의 도(道: 탐정의 길)가 이루어져 가도록 보조를 맞춰나가야 한다.

⑧ 존재의식

회원은 탐정의 본분인 「의뢰자의 고민해결을 돕는다」라는 것을 잊어서는 안 된다.

⑨ 지도원리

회원은 탐정업무를 주로 수행하는 동지의 지도적 입장에서 되도록 항상 몸가짐을 바르게 해야 한다.

⑩ 정례회

회원은 홀수달 제 3금요일에 개최하는 정례회에 반드시 출석하고 본회 발전을 위하여 각자가 정보교환을 실시하고 각자의 번영을 이루기 위한 공정하면서도 자유로운 경쟁유지에 최선을 다한다.

(3) 오사카일본조사사업협회 윤리강령 및 윤리규범(지방협회)[25]

① 회원은 업무의 사회적 사명과 그 영향에 반하는 책임의 중대함을 자각하고 업계의 발전과 사회적 지위 향상에 노력할 것

② 회원은 상호 자주성을 존중하고 존경·융화·협조 정신을 가지면서 협회의 공명정대한 발전에 노력할 것

③ 회원은 의뢰자에 대하여 배려와 성의를 가지고 대하고 조금이라도 신뢰를 손상시키는 언행을 강력히 경계하며 적정한 보고서를 통하여 고객의 기대에 부응할 것

④ 회원은 업무수행에 있어서 항상 협회 회원다운 책무와 자부심을 견지하고 법을 위반하거나 사회적 상식을 벗어난 비난받을 행위는 엄중히 경계·자숙할 것

⑤ 회원은 어떠한 명목을 불문하고 부락차별을[26] 의도하는 조사의 의뢰를 받아서는 안 된다.

⑥ 회원은 피조사자 및 그 친족이 동화지구[27]에 거주했던 사실, 또는 거주하는 사

---

25) http://daichokyo.or.jp/rinrimouryou 의 원본을 번역하여 기술하였음을 밝혀둔다. 검색일 2020. 9. 28.

26) 일본의 신분제도 중에서 가장 하층계급이 부락민이고 이들에 대하여 결혼 전에 집안 뒷조사 등이 많이 실시되었다.

27) 하층민 거주지역이 동화지역이며, 동화지구 거주자(피차별 거주지역주민)에 대해서는 결혼 전에 출신지 뒷조사가 암암리에 이루어지고 있었다. 따라서 일본의 경우 부락민 출신, 동화지구 거주자에 대한 뒷조사가 불법적으로 이루어지고 있었음을 시사해 주고 있다.

실의 유무에 대하여 조사하거나 보고해서는 안 된다.

⑦ 회원은 동화지구의 소재지 일람표 등을 소지 또는 판매하여 특정 지구가 동화지구인 사실을 알리거나 동화지구의 소재지를 밝혀내는 정보를 제공해서는 안 된다.

⑧ 회원은 그 업무활동에 있어서 협회의 법인명을 부당하게 이용해서는 안 된다.

⑨ 그 밖에 협회의 명예 또는 신용을 실추시키는 행위를 해서는 안 된다.

[강령위반에 대한 대처]

⑩ 감독관청의 통보 및 신문·TV 등 보도, 또는 피해자로부터 정보를 입수한 경우 총무위원회는 신속하게 사실을 확인한 다음 결과를 회장에 보고한다.

⑪ 협회장은 보고를 받은 다음 이사회를 소집한다. 이사회는 관계자의 출석을 요구하고 해명, 의견을 청취하는 등 사실을 규명하고 공평한 조처를 강구하도록 한다. 단, 제명에 관해서는 정관 제9조에 의거한다.

4. 스페인

1) 개설

스페인 연방정부는 그동안 자율규제원칙에 의하여 탐정제도를 운영하였다. 그러나 1995년부터 탐정업을 규율하던 법률과 왕령(Real Decreto)을 포함한 모든 조치를 「민간보안법(La Ley de Seguridad Privada)」으로 집대성하고,[28] 이 법률의 사적 조사기능 영역에 탐정의 직역을 명시함으로써 본격적인 국가 관리제도로 전환되었다.[29]

2) 스페인 「사립탐정협회」의 윤리강령

스페인 「사립탐정협회(APDPE)」[30]의 윤리강령은 다음과 같다.

① 탐정은 고객의 이익을 방어해야 하고 외부의 영향을 배제해야 하며, 조사는 항상 객관적이어야 한다.

② 탐정의 기술은 진실과 신뢰감, 근면한 조사에 기반하며, 조사에서 올바른 정의

28) 탐정직업을 규율하는 스페인의 법률, 명령 등의 규율은 "Ley 23/1992, de 30 de Julio, B.O.E. n 186, de 4 de Agosto de 1992., Real Decreto 2,364/1994, de Dicimbre, B.O.E. n 8 de Diciembre de 1995, Orden Ministerial de 7 de julio de 1995, B.O.E. n 169 de 17 de Julio de 1995"이었다(박대규, "스페인의 공인탐정 ", 「정책브리핑」, 검찰청, 2007, p. 15).

29) 하금석·강동욱, "탐정업 관련 법률의 제정방향", 「법과정책연구」, 20(4), 한국법정책학회, 2020. p. 419.

30) 스페인 「사립탐정협회(APDPE)」, https://www.vestigere.com/en/ethics~in~investigations/ 2022. 5. 29. 검색.

는 탐정이 수행하는 모든 행동에 반영되어야 하는 가치이다.

③ 명예롭게 행동해야 한다. 불의와 타협하지 않고 자신뿐만 아니라 고객에 대한 책임·진지함·존경심을 가지고 행동해야 한다.

④ 항상 고객의 이익에 우선하며, 모든 행위는 고객의 이익을 충족시킬 수 있는 것을 목표로 하고, 신뢰를 바탕으로 한 의사소통이 원활하여야 한다.

⑤ 의뢰인과 조사의 대상, 탐정에 대한 사항, 데이터의 비밀을 준수하여야 한다.

⑥ 업무수행 중 의뢰자의 권익을 침해할 수 있는 이해충돌에 주의해야 한다.

⑦ 정보를 임의변경 하지 않으며, 객관적 원칙에 의거 처리하여야 한다.

⑧ 탐정은 표현의 자유를 행사할 때 자신이 합당하다고 판단하는 대로 조사의 중요한 특징을 진실되게 표현하여야 하며, 항상 모든 관련 원칙을 존중하며 결과에 대하여 책임 있는 자세로 임하여야 한다.

Ⅲ. 영미법계 탐정협회의 윤리강령

1. 영국의 탐정협회의 윤리강령

1) 개설

최초 영국의 탐정업은 면허 또는 자격의 유무와 관계없이 자유롭게 수행할 수 있는 자유업의 형태로 출발하였다. 그러나 사회적 폐해가 갈수록 심각해지자 2001년 「민간산업법」을 제정하여 탐정업을 규제하였으나, 탐정활동에 대한 특별한 자격증제도는 도입하지 않았다. 그 후 2006년부터는 국가작업인증(NVQ)Leverl 3 이상[31]을 취득하여야만 탐정 업무를 수행할 수 있도록 자격요건을 강화하였다. 따라서 영국에서 탐정이나 탐정업을 운영하려는 자는 면허를 취득하여야 하며, 탐정 면허는 「민간산업법」의 규정에 의하여 「보안산업위원회」에서 교부된다.[32]

---

31) 국가작업인증 Level 3은 복잡하고 다양한 범위의 일을 수행할 수 있으며, 타인을 지도할 수 있는 능력을 말한다.

32) 2001년 민간산업법이 제정되었고, 이후 영국의 경비산업을 규제하기 위해 독립기관인 「보안산업위원회」가 설립되었다. 민간산업법이 적용되는 민간보안서비스업에 대한 면허의 교부권과 인가권은 「보안산업위원회」에 있기 때문에, 탐정 면허 역시 「보안산업위원회」에서 교부된다.

2) 영국의 탐정협회의 윤리강령

영국의 탐정협회로는 「영국탐정협회」·「프로탐정협회」·「스코틀랜드 탐정포럼」 등을 들 수 있는데, 대표적으로 「영국탐정협회(ABI, The Association of British Investigators)」의 윤리강령을 보면 다음과 같다.[33] 「영국탐정협회」는 협회 및 탐정업계의 명예를 손상시키는 행위를 한 탐정에게는 제명처분을 시키는 등 강력한 윤리 의식 준수를 강조하고 있다.

1) 회원은 도덕적 원칙에 따른 직업적 의무를 수행하며, 탐정 개인의 직업과 협회에 비난을 초래하는 잘못을 결코 하지 않는다.

2) 회원이 조사 업무를 수행함에 있어서 의뢰인의 신분·증명서·도덕성·합법성을 검증해야 한다.

3) 회원은 의뢰인의 비밀과 합법적인 일은 존경해야 한다.

4) 회원은 부주의로 인한 그리고 개인정보누설로 인한 보호와 비밀보호에 관해 확실히 보증해야 한다.

5) 회원은 물론 탐정업무를 조력하는 고용인과 기타인에게도 윤리강령은 고수되어야 하며, 그에 따른 책임을 인정하도록 한다.

6) 회원은 적법성·도덕성·직업적 윤리성의 범위 내에서 모든 조사업무를 수행해야 한다.

7) 회원은 의뢰인을 존경하고 유리하든 불리하든 조사과정에서 확인된 일은 모두 의뢰인에게 보고해야 하고, 법규에 위반된 의뢰인과의 계약은 하지 않아야 한다.

8) 회원은 협회의 가장 높은 직업적 목표를 성취하기 위하여 협회의 모든 회원과 함께 일하며, 진실·정확·신중함의 교훈을 준수한다.

3. 미국의 탐정협회의 윤리강령

1) 개설

(1) 미국의 경우 탐정 제도의 규제가 없는 일부 6개주(앨라바마, 알래스카, 콜로라도, 미시시피, 미주리, 사우스다코타와 같은 주는 주 정부의 면허가 전혀 필요 없음)를 제외하고는 대부분의 주(州)에서는 면허시험에 합격하고, 면허국에서 발급하는 탐정면허를 보유하고 업

---

33) 영국탐정협회(ABI) https://www.theabi.org.uk/about/compliance~and~guidance; 권창기·김동제·강영숙
   공저, 「탐정학」, 인천: 진영사, 2011, p. 312 ; 이상원·이승철, "탐정의 직업윤리에 관한 고찰", 한국민간경
   비학회보 제18권 제4호 2019, p. 203.

무를 수행할 수 있도록 정하고 있다.[34] 그러나 미국의 탐정관리와 운영은 각 주(州)마다
서로 다른 법규와 제도를 유지하기 때문에, 주 경계를 넘어서 탐정업무를 수행할 경우
에는 관할의 문제가 발생하게 된다. 따라서 대부분의 주에서는 라이센스(license)를 상호
간에 인정하는 양해각서를 체결하여, 각서가 체결된 주에서만 탐정 활동이 가능하다.
미국 내 탐정의 교류가 허용되는 주(州)는 플로리다,[35] 캘리포니아, 테네시 등 8개 주이
다.[36]

(2) 미국 주별 탐정협회

한미 FTA 자유무역협정에 따라 2011년 7월 1일부터 단계적으로 개방되기 시작한
법률시장은 3차(2016년 7월) 개방으로 최종 마무리되었다. 따라서 미국의 법적 지위를 한
국에서도 그대로 상호간에 인정받게 되었기 때문에, 한국의 탐정관련 분야에서 종사하
는 사람들은 한국 내에서 활동하는 미국 탐정회사의 탐정들에 대한 라이센스의 진위 여
부를 확인해 두는 것도 사실조사차원에서 필요하다고 보여진다.

미국의 탐정협회는 각 주별로 탐정협회가 구성되어 있으며, 각 주의 탐정협회에서
는 윤리강령을 제정하여 운영하고 있다. 이하에서는 미국최초의 탐정회사인 핀커튼
(Pinkerton)사의 탐정 행동윤리강령과 현대의「펜실베니아주 탐정협회(PALI)」·「테네시주
탐정협회(TPIA)」·「텍사스주 탐정협회(TALI)」의 윤리강령에 한정하여 기술하였다.

2) 핀커튼 전국 탐정회사(Pinkerton's National Detective Agency)의 행동 윤리강령

(1) 미국 탐정기업의 역사적 효시는 1850년 대의 핀커튼 전국 탐정회사[37]라고 볼 수
있고, 오늘날 탐정기업들이 종합보안서비스(정보수집과 경호경비 등)를 제공하는 전통도 여
기에서 비롯됐다. 핀커튼 탐정회사는 부정적 이미지도 많은데, 홈스테드 스트라이크 사건
을[38] 일으켜 노조활동을 탄압하는 주역을 맡아 악명을 날리기도 하였다. 그 후 핀커튼 회

---

34) 미국의 탐정은 일반적으로 공인탐정과 일반탐정으로 이원화 되어 운영되고 있다. 공인탐정의 경우에는 주
마다 상이하지만 탐정사무소를 통해 3년(6,000시간)이상을 면허국에 등록한 후 탐정업무를 수행한 경력을
가지고 있거나, 또는 경찰 등 수사기관에서 3년 이상의 수사업무경력을 가진 자에 한 해 면허시험에 응시할
수 있도록 제한하고 있고, 면허시험에 합격하여야 자격을 부여받는다. 한편, 일반탐정은 면허를 가진 공인
탐정회사에 속해 회사의 지시에 의해서만 일을 할 수 있고, 단독으로 일을 하거나 계약 혹은 상담을 할 수
없다. 일반탐정의 자격은 면허(license)라고 하지 않으며, 취업허가증 형태로 부여된다.
35) 이 상호조약은 체결한 주에서만 효력이 있다(플로리다 주의 사립탐정 상호 조약 규정)
36) http://licegweb.doacs.state.fl.us/investigations/reciprocity.html. 검색일 2020. 9. 30.
37) 엘렌 핀커튼과 핀커튼 전국탐정회사에 대한 내용은 탐정의 역사편에서 구체적으로 기술하였다.

사는 사설기업으로 너무 비대해져 국가 공권력까지 위협할 수준이 되자, 미의회의 결의 (반 핀커튼 법안)에 따라 연방정부(연방정부의 기관 포함)는 사설탐정의 고용을 금지시켰다. 이처럼 핀커튼 탐정회사는 그 공적과 과오에 있어 명암이 교차되기도 하지만, 윤리강령을 처음으로 제정하여 운영하는 등 미국 탐정에 있어서 신화 같은 존재라고 할 수 있다. 아래의 19세기말 핀커튼 탐정회사의 윤리강령을 오늘날 미국 내의 탐정회사의 윤리강령과 비교해 보면 과거와 현재의 탐정 윤리기준이 어떻게 변화되어 가고 있는지를 알 수 있는 기회를 제공하고 있기도 하다.

(2) 핀커튼사의 탐정행동 윤리강령[39]

① 불법적인 활동에 관계하지 않을 것

② 정보 수집을 위해 비윤리적이거나 회사의 명성에 해를 끼칠 수 있는 사건에 관여하지 않을 것

③ 타인을 모함에 빠뜨리거나 범죄행위를 하도록 하지 않을 것

④ 고의적으로 또 다른 고객의 불이익을 위해 업무를 수행하지 않을 것

⑤ 의뢰 업무 성공에 대해 보증하거나 또는 성공에 대한 조건으로 사례금을 받지 않을 것

⑥ 보상 또는 선물을 받거나 또는 그러한 행동을 한 직원을 묵인하지 않을 것

⑦ 범죄행동을 한 피고인의 이익에 관련된 업무를 하지 않을 것

⑧ 중죄인과 타협하거나 또는 절취된 재산의 반환을 위해 타협하거나 적법절차없이 재산을 강탈하지 않을 것

⑨ 은밀하고 불법적인 방법으로 설계·기록·고객명단 또는 사적인 정보를 획득하지 않을 것

⑩ 자기보험과 보험회사를 상대로 불법적 이익을 얻고자 하는 자들을 위해 대리하거나 업무수행하지 않을 것

⑪ 배심원을 미행하거나 공무원의 직무수행에 관한 일을 조사하지 않을 것

⑫ 범죄사건을 제외한 여성의 행동이나 품행조사를 하지 않을 것

⑬ 이혼소송에 이용하기 위한 정보나 증거를 획득하지 않을 것

⑭ 도청이나 금전수금업무에 관여하지 않을 것

38) 홈스테드 스트라이크 사건은 1892년 핀커튼 탐정들이 홈스테드 공장 노조원들을 공격하여 노조원 5명 등이 사망한 사건을 말한다(홈스테드 공장 파업자들과 핀커든 탐정회사와의 분쟁을 말함).
39) 권창기·김동제·강영숙 공저, 앞의 책, p. 311.

3) 「펜실베니아 공인탐정협회(PALI)」의 윤리강령

펜실베니아 공인탐정협회(PALI)는 탐정서비스 분야에서 윤리적인 행위의 높은 원칙, 의뢰인에게는 정직·공정·정중한 태도, 업무 수행시에는 이러한 높은 수준의 윤리적인 행동을 유지하여야 한다는 것을 모토(motto)로 삼고 있다. PALI의 윤리강령은 아래와 같다.[40)]

(1) 회원은 사법행정(재판)에서 자기들의 업무역할을 적절한 시기에 공중에게 설명해야 한다.

(2) 회원은 다른 탐정이나 전문가들에게 서로 정직해야 하며, 어느 때라도 다른 탐정의 직업적 명성을 손상시키거나 위해를 입혀서는 안된다. 탐정이 업무수행 시 비윤리적·불법·불공정한 책임이 있을 경우 그 정보 및 사실을 윤리위원회에 문서로 통보하여야 한다.

(3) 회원들은 업무서비스를 제공해야 한다. 회원들은 사적 혹은 영업상 이해관계가 충돌할 경우에 업무위임 수락을 자제해야 한다. 고객은 공정하고 정당한 대우를 받아야 한다.

(4) 탐정은 각자 의뢰받은 업무는 물론 요금(수수료)에 대한 명확한 근거가 되는 탐정의 의무에 대해 의뢰인에게 설명해야 한다.

(5) 회원들은 조사업무상 교섭과정과 고객 및 입수된 정보에 대해 비밀을 지켜야 한다.

(6) 회원은 업무와 관계하여 유혹이 있더라도 다른 탐정과 불법적인 경쟁을 행해서는 안 되며, 업무상 유혹이 있을 때에는 윤리적인 태도를 유지해야 한다.

(7) 회원은 서로 오도하거나 남을 속이는 태도를 지녀서는 안 된다. 회원은 직업상 품위와 명예를 불신시키거나 손상시키는 행위를 피해야 한다.

(8) 회원은 업무수행과 직업 자체를 규율하는 어떠한 법률도 위반해서는 안 되며, 미 연방 헌법이나 각 주의 헌법에서 보장하고 있는 시민의 권리를 침해서는 안 된다.

(9) 회원은 모든 진실과 사실에 기초하여 보고해야 하며, 그에 기초하여 정직한 의견을 표현해야 한다. 고객을 위한 조사업무시 획득된 결과에 대해 사실적·진실적인 발표를 방해하는 사적인 느낌이나 편견이 있어서는 안 된다.

---

40) 강영숙, 「민간조사(탐정)실무」, 인천: 진영사, 2015, pp. 219~200.

(10) 회원은 그들의 훈련으로 고품질의 서비스를 고객이 받을 수 있도록 기술적인 능력을 유지해야 한다. 회원은 가능한 한 기술적인 능력이 향상되고 유지될 수 있도록 항상 전문적인 성장과 훈련기회를 이용하여야 한다.

4) 「테네시주 탐정협회(TPIA)」의 윤리강령

테네시주 탐정협회의 윤리강령은 다음과 같다.[41]

(1) 법규와 규정을 준수하며, 타인에게 해를 끼치지 않는다.

(2) 교육·훈련·경험에 대해 정확히 설명한다.

(3) 보고서는 개인적 감정이나 편견을 배제하고 진실과 사실에 근거하여 정확하게 작성한다.

(4) 자신의 의뢰인·직원·협회에 충실하며 회원 간의 모함은 하지 않도록 한다.

(5) 개인적인 이해관계가 있는 사건에 대해서는 수임하지 않는다.

(6) 임무와 비용에 관한 것은 고객에게 상세히 설명하고 적절하게 수행한다.

(7) 다른 회원의 명성·경험·경력 등에 대해서 비판하지 않는다. 그러나 비윤리적 이거나 불법적인 업무수행을 하는 회원에 대해서는 협회에 신고하도록 한다.

5) 「텍사스주 탐정협회(TALI)」의 윤리강령

텍사스(TEXAS)주 탐정협회의 경우에도 별도로 탐정윤리규정을 제정하여 회원들로 하여금 이러한 윤리지침을 준수하도록 요구하고 있다.[42]

(1) 텍사스주 탐정으로서 전문적이며 성실하고 정직해야 한다.

(2) 수행할 작업, 청구할 요금 및 제공될 보고서에 대한 전체설명을 의뢰인에게 제공하여야 한다.

(3) 고객이 별도로 지시하지 않는 한, 또는 특정명령이나 법적권한이 있는 경우를 제외하고는 조사에서 얻은 모든 정보를 기밀로 유지한다.

---

41) 강영숙, 위의 책, pp. 219~200 ; 정일석, "민간경비 영역확장을 위한 민간조사제도 도입방안", 용인대학교 박사학위논문, 2008, pp. 123~124.

42) http://www.tali.org/how-to-join-tali 검색일 2020. 10. 2 ; 권창기·김동제·강영숙, 위의 책, p. 309.

(4) 업무는 법적·도덕적 및 직업윤리 범위 내에서 수행하여야 한다.

(5) 불법적이거나 비윤리적인 행위에 대해 고객에게 알림과 동시에 관련기관의 요구 시 법집행기관 또는 기타 정부기관에 협조한다.

(6) 탐정(전문가)으로서 개선을 위해 끊임없이 노력하고, 다른 사람들의 권리를 존중하여야 한다.

(7) 회원으로 남아있는 한 텍사스탐정협회의 목적과 방침을 충실히 따라야 한다.

4. 오스트레일리아(호주)의 탐정협회의 윤리강령

1) 개설

오스트레일리아(호주)의 정식 명칭은 오스트레일리아 연방이다. 6개의 자치주와 2개의 특별구로 이루어져 있으며, 각각의 주는 하나의 독립된 국가와 같은 강력한 자치권을 가지고 있다. 오스트레일리아는 영국 연방에 속한 국가로써, 국가원수는 영국 국왕 찰스 3세이다. 그러나 실질적으로는 연방총독이, 6개의 주정부는 총독이 대표하고 있다.[43] 호주는 체계적인 공인탐정제도를 운영하고 있지만, 탐정면허 인가규정이나 운영형태는 각 주(州)마다 조금씩 다르다.[44]

2) 호주의 탐정협회

호주는 지역별로 탐정 관련 법규정(적용법규)과 관리기관이 지정되어 있고, 윤리강령은 각 주의 탐정협회를 통하여 제정·운영되고 있다. 호주의 탐정협회의 윤리강령은 모든 사설탐정과 피고용인이 지켜야 할 윤리적 목표의 기준이 된다. 대표적인 예로「빅토리아 주(Victoria State) 탐정협회」의 윤리강령을 보면 다음과 같다.

---

43) 호주는 뉴사우스웨일스주, 퀸즐랜드주, 빅토리아주, 사우스오스트레일리아주, 웨스턴오스트레일리아주, 태즈메이니아주(섬)의 6개주로 구성되어 있다.
44) 정식면허를 받은 공인탐정은 정부에 약 260 호주달러의 세금을 내고 활동하게 된다. 호주탐정들의 활동범위는 자신이 면허를 취득한 곳으로 제한되지만, 활동하고자 하는 주에 일정 세금을 내면 다른 주에서도 공인탐정으로 활동할 수 있다.

(1) 빅토리아 주의 탐정관련 적용법규 및 관리기관[45]

구분	내용
적용법규	The Private Agency Act(1966)
관리기관	Victorian Police

(2) 「빅토리아 주의 탐정협회」의 윤리강령[46]

① 회원은 오스트레일리아의 법에 따라 윤리와 전문성의 최고의 기준을 고수하는 방식으로 전문업무를 수행한다.

② 회원은 요구되는 신분증과 법이 요구하는 면허를 가진 탐정의 자격범위 안에서 활동한다.

③ 회원은 긍지와 존경을 나타내는 업무기준을 장려·보호·유치하고, 탐정산업의 건전한 대외적 위상 증진에 노력한다.

④ 회원은 서비스와 정보에서 고객의 사생활과 비밀을 보호한다.

⑤ 모든 고객, 피고용인과 사업에 관련된 정보에 대해서는 불법적 접근이나 누설되는 일이 없도록 보호조치되고 있다는 점을 고객에게 확신시켜야 한다.

⑥ 탐정직업과 직접적으로 관련되어 있고, 그 직업에 종사하기 위해 직접적으로 요구되는 고객의 정보만을 받아들이고 검토한다.

⑦ 모든 피고용인과 기타의 자들은 이 윤리강령을 고수하여 조사활동을 보조하며, 이에 따른 책임을 받아들여야 하고, 그렇지 않을 경우 그에 상응하는 조치가 취해진다.

⑧ 회원은 항상 정직·성실에 기초한 행동을 행하며, 최고의 고객서비스를 기준으로 모든 조사업무를 수행하고 종결지어야 한다.

5. 캐나다

1) 개설

연방국인 캐나다의 탐정업은 미국과 마찬가지로 연방 차원의 탐정업 관련 법률은 제정되어 있지 않고 주 정부 차원의 개별 법률로 규정되어 있다. 대표적인 예로 온타리오주의 윤리강령을 보면 다음과 같다. 온타리오주의 경우 1996년 「민간경비원 및 민간

---

45) http://www.inverstigateway.com/resource/licenseing.html 검색일 2020. 10. 2.

46) 강동욱·윤현종, 「탐정학 개론」, 서울: 박영사, 2019, p. 135; 이상원·이승철, 「탐정학」, 인천: 진영사, 2019, pp. 124~125.

조사원에 관한 법률(Private Investigators and Security Guards Act)」을 제정하였으며, 이후 개정 법률인 「민간보안 및 조사서비스법(Private Security and Investigative Service Act 2005)」을 제정하여 2007년 8월부터 시행 중이다.[47]

2) 온타리오주의 윤리강령

온타리오주의 「민간보안 및 조사서비스업법」[48]에 명기된 윤리강령은 다음과 같다.

① 정직하고 성실하게 행동한다.

② 자신의 면허 조건에 적합한 조사 방법과 장비를 사용하여야 한다.

③ 모든 연방, 지방 및 지방 자치 단체 법률을 준수한다.

④ 개인의 인종·조상·출신지·피부색·출신 민족·시민권·신조·성별·성적취향·나이·결혼상태·가족상태 또는 장애에 따른 차별없이 모든 사람을 동등하게 대우한다.

⑤ 대중에게 모독적·학대적·모욕적 언어 또는 비시민적 행동을 삼가한다.

⑥ 불필요한 무력 사용을 삼가한다.

⑦ 법에 따라 금지되거나 허가되지 않은 행위를 자제한다.

⑧ 법률에 따라 공개가 요청되는 정보를 제외하고, 업무 중 알게 된 모든 정보를 기밀로 취급함으로써 타인의 사생활을 존중한다

Ⅳ. 각국의 탐정윤리강령의 공통점

외국의 윤리강령은 국가마다 조금씩 차이가 있지만 일반적으로 아래와 같은 공통점을 내포하고 있다.

1. 법률위반금지 의무

각국의 탐정의 윤리 강령 중 공통적으로 강조되는 항목은 관련 법규 준수 의무이다. 탐정의 활동은 업무 특성상 법률과 관련된 내용이 다수이기 때문에 관련 법률 규정에 의해 제재(처벌)되거나, 또는 탐정 협회 차원의 자체적인 윤리 강령에 의해 준법정신이 강하게 요구되고 있는 것이 일반적인 경향이다. 예컨대, 일본의 경우 '탐정은 개인의

---

47) 정일석, 위의 논문, p. 164.

48) 온타리오주 민간보안 및 조사서비스업법 윤리강령, https://www.ontario.ca/laws/regulation/070363/ 2022. 6. 1. 검색.

사생활을 침해하거나, 개별법에서 금하고 있는 사항을 위반하여서는 아니 된다'고 하여
절대적 금지사항으로 규정하고 있다.

2. 비밀유지 의무

비밀유지 의무 또한 각국의 공통적인 윤리 강령 중의 하나이다. 탐정과 의뢰인은
신의성실의 원칙을 바탕으로 계약관계가 유지된다. 따라서 탐정업이나 탐정에 종사하는
자는 업무수행과정에서 취득한 고객의 비밀을 함부로 누설하거나 발표하지 못하도록
비밀 준수를 요구하고 있다.

3. 불법적·비윤리적 사건 수임 금지

탐정의 조사업무는 매우 다양하고 광범위하기 때문에, 고객으로부터 사건을 의뢰받
을 경우 사건의뢰 계약 전 충분하고도 명확한 상담을 통해 의뢰업무가 어떤 것인지 명
확하게 확인하여야 한다. 따라서 그 업무수행에 있어서 조사의 대상이 그 자체로 불법
이거나 불법적인 행위 확대에 기여하는 경우,[49] 윤리적으로 조사 의뢰를 받아들여서는
안 된다.[50] 즉, 업무수행에 있어서 불법적인 요소나 비윤리적 요소가 있다면 사건 수임
을 거절하여야 한다.

4. 이익충돌 회피 의무

1) 각국의 공직자의 이해충돌 방지법

(1) 미국은 1962년 「뇌물 및 이해충돌방지법」을 제정하여, 공직자 자신 및 가족 등
의 재정적 이해관계가 걸려있는 특정사안에 대해 회피하지 않고 공직자로서 결정·허가
등의 행위에 참여하는 것을 금지하고 있다. 이를 위반하면 고의성이 없는 경우 1년 이
하의 징역형을, 고의성이 있는 경우 5년 이하의 징역형에 처해진다.

(2) 캐나다는 2006년 「이해충돌법」을 제정하여, 이해충돌과 관련된 일반의무와 내부
정보의 사용금지, 부당한 영향력 행사 금지, 계약 등 체결 금지 등을 규정하고 있다.

---

49) 불법이거나 불법적인 행위 확대에 기여하는 경우의 예로는 범죄행위의 증거를 제거하거나, 감추거나, 파기
하기 위한 조사, 또는 헌법에 보장된 어떤 권리를 박탈하기 위한 조사 등을 들 수 있다.

50) Arthur, S. J. (1962). Ethics for Inverstiators. Journal of Criminal Law and Criminology. Vol 53, Issue 2
June. pp. 270~271.

　(3) 영국의 경우 「부정행위 방지법」, 프랑스는 「공무원의 권리와 의무에 관한 법률」 등을 통해 공직자의 이해충돌 장치 조항을 마련해 놓고 있다.

　(4) 우리나라는 2013년에 「부정청탁 금지 및 공직자의 이해충돌방지법안」이 발의되었지만, 이해충돌방지를 제외한 부정청탁금지와 금품 등의 수수제한만을 담은 「부정청탁 및 금품등 수수의 금지에 관한 법률(김영란법)」이 제정되어 시행되고 있다.

2) 세계각국 탐정협회의 이익충돌 회피 의무 규정

　탐정은 공직자가 아니지만, 세계 각국의 탐정협회는 고객의 이익과 상반되는 사건은 수임하지 못하도록 규정하고 있다. 이는 어떤 종류의 직접적인 이해관계가 충돌하는 경우 이해관계의 일방을 위해 수임을 하였다면, 그 반대 당사자의 계약을 체결할 수 없다는 것을 강조한 것이다. 즉, 탐정은 윤리적으로 이미 이해관계 일방과 계약체결을 하여 조사의뢰를 받아들였다면, 타방의 이해 상충을 제시하는 조사를 받아들여서는 안 된다는 것을 의미한다.

5. 정직 및 진실유지 의무

　업무와 의뢰수수료에 대하여 계약 전에 이를 명확히 하여 추후 시비가 발생하지 않도록 하고 있다. 즉, 모든 사업거래수임료 및 행동에 있어서 정직하게 행동할 것을 요구하고 있다.

6. 통보의무

　윤리규정 위반자에 대한 통보의무를 부과하고 있다. 탐정의 사회적 인식과 자질향상을 위해 비록 동료라 할지라도 규정이나 법규 또는 윤리를 위반한 회원에 대해서는 협회 혹은 감독기관에 신고·통보하는 것을 의무화하고 있다.[51]

---

51) 강동욱·윤현종, 위의 책, p. 133.

우리나라의 경찰과 변호사 윤리강령

Ⅰ. 서설

　공적수사기관으로 경찰이 있다면, 민간인으로는 탐정이 있다. 따라서 본 절(節)에서는 경찰의 윤리강령과 변호사의 윤리강령을 객관적으로 살펴보고, 이를 토대로 하여 탐정의 윤리강령을 도출해 보고자 한다.

Ⅱ. 경찰윤리기준

1. 의의

　왜 경찰관에게 다른 공직자보다 경찰윤리가 더 필요하며 강조되어야 하는가?

　경찰윤리는 개별 경찰관의 올바른 신념과 태도를 말한다.[52] 경찰은 단속과 규제 등 그 업무의 성격상 시민들의 생활에 많은 영향을 미치는 역할을 수행하고 있다. 따라서 시민들은 경찰의 규제와 단속 그리고 법집행과정에서의 문제점 등에 대해 대부분 저항하고 반감을 가지거나, 심지어 적대감을 표명하기도 한다. 때문에 시민사회는 경찰관에게 더 높은 윤리수준을 요구하고, 시민단체나 지역주민의 여론을 통해 경찰을 끊임없이 감시하고 있는 것이다.

2. 경찰관의 윤리수준(행동기준)

1) 법규범

　경찰관의 행동기준에서 맨 먼저 떠오르는 것은 법규범이다. 경찰의 업무수행 행위는 당연히 문제 해결을 위한 것이다. 경찰이 문제해결을 하기 위한 규범으로서 가장 강력한 것은 「법」이라고 말할 수 있으며, 정상적인 국가에서의 법은 최소한의 윤리에 해당한다.[53]

---

52) 김형중, 「경찰학총론」, 서울: 형지사, 2014, p. 60.
53) 김태길, 「윤리학」, 서울: 박영사, 2002, pp. 450~451.

2) 도덕률(행위규범)

도덕률은 경찰관이 지켜야 할 가장 근원적인 행위규범으로서, 개인의 양심으로 대표되는 개인윤리·사회윤리·직업윤리를 모두 포함한다. 이런 의미에서 과연 경찰관이라는 직업은 어느 행위기준에 따라서 행동하는 것이 바람직한가 하는 것이 중요한 과제 중의 하나이다.

경찰관은 구체적 행위를 통해 평가받는 직업이다. 따라서 구체적인 업무수행 행위나 사생활은 직관이나 상황의 적합성의 작용에 의해 판별되는 '옳음'의 차원에서 준수되어야 할 것이다. 예컨대, 부부싸움 사건 신고를 받고 출동한 경찰관이 형사사건으로 다루지 않고는 이 사건이 제대로 해결되지 않을 상황인데도 가정문제라고 해서 사건처리를 방관한다든가, 부부간의 적절한 대화에 의해 조용하게 끝날 수 있는 상황인데도 끝까지 형사절차에 의한 사건으로 처리하겠다고 고집하는 것은 상황에 대한 적합성이 없는 것이다. 이 경우 경찰관이 업무수행은 '옳은 행위'라는 평가를 받지 못할 것이다.[54]

3) 도덕적 지표(경찰윤리헌장)

경찰윤리헌장은 경찰관이 업무수행 시에 지켜야 할 도덕적 지표이다. 즉, 경찰윤리헌장은 경찰관이 자율적이고도 체계적인 봉사자로서 갖추어야 할 기본정신과 실천하여야 할 윤리적인 행동지침이다. 경찰윤리헌장에서 규정한 다섯가지 항목을 풀어서 해석해보면 규범성·성실성·공정성·근면성·청렴성·합리성·사명감 등을 경찰관의 덕목으로 정한 것이라고 할 수 있다.[55]

「경찰윤리헌장」

우리는 국민의 생명과 재산을 보호하고 공공의 안녕과 질서를 유지하는 경찰관으로서

1. 우리는 헌법과 법률을 수호하고 명령에 복종하며 각자의 맡은 바 책임과 의무를 충실히 완수한다.

1. 우리는 냉철한 이성과 투철한 사명감을 가지고 모든 위해와 불법과 불의에 과감하게 대결하며 청렴 검소한 생활로써 영리를 멀리하고 오직 양심에 따라 행동한다.

1. 우리는 주권을 가진 국민의 수임자로서 공공의 복리를 증진하고 국민의 자유와 권리를 존중하여 성실하게 봉사한다.

---

54) 조철옥, 「경찰윤리학」, 서울: 대영문화사, 2005, pp. 297~324.
55) 조성호, "경찰사를 통해본 경찰정신", 한국민간경비학회보, 제11호, 한국민간경비학회, 2008, pp. 123~158.

1. 우리는 국민의 신뢰를 명심하여 편견이나 감정에 사로잡히지 않고 공명정대하게 업무를 처리한다.
1. 우리는 이 모든 목표와 사명을 달성하기 위하여 끊임없이 인격과 지식의 연마에 노력할 것이며 민주경찰의 발전에 헌신한다.

4) 업무수행태도와 윤리기준

경찰은 법집행 권한을 국민으로부터 위임받았다는 점을 명심하여야 한다. 코헨과 펠드버그는 존로크의 사회계약설로부터 경찰활동이 지향해야 할 다섯 가지 기준을 제시하였다.[56]

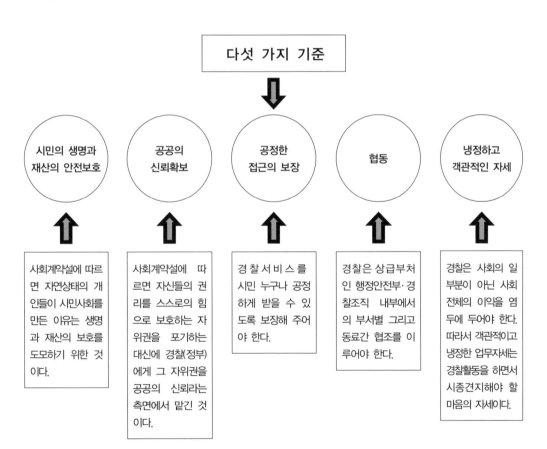

56) 김형중, 「탐정활동의 이론과 실무」, 서울: 박영사, 2020, pp. 64~65.

3. 경찰윤리 확립의 필요성

직업의 특수성으로 인하여 경찰관에게는 더욱 더 고도의 도덕성을 요구하고 있는데 경찰관에게 특별히 고도의 도덕성을 요구하는 이유는 다음과 같다.[57]

1) 경찰관은 권한행사에 있어서 상당한 재량과 각종 물리력을 사용하는 권한이 주어져 있다. 따라서 경찰관 개개인에 의한 합리적인 판단 및 자율적 반성이 더욱더 그 중요성을 띠게 된다.

2) 경찰관은 상당부분 비정상적인 상황에서 업무를 수행해야 할 뿐만 아니라, 대개는 위기상황 하에서 순간적인 판단에 따라 행동해야 한다. 따라서 비정상적이며 긴박한 상황에서 의사결정을 합리적으로 할 수 있기 위해서는 경찰관으로서 윤리의식이 평소에 확립되어 있어야 한다.

3) 위기상황에서 행하는 경찰관의 활동은 법적 명령이다. 위기상황에 대한 경찰의 개입은 선택적인 것이 아니라, 법과 조직에 의한 명령이다. 그 결과 경찰관은 하기 싫어도 복종해야 하는 업무가 많기 때문에 높은 윤리의식이 요구된다.

4) 경찰관은 업무의 특성상 대부분의 다른 사람들보다 더 많은 유혹에 노출되어 있다. 이러한 유혹을 뿌리치지 못하는 경우 국민적 분노나 불신의 상황에 직면하게 되고, 경찰조직 전체에 해악을 끼치게 된다. 따라서 이를 극복하기 위한 강한 윤리 의식이 필요하다.

5) 의무 불이행의 유혹은 외부로부터 뿐만 아니라, 내부로부터도 초래된다. 경찰은 조직 구성원 간에 내부적으로 강한 유대감을 갖는 경향이 있다. 따라서 집단규범에 동조하라는 동료들의 고도의 압력에 동조하지 않을 경우, 배척당하고 소외당하기 쉽다. 그 결과 불의와 타협할 가능성이 있다. 이런 점을 극복하기 위해서는 구성원 개개인의 고도의 도덕적 용기가 요구된다.

Ⅲ. 경찰관의 부패요인론(일탈요인론)

경찰관의 일탈행위는 경찰관이 공·사적으로 바람직한 형태에서 벗어나는 행위를 말한다. 즉, 업무 수행 시에 부정부패·사생활에서 축첩·성매매·도박이나 음주운전 등

---

57) John Kleinig, The Ethics of policing, Cambridge Univ. press. 1996. p. 4.

경찰관으로서 바람직하지 못한 행위들을 의미한다. 그중 경찰의 일탈행위 중에서 윤리적으로 가장 심각한 문제는 바로 업무수행과정에서 발생하는 부정부패이다. 경찰관의 부정부패는 경찰조직에 대한 사회적 불신을 심화시키고, 경찰이미지를 부정적인 방향으로 각인시킨다는 측면에서 가장 근절되어야 할 행태이다.

1. 경찰관의 일탈행위와 부패

1) 의의

경찰부패란 경찰관이 자신이 사적인 이익을 위해, 또는 특정인을 위해 경찰권을 의도적으로 오용하는 것을 말한다. 즉, 특정 경찰관이 그에게 주어진 업무상의 권한을 부정하게 행사하는 대가로 금전이나 물질적인 사례를 수수하는 행위를 말한다. 그러므로 부패는 업무상 권한의 부정적 사용, 물질적인 대가의 수수(향응·성상납·다양한 물질적 이익 기회제공) 등으로 집약될 수 있다.[58]

2) 경찰부패의 원인

경찰부패의 원인은 다양하게 제시되고 있지만, 이들은 상호배타적이라기보다는 상호보완적으로 이해되어야 한다고 델라트르는 주장하고 있다.[59] 그가 제시하는 가설은 (1) 전체사회가설, (2) 구조적 원인, (3) 썩은 사과가설 등으로 요약할 수 있다.

(1) 전체사회가설과 미끄러지기 쉬운 경사로 이론

① 전체사회가설

미국 시카고 경찰의 부패원인을 분석하여 내린 윌슨의 결론이다. 그에 의하면 사회 전체가 경찰관의 부패를 묵인하거나 조장할 때 자연스럽게 부패행위를 하게 되며, 처음에는 불법적인 행위를 하지 않더라도 커피 한 잔을 대접하는 것과 같은 작은 호의에 길들여져 나중에는 명백한 부정부패 행위로 발전하게 된다고 하였다. 이처럼 전체사회가설에서는 부패라는 것이 비교적 해악이 없고 좋은 관행으로부터 시작되나 시간이 지남에 따라 명백한 부패유형으로 발전하게 되는데, 이는 전체사회가 그 원인을 제공한다는 것이다.

---

58) 조철옥, 「경찰행정론」, 서울: 대영문화사, 2003, p. 143.
59) 경찰대학, 「경찰윤리론」, 서울: 경찰대학, 1998, p. 249.

② 미끄러지기 쉬운 경사로 이론

미끄러지기 쉬운 경사로 이론은 전체 사회가설과 유사한 논리이다. 이 이론은 실제로 부패는 아주 사소한 행위로부터 시작해서 점차적으로 큰 부패로 이어지며, 작은 호의의 수용은 경사로위에 행위자를 올려놓는 것과 같아 점점 깊이 빠져들게 되고, 나중에는 그 속에서 빠져나오지 못하고 부패하게 된다는 것이 핵심적인 내용이다.

(2) 구조적 가설

구조적 가설은 경찰조직 내부에 구조적으로 존재하는 부패관행에서 그 원인을 찾는다. 로벅(Julian B. Roebuck)과 바커(Thomas Barker) 등이 주장한 가설로써, 경찰부패는 경찰관의 개별적인 일탈이 아니라 조직의 모순적인 규범체계에 의한 조직적 일탈로 이해해야 한다는 것이다.[60] 이 견해에 따르면 신참경찰관들은 그들의 고참동료들에 의해 조직의 부패 전통 내에서 사회화되어 부패의 길에 들어서게 되고, 이런 부패의 관행은 경찰관들 사이에서'침묵의 규범'으로 받아들여진다는 데 문제가 있다고 보는 것이다.

(3) 썩은 사과 가설

부패의 원인을 처음부터 자질이 부족한 경찰관의 경찰입문에서 그 원인을 찾는다. 사과상자의 사과 전체 중 일부가 썩으면 전체가 썩듯이 처음부터 경찰로서의 자질이 없는 사람이 모집단계에서 배제되지 못하고 조직 내에 유입됨으로써, 경찰의 부패가 나타난다는 이론이다. 이 이론은 부패의 원인을 조직의 체계적 원인보다는 개인적 결함에 두고 있다.

2. 작은 호의와 경찰부패에 대한 논쟁

경찰은 업무수행 과정에서 시민들로부터 사적으로 선물이나 커피, 그리고 식사를 대접받는 경우가 있다. 이와 같은 물질적 작은 호의를 부패로 볼 것인지에 대해서 미국에서는 논의가 진지하게 이루어지고 있다.

1) 작은 호의에 대한 견해

작은 호의[61]의 허용 여부에 대해 학자에 따라서 견해가 서로 나뉘어져 있다.

---

60) Edwin J. Delattre, Character and cops: Ethics in policing, 3rd, The AEl press, 1996, pp. 71~78.
61) 작은 호의는 뇌물과 구별되는데 뇌물은 직무와 관련하여 정당한 의무를 그르치거나 의무의 불이행을 감행하게끔 하는 정도의 이익을 말하는 것이고, 호의는 감사와 애정의 표시, 훌륭한 경찰관에 대한 자발적 보상

카니아(Kania)는 "경찰관은 지역사회 사이의 좀 더 긴밀한 협력관계를 구축하기 위해서 지역사회의 구성원들로부터 선물들을 받도록 격려되어야 한다"고 주장하였다.[62]

반면 경찰관이 그러한 이익을 받는 것은 경찰관을 타락시키는 행위라고 보는 견해이다.

① 전 뉴욕 시경국장 패트릭머피(Patrick Murphy)는 "봉급을 제외하고 깨끗한 돈(clean luck)이란 건 없다"고 주장하여, 작은 호의에 대한 부정적인 견해를 분명히 했다.

② 특히 윌슨(O.W.Wilson)은 "경찰관에게는 어떤 작은 호의, 심지어 한 잔의 커피도 받도록 허용되어서는 안 된다"고 주장하였다.[63]

2) 작은 호의에 대한 허용주의

작은 호의의 수용에 대한 허용주의자들의 근거는 다음과 같다.

첫째, 경찰관이 당연히 해야 할 일을 수행하는 것이지만, 그로 인해 도움을 받았다고 생각하는 사람들의 고마움의 표시는 당연하다(당연성).

둘째, 작은 사례나 호의는 강제된 것이 아니라, 자발적으로 이루어지는 것이다(자발성).

셋째, 경찰관이 비록 작은 호의를 받았다고 하더라도 그러한 사소한 것 때문에 자신의 직무를 부당하게 처리하지 않는다(분별성).

넷째, 경찰관은 관내를 순찰하면서 커피한잔, 과일 한조각을 나누는 친밀함 속에서 지역주민과 우호적인 관계가 형성된다(친밀성).

다섯째, 공짜커피와 음료수 한잔 같은 작은호의는 이미 지역사회에서 오래된 관행이어서, 그것을 근절시키려는 노력은 아무 효과가 없을 것이다(관행성).

3) 작은 호의에 대한 금지주의

작은 호의는 절대 허용되어서는 안 된다는 금지주의자들의 논거는 다음과 같다.

첫째, 아주 작은 선물이라도 이러한 작은 호의가 정례화된다면, 받은 사람은 준사람에게 늘 신세나 의무감을 지게 되어 업무를 불공정하게 처리한다.

등을 의미한다.

62) Richard E. Kania, "should we tell police to say Yes to Gratuities?", in Criminal Justice Ethics, Summer/Fall, 1988. p. 39.

63) Micheal Felderberg, "Gratuities, Oorruption, and Democratic Ethos of Policing: The Case of the Free Cup of coffee." in Frederick A. Elliston and Michael Feldberg eds, Moral Issue in police Work, Rowman and Allanheld, 1985. p. 267.

둘째, 작은 호의의 수용은 경사로 위에 경찰관을 올려놓는 것과 같아 점점 깊이 빠져들게 함으로써, 나중에는 그 속에서 빠져나오지 못하고 부패의 미끄러지기 쉬운 경사로 위에 서 있는 격이 된다. 작은 호의를 거부해야 한다고 주장하는 사람들이 제시하는 논리 중의 하나가 '미끄러지기 쉬운 경사로' 논증인데, 실제의 부패는 아주 사소한 행위로부터 시작해서 점차적으로 큰 부패로 이어진다는 것이다.

셋째, 대부분의 경찰관들이 뇌물과 작은 호의를 구별하고 판단할 수 있으나, 일부는 양자를 구별할 능력이 없다.

넷째, 작은 호의를 제공하는 사람들 중에는 대개 불순한 의도를 가지고 있는 경우가 빈번하고, 경찰관에게 어떤 특별한 대우를 받기를 원한다. 예컨대, 경찰관들에게 식사를 제공하는 사업가들은 "경찰관들이 자기들의 영업장에 머물러 방범효과가 있기를 기대할 수 있고, 그럴 경우에 경찰관들은 다른 곳보다 그 영업장 주변에서 시간을 많이 보내게 된다"고 생각한다. 따라서 치안과 관련해서 그 영업장의 주인들에게는 도움이 되겠지만, 그것은 경찰력의 불공정한 배치를 초래하게 되고 부패한 경찰이라는 비난을 면하기 어렵다.

4) 작은 호의의 허용가능성

작은 호의를 허용할 것인가 하는 미끄러지기 쉬운 경사로 논증은 셔먼과 펠드버그의 서로 다른 논거에 의해 접근해 볼 수 있다.

(1) 셔먼의 견해

셔먼은 경사로 논증과 관련하여 경찰관의 작은 호의는 허용되어서는 안 된다고 주장한다. 셔먼은 작은 부수입의 수용으로부터 불법영업시간을 봐주는 대가로 금품을 수수하거나, 나아가 도박장과 윤락업소로부터 갈취를 하고 결국에는 마약에 손대는 것까지 비교적 부드러운 경사로 하강양상을 보인다고 하였다.

(2) 펠드버그의 견해

① 펠드버그는 셔먼의 논리에 대해 동의하지 않는다. 펠드버그는 대부분의 경찰관들은 사소한 호의들과 부패한 뇌물사이를 구별할 수 있으며, 미끄러지기 쉬운 경사로 논증은 비현실적이고 경찰관의 지능과 인격에 대한 모독이라고 주장한다. 그는 미끄러지기 쉬운 경사로 논증은 연구에 의해서 증명되지도 않았으며, 논리적으로 설득력 있는 것도 아니라고 하였다.[64] 즉, 관념적 가설에 불과하다는 것이다.

② 펠드버그 자신도 작은 호의들의 수용에 아무 문제가 없다고 생각하지는 않았다. 다만, 작은 호의들이 문제가 되는 이유는 '미끄러지기 쉬운 경사로'에서의 미끄럼을 통해 떨어지기 때문은 아니라는 것이다. 작은 호의의 수용은 경찰관이 작은 호의를 베푸는 장소에 주로 근무함으로써 근무지역의 불균형이 발생하고, 경찰서비스가 지역적으로 균등하게 행해져야 함에도 돈 있는 사람들에게만 경찰서비스가 집중되는 데 문제점이 있다고 보았다. 따라서 실제로 경찰의 도움이 더 필요한 가난한 사람들에게 경찰서비스가 제대로 이루어지지 않아 민주적인 원리를 침해한다는 점에서 거절되어야 한다고 주장하였다.

5) 셔먼과 펠드버그의 견해에 대한 찬반론

(1) 존 클라이니히

존 클라이니히는 펠드버그가 셔먼보다 좀 더 현실적이라고 생각한다. 펠드버그는 공짜커피 그 자체가 본질적으로 나쁘다고는 생각하지 않으며, 그 단계에서 도덕적 타협이 문제가 되지 않는다고 본다. 또한 보통 경찰관들은 공짜 커피를 얻어 마셨다고 해서 더 나쁜 유형의 부패행위에도 빠지지 않는다고 본다. 다만 그에 의하면 경찰의 서비스는 서비스를 필요로 하는 모든 사람에게 골고루 제공되어야 함에도 불구하고, 공짜 커피와 같은 작은 호의의 제공으로 인해 돈 있는 사람에게 서비스가 집중된다는 점에 문제가 있다고 지적을 하였다.

(2) 델라트르

델라트르는 모든 작은 호의는 제도적으로 금지되어야 한다고 강조한다. 그는 공짜 커피를 마시는 경찰관이 모두 미끄러지기 쉬운 경사로를 따라 더 큰 부패에 빠지는 것은 아니지만, 일부의 경찰관이 더 큰 부패에 빠져드는 것은 사실이라고 주장하였다. 따라서 이와 같은 행위는 결코 무시할 수 없는 일이기 때문에, 작은 팁에 유사한 작은 호의의 수용은 인용되어서는 안 된다고 하였다.

3. 부정부패 이외의 경찰관의 일탈행위

부정부패 이외에도 경찰관의 일탈행위로서 그중 대표적인 것이 가혹행위·여성차별

---

64) Feldberg, 위의 책, pp. 268~269.

과 성희롱·불건전한 사생활의 문제(이성문제)·채무관계 등을 들 수 있다. 가혹행위는 경
찰관들의 윤리의식과 인권존중 의식의 결여와 연관되어 있고, 성차별과 성희롱은 경찰
조직 안에서 남녀간의 갈등과 분열을 초래할 수 있다.

Ⅳ. 변호사의 직업윤리

변호사의 직업윤리는 「변호사법」과 「변호사윤리장전」에서 다음과 같은 사항들을
규정하고 있다.

1. 변호사법

「변호사법」에서는 변호사가 준수하여야 할 주요 의무규정으로 1) 품위유지 의무(동
법 제24조), 2) 회칙준수 의무(동법 제25조), 3) 비밀유지 의무, 4) 이익충돌회피 의무(동법
제31조 수임제한) 등을 규정하고 있고, 의무위반자에 대한 벌칙규정을 두고 있다.

1) 품위유지 의무

변호사는 그 품위를 손상시키는 행위를 하여서는 아니 되며(동법 제24조 제1항), 그
직무를 수행할 때에 진실을 은폐하거나 거짓진술을 하여서는 아니 된다(동법 제24조 제2항).

2) 회칙준수 의무

변호사는 소속 지방변호사회와 대한변호사협회의 회칙을 지켜야 한다(동법 제25조).

3) 비밀유지 의무

변호사 또는 변호사이었던 자는 그 직무상 알게된 비밀을 누설하여서는 아니된다.
다만, 법률에 특별한 규정이 있는 경우에는 그리하지 아니하다. 변호사의 비밀유지 의
무는 고객과 신뢰관계에 있는 변호사가 비밀을 공개하지 않도록 하여 의뢰인을 보호하
려는데 그 목적을 두고 있다.

4) 수임제한 의무(이익충돌회피 의무)

「변호사법」 제31조는 수임제한 사유를 규정하고 있는데, 이는 이익충돌을 회피하는

의무조항이다. 변호사가 의뢰인에게 수임받은 사건과 이해대립 관계에 있는 상대방으로부터 사건을 의뢰받는 것은 의뢰인의 신뢰를 깨뜨리게 되어 불공정한 결과를 초래할 수 있게 된다.[65]

2. 변호사윤리장전

대한변호사협회는 「변호사법」과는 별도로 「변호사윤리장전」을 제정한 후(1962.6. 30.) 수차례의 개정을 하였고, 2007년 7월4일 전문개정을 하여 현재에 이르고 있다. 변호사윤리장전상의 변호사의 기본윤리(제2조)의 규정을 보면 다음과 같다.

1) 변호사는 권세에 아첨하지 아니하고 재물을 탐하지 아니하며 항상 공명정대하여야 한다.

2) 변호사는 명예를 존중하고 신의를 지키며 인격을 도야하고 지식의 연마에 힘써야 한다.

3) 변호사는 직무의 내외를 불문하고 품위[66]를 해하거나 공공복리에 반하는 행위를 하여서는 아니 된다.

4) 변호사는 직무의 성과에 구애되어 진실규명을 소홀히 하여서는 아니 된다.

5) 변호사는 특별한 사정이 없으면 법관, 검찰관 기타의 공무원과 금전거래를 하거나 주석이나 오락을 같이 하는 등 오해의 소지가 있는 사적인 접촉을 하여서는 아니 된다.

6) 변호사는 사생활에 있어서도 호화와 사치를 피하고 검소한 생활로 타의 모범이 되어야 한다.

---

65) 정형근, "변호사의 직업윤리에 대한 고찰", 법조, 663, 2009, pp. 302~303.
66) 변호사의 품위손상행위는 대부분 변호사가 직무수행 중에 법률을 위반하거나, 그 지위를 남용하여 부당한 이익을 취하거나 하는 행위를 한 경우이다(정형근, 위의 논문, pp. 290~295).

제4절 우리나라의 탐정윤리강령 제정에 관한 제언

Ⅰ. 개설

1. 현황

한국의 탐정활동은 세무서에 사업자 등록을 하면 누구나 창업이 가능하다. 따라서 탐정이 되기 위해서 필요한 요건은 별도로 없지만, 대부분 민간자격을 발급받아 활동하고 있는 것이 현 실정이다. 국내의 탐정 관련 자격증은 공인자격증이 아닌 민간자격증이며, 이러한 탐정 자격증이 없더라도 탐정이나 탐정업을 할 수 있다. 그럼에도 불구하고 개인이 탐정사 자격증을 취득하는 것은 의뢰인에게 불법영업을 하지 않는다는 믿음과 탐정조사에 대한 기본 지식을 갖고 있다는 신뢰감을 주기 위해서이다.

2. 문제점

민간인은 누구나 탐정사 자격증 없이도 아무나 사업자 등록만 하면 탐정사무소를 열 수 있고 탐정활동을 할 수 있다. 문제는 민간자격증의 유·무를 떠나서 국가기관으로부터 어떠한 관리·감독을 받지 않기 때문에, 탐정이란 이름을 걸고 불법 영업을 할 수 있다는 점이다. 따라서 탐정(탐정업)과 관련된 모법이 시급히 제정되어, 이러한 문제점[67]을 하루빨리 해소시킬 필요가 있다.

Ⅱ. 탐정연합협회의 창설 필요

1. 우리나라의 경우 탐정업의 도입 목적은 국민의 권리보호에 이바지하고, 탐정업 종사자들에 대한 적정한 관리·감독을 통해 탐정업의 건전한 발전을 도모하는 것이라고 볼 수 있다. 현재 발족된 탐정협회로는 「ROK탐정협회」·「한국탐정협회」·「한국민간조사학술연구소(학술단체)」·「대한민국탐정협회」 등이 난립하고 있으나, 궁극적으로는 독일과 같은 전국탐정협회 형태로 통합되어 운영되는 것이 바람직스럽다고 생각되어진다. 독일

---

67) 사업자 등록만 하면 누구나(예컨대, 금치산자·전과자·성범죄자 등) 탐정사무소를 열고 탐정활동을 할 수 있기 때문에, 결격사유자 등에 대한 제재 지침 등이 어떠한 형태로든지 마련되어야 할 것이다.

의 경우 1896년 최초의 탐정협회(독일제국 탐정연구협회)가 설립되었다. 그 후 수차례의 변천과정을 거치면서 약 90년 만인 1983년에 기존 탐정협회간 합병을 통해 새로운 「독일탐정협회: BDD」가 창설되었고, 오늘날 독일에서 가장 대표적인 협회로 자리잡고 있다. 한국의 경우 전국탐정협회의 결성은 각 협회간의 이해관계 충돌과 조정 문제 등으로 그리 쉽게 해결될 수 있는 문제는 아니지만, 선결적으로 전국탐정연합 형태의 결성이 이루어지고 난후에 자체적인 탐정윤리강령이 제정·운영되는 것이 보다 효과적이고 실용적인 방안이라고 생각되어 진다.

   2. 현행 실정법상 탐정과 관련된 모법(母法)이 없기 때문에, 「개인정보법」·「신용정보법」·「통신비밀보호법」 등에 의하여 탐정활동이 규제되고 있다. 따라서 앞으로 모법 제정과 그에 관련된 기타 관련 법규 등에 의하여 탐정활동이 규제되어야 하는 것은 당연지사이며, 나아가 전국탐정협회가 결성된 후에 자체적인 윤리강령 제정 등을 통하여 회원들에 대한 윤리 의식 함양과 준수 등이 요구되어져야 할 것이다.

Ⅲ. 한국의 탐정윤리강령의 지향점

   미래의 한국탐정윤리강령은 경찰의 윤리, 변호사의 윤리, 그리고 외국의 탐정협회 윤리강령을 기본 틀로 하여 한국탐정윤리강령의 기준방향이 논의 되어지는 것이 가장 바람직스러운 방법이라고 생각되어진다. 그 내용으로는 1) 법준수의무, 2) 비밀유지의 의무, 3) 불법적·비윤리적 사건 수임금지, 4) 이익충돌회피의무, 5) 정직 및 진실유지의무, 6) 신고·통보의무(법규 또는 윤리를 위반한 회원에 대한조치), 7) 품위유지 의무,[68] 8) 회원들 간의 정직·협조[69]의무 등이다.

---

68) 사전적으로 '품위(品位)'란 사람이 갖추어야 할 위엄이나 기품 또는 사물이 지닌 고상하고 격이 높은 인상을, '체면(體面)'이란 남을 대하기에 떳떳한 도리나 얼굴을, 위신이란 위엄과 신망을 각각 의미한다. '품위유지 의무'는 보통회사나 공기업, 국가나 지방자치단체의 소속 직원들에게 부과되는 의무를 말한다. 대법원은 국가공무원법 제63조에서 규정한 공무원이 유지하여야 할 '품위'의 의미에 관하여, "주권자인 국민의 수임자로서 직책을 맡아 수행해 나가기에 손색이 없는 인품"을 말한다고 판시하고 있다(대판 2013.9.12.2011두20079; 대판 1998.2.27.97누 18172). 탐정의 품위손상과 관련된 행위는 탐정이 직무를 수행함에 있어서 또는 직무를 수행하는 과정에서 발생될 수 있는데, 직무수행중 위반하기 쉬운 법률의 위반, 혹은 정보나 그 지위를 이용하여 부당한 이익을 취하는 행위 등을 그 대표적인 예로 들 수 있다. 품위유지 의무는 세계각국 탐정협회의 윤리강령에 대부분 포함되어 있다.

69) 회원들 간의 정직·협조 등의 정신은 세계 각국 탐정협회 윤리강령 중에 대부분 포함되어 이를 실천하는 것을 의무조항으로 규정하고 있다.

제5절 탐정의 자질과 인권론

Ⅰ. 탐정의 의식과 자질

1. 탐정의 의식

　　탐정은 탐정업무의 특성상 어떤 직업보다 직업의식이 강하여야 하며, 진정한 탐정이 되고자 한다면 다음과 같은 의식과 기본적인 자질을 가지고 있어야 한다.

1) 소명의식

　　소명[70]은 단순한 직업이 아니고, 하늘이 그 사람에게 맡긴 신성한 일이라는 의미를 가진다. 즉, 하늘이 그 사람에게 특별한 재능을 부여하고, 그 일을 하도록 명령했다는 의미이다. 따라서 소명의식은 '부여된 어떤 명령을 꼭 수행해야 한다는 책임 있는 태도'를 말한다. 그러기 때문에 직업이 좋든, 나쁘든, 그 직업을 자신의 소명이라고 인식할수록 삶에 대해 더욱 만족하고 일과 삶에 대한 열정을 가질 수 있는 것이다.

2) 직업의식과 천직의식

　　직업의식이란 '개인이 자신의 직업에 대해 가지고 있는 기본적인 태도 및 가치관'을 의미하는 것으로, '직업관'이라고도 한다.

　　한편 천직의식이란 자신의 직업에 긍지를 느끼고, 그 일에 열정을 가지고 성실하게 임하는 직업을 말한다.[71] 조직 내에서도 직업의식과 천직의식은 긍정적인 업무태도와 성과를 가져올 수 있는 개인의 중요한 마음가짐이라 볼 수 있다. 따라서 개인이 자신의 일에 대해 어떻게 생각하고, 어떤 의미를 부여하느냐에 따라 그 일을 할 때의 감정, 일의 성과가 달라질 수 있다.

---

70) 일본에 가면 수백 년의 역사를 가진 작은 식당을 많이 볼 수 있다. 비록 보잘 것 없는 작은 식당이지만, 할아버지 대부터 손자까지 집안 대대로 철저한 소명의식을 가지고 자신들의 역할을 묵묵히 다하고 있다. 이것이 바로 소명이다(강보현, 위의 책, pp. 289~290).

71) 최애경, 「직업윤리와 기업윤리」, 서울: 청람, 2018, pp. 110~111.

3) 전문가 의식

전문가란 어떤 분야를 연구하거나 그 일에 종사하여 그 분야에 상당한 지식과 경험을 가진 사람을 말한다. 그러기 때문에 흔히 의사나 변호사처럼 전문직 종사자들만 전문적 지식이 필요하다고 생각하기 쉽지만, 사회복지사·영업직·서비스직(탐정)등 모든 직종에서 나름대로의 전문지식을 필요로 하고 있다.[72] 따라서 서비스직에 종사하는 탐정들도 자신의 이익추구보다 사회에 가치 있는 공공서비스를 제공하여야 한다는 의식을 가지는 것이 또한 필요하다.

4) 봉사정신과 협동정신

자신의 하는 일이 다른 사람에게 도움을 주고 봉사한다는 마음자세가 필요하며, 직무 수행과정에서 관련된 사람과 상호존중하고 원만한 관계를 유지해야 한다.

5) 공평무사한 자세

모든 일은 사회적 공공성을 갖기 때문에 법규를 준수하고 직무상 요구되는 윤리기준을 준수하며 의뢰인으로부터 신뢰유지와 회복을 위해 노력하여야 한다. 또한 공정하고 투명하게 업무를 처리해야 한다.[73]

2. 탐정의 요건

탐정은 의뢰사건과 관련된 정보수집과 실체조사영역의 전문가라 할 수 있다. 탐정의 업무는 자신의 전문능력을 바탕으로 1차적으로는 탐정 개인의 영리추구 목적을 지니고 있으나 반면, 제3자에 대한 조사 및 정보수집활동이 국가와 사회전체에 미치는 시각에서 본다면 탐정의 업무는 고도의 사회공공성과 도덕성이 요구되는 직업영역이다.[74] 따라서 탐정은 전문영역(수사·조사·정보 등)별로 분업이 이루어지는 공적기관의 요원들보다 선천적 자질뿐만 아니라 후천적 노력(교육이나 훈련 등)에 의하여 다음과 같은 자질들을 갖추는 것이 무엇보다 필요하다 하겠다.

---

72) 최애경, 위의 책, p. 112.

73) 이재희·김진경의, 위의 책, pp. 46~47.

74) 강영숙, 「탐정(민간조사)실무」, 인천: 진영사, 2016, p. 93.

1) 자료수집 전문지식의 보유

프로파일링이란 사전적 용어로는 '자료수집'이 원 뜻이나, 수사용어로는 범죄자 유형분석법을 말하는데,[75] 현실적으로는 '자료수집'이라는 원 뜻보다는 수사용어로 주로 사용되고 있고 또 그렇게 인식되어 있는 것이 일반적인 경향이다. 그러나 **탐정** 측면에서 볼 때 '민간조사 프로파일링'[76]이라는 용어는 '자료수집'이라는 원 뜻에 바탕을 두고 그 의미를 사용한다면 큰 무리는 없을 것 같다.

(1) 수사상의 프로파일링

① 범죄는 인간의 행동이기 때문에 인간의 생물학적 특징과 심리학적 특징에 관한 흔적을 남기게 된다. 프로파일링은 동일인에 의하여 저질러지는 범죄는 공통성을 갖는다는 전제하에 범죄전의 준비과정·범행의 특징·피해자의 특성·범행 후 행적 등에 이르는 범죄수법을 파악함으로써, 범죄자의 유형을 추정하는 수사기법을 말한다. 즉, 수사상의 프로파일링 기법은 사건이 발생한 후 과거의 행적을 근거로 하여 범인의 습관·나이·성격·직업 등을 유추해 내는 것이다.

② 프로파일러(profiler)

프로파일러(범죄심리분석가)란 범죄현장의 정황과 용의자 성장 배경을 분석해 범인의 연령·성격·직업·교육수준·신체적·육체적 특징을 추정해내는 과학수사 전문가를 말한다. 20세기 초, 프랑스의 법의학자이자 과학수사의 아버지라고도 불리는 에드몽 로카르는 "모든 범죄(접촉)는 흔적을 남긴다. 반드시"라는 명언을 남겼는데, 프로파일러는 이 흔적을 찾아 범죄의 퍼즐을 맞춰나간다고 해서 '퍼즐을 맞추는 사람'이라고도 불린다.[77]

---

75) 범죄자 유형분석기법은 Behavioral profiling, Crime scene profiling, Criminal profiling 등의 다양한 용어로 언급되고 있으나 통상적으로 "Criminal profiling"으로 사용되고 있다(Janel Jackson/ Debra A. Bekerian, "Does Offender Profiling Have a Role to Play?". in: Offender Profiling Theory, Research and Practice(New York et. al. : John Wiley & Sons, 2001), ed. by. Jackson/Bekerian, p. 2).

76) 민간프로파일링이라는 용어는 「강지형의 탐정백서」를 쓴 저자 강지형이 실무에서 쓰면서 교육할 때 쓰는 용어라고 기술하고 있는데, 사전적 용어로서의 프로파일링이라는 단어는 탐정사영역에서 사용하여도 그리 큰 무리는 없을 것 같다(강지형, 「강지형의 탐정백서」, 서울: 누멘, 2018, p. 52).

77) 1971년 미국 FBI는 범죄동기를 알 수 없는 연쇄살인사건이 잇따라 일어나자 범죄심리분석을 전문으로 하는 프로파일러 제도를 도입했는데, 미국 FBI의 최초 공식 프로파일러는 존 더글러스이다. 영화 '양들의 침묵'에서 스콧 글렌이 연기한 베테랑 FBI의 요원모델이 그다(국립과학수사연구소, "심리학적 프로파일링 기법에 관한 연구", 대원인쇄소, 1996, pp. 1~2).

(2) 민간프로파일러(자료수집 전문가)

민간프로파일러는 수사상의 프로파일러와는 다르다. 민간프로파일링은 의뢰인과의 꼼꼼한 상담을 통해 대상자의 습관·나이·성격·직업·스케줄 등의 사전 수집된 자료에 의거해 그 상대가 어떻게 움직일지를 예측하는 기법을 말하며, 탐정은 이러한 기법을 통하여 자료를 수집하는 전문가로 볼 수 있다.[78]

즉, 탐정은 자료수집[79]을 주된 업무로 하는 민간프로파일러(자료수집 전문가)라고 불러도 무방할 것이다. 따라서 진정한 민간프로파일러가 되기 위해서는 자료수집에 대한 오랜 기간의 경험과 노하우를 쌓아야 하고, 그런 뒤에야 자료수집전문가가 될 수 있다는 점을 명심해야 할 것이다.

2) 해당분야(활동분야)에 대한 법률적 지식

탐정으로서 갖추고 있어야 할 자질 중 법률지식을 쌓는 일은 무엇보다도 중요하다. 사전조사를 통해 얻은 증거자료가 민·형사 소송에서 무엇이 용이한 증거자료인지 또는 수집한 증거를 어떻게 사용할지를 정확하게 파악할 수 있어야 의뢰인에게 보다 유리한 사실관계를 제공할 수 있다.

3) 객관적·논리적인 사고

탐정은 어떠한 경우에도 자기 개인의 주관적인 생각·감정 또는 고정관념에 사로잡히지 말아야 한다. 즉, 어떤 문제를 접했을 때 객관적이고 합리적인 모든 가능성을 생각해 낼 수 있는 객관성과 합리적인 추론능력이 있어야 한다.

4) 원만한 대인관계 유지하는 기술 방법

탐정은 상대방과의 대화를 통해서 필요한 정보를 얻어 낼 수 있는 의사소통 능력과 대인관계기술을 지녀야 한다.[80]

---

78) 강지형, 앞의 책, p. 52.
79) 탐정의 궁극적인 목적은 자료수집으로 귀결될 수 있으며, 여기서 말하는 자료는 단서, 첩보, 정보, 증거 등을 총칭하는 개념이다.
80) 강영숙, 위의 책, p. 93.

(1) 첫인상과 인간관계

첫인상은 좋은 인간관계를 열거나 유지하는데 더 없이 중요하다. 유능한 탐정이 되기 위해서는 자신의 감정을 조절하고, 타인의 감정을 헤아려 타인에게 공감과 관심을 표명하는 능력을 키우는 일은 매우 중요하다. 탐정은 친절하고 꼼꼼한 상담을 통해 의뢰인과 신뢰를 쌓아야 그 신뢰를 바탕으로 필요한 정보를 최대한 많이 수집하여 사건을 성공적으로 해결할 수 있다. 따라서 탐정은 탐정술도 중요 하지만 인간적인 호감도가 생면부지의 많은 사람들을 통해 사실관계를 파악할 수 있는 최대의 무기임을 명심하여야 한다.

(2) 밝은 미소와 공감경청 능력배양

탐정은 어떠한 경우에 어느 누구를 만나더라도 그 사람과 공감대를 형성하며 그를 설득할 수 있고, 효율적으로 의사소통할 수 있는 능력을 배양하는 것이 필요하다. 따라서 다음과 같은 대인관계 용인술을 배워 두는 것이 바람직스럽다.

① 밝은 미소, 즉 얼굴이 꽃이라면 미소는 좋은 향기와 같아서 마음의 문을 열게 하는 촉매제가 된다. 향기가 나는 좋은 표정은 상대방으로 하여금 편안함과 신뢰감으로 이어져 안 되는 일도 되게 하는 매력을 지니고 있다. 독일의 카알랑게와 미국의 윌리엄 제임스는 '사람이 슬퍼서 우는 것이 아니라 울기 때문에 슬퍼지고 기뻐서 웃는 것이 아니라 웃기 때문에 즐거워지는 것이다'고 강조했다.[81] 따라서 탐정은 평소에도 눈빛을 부드럽게 보이도록 하고 밝은 미소를 짓는 훈련이 필요하다.

② 대화를 잘할 수 있는 최상의 비결은 다름이 아닌 상대방의 말을 먼저 듣고, 상대의 말은 '잘 들어 주는 것'이다. 즉, 탐정은 상대방의 말을 공감하는 태도로 경청하는 공감경청 능력을 배양하여야 한다. 미국의 문화인류학자 에드워드 홀(Edward Hall)은 그의 저서 '숨겨진 차원'에서 사람은 일정한 공간을 필요로 하고, 다른 사람이 그 안에 들어오면 긴장과 위협을 느낀다고 주장하고, 이를 4가지 유형으로 분류하였다.[82] 이에 따르면 탐정의 경우, 타인과 공감대를 형성하기 위한 적절한 쾌적거리, 즉 1.2m~3m 사이의 사회적 거리에서 밝은 미소와 좋은 매너로 이야기하는 것이 보다 호감을 주는 인상을 받을 수 있다고 생각되어지고 있다.

---

81) 김종식 외 공편저, 위의 책, p. 177.

82) https:blog.naver.com/PostPrint.nhn?blogId. 검색일 2020.10.9.

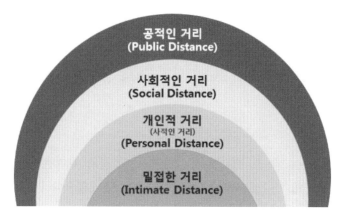

에드워드 홀의 4가지 인간관계 거리

㉠ 밀접한 거리(Intimate Distance Zone)

45cm 이내의 거리로, 연인이나 가족처럼 친밀도가 높은 관계의 거리인 동시에 맞붙어 싸우는 거리이기도 하다. 즉, 밀접한 거리는 서로를 의식하며 신체적 접촉이나 뒤엉킴이 최대치인 거리이다.

㉡ 개인적 거리(Personal Distance Zone)

45cm~1.2m 거리로, 팔을 뻗었을 때만큼의 길이이다. 친구 등 잘 아는 사람끼리 서로의 감정을 확인할 수 있는 거리이다.

㉢ 사회적 거리(Social Distance Zone)

1.2m~3.6m 거리로, 개인적 지배의 한계를 보여주는 거리이다. 대부분의 업무가 행해지는 거리로서 사무적이고 공식적인 성격을 띤다. 즉, 고객과의 거리라고 생각하면 큰 무리가 없으며, 1.2m~3m 사이를 두고 이야기하면 편안함을 느끼는 거리이다.

㉣ 공식적인 거리(Public Distance Zone)

3.6m~9m 거리로, 위협을 받을 경우 피할 수 있는 거리이다. 목소리는 커지고 몸짓 등 비언어적 커뮤니케이션으로 의사가 전달된다. 무대와 관객의 거리이기도 하고 연설 등이 진행되는 거리이다. 즉, 공식적인 거리는 강의나 프리젠테이션시 청중들과의 거리를 의미하며, 약 3.7m 이상의 거리를 두고 얘기하는 편안한 거리이다.

(3) 진실된 사실만을 보고할 수 있는 정직성

탐정은 의뢰된 사실관계에 대하여 그 사실을 비약시키거나 과장되게 이야기하지 않고, 진실된 사실만을 보고하여야 한다. 즉, 입수된 정보를 객관적으로 분석하고 사실대로 보고하여야 한다(정직성).

(4) 겸양의 미덕

과유불급(過猶不及), 즉 지나친 것은 미치지 못한 것과 같다는 뜻으로, 어느 한쪽으로 치우치지 않는 상태가 중요하다는 것을 말할 때 쓰는 용어이다. 탐정은 대화도중 지나친 겸손이나 아는 척, 잘난 척을 하지 않아야 한다.

(5) 거시적 안목

일부분을 보거나 듣고 전체를 속단하지 말아야 하며, 대화를 끝까지 듣고 상대의 대화 목적을 확실히 파악하여야 한다.

(6) 단정한 용모 복장

단정한 용모복장은 상대방에게 신뢰감을 준다. 현대 사회생활에 있어 복장은 단순한 옷 이상의 의미를 지닌다. 즉, 일반적으로 복장 상태는 사람을 판단하는 단초가 된다. 따라서 복장은 상대방에게 영향력 있는 메시지 전달 수단이 됨과 동시에 자기 자신을 알리는 명함이기도 하다. 따라서 복장 여하에 따라 상대의 협조를 받을 수도 있고, 또 받지 못할 수도 있다.

5) 다양한 지식 및 전문영역의 기술능력

탐정은 의뢰인으로부터 의뢰가 들어올 때부터 정보를 수집·분석하고 보고·통제하는 일련의 과정 모두를 스스로 처리해야 한다. 따라서 해박한 법률지식·인터뷰기술·조사방법·정보분석기술·훌륭한 언어구사능력·문서작성능력·각종 장비 및 기기에 관한 조작 능력, 그리고 사진촬영·비디오 녹화·스케치·보고서 작성[83] 등의 능력 또한 갖추어야 한다.[84]

---

83) 탐정은 조사(분석)결과를 의뢰자에게 간단명료하게 전달할 수 있는 보고서 작성(명료성)을 완벽하게 할 수 있어야 한다.

84) Robert J·Fisher & Gion Green, Introduction to Security 5th ed, Butterworth—HeinemannI (usa), 1992, p. 28.

Ⅱ. 탐정과 인권

1. 인권일반론

1) 인권의 정의

인권은 인간이 태어난면서부터 가지는 고유한 권리를 말하며, 이를 천부인권(天賦人權)이라고 한다. 천부인권은 다른 사람이 함부로 빼앗을 수도 없고, 남에게 양도할 수 없는 불가양(不可讓)의 권리를 말한다.

2) 인권관념의 흐름 제도화 과정

(1) 서구

인권에 관한 관념과 제도화는 고대 그리스 시대에서부터 발원하여 중세를 거쳐 근대 시민혁명을 계기로 정립되었는데, 여기에는 자연법과 자연권 사상의 그 핵심을 이루고 있다.

① 자연법과 자연권

자연법은 자연의 법칙을 말한다. 사계절이 지나고, 모든 사물은 위에서 아래로 떨어지듯이, 자연의 모든 것들은 이미 정해진 법칙에 따라 움직인다. 인간도 자연의 일부이기 때문에 당연히 자연의 법칙을 준수해야 한다. 그러나 여기에는 자연계의 자연법과는 달리 인간에게만 적용되는 도덕규범이 있다. 따라서 인간사회에서의 자연법은 때와 장소에 관계없이 누구에게나 보편적으로 받아들여질 수 있는 정의롭고 도덕적인 법을 말한다.

이런 의미에서 자연법은 인위적으로 제정된 실정법과는 반대되는 법개념이다. 자연법은 역사적·장소적 제약을 받지 않고 영구불변의 보편 타당성을 지니는 것이 특징이라면, 실정법은 민족이나 사회에 따라 내용이 달라지기도 한다. 예컨대, 잘못한 사람인 경우 처벌을 받아야 한다는 것은 자연법이고, 잘못을 하였더라도 범죄의 공소시효가 지나면 처벌할 수 없다는 것은 실정법이다.

한편, 자연권은 인간이 태어날 때부터 자연적으로 가지는 천부의 권리이다. 따라서 자연권은 무릇 인간이기 때문에 시대나 장소를 불문하고 항상 누릴 수 있는 권리를 말한다. 반면, 실정법에 기초한 권리는 시대·장소에 따라 그 내용을 달리한다.

이하에서는 자연법과 자연권 사상의 변천 과정을 통하여 인권의 관념이 어떻게 형성되고 제도화되었는지 살펴보았다.

② 고대

자연법 사상은 법과 정의의 근거를 자연 혹은 인간의 본성(本性)으로부터 밝혀 내려는 시도로서, 그 기원은 고대 그리스 시대까지 거슬러 올라간다. 고대 그리스시대에도 자연법과 실정법과의 관계에 대해 해석상에 이견(異見)이 있었으나, 자연법을 최고 상위법[85]으로 상정(上程)하는 전통은 이시대부터 출발하였다고 볼 수 있다.

고대 그리스의 철학자 아리스토 텔레스는 '자연법은 항상 똑같은 효력을 지니므로 인간의 판단에 근거한 실정법의 정의와 항상 일치하는 것은 아니다'라고 주장하였다. 나아가 그리스·로마 철학의 주요학파 중의 하나인 스토아학파[86]는 '자연법이야 말로 「올바른 이성」에 맞는 완전히 평등한 법'이라고 보았다. 이로보아 자연법의 시작은 고대 스토아학파에서부터 출발하였다고 볼 수 있다. 자연권사상은 언제부터 발원되었을까. 자연권사상은 고대 자연법 사상에 그 기초를 두고 있다. 따라서 자연권 또한 고대 그리스시대 이래 인간본성에 기초한 권리로서 그 존재가 인정되었으나, 다만 그 존재가 자연법에 의해 발생한 권리라는 측면에서 부수적으로 논의되는 정도에 불과하였다.

③ 중세

고대에서 출발한 자연법은 중세에 이르러 신(神)을 중심으로 한 신본주의(神本主意) 사상이 지배하게 되면서 아리스토텔레스와 같은 과학적인 자연주의 견해는 후퇴하고 오히려 초자연주의[87]를 기본으로 한 주장들이 주류를 이루었다. 중세 자연법은 기독교 신학(神學)과 결합되면서 기독교적 자연법 이론을 형성하였는데, 이는 자연법과 신법(神法)을 동일시 하는 사상이었다.

즉, 중세의 자연법은 신의 이름으로 모든 것이 정당화되는 신법 또는 영구법이므로, 인간은 이를 따라야 한다는 사상이었다. 이러한 중세의 자연법을 구체적으로 체계

---

85) 자연법은 사회질서의 근본 이념을 자연법적 정의 또는 자연법적 질서에 두고 있기 때문에, 모든 실정법은 이 자연법적 정의를 내용으로 한 자연법에 위배될 수 없다. 따라서 자연법은 실정법보다 고차원적인 이성적인 법으로서, 이 법에 반하는 실정법은 법의 효력을 가지지 못한다고 주장하였다.

86) 스토아학파는 기원전 3세기 철학자 제논에서 시작되어 2세기까지 이어진 그리스·로마철학의 한 학파이다. 이들은 보편적인 이성과 금욕적인 삶(금욕주의)을 중시하였다.

87) 초자연주의는 인간의 인식능력에 의해서 설명할 수 없는 실재(實在)를 상정하고, 이를 신앙이나 직관 등의 능력에 의해서 혹은 신의 계시에 의해서 설명하려는 철학적·신앙적 태도이다. 초자연주의는 자연주의 혹은 합리주의에 대립되는 개념이다. 예컨대, 고대시대에는 신(神)이 정의를 판단하고 결정한다고 보았다. 어떤 여인이 악녀인지를 알아보기 위해서 몸을 묶어서 끓는 물에 던져서 살아나면 무죄이고, 그렇지 않으면 유죄로 여겼다. 이것은 신이 무죄인 자를 보호해줄 것이라는 당시의 신념에 기초한 것이다(전돈수, 「범죄학개론」, 서울: 21세기사, 2005, p. 95).

화시킨 사람은 이탈리아 신학자이자 스콜라[88]철학자인 토마스 아퀴나스이다. 그는 신에 의해 만들어진 모든 법칙을 영구법(영원법)이라고 보았다. 영구법은 천문법칙과 물리법칙, 그리고 인간의 도덕 규범 모두를 포함한다.

이러한 영구법 중에서 도덕 규범만 따로 추려 놓은 것이 자연법인데, 이러한 자연법을 지키지 않는 사람들이 있게 되자, 이것을 지키도록 군주가 법으로 제정한 것이 실정법이다. 따라서 실정법은 자연법의 지배를 받아야 한다고 주장하였다. 문제는 오늘날에도 이러한 주장을 펼친 토마스 아퀴나스의 정치철학에 대해서는 여전히 논쟁이 되고 있다는 점이다. 특히 그가 주장한 자연법사상과 관련하여, 개별 정치 공동체의 경계를 넘어 모두가 예외 없이 동의해야 할 자연법이 있는지, 그리고 자연법과 실정법은 어떤 관계를 가져야 하는지와 같은 질문들이 지금도 의견의 대립을 불러일으키고 있다.

한편, 고대 자연법사상에 부수하여 논의되던 자연권은 중세에 들어서면서 신을 중심으로 그 관념자체가 구체화되었다. 중세는 인간의 이성에 의해 자연적으로 생각되는 모든 법의 원천이 신이라고 믿었다. 이에 따라 스콜라학파에서는 자연권을 신이 인간 본성에 부여한 권리라고 보았다.

④ 근대

자연법의 개념은 16세기 종교개혁[89] 이후 신을 중심으로 하는 신본주의 사상이 배척되면서, 중세 교회의 권위와 구속에서 벗어나 새로운 전기를 맞이하게 되었다. 17세기의 자연법학자들은 성경에서 나타나는 신의 절대적인 의지와 같은 초월적인 원리가 아니라 합리적이라고 생각되는 인간 '이성'에 근거시켰다. 즉, '인간은 합리적이고 이성적인 인간이다' 라는 인간 이성을 우위에 두는 인본주의(人本主義) 사상이 대두되었고, 이에 따라 중세의 영구법(영원법)은 점차적으로 이성법의 의미로 변화되어 가면서 인간 이성을 중심으로 하는 근대 자연법 관념으로 전환되게 되었다.

근대 자연법론자[90]들은 자연법은 인간의 이성이 만들어 내는 것이며 이성에 의해 발견되는 것이므로, 인간의 사회생활을 이성적으로 분석하면 민족이나 사회·시대에 보

88) 스콜라학파(철학)는 기독교 교리에 논리적 체계와 철학적 근거를 부여하여 합리적으로 증명하려고 하였다.
89) 종교개혁은 16세기(1517년)에 루터가 95개조 반박문을 발표한 것을 계기로 시작된 기독교 내부의 대규모 개혁 운동이다. 보편적으로 이 시기를 기준으로 중세와 근대를 구분한다. 종교 개혁의 결과로 로마 카톨릭에서 분리된 교회들을 개신교라 부른다.
90) 16세기~17세기에 접어들면서 자연법은 중세의 자연법사상에서 탈피하여 인간 이성을 우위에 두는 사상으로 전환되면서 자연법은 '자연권'으로 바뀌었고, 이 자연권이 법을 창조하는 인간의 주관적 권리라고 생각하였다. 근대 자연법사상을 대표하는 사람으로는 홉스, 로크, 루소 등을 들수가 있다.

편적으로 적용할 수 있는 법체계의 기반을 세울 수 있다고 믿었다. 이처럼 법의 근원을 인간의 이성과 일치하는 사회질서에서 찾으려는 시도는 중세에서 근대로 넘아가는 과도기적 단계인 절대왕정[91]의 합리적 법률제도를 확립하는 계기가 되었다.

이러한 변화 속에서 자연법은 근대 이후 '자연권', '천부인권'의 사상으로 발전하면서 민주주의 토대를 이루는데 근간이 되었다.

근대적인 자연권사상[92]은 근대 자연법론과 사회계약설에 의하여 형성되면서 체계가 갖추어지기 시작하였는데, 이 시기에 '인권'이라는 관념이 '자연권'으로 주장되었다. 따라서 근대적 자연권은 인권의 관념과 동일한 의미로 이해할 수 있다. 인권의 관념은 주로 근대 자연법론자와 사회계약론자들에 의하여 천부적 인권론이 주장되면서 형성되기 시작하였고, 18세기 영국, 미국, 프랑스 등의 시민혁명에 사상적 지도 이념이 되었다.

자연권(인권)은 인간이 태어날 때부터 자연적으로 가지는 천부의 권리이다. 이러한 인권을 선언한 최초의 헌법적 문서는 미국의 버지니아 권리장전(1776)과 프랑스 인권선언(1789)인데, 인권이라는 관념은 위와 같은 시민혁명의 인권선언에 의해 '사람의 권리'로서 확립되었다.

그 후 인권선언 등에서 표현된 자연권 사상은 모든 입헌국가의 헌법에서 '기본적 인권'이라는 실정법적 권리로 보장되기에 이르렀다. 그리고 20세기 후반에는 「국제연합(UN)헌장」과 「세계인권선언(1948)」을 기점으로 하여 국제법상으로도 보편적인 권리로 확인되었으며, '인권(human rights)'이라는 용어 자체도 일반화되어 널리 이용하게 되었다.

(2) 동양

① 상대주의적 가치관

동양의 인권개념은 서구와는 달리 인권개념에 대한 보편적 인권개념을 부정하고, 각 문화권 별로 '상대주의'를 바탕으로 하여 일어났다. 동양인들이 주장하는 인권개념의 가치와 서구인들이 주장하는 인권개념의 가치가 충돌하는 계기 중의 하나가 인권 주체가 누구인가하는 점이다. 서구인들은 인권의 주체를 '개인'으로 보는 반면, 동양 사회의 인식체계 하에서는 인권의 주체를 '국가' 또는 '공동체'에 속한다고 본다. 따라서 동양사

---

91) 절대왕정은 중세에서 근대로 넘어가는 과도기적 단계로써, 종교 개혁 이후 신 중심이 아닌 왕에게 권력이 집중되는 현상을 일컫는 역사학계의 용어이다.

92) 자연의 세계에 자연의 법칙이 있듯이 인간의 세계에도 자연의 법칙이 있는데, 이 법칙을 자연법이라고 하며, 이 자연법에 따라 보장된 권리가 자연권이다. 자연권은 인간의 자연상태 속에서 기본권을 가지고 있으며, 그 중 생명·자유·재산의 권리가 핵심적이라고 하였다. 홉스·로크 등이 이러한 자연권사상을 강조하였다.

회의 경우 개인보다는 공동체를 우선으로 하는 윤리관이 더 중요시 된 것만은 틀림이 없으나[93] 그렇다고 하여 개개인의 인권을 아예 무시한 것은 아니었다. 맹자는 왕이 왕도(王道)를 행하지 않고 패도(覇道)를 행한다면 역성혁명(易姓革命)을 일으켜 마땅히 바꾸어야 한다고 주장하기도 하였는데, 이는 인간의 존엄성을 논한다는 측면에서 볼 때 서구의 인권론과 유사한 성향을 띤다. 그러나 역시 '예(禮)'라는 인간 관계에서의 덕목을 개인의 권리보다 우선시 한다는 점에 있어서는 서구의 인권론과 충돌의 여지가 많다고 할 수 있겠다.

② 한국의 인권개념의 발달

삼국시대부터 조선왕조시대까지 통치자의 애민정신이 국정에 반영되기는 했으나, 백성은 어디까지나 통치의 객체이지 주체는 아니었다. '인권'이라는 관념이 발아한 것은 조선시대 말 한국판 근대 계몽사상인 실학에서부터 시작되었다고 볼 수 있다. 대표적인 사람이 다산 정약용이다. 그 후 정약용 등 실학파의 사상은 개화파·독립협회파 운동 등을 거쳐 인권 사상으로 전개되었다. 특히 온건 개화파[94]인 유길준은 그의 저서 「서유견문」에서 "…사람 위에 사람 없고 사람 밑에 사람 없으니…(서유견문 제4편)"라고 하여, 실학의 유산을 이어받은 바탕 위에 서양의 인권론을 받아들이고 있다. 이러한 사상 운동과 관련된 사건으로 갑신정변(1884),[95] 동학농민운동, 갑오개혁(1894)[96] 등을 들 수 있다.

---

93) 유교정치사상은 국가는 근본적으로 선할 수 있다고, 그리고 선해야 한다고 생각하는데서 출발한다. 이 세상의 가장 궁극적인 가치는 국가와 정부를 통하여 실현될 수 있다고 생각한 것이다(임홍빈, 「인권의 윤리」, 「인권의 이념과 아시아적 가치론」, 서울: 아연출판부, 2003, p. 29).

94) 당시 조선은 급진개화파와 온건 개화파로 나뉘어져 있었다. 급진개화파는 서양의 과학기술과 더불어 근대적인 사상과 제도까지 적극적으로 도입해야 한다는 입장으로, 김옥균이 대표적인 인물이다. 갑신정변 3일 천하라는 정변을 일으킨 자들이 바로 이 급진개화파이다. 반면, 온건개화파는 조선의 법과 제도를 유지하면서 서양의 과학기술을 받아들여야 한다는 입장으로, 대표적인 인물로는 유길준 등을 들 수 있다.

95) 갑신정변(고종21년, 1884)은 청국(중국)의 속병화정책에 저항하여 조선의 완전 자주독립과 자주 근대화를 추구하여 일으킨 정변으로, 실학전개의 일환으로 볼 수도 있다. 갑신정변은 3일만에 실패로 끝나 갑신 정변 3일 천하라고 하는데, 갑신정변 3일 천하의 주역인 김옥균 등에 포섭된 사적인 민병대원은 약 200명 정도였다. 이들은 다양한 계층이 있었으며, 3분의 2 정도는 천민들이었다. 이들은 갑신정변이 성공하면 평등한 세상, 새로운 세상, 개화된 세상을 꿈꿀 수 있어 정변에 참여하였다.

96) 갑오개혁에서 인권에 대한 항목을 보면 ① 만민평등의 선언과 문벌귀천을 초월한 인재 등용, ② 노비제도의 폐지와 인신매매의 금지, ③ 사인(私人)에 의한 인신구속의 금지, ④ 형벌제도의 개혁과 고문 등의 폐지, ⑤ 정치적 의사표명의 자유 등이다. 한편, 갑오농민 전쟁에서 농민군 측이 제시한 개혁요구안은 '밑으로부터'의 개혁과 인권문제 등에 관한 것이었다(한국정신문화연구원, 위의 책, pp. 448~449).

1945년 일본제국주의가 패망하고, 1948년 대한민국 정부가 수립되면서 헌법이 제정되었는데 이러한 헌법제정은 우리 역사상 인권에 관한 획기적인 전기를 맞이하게 되었다. 이하에서는 갑오농민전쟁에서 주장된 동학사상과 현행 국가위원회의 임무에 한정하여 기술하였다.

　㉠ 동학사상

　　㉮ 동학사상의 특징

　　　동학은 본래 그 시작이 한울님을 섬기는 종교였으나, 제2대 교조 최시형 때에 와서는 "사람은 섬기되 하늘같이 하라"는 인간존엄성에 대한 사상으로 변하였다. 그리고 3대 교조 손병희에 의해 천도교로 교명이 바뀌면서 "사람이 곧 하늘이다", 즉 인내천(人乃天)이 기본이념이 된다. 이런 맥락에서 본다면 동학은 더 이상 하느님을 믿는 종교가 아니라, 인간 중심주의의 추세에 따른 인간존엄성[97]에 바탕을 두고 있는 근대적 인권사상이라고 볼 수 있다.

　　㉯ 동학사상과 현대 인권개념의 유사성

　　　인권은 인간의 삶의 질과 폭에 의해서 다양하게 정의되고 또한 시대의 변천에 따라서 새로운 국면이 나타나기 때문에, 인권의 개념을 한 마디로 정의내리기는 어렵다. 그렇기 때문에 UN에서도 인권에 대해 명확한 정의를 내리지 않고, 단지 인권의 세가지 특성에 대해서만 정의하고 있다.

　　　첫째, 인권은 천부적이라는 것이다. 이는 동학의 인내천 사상과 유사하다. 인내천은 사람이 곧 하늘이므로 사람을 섬김에 하늘처럼 하라는 사상이다. 즉, 사람은 곧 하늘이고, 하늘은 존경해야 하는 대상이나 한울님은 주체적으로 모시고 있는 사람들은 태어날 때부터 섬김의 대상이고, 이는 곧 인권이 천부적이라는 말과 같은 뜻이 된다.

　　　둘째, 인권은 불가양도적인 것이다. 즉, 인권은 물건처럼 남에게 양보하거나 남의 인권을 자기 것으로 가져갈 수 없다는 뜻으로, 자기 인권은 자기만이 소요할 수 있다는 의미이다. 따라서 인권은 천부적이기 때문에 불가양도적인 것이다.

---

97) 동학사상의 사회적 성격에는 인권신장의 요소가 함축되어 있다. 이는 인본주의(人本主義, 사람은 한울이라 평등이요 차별이 없나니라)와 평등주의(우리나라 안에 두 가지 큰 폐풍이 있는데, 첫째는 적서의 구별이요, 다음은 반상의 구별이라. 이러한 구별은 나라를 망치는 근본이다)로 대표될 수 있다(천도교 편찬위원회, 「천도교 백년약사」, 천도교 중앙총부, 1981, p. 120).

셋째, 인권은 만인(萬人)이 공유하는 것이다. 즉, 인간은 근본에서 같으므로 그가 처해 있는 신분이나 상황의 변동은 표면에 지나지 않고, 사회제도 또한 만민 평등한 인간성에서 기인해야 한다는 뜻이다.

결론적으로 UN에서 제시한 인권의 세 가지 특성, 즉 천부적·불가양도적·만유공유적이라는 특성은 동학사상과 맥을 같이한다고 볼 수 있겠다.

ⓛ 현행 국가인권위원회의 임무

오늘날 인권 침해를 보호하기 위한 최후의 보루기관은 「국가인권위원회」이다. 국가인권위원회는 국가의 권력이나 불합리한 사회제도로부터 모든 개인이 가지는 불가침의 기본적인 인권을 보호하고, 인간의 존엄과 가치를 구현하며, 민주적 기본질서 확립에 이바지할 목적으로 2001년 11월에 출범한 독립기구이다. 국가인권위원회는 현재 국가보안법 철폐·차별금지법 제정·반인권범죄에 대한 공소시효 배제·사형제도 등의 폐지를 정부에 권고하고 있기도 하다.

3) 국내외적 차원에서의 인권의 의미

오늘날 인권개념은 세계의 모든 인간에게 적용되는 보편주의, 정당한 이유 없는 차별을 금지하는 평등주의, 그리고 모든 권리가 상호 연결되고 상호의존하고 있다는 전일주의(全一主義)[98]를 지향한다.[99] 오늘날 인권이라는 말은 우리가 너무 흔하게 접하는 용어지만, 인권이라는 정의가 갖는 의미는 여러 가지를 내포하고 있다.

① 인권존중은 민주사회의 요체이다.

인권은 국가의 절대적인 권한 행사에 제한을 가한다. 즉, 아무리 국권이 중요해도 인간의 존엄성과 가치를 훼손할 정도로 국가가 권한을 행사해서는 안 된다.

② 인권은 보편적이다.

ㄱ 인간의 기본적인 권리는 세계 어디에서나 동일하게 보호되는 것이 일반적인 경향이다. 그러나 구체적으로 실천하는 방법은 국가마다 상이하지만, 인권원칙의 큰 틀 자체는 이미 세계적으로 공통화되어 있다.

98) 전일주의라 함은 전체론이라고 한다. 세계는 기계적으로 구성된 요소들의 집합체가 아니라 여러 가지 상호관계가 복잡하게 얽혀 있는 그물과 같다고 보는 입장이다. 즉, 전체를 이루는 각 요소들은 독자적으로 존재하는 것이 아니라 각 개별 요소들 간에는 유기적 관계를 이루고, 그들 모두가 내면적으로 이어져 있다는 것이다.
99) 백영정 편저, 「한국사회문제」, 서울: 한국방송통신대학교출판문화원, 2017, p. 133.

ⓒ 보편적 인권 중에서 「인신과 생명을 지킬 권리」, 「고문받지 않을 권리」, 「노예 상태에 놓이지 않을 권리」 등은 가장 본질적인 내용이며, 어떤 경우에도 침해할 수 없는 핵심적 인권이다.

③ 인권이 서로 충돌할 때

법에 보장된 권리에는 순위가 정해져 있다. 우리나라 헌법에 가장 먼저 등장하는 권리는 "인간으로서의 존엄과 가치를 가지며, 행복을 추구할 권리"가 가장 근본적인 인권이고, 그 뒤에 존엄과 행복을 추구하기 위해 필요한 권리 등이 나열되어 있다. 따라서 권리들이 충돌할 경우 헌법에 담겨 있는 인권의 기본정신은 판단의 중요한 기준이 된다.[100]

4) 우리나라 인권의 유형

우리나라는 제헌헌법 이후 지금까지 9차에 이르는 개헌을 거치면서 국민의 기본권[101]에 관한 내용에 있어서도 많은 변화를 이루었다. 현행 헌법에서는 기본권에 관하여 인간으로서의 존엄과 가치의 존중 및 행복추구권, 그리고 평등권을 기초로 하여 다음과 같이 세분하고 있다.

(1) 신체의 자유

신체의 자유에 관하여 ① 적법절차의 보장, ② 영장제도, ③ 변호인의 조력을 받을 권리, ④ 자백강요 금지, ⑤ 소급처벌 금지, ⑥ 일사부재리의 원칙

(2) 정신적 자유

정신적 자유에 관하여 ① 양심의 자유, ② 종교의 자유, ③ 언론출판·집회결사의 자유, ④ 학문과 예술의 자유

(3) 사회·경제적 자유

사회·경제적 자유로는 ① 거주 이전의 자유, ② 직업선택의 자유, ③ 주거의 불가침 보장, ④ 사생활의 비밀과 자유, ⑤ 재산권의 보장

---

100) 김윤태 외, 「세계의 정치와 경제」, 서울: 한국방송통신대학교출판문화원. 2017, p. 165.
101) 인권은 넓은 의미에서 인간으로서의 천부적 인권을 의미하며, 이것이 헌법에 규범화된 것이 기본권이다. 다만 헌법상의 기본권규정은 인권의 유형을 예시한 것에 지나지 아니하므로, 결국 양자의 범위는 같다. 즉, 통설인 자연권설에 의하면 헌법에서의 인권과 기본권은 같은 개념으로 이해한다.

(4) 사회권(생활권)

사회권(생활권)으로는 ① 교육을 받을 권리, ② 근로의 권리, ③ 노동3권, ④ 사회보장을 받을 권리, ⑤ 환경권

(5) 청구권적 기본권

청구권적 기본권으로는 ① 청원권, ② 재판을 받을 권리, ③ 형사보상청구권, ④ 국가배상 청구권, ⑤ 범죄피해자 급부청구권

(6) 참정권

참정권으로서는 선거권과 공무담임권 등이 있다.

2. 경찰과 인권

1) 서설

경찰은 다양한 법집행과정에서 권한남용이나 부패, 그리고 피의자에 대한 인권침해로 경찰에 대한 불신을 심화시켜 온 것도 사실이다. 이에 따라 경찰은 수사과정 전반에 적용되는 「경찰관 인권행동강령」을 규정하여 적법절차(due process of law)준수와 인권존중의식을 고양시키는 방안을 마련하고 있다.

2) 경찰관 인권행동강령

「경찰관 인권행동강령」

제1조(인권보호 원칙) 경찰관은 국민이 국가의 주인임을 명심하고 모든 사람의 인권과 인간으로서의 존엄과 가치를 존중하고 보호할 책임이 있다.

제2조(적법절차 준수) 경찰관은 헌법과 법령에 의하여 적법절차에 따라 공정하고 객관적으로 직무를 수행하여야 하며, 권한을 남용하거나 그 권한의 범위를 넘어서는 아니 된다.

제3조(비례 원칙) 경찰권 행사는 그 목적을 달성하는 데 필요한 한도에 그쳐야 하며 이로 인한 사익의 침해가 경찰권 행사가 추구하는 공익보다 크지 아니하여야 한다. 특히 물리력 행사는 법령에 정하여진 엄격한 요건을 충족하는 경우에 한하여 필요 최소한의 범위 내에서 이루어져야 한다.

제4조(무죄추정 원칙 및 가혹행위 금지) 경찰관은 누구든지 유죄가 확정되기 전에는

유죄로 간주하는 언행이나 취급을 하여서는 아니 되고, 직무를 수행하는 과정에서 고문을 비롯한 비인도적인 신체적·정신적 가혹 행위를 하여서도 아니 되며, 이러한 행위들을 용인하여서도 아니 된다.

제5조(부당 지시 거부 빛 불이익 금지) 경찰관은 인권을 침해하는 행위를 하도록 지시 받거나 강요받았을 경우 이를 거부해야 하고, 법령에 정한 절차에 따라 이의를 제기 할 수 있으며, 이를 이유로 불이익한 처우를 받지 아니한다.

제6조(차별 금지 빛 약자·소수자 보호) 경찰관은 직무를 수행하는 과정에서 합리적인 이유 없이 성별, 종교, 장애, 병력, 나이, 사회적 신분, 국적, 민족, 인종, 정치적 견해 등을 이유로 누구도 차별하여서는 아니 되고, 신체적·정신적·경제적·문화적인 차 이 등으로 특별한 보호가 필요한 사람의 인권을 보호하여야 한다.

제7조(개인 정보 빛 사생활 보호) 경찰관은 직무를 수행하는 과정에서 취득한 개인 정 보나 사생활의 비밀을 보호하고, 명예와 신용이 훼손되지 않도록 유의하여야 한다.

제8조(범죄피해자 보호) 경찰관은 범죄피해자의 명예와 사생활의 평온을 보호하고, 추가적인 피해방지와 신체적·정신적·경제적 피해의 조속한 회복 빛 권익증진을 위 하여 노력하여야 한다.

제9조(위험 발생의 방지 빛 조치) 경찰관은 사람의 생명·신체에 위해를 끼치거나 재 산에 중대한 손해를 끼칠 우려가 있는 때에는 이를 방지하기 위한 필요한 조치를 하 여야 한다. 특히 자신의 책임 빛 보호 하에 있는 사람의 건강 보호를 위해 노력하여 야 하며, 필요한 경우 지체 없이 응급조치, 진료의뢰 등 보호받는 사람의 생명권 빛 건강권을 보장하기 위한 조치를 하여야 한다.

제10조(인권교육) 경찰관은 인권 의식을 함양하고 인권 친화적인 경찰 활동을 할 수 있도록 인권교육을 이수하여야 하며, 경찰관서의 장은 정례적으로 소속 직원에게 인 권교육을 하여야 한다.

3. 탐정과 인권

사회가 복잡하고 다원화될 수록 갈등과 분쟁은 심화될 수밖에 없고, 이에 따라 인 권을 침해할 수 있는 수법 등은 날로 발달하고 있다. 따라서 인권단체 등의 저항의식은 사소한 인권 문제와 관련하여서도 매우 강하게 반응하고 있는 것도 사실이다. 탐정은 일반인과 동일하며, 수사기관처럼 어떠한 강제처분권도 인정되지 않는다. 반면, 탐정은 수사기관처럼 인권침해와 관련하여 법적으로 강하게 제재를 받지도 않기 때문에, 인권

침해에 대한 피해와 그 보호의 필요성에 대하여 간과할 가능성이 매우 높다고 하겠다. 앞에서 인권에 대한 유래와 그 중요성을 기술한 이유도 여기에 있다. 따라서 탐정은 탐정 업무를 수행함에 있어서 탐정의 행위 하나하나가 개인의 인권과 밀접한 관련성이 있음을 명심하여야 하고, 공식적 규제보다는 강한 인권의식과 이를 실현하려는 의지가 무엇보다 필요하다 하겠다. 이하에서는 탐정업무와 관련된 인권문제에 대하여 몇가지 사안을 한정시켜 기술하였음을 밝혀둔다.

1) 개인정보 자기결정권

개인정보자기결정권이란 자신에 관한 정보를 보호받기 위하여 자신에 관한 정보를 자율적으로 결정하고 관리할 수 있는 권리를 말한다. 탐정의 경우 의뢰인의 요구에 따라 조사대상자를 비롯한 주변인의 개인정보를 다양한 경로를 통하여 취득할 수 있다. 그러나 이 경우에도 업무와 직접 관련이 없는 개인정보를 수집하지 않도록 하여야 하고, 탐정업무 수행과정에서 개인정보자기결정권을 침해하지 않도록 항상 유념해야 한다.

2) 사생활 보호

(1) 법적근거

「헌법」 제17조 "모든 국민은 사생활의 비밀과 자유를 침해받지 아니한다"고 규정하여 사생활의 비밀과 자유를 보장하고 있다. 따라서 프라이버시(privacy)보호를 위하여 여러 가지 법적장치를 마련하여 시행하고 있다. 「형법」상에서는 명예훼손죄·비밀침해죄·업무상 비밀누설죄, 「민법」상으로는 명예훼손에 따른 손해배상, 특별법으로는 「개인정보보호법」·「통신비밀보호법」·「정보통신망법」·「위치정보보호법」 등이 있다.

(2) 사생활 침해유형

사생활침해유형으로는 (1) 감시·도청, (2) 미행·잠복, (3) 주거침입, (4) 가사사건 (불륜 등 이혼사건) 조사 등을 들 수 있는데, 탐정은 이러한 유형의 자료수집 활동과정에서도 인권을 침해할 가능성이 항상 존재하고 있다는 사실을 명심하여야 한다. 이에 대해서는 탐정 관련 개별법에서 구체적으로 기술하였다.

제3장 · 탐정역사

제1절 탐정사(史)의 개관

Ⅰ. 서설

역사를 왜 배우는가? 그것은 과거의 사실을 토대로 현재를 바르게 이해할 수 있고, 삶의 지혜를 습득할 수 있다는 점 때문이다. 현재란 과거의 연속이며 과거 없는 현재는 있을 수 없다. 따라서 우리는 역사를 통하여 현재 우리가 당면하게 되는 여러 문제들을 올바르게 파악하여 이해할 수 있는 능력과 나아가 미래를 전망할 수 있는 지혜를 배우게 된다. 다시 말하면 오늘의 삶의 모습을 비춰주고 내일의 삶의 방향을 제시해 주는 거울과 같은 것,[1] 즉 '온고이지신(溫故而知新)'이라는 명제를 생각해주게 된다. 무릇 역사가 있어 온 이래 탐정역사 역시 부침과 영욕을 거듭하면서 발전해 온 것이 사실이다. 그럼에도 불구하고 한국에서의 탐정은 아직까지 정상과학으로서의 학문성을 확보하고 있다고 보기는 어렵고 이론적 개발, 즉 걸음마 단계에 있다고 보는 것이 타당하다.

Ⅱ. 탐정의 개념

탐정제도는 독일·프랑스 등을 중심으로 하는 대륙법과 영국·미국을 중심으로 하는 영미법계로 대별해 볼 수 있다. 따라서 탐정제도와 탐정의 역할은 그 나라의 실정에 따라 그 사무의 범위와 이를 실천하는 방법이 각기 다를 수밖에 없다.

대륙법계(독일·프랑스·일본 등)나 영미법계(영국·미국·호주 등)를 막론하고 탐정에 대한 사전적 정의는 있으나, 대체로 탐정에 대한 정의를 법문(法文)으로 명시하지 않고 '탐

---

1) 동양에서는 역사학의 제1차적인 목적을 귀감에서 찾는다. 따라서 대부분의 역사책은 거울 감(鑑)을 쓴다. 조선시대 서거정의 「동국통감」, 중국 사마광의 「자치통감」, 주희의 「통감강목」등을 그 대표적인 예로 들 수 있다.

정의 업무범위'를 통해 탐정의 법적 정의를 우회적으로 설명하고 있는 것이 일반적이다.[2] 한편, 대륙법계통에 속하는 우리나라의 경우에는 탐정제도와 관련된 입법화가 국회에 계류중에 있기 때문에 탐정이나 탐정업 등에 대한 법적 정의도 명확하게 정립되어 있지 않은 상태이다.

1. 대륙법계와 영미법계의 탐정제도

1) 대륙법계

탐정이란 무엇인가에 대한 개념문제는 경찰개념의 정의와 깊은 상관성이 있다. 대륙법계의 과거 경찰은 국가 혹은 왕권 강화를 위한 수단으로 사용되었으며, 그 때문에 경찰은 국가 혹은 왕을 대신하여 국민에게 명령하고 강제하는 권력을 주로 수행하였다.[3] 따라서 대륙법계 국가는 경찰개념을 국가통치권 차원에서 접근하여 공공의 안녕과 질서유지를 목적으로 하는 데 주안점을 두고 출발하였고, 그 후 일련의 경찰개념의 변화를 거치면서 현대의 국가 경찰체제를 확립시켰다. 그 결과 대륙법계 국가의 경찰과 시민의 관계는 권력실행적 관계이며, 그 역할과 지위 및 규범은 수직적 관계로 설정되었다고 볼 수 있다.[4] 이런 맥락에서 본다면 독일·프랑스 등의 대륙법계 탐정개념은 국가와 왕을 중심으로 한 중앙집권적 체제 속에서 범죄 증가에 따른 대처능력 등 경찰력의 한계가 노정되면서 이를 보완하기 위한 제도적 수단으로 생성·발전되었다고 볼 수 있다. 대륙법계의 탐정제도는 국가기관이 아닌 민간인에게 허용될 영역이 아니었다. 왜냐하면 공공의 안녕과 질서유지를 목적으로 하는 대륙법계의 경찰개념은 국가기관인 경찰 등에 의해서 유지되어야 한다는 것이 근본적인 사고방식이기 때문에, 수직적 관계에 있는 민간인, 즉 사설탐정에게 그러한 권한을 선뜻 내줄 수 있는 체제는 아니었다. 그럼에도 불구하고 사회가 다변화되고 범죄가 급증하는 등 치안수요가 날로 증가하는 것에 비해, 이를 해결할 경찰력의 부족은 고품질 서비스를 받고 싶어 하는 시민들의 욕구를 충족시키지 못하게 되었다. 이에 따라 시민 개개인은 자위적 본능에 따라 사실관계를 확인하고 신속하게 문제를 해결할 수 있는 직업군을 찾게 되었는데, 이 직업군이 바로 탐정(탐정업)이라고 볼 수 있다. 대륙법계에서의 탐정제도는 국가가 처음부터 이러한 제도를 허용하거나 인정한 것은 아니었으나, 시대의 흐름에 따라 탐정이라는 직업이

---

2) 김종식 외 공편저, 위의 책, p. 26.
3) 김형중, 「한국경찰사」, 서울: 박영사, 2016, p. 5.
4) 김형중, 「경찰학 총론」, 서울: 형지사, 2014, p. 18.

우후죽순처럼 생겨 불법행위가 난무하자 국가가 이를 감독·통제하는 차원에서 법제화시키면서 탐정업(탐정)이 인정되기에 이르렀다. 대표적인 국가로는 독일·일본 등을 들 수 있는 데, 이들 국가에서는 탐정의 신분이 일반인과 대등하기 때문에 체포 등의 사법경찰권한을 일체 사용할 수 없다. 따라서 탐정의 영역은 대부분 민사 및 가사 등에 한정되어지고 있다.

2) 영미법계

영미법계는 사회구성원 스스로가 범인을 체포할 수 있는 전통에서 경찰이 유래하였기 때문에, 영미법계의 경찰개념은 자경치안(自警治安) 사상을 바탕으로 하여 국민의 생명·신체·재산의 안전과 보호를 기본이념으로 하고 있다. 따라서 영미법계에서 사인소추권[5]이 인정되는 이유도 자경치안 사상에 그 기반을 두고 있기 때문이다. 국가소추주의는 범죄자로 의심되는 사람을 소추할 권한을 검찰이 독점하는 제도를 말한다. 반면 사인소추주의는 검찰과 별도로 개인도 소추할 권리를 가지고 있는 제도를 말한다. 예컨대, 미국의 공중소추제도인 대배심, 독일의 사인소추제도 등이 대표적인 예라고 할 수 있다. 국가소추주의는 증거수집을 위해 압수·수색 등의 강제수사를 할 수 있으므로, 증거의 부족등에 대한 애로점은 그 다지 많지가 않다. 반면 사인소추주의를 인정하는 영미법계에서도 사인(私人)에게 강제수사권을 인정하는 것은 아니므로, 사인은 증거 수집에서 어려움을 겪게 된다. 따라서 사인소추주의에서는 사인의 증거 수집을 위해 '사인이 임명한 또 다른 사인'이 국가의 수사권을 침해하지 않는 범위에서 사적 조사를 할 수 있도록 허용하였다. 이것이 흔히 말하는 '사설(사립)탐정'의 근원이다.[6]

3) 우리나라 흥신소업의 도입과 변천과정

(1) 흥신소업의 도입과 변질

① 흥신소업의 도입과 탐정사

우리나라의 탐정개념은 자발적으로 형성되고 발전해 온 서구식 탐정개념과는 달리

---

5) 소추주의(訴追主義)는 형사소송법에 재판기관과 소추기관을 분리하여 소추기관의 소송제기에 의하여 법원이 개시하는 주의를 말한다. 국가소추주의는 국가기관(검찰)이 당사자로서 공소를 제기하고 이를 유지하는 주의를 말한다. 프랑스 「형사소송법(1808)」 이후 대륙법계의 소송법에서 채용되었으며, 한국 형사소송법도 이 주의를 채용하고 있다. 반면, 사인소추주의는 국가기관 이외의 일정한 사인(私人)에게 위임하는 제도로서 현재 영미법계의 여러 나라에서 채용하고 있다.

6) 김형중, 「탐정활동의 이론과 실무」, 서울: 박영사, 2020, p. 76.

비자발적이고 음성적인 측면이 강하게 작용하는 태생적 한계를 가지고 출발하였다.

우리나라에 탐정(탐정업)이라는 개념이 들어온 것은 일제강점기에 일본의 '흥신업'이 한국으로 이식되면서부터이다. 일본의 경우 처음으로 탐정회사가 설립된 것은 메이지유신 중반(1892년)에 '상업흥신소'라는 상호를 가지고 출발하였다. 즉, 탐정(탐정업)의 명칭은 최초로 '흥신소(興信所)'라는 이름으로 시작되었고, 이러한 흥신소업은 제2차 세계대전 후 전후 복구를 위한 경제부흥시기에 접어들어 급속도로 발전하기 시작하였다. 따라서 우리나라 탐정(업)의 출발점은 일본의 '흥신소'제도가 일제강점기에 한국에 도입되면서 태동하였다고 볼 수 있다.

② 흥신업(흥신소)의 변질과 탐정의 역기능

'흥신소(興信所)'의 사전적 정의는 '고객의 요청에 따라 대가를 받고 기업이나 개인의 신용·재산상태·개인적인 비행따위를 몰래 조사해 알려주는 일을 하는 사무소[7]라고 기술하고 있는데, 여기에는 일부 부정적인 의미의 내용(개인적인 비행따위를 몰래 조사해서 알려주는 일)도 포함되어 있다. 따라서 오늘날의 탐정개념과 큰 틀에서 보면 아주 유사하지만, 개인의 신용·재산상태 등의 업무조사나 사생활보호차원 등에서는 현격한 차이가 있다.

우리나라에서의 흥신소의 도입과 부정적 낙인의 배경, 그리고 「흥신업단속법」의 변천과정을 살펴보면 다음과 같다.

흥신소가 도입된 것은 일제강점기하의 암울한 시대로써, 한국의 존재는 국권이 없는 속칭 식민지국가였다. 따라서 정치·사회적 측면에서 볼 때는 모든 영역에서 일본제국주의의 전제적인 권력행사에 따를 수밖에 없는 상황이었다.

'흥신소'에 대한 부정적인 이미지는 일제강점기부터 발아되었다고 볼 수 있다. 당시 일본의 권력을 뒤에 업은 친일파들과 맨주먹으로 조선에 건너온 일본의 조직들이 전당포나 고리대금업에 뛰어들면서 토착자본과 서민경제의 침탈 및 횡포는 극에 달하였다. 그리고 이러한 침탈 및 횡포의 도구로 이용된 것이 민간인 신분으로 '흥신소'에 소속되어 활동하였던 소위 '탐정사(探偵士)'들이었다. 이들은 민간차원의 조사 또는 치안영역의 보조라는 개념보다는 채권이나 채무관련 업무를 하면서 폭력을 행사하여 목적을 달성하거나, 불륜행위 등을 조사하는 과정에서 불법행위를 다반사로 자행하였다.

일제강점기 시절인 1925년 11월 20일자 조선일보에 '악(惡)수단을 농(弄)하는 탐정

---

7) https://namu.wiki/w/흥신소, 검색일 2023.5.1.

사'라는 제목으로 '흥신소'의 탈선행위에 대하여 신랄하게 비판하는 보도가 나오기도 하였는데,[8] 이 보도는 당시 탐정사들이 얼마나 횡포와 불법행위를 저질렀는가 하는 실상을 제공하는 하나의 단서이기도 하다.

아래의 사례들은 서민경제 침탈에 앞장선 친일파의 대표적인 인물들이다.[9]

㉠ 현재의 휘문고등학교를 설립한 민영휘(閔泳徽, 1852~1935)는 성균관 대사성, 공조·예조·형조판서, 한성부판윤을 거쳐 1901년 5월 헌병대사령관 및 호위대 총관에 임명되었고 한일병합의 공로로 일본으로부터 남작 지위를 하사받았다. 조선총독부의 후원을 받으며 고리대금업과 엄청난 크기의 토지를 활용한 소작료 수입으로, 당시 '조선 제일의 갑부', '토지대왕'이라 불리었다.

㉡ 해방 후 현 단국대학교 부지기부 사기사건에 주역인 임종상(林宗相, 1885~1962)은 조선총독부의 후원으로 조선무역주식회사를 설립하여 경기도와 충청도 일대의 대토지를 소유한 지주로서 1933년부터 경성에서 대금업에 종사하였다.

㉢ 김종한(金宗漢, 1844~1932)은 구한말 경강상인(京江商人: 한강을 중심으로 정부가 거둔 세금을 수송하는 일에 종사한 상인)을 대상으로 고리대금업과 전교환소(錢交換所)를 운영하여 엄청난 부를 축적하였으며, 조선은행·한성은행 설립에 참여하여 일제의 한일병합을 위한 대일차관 도입(후에 국채보상운동의 원인이 됨)에 적극 관여한 사실이 있다.

㉣ 친일고문경찰로 악명 높은 일제 경찰의 고등계 형사인 노덕술(盧德述, 1899~1968)은 1920년 일본경찰의 순사로 출발하여, 전형적인 일제의 주구(走狗)역할을 한 전대미문의 고문 전문가로 알려져 있다. 해방 후에도 이승만정권에 등용되어 경찰간부 및 헌병대장과 육군범죄수사단장을 역임하였다. 퇴직 후 1965년 불법흥신소를 운영한 혐의로 징역 8개월과 집행유예 2년을 선고받았다.

㉤ 한국 최초의 백화점으로 기록된 화신백화점의 전신인 금은상 화신상회를 설립한 신태화(申泰和, 1877~??)는 친일행위를 한 기록은 없지만, 일제강점기에 전당포에서 유질(流質)되는 귀금속을 헐값에 매입한 후 재가공하여 되파는 세공업으로 패왕(貝王)이라 불리우며, 지금의 을지로에 동현전당포(銅峴典當鋪)라는 전당업을 겸업하여 막대한 부를

Footnotes:

8) 김명환의 시간여행, '기고만장 옛 흥신소, 검사까지 미행 "뒷쫓다 들키면 취한 척하라" 지침도. 조선일보. 2016. 7. 13 기사. https://www.chosun.com/site/data/html_dir/2016/07/12/2016071203447.html. 2022. 7. 1. 재검색; 이성용, "민간조사영업에서의 기본권 보장과 국가개입의 법리", 「경찰법연구」, 14(2), 경찰법학회, 2016, p. 148 재구성.

9) 여기에 기술된 인물들은 2009년 '민족문화연구소'에서 발간된 「친일인명사전」에 등록된 자들이다(https://www.minjok.or.kr/chinil-app. 검색일 2022. 6. 28).

축적하였다.[10]

이처럼 위의 친일파 인물들이 서민경제를 침탈하여 막대한 부(富)를 축적시켜준 무기는 일본에서 도입된 「질옥취체법(質屋取締法, 전당포업법)」의 악용과 고리대금업이었다. 우리나라에서 근대적·전업적(전문적) 형태의 전당포가 생긴 것은 조선 말 고종 13년 (1876) 개항 이후의 일이다.[11]

개항으로 인하여 사회·경제적으로 변화가 이루어지고 화폐경제가 활성화되면서 물건을 맡기고 돈을 빌리는 경우가 많아졌고, 특히 일본인들이 들어오면서 전당포가 생겨나기 시작하였다. 일본은 전당포를 '질옥(質屋)'이라고 불렀는데, 일본인들이 질옥을 열고 이익을 남기자 우리나라 사람들도 전포를 열었고, 이를 '전당포' 또는 '전포'라고 하여 일본인들의 '질옥'과는 다르게 불렀다.

대한제국시기부터 일본인들은 앞다투어 조선으로 건너와 여러 가지 직업에 종사하였는데 그 중 대표적인 업종이 고리대금업 내지 질옥업이었다. 이들의 목적은 이식(利息)취득에 있는 것이 아니라 담보물로 제공받은 부동산 취득에 있었는데, 일본인들이 조선사람들의 토지를 차지하는 방법 중의 하나가 전당포업(질옥업)이었다.[12] 전당포는 손쉽게 이용할 수 있다는 이점은 있지만 이자율이 매우 높았는데, 일제강점기에 들어서면서 전당포업의 설치나 운영은 일본의 「질옥취체법, 1912」[13]의 적용을 받았는데, 이법이야말로 합법적으로 조선인의 토지를 강탈할 수 있는 강력한 수단이었다.

유질(流質)이라 함은 담보를 맡긴 사람이 기한 내에 대금을 상환하지 않을 경우, 전당포업자가 맡긴 물건을 처분해서 그 대금으로 원리금을 환수하는 것을 말한다. 대한제국시기에 제정(1898년 고종 11월)된 「전당포규칙」은 유질기간(이용자가 일정기간이 지나도 찾아가지 않으면 처분할 수 있는 기간)을 3~5개월, 그리고 귀금속 등은 5개월까지 가능했으나, 일제강점기때의 규정은 물건에 관계없이 대체로 3개월이었다. 그리고 「전당포규칙」은 기간이 지난 후 담보물처리에 관해서 당사자 합의하에 판매하고 차액은 물건 주인이 찾

---

10) 주간조선, 2015. 04. 10: "은방서 머슴살던 13살 소년 조선최고 금은방 거상으로"(http://weekly.chosun. com/news/articleView.html?idxno=841, 2022. 6. 29. 검색).

11) 한국정신문화연구원, 앞의 사전, p. 475; 한국민속백과대사전(https://folkency.nfm.go.kr/topic/detail/0151. 검색일 2023. 5. 7)

12) 한국정신문화연구원, 위의 사전, p. 475.

13) 일본 민법에서는 저당(부동산담보)과 질(質, 동산담보)을 구분하였으나, 한국에서는 전당(典當)이라는 이름으로 부동산과 동산을 함께 취급하는 것이 일반적이었다. 따라서 일본과는 달리 조선의 전당포에서는 부동산을 저당 잡히고 돈을 빌리는 것에 차이가 있었다(이승일, "일제식민지 조선의 전당과 공설 질옥", 동아시아문화연구 제60집, 2015, pp. 196~197).

아갈 수 있도록 되어 있었으나, 「질옥취체법」에서는 그러한 조항이 명시되어 있지 않았다. 따라서 전당업자들은 이 법을 악용하여 기간 전에 통지를 하지 않았고, 기한 경과 후에라도 이를 처분하기 전에 담보자에게 판매금의 우선권을 주지도 않았다. 당시 이러한 악덕 영업자가 많아 전당포업자들을 '서민착취계급'으로 불리곤 하였다.

한편, 고리대금업자들은 일본인들이 설립한 은행(조선은행, 일본18은행 등)에서 일본인이나 친일파 인사들에게 싼 이자로 돈을 빌려주면 이들은 조선인에게 토지를 담보로 고리대금업을 하여 농민들의 농토를 빼앗았다. 이처럼 일본인과 일부 친일파 인물들은 전당포업과 고리대금업으로 막대한 토지와 부를 축적하였는데, 여기에 악용된 도구가 흥신소업에 소속된 탐정사들이었다. 이들은 전당포업주 또는 고리대부업자와 결탁하여 고리의 원금과 이자를 변제하지 못하고 야반도주한 채무자를 찾아내거나, 강압적 방법을 동원하여 채무자의 변제를 독촉하는 역할, 소재파악 및 남의 뒷조사 등 다양한 문제들을 해결하기 위하여 불법적인 수단을 사용하였다.

③ 「흥신업단속법」의 제정과 변천과정

흥신업이 공적으로 정의되고 규제되기 시작한 것은 1961년 9월 23일 「흥신업단속법」이 제정되면서 부터이다. 「흥신업단속법」은 해방이후 4·19혁명과 5·16군사정변 등 혼란기를 틈타 흥신업이 급속도로 증가하면서 많은 불법과 부당행위를 저질렀으며, 이에 대응하기 위해 제정된 것이 바로 「흥신업단속법」이다. 이 「흥신업단속법」은 일제강점기 존재하던 흥신소의 업무를 규제하기 위한 일종의 단속법으로, 이 법률에서는 "타인의 상거래·자산·금융 기타 경제상의 신용에 관한 사항을 조사해 의뢰자에게 알려주는 업"이라고 정의하고 있다.

이때의 흥신업은 법인(法人)에 한해 할 수 있었으며, 서울특별시장 또는 도지사의 허가(실질적 관리·감독은 관할 경찰서장에게 위임)를 받도록 하였다. 따라서 이 법의 제정되기 이전에 개인에 의해 무분별하게 악용되던 흥신업은 '법인'에 한해서 허용되었고, 업무대상도 '경제적 신용상태조사'에 한정되었다. 즉, 「흥신업단속법」은 흥신업 일체를 금지·단속하기 위해 제정된 법률이 아니라

사인(私人)의 흥신업(흥신소)을 금지·단속하기 위해 만들어진 최초의 근거법이라고 할 수 있다. 그럼에도 불구하고 흥신업자(흥신소)들은 고객의 요청에 따라 대가를 받고 기업이나 개인의 신용·재산상태 등 경제적 신용상태 조사는 물론 개인적인 비행따위(불륜행위 등)를 몰래 조사해 알려주는 일까지 광범위하게 수행하였다. 그 결과 흥신업자나 흥신업에 소속된 탐정사들은 해결사라는 오명과 함께 이들의 존재 역시 부정적인 이미

지로 각인되기에 이르렀다. 이후 1977년 12월 31일 「흥신업단속법」이 「신용조사법」으로 대체 입법되면서 '흥신업'이라는 법률상 명칭 역시 '신용조사업'이라는 이름으로 개칭되었다. 따라서 이때부터 부정적 이미지로 각인되었던 '흥신업'이라는 명칭은 아예 없어졌고, '흥신소'라는 이름도 '신용조사소'라는 분명한 뜻의 이름으로 변경되었다. 그러다가 1995년 「신용조사법」은 다시 「신용정보의 이용 및 보호에 관한 법률(약칭 신용정보법)」로 명칭이 바꾸어지면서 일제강점기부터 호칭되었던 '탐정(탐정사)'라는 용어조차도 아예 사용하지 못하도록 명문화하기에 이르렀다. 즉, '누구든지 정보원·탐정 그 밖에 이와 비슷한 용어를 사용하면 3년 이하의 징역 또는 3천만원 이하의 벌금'에 처해지도록 규정함으로써, 신용정보회사 종업원은 물론 일반인까지도 정보원·탐정이라는 용어 사용을 못하도록 금지시켰다.

이러한 과정을 거치면서 2018년 헌법재판소의 판결에 따라 사생활과 무관한 민간조사업은 가능하게 되었고, 2020년 2월 4일 「신용정보법」 개정으로 기존의 민간조사업이나 민간조사사(민간조사원)라는 명칭 대신 '탐정업' 또는 '탐정'으로 호칭하는 것도 가능하게 되었다. 따라서 지금까지 탐정제도 발전에 가장 큰 제약으로 작용하였던 「신용정보법」이 개입할 여지는 원천적으로 사라지게 되었고, 이에 따라 탐정업의 영역에서 실종자나 가출인 등 특정인의 소재나 연락처를 파악하는 일도 관련 법률(예컨대, 「개인정보법」 등)에 저촉되지 않는 한 가능하게 되었다.

반면, 문화적인 측면에서 볼 때 '탐정'이라는 직업은 불법행위를 자행하는 직업군이 아니라 긍정적인 면이 훨씬 강하였다. 대륙법계에 속하는 일본의 경우 최초의 탐정소설은 1925년 에도가와 란포가 쓴 「D언덕의 살인사건」이었다. 이 소설에서 '아케치 고고로'라는 탐정이 처음 등장하게 되었고, 이후 차기작인 「심리실험」에서 인정 받은 명탐정으로 재등장하면서 유명한 탐정 캐릭터가 되었다. 아케치는 일본 최초의 명탐정으로 물리적인 증거보다는 범죄심리에 초점을 맞춰 사건을 해결하는 새로운 모습의 탐정이었다.

우리나라의 경우 최초의 탐정소설은 1926년 방정환이 '북극성'이라는 필명으로 발표한 「대탐정 칠칠단의 비밀」이라는 작품이었다. 이 작품은 일제강점기에 발표되었는데, '조국을 빼앗긴 민족의 애타는 마음'을 담아 잃어버린 동생을 찾기 위한 주인공의 이야기를 풀어내는 어린이 탐정소설이다.

서양의 경우 대표적인 탐정소설은 1920년대 영국의 작가 아서 코난도일이 쓴 추리소설 「셜록 홈즈 시리즈」이다. 셜록 홈즈는 인간이 창조한 캐릭터 중에서 매우 크게 성공한 인물 중 하나로써, 현재까지 탐정 캐릭터의 대명사이자 탐정 캐릭터들을 한 단계

진화시킨 캐릭터로 평가받고 있다. 이처럼 동·서양을 막론하고 소설이나 영화속의 탐정은 공권력인 경찰이 해결하지 못하는 사건을 극적으로 해결하는 장면을 연출하고 있다. 이는 한국·일본의 경우 활동 분야나 역할이 '탐정＝경찰'이라는 잘못된 인식을 심어주는 하나의 계기가 되었다고 볼 수 있다.[14] 이런 맥락에서 본다면 탐정과 관련된 동·서양의 사상적 기반이나 정치·사회·문화적 측면에서는 상당한 인식차이가 존재하고 있음을 알 수 있다.

대륙법계에 속하는 한국·일본의 경우 법·제도적으로 소설속의 '탐정＝경찰'이라는 등식은 성립될 수도 없고, 탐정은 수사권한이 전혀 없는 일반인 자격과 동등한 위치에 있을 뿐이다. 한편, 영미법계에서의 탐정은 법·제도적으로 일정한 법적권한이 부여되고 있고, 호주의 탐정의 경우에는 준사법권을 행사하여 조사할 수 있고, 법원이 허가한 영장의 집행도 가능하다.[15] 따라서 대륙법계(한국·일본 등)와 영미법계(영국·미국 등)의 탐정의 위치와 기능은 정치·사회·문화적 측면에서 볼 때 상당한 괴리가 있고, 특히 우리나라의 경우에는 정치·사회적 측면에서 볼 때 탐정 전반에 대한 인식 수준은 긍정적인 면보다는 부정적인 면이 훨씬 강하다고 볼 수 있다.

④ 탐정에 대한 부정적 인식의 이유

국운이 기울어져 가던 대한제국 말기부터 일제강점기, 그리고 해방이후 6·25전쟁과 4·19혁명 등을 거치면서 근대화에 박차를 가하던 60~70년대까지 약 100여년간 서민들의 급전을 융통하던 창구는 소위 전당포나 고리대금업체를 통하는 방법이 절대적이었다. 오늘날과 같이 제도권 금융기관에서의 대출이나 신용카드처럼 손 쉬운 여신시스템이 구축되지 않았던 시기이기 때문이다. 이처럼 힘겹고 혼란스러웠던 격동의 시기에 흥신소와 탐정사들은 전당포업주 또는 고리대부업주와 결탁하여 온갖 불법행위를 저질렀고, 「흥신업단속법」이 「신용정보법」으로 개정된 이후에도 흥신소 또는 심부름센터 등의 명칭으로 음지에서 채권·채무의 해결사 역할과 불륜행위 조사 등의 사생활침해로 일반인들에게는 부정적으로 인식될 수 밖에 없었다. 이로 인해 아직까지도 탐정제도가 발전하는데 하나의 장애물로 작용하고 있는 것만은 틀림이 없는 사실이다.

(2) 탐정의 개념정립과 탐정제도의 합법화

우리나라 탐정업은 일제강점기때에 도입되어 그 출발점부터 태생적으로 한계가 있

---

14) 강관수·오호철, "탐정소설의 탄생과 근대적 법적 질서', 「인문사회21」, 2018, pp. 1619~1621.

15) 이상원·김상균, 앞의 논문, pp. 62~63.

었고, 그 후 해방정국의 정치·사회적 혼란한 상황속에서 합법보다는 불법적 영역에서 민간경비와 민간조사 수요가 발생하였다는 점은 서구의 민간조사(탐정업과 탐정)와는 그 근간이 다르다고 할 수 있다. 그 결과 오랜 기간 탈법과 불법을 자행해 온 민간조사업 (탐정업)자체에 대한 불신이 여전히 상존하고 있고, 이러한 이유 등으로 탐정의 개념조차 통일되지 않은 상태에 있으며, 심지어 용어조차도 탐정업·민간조사업·흥신소업·심부름센터 등 다양한 호칭으로 난맥상을 이루고 있는 것이 현실이다. 따라서 이러한 문제들을 해결하기 위해서는 하루빨리 탐정관련 모법이 제정되어 개념정립과 용어의 통일, 그리고 탐정제도 전반에 관한 발전 방안이 마련되어야 할 것이다.

Ⅲ. 탐정의 유래 및 활용

1. 탐정의 유래 – 인간 공동체의 사회적 필요성

탐정이라는 직업은 인류역사에서 국가라는 사회체제가 만들어지면서 자생되어 사회여건의 변화와 더불어 그 모습이 변화하여 온 인간이 만든 사회체제의 필연적 산물일까? 아니면 개인의 권리가 신장되고 있는 현대민주주의 사회의 산물일까?

탐정의 핵심개념을 고려하면서 동·서양의 탐정역사를 큰틀에서 살펴보면 이 질문에 대한 답을 찾을 수 있다. 동·서양을 막론하고 인간이 만든 사회적 공동체는 구성원과 조직의 안전(치안과 안보)을 보장하려고 다양한 수단을 개발하여 왔다. 특히 국가가 만들어 지면서 국가는 공권력을 사용하여 이 문제를 해결하려 하였고, 이를 위하여 조직을 만들고 이에 종사하는 공인을 채용하였다. 그런데 국가 안보의 위협과 사회불안 요소들이 다양하고 복잡해지면서 제한된 공권력만으로는 그 한계가 노정될 수밖에 없었다. 따라서 국가는 이 문제를 해결하는데 공인이 아닌 일반 민간인의 도움을 받아 치안과 안보의 공백을 보완할 수 있는 다양한 방법을 강구하게 된다. 바로 이러한 사회적 필요성에서 탄생한 것이 탐정이다. 이 점에서 '민간인이 타인 또는 특정 조직으로부터 의뢰를 받아 적법한 범위 내에서 필요한 자료와 정보를 수집하여 의뢰인에게 제공'하는 서비스 활동이라는 탐정의 핵심개념과도 일맥상통한다고 볼 수 있다.

2. 탐정의 활용 유형

1) 국가 안보를 위한 첩자 활용

(1) 중국 춘추전국시대의 「손자병법」

오늘날 탐정이라는 용어와 유사한 첩자(스파이)라는 명칭이 처음 사용된 것은 「손자병법」상의 용간편(用間編: 간첩을 활용하라)에서 그 기원을 찾을 수 있다. 오늘날에도 군사 전략 전술의 고전으로 자리하고 있는 손자병법이 만들어진 것은 지금으로부터 2,500년도 더 된 일이다. 손자[16]는 전쟁에서 이기려면 정확한 정보가 중요하다는 것을 까마득한 옛날에도 이미 간파하고 있었다. 그는 적의 상황과 의도를 "미리 알아내기 위한" 첩자(스파이) 고용에 대해 마지막 편인 용간편에서 꼬박 한 장을 할애하고 있는데, 그는 전쟁의 모든 문제가 사람의 문제로 귀결된다는 점을 강조했다. 손자에 따르면 "적진의 사정을 파악하는 일은 첩자가 하는 주요 업무인데, 이런 정보는 귀신에게 의지하거나 옛 사례로부터 추측하여 알아낼 수 있는 것이 아니며, 오직 적의 사정에 정통한 정보원(sourses)으로부터만 얻을 수 있다"고 하였다.

손자는 간첩(밀정)을 향간(鄕間), 내간(內間), 반간(反間), 사간(死間), 생간(生間)의 5가지 범주로 분류하였다.[17] 향간이란 그 고향의 사람을 활용하는 것으로, 이는 적의 대중 속으로 잠입하는 낮은 수준의 밀정이다. 내간이란 적의 관료를 활용하는 것으로, 적국의 정부나 군대에 잠입하는 높은 수준의 밀정이다. 반간이란 적의 간첩을(아군의 첩자)로 활용하는 것으로, 적의 밀정을 역이용하는 것을 말한다. 사간(死間)[18]은 조정 밖에서의 일을 거짓된 것으로 만들어 아군의 간첩으로 하여금 그것을 알게 하고 (다시) 적의 간첩에게 전달되게 하는 것이다. 즉, 사간은 적 사이에 거짓 정보를 퍼뜨리기 위해 고용된 사람으로, 이들은 죽음을 각오하고 적국에 잠입하여 활동하게 된다. 생간은 적진에 침투했다가 정보를 갖고 돌아와 적정을 보고하게 하는 것이다. 손자는 첩자를 친밀하게 대하여 신뢰를 얻고 상을 후하게 하며 기밀을 유지하고 지혜와 인과 의를 갖춰야 하며 첩자가 제공하는 첩보를 판별하는 능력도 갖춰야 한다고 말했다. 특히 첩자를 쓰는 데에는 기밀 유지가 최우선으로, 발설한 자와 들은 자를 모두 죽여야 한다고 하여 기밀유지가 무엇보다도 중요함을 강조하고 있다. 이 장(章)에서 손자병법을 논하는 이유는 다음에 기술하는 탐정의 역할과 탐정이 출현할 수밖에 없는 시대적 배경 등과 밀접한 관

---

16) 「손자병법」을 저술한 손무는 사기를 지은 사마천에 의해 손자라는 존칭을 얻게 되었다.

17) 손자 지음·김원중 옮김, 「손자병법」, 서울: 글항아리, 2011, pp. 317~320.

18) 사간이란, 자칫하면 적에 의해 죽게 되는 일이 많아서 생긴 명칭으로 해석된다. 생간과 대비되는 개념이다.

련성이 있기 때문이다.

2) 개인이나 특정 조직의 치안문제 해결을 위한 탐정 활용

(1) 국가가 치안문제 해결을 민간인에게 위탁

영국의 탐정역사를 살펴보면 고대부터 민간인이 공동체의 치안을 담당하는 전통이 이어져 왔다. 영국에 도시가 형성되는 근대에 이르러서 런던의 보가(Bow Street) 치안판사 핸리 휠딩(Henry Fielding)이 "범죄예방은 시민 스스로가 단결하여 유지해야 한다"는 원칙 아래 시민 지원자들로 소규모 치안조직을 결성(1749)한 것이 대표적 사례 중의 하나이다. 이러한 전통은 국가가 치안문제를 민간인에게 위탁하는 것으로, 국가가 의뢰자이고 위탁을 받은 민간인이 탐정활동을 한 것으로 해석할 수 있다.

이러한 유형의 탐정활동은 프랑스나 미국의 탐정역사에서도 발견된다. 물론 한국의 탐정역사에서도 이러한 유형의 탐정활동이 있었는데, 대표적인 사례가 조선시대의 숙지나 포사이다.

(2) 개인이나 특정 조직이 치안문제 해결을 민간인에게 위탁

영국이나 프랑스와 같은 유럽 국가들과 미국의 탐정역사를 살펴보면 시민사회와 자본주의가 발달하면서 개인이나 기업이 자신의 권익을 보호하는데 있어 국가의 공권력이 한계를 드러내자, 민간인에게 문제해결을 위탁하는 경우가 늘어난다. 예를 들어 미국의 서부개척시대에 열차강도들이 기승을 부리는데 공권력이 이 문제를 제대로 해결하지 못하자, 운송업체들이 '핀커튼 탐정회사'와 같은 민간 탐정기업에게 독자 경비 등을 위탁하여 문제를 해결하였다. 오늘날의 탐정활동은 대부분 이와 비슷한 유형의 탐정활동에 해당된다.

제2절 우리나라 탐정의 발달사

우리나라 탐정의 역사는 군사탐정으로부터 시작되었다고 볼 수 있다. 고대국가에서는 오늘날처럼 사설탐정으로서의 역할이 아니라, 국가적 차원에서 전쟁에 승리하기 위한 하나의 전략적 기법으로 활용되었다. 따라서 상대방의 정보를 비밀리에 수집하는 첩자(탐정)의 역할은 대단히 중요하였고, 이러한 첩자들을 적재적소에 활용하는 장군은 전쟁에서 승리할 수밖에 없었다. 손자는 손자병법에서 "성현의 지혜가 아니면 첩자를 활용할 수 없고, 어질고 의롭지 않으면 첩자를 부릴 수 없다"고 기술하였는데,[19] 여기에 합당되는 대표적인 인물로는 고구려의 을지문덕[20]과 신라의 김유신을 들 수 있다.

현존하는 문헌상 탐정은 삼국시대부터 그 기원점을 찾을 수 있으나, 그 활동은 개인이 아닌 국가적 차원에서 운영되었다. 고대국가의 가장 큰 특징은 정복적 성격에 있다. 따라서 삼국(고구려·백제·신라)간에 전쟁은 수시로 발발하였고, 그 과정에서 상대국의 국정(國情)·전투력·전쟁계획 등을 몰래 알아내기 위한 세작(細作: 간첩), 흔히 스파이(Spy)라는 군사탐정의 활용은 필수적인 요소였다.

1. 삼국시대

1) 고구려 첩자 도림과 백제 개로왕

(1) 고구려 제20대 장수왕은 백제를 정벌하기 이전에(을묘정벌) 치밀한 계획을 세우고 사람을 선택하였는데, 이때 선뜻 나선 사람이 승려 도림이었다. 도림은 장수왕의 밀명을 받은 후 거짓으로 죄를 짓고 쫓기는 신세가 되어 국경을 넘어 백제 땅으로 잠입했다. 제21대 백제의 개로왕은 바둑과 장기를 몹시 즐겼는데, 도림 역시 바둑에 능하였다. 그래서 도림은 백제에 도착하자 곧 백제 왕궁(한성)으로 찾아가 "제가 어려서부터 바둑을 배워 상당한 묘수의 경지를 알고 있으니, 대왕께 알려드리고자 합니다"라는 글을 올렸다. 원래 바둑을 좋아하는 사람은 바둑 친구를 외면하는 법은 없다. 개로왕이 대국을 해보니 도림은 과연 국수였다. 개로왕은 그때부터 도림을 상객으로 대접하면서 아주 친근하게 대했고, 도림을 늦게 만난 것을 한탄할 정도였다. 이렇게 개로왕의 절대적인 신임을 얻어낸 도림은 개로왕에게 궁실과 성곽을 보수하는 등 대대적인 공사를 벌여 국가

---

19) 손자 지음. 김원중 옮김, 위의 책, p. 317.

20) 고구려 영양왕 23년(612) 여름에 중국 수나라는 1백 13만 3천 8백명의 대군을 거느리고 침공하여 압록강에 이르렀다. 을지문덕은 왕명을 받들고 그들의 진영에 가서 항복을 하였다. 을지문덕 자신이 직접 저들의 실상을 살펴보려 거짓으로 한 행동이었다. 이때 수나라의 장군 우문술과 우중문이 을지문덕을 억류하려 했지만, 상서유승 유사룡의 도움을 받아 본국으로 돌아오게 되었다. 을지문덕은 수나라 군대가 군량이 부족하다는 것을 현장에서 느꼈기 때문에, 이를 역이용하여 싸우면 바로 패하여 달아나고 하기를 일곱 번이나 거듭했다. 그러자 중국 수나라 군사는 평양성 30리 밖에까지 들어오게 되었는데, 그들은 피곤하고 기운이 쇠진하여 싸울 힘조차 없었다. 이때 을지문덕이 반격을 시작하여 살수(오늘날 청천강)에서 수나라 군사를 수장시켰는데, 이것이 그 유명한 살수대첩이다. 당시 우중문과 우문술이 끌고 온 평양공격 군대는 30만 5천명이었으나, 요동성에 돌아갈 때는 2천 7백명 이었다. 이 전쟁의 첫 번째 작전은 을지문덕 자신이 직접 첩자(군사탐정)가 되어 적의 정세를 알아보는 것이었다.

의 권위를 세울 것을 권하였다. 도림의 소임은 개로왕에게 큰 공사를 벌이도록 하여 백제의 국력을 소모시키는 것이었다. 도림의 충고를 옳게 여긴 개로왕은 국가 전역에서 백성들을 징발하여 성곽을 쌓고 선왕인 비유왕의 능을 조성하는 등 대대적인 공사를 벌이는 바람에 점차 백성들의 원성은 높아갔고, 국고는 바닥이 났다. 이때 도림은 백제를 빠져나가 고구려로 돌아가, 백제의 내부 사정을 보고했다. 이에 장수왕은 서기475년(장수왕 63년) 을묘년 2월에 몸소 군사 3만을 이끌고 백제를 침입하여 수도인 한성을 함락시키고 개로왕을 살해한 후 포로로 남녀 8천 명을 사로잡아 갔다.[21]

(2) 백제 한성의 몰락과 개로왕의 전사는 장수왕이 첩자(탐정)를 적절하게 활용한 첩자용간술에 기인한다. 손자는 손자병법에서 첩자를 활용하는 데는 ① 향간(鄕間), ② 내간(內間), ③ 반간(反間), ④ 사간(死間), ⑤ 생간(生間)이 있다고 하였다.

이 다섯 가지 첩자 중 장수왕이 선택한 것은 생간(生間)이었는데, 이러한 첩자(간첩·탐정)의 역할은 때에 따라서는 수십만의 군대보다도 더 무서운 재앙을 가져올 수도 있다. 고구려군의 침략 앞에 속수무책이었던 개로왕은 그때서야 도림의 꾀에 속았음을 알고 "내가 어리석고 총명하지 못하여 간사한 자의 말을 믿다가 이런 꼴이 되었다. 백성들은 쇠잔하고 군대는 약하니 비록 위급한 일을 당해도 누가 기꺼이 나라를 위하여 힘써 싸우려 하겠는가?"라고 통탄했다고 삼국사기는 전하고 있다.[22] 아무튼 고구려 장수왕이 승려 도림을 이용한 첩자용간술이야 말로 국가차원에서 민간인을 공적 첩보원(공인탐정)으로 활용한 최초의 사례라고 볼 수 있겠다.

2) 김유신의 반간계(反間計)

신라 제28대 진덕왕 2년(648) 8월 백제좌평 은상이 신라의 석토성(현재의 충북 진천군의 문안산성으로 추정) 등 일곱 성을 공격하자, 김유신은 전군(全軍)을 다섯 방면으로 나누어 백제군과 격전을 벌였는데, 서로의 승부가 열흘이 지나도록 나지 않았다. 이에 백제군이 도살성(현재의 충북 증평군 이성산성으로 추정) 아래에 진을 쳐서 말을 쉬게 하고 군사를 잘 먹여 다시 공격을 시도하려고 하였다. 그때 물새가 동쪽으로 날아 김유신의 군막을 지나가니 장군과 병사들이 보고 불길한 징조라고 말하였다. 이에 대해 유신은 괴이하게 여길 것이 못된다고 생각하고 그들에게 말하기를 "금일 반드시 간첩으로 오는 백제인이 있을 것이다. 너희들은 짐짓 모르는 체하고 검문하지 말라!" 그리고는 군중에게

---

21) 삼국사기 권제18 고구려본기 권제6 장수왕63년 9월조
22) 삼국사기 권제26 백제본기 제3 개로왕21년 9월조.

전령을 돌렸다. "성을 굳게 지키고 움직이지 말라! 내일 원군이 오는 것을 기다려 결전을 하겠다!" 간첩이 이를 듣고 돌아가 백제 좌평 은상에게 보고하니 은상 등이 군대가 증원되는 줄 알고 두려워하지 않을 수 없었다. 이 기회를 노려 김유신 등이 일시에 공격하여 좌평 은상, 달솔 자견 등 10명과 병사 8,980명을 목 베고 말 1만필과 투구 1,800개를 획득하였다.[23] 김유신이 도살성 싸움에서 약세의 상황을 대승으로 전환시킨 것은 바로 반간계를 이용한 용간술(用間術: 첩자를 부리는 기술)이었다.

3) 그 외 왕자 호동, 박제상, 을지문덕의 활동

고구려 제3대 대무신왕 15년(AD 32년) 낙랑을 침범하기 위한 왕자 호동의 낙랑공주를 정략적으로 이용한 자명고각(自鳴鼓角) 파괴작전,[24] 신라 제19대 눌지왕 10년(AD 425년) 일본에 억류된 왕자 미사흔 구출을 위한 박제상(朴堤上, AD 363~419)의 활약,[25] 고구려 제26대 영양왕 23년(AD 612년) 살수대첩을 이끈 을지문덕의 적정탐지[26] 등의 활동이 기록에 전하고 있다.

2. 고려시대

고려시대는 고대와 근세를 연결하는 교량적인 시대라고 볼 수 있다. 따라서 병제(兵制)상의 기구들도 고려 초기에는 신라·태봉의 제도를 원용하다가 고려 전기 이후로 가면서 정비되고 체계화되었다. 고려시대 탐정활동은 주로 군사탐정의 영역이었고, 정보 역시 전쟁과 관련된 군사정보가 주류를 이루었다고 추정된다. 그러나 극히 예외적으로 개인이 사병(私兵)을 모집하여 경호 및 첩보수집 등 탐정의 역할까지 수행시키기도 하였는데, 이 시기는 무신난 이후의 경대승 집권기였다. 정중부 등은 의종 24년에 쿠데타를

---

23) 삼국사기 권제42 열전제2 김유신 중(中).

24) 삼국사기 권제14 고구려본기 제2 대무신왕 15년. 4월조; 장영우, "왕자호동의 중의적 맥락 고찰", 한국문학연구, 43집, 2012, p. 296.

25) 삼국사기 권제3 신라본기 제3 눌지왕 2년 가을조; 채미하, "堤上의 未斯欣 구출과정과 신라의 성장", 신라사학보, 25권, 2012, p. 6.

26) 고구려가 612년 전쟁을 승리로 이끌 수 있었던 것은 이처럼 첩보전을 통한 정확한 정보와 그에 기초한 적절한 전략·전술에 힘입은 바 크다고 할 수 있다. "침착하고 민첩하며 뛰어난 지략과 술수" 등 문무를 겸비한 을지문덕은 「손자병법」 등 병법에 대한 해박한 지식과 고구려 지도층의 치밀한 첩보전과 정보력을 바탕으로 '살수대첩'을 창출해 낼 수 있었던 것이다. 이렇게 볼 때 613년과 614년 연이어 발발한 3·4차 여(麗)·수(隨) 전쟁의 승부는 어느 정도 예견되었다고 하겠다(김영수, "612년 여·수 전쟁과 고구려의 첩보전", 민족문화, 제30집, 2012, p. 300.; 삼국사기 권 제20 고구려본기 제8 영양왕 23년 7월조).

일으켜 무신정권을 수립하였으나, 명종 9년(1179)에 청년장군 경대승이 정중부를 제거하고 자신의 신변보호를 위하여 자기집에 결사대 백수십명을 모아 긴 목침과 큰 이불로 함께 침식하며 행동하게 하였으며, 불의의 변을 막기 위하여 숙직경비에 당하게 하였는데 이를 도방(都房)이라 하였다.[27]

이 도방은 일종의 사병집단제(私兵集團制)로서 원래 사병(私兵)들의 숙소를 가리키는 것이었으나, 뒤에는 숙위대를 가리키는 말로도 사용되었다. 경대승 집권시 도방은 항상 여러 사병(私兵)들을 거리에 잠복시켰다가 유언비어만 들으면 이를 퍼뜨린 자를 곧 구금하고 고문하여 자주 큰 옥사(獄事)를 일으켜 잔혹하게 처단하였다고 고려사는 전하고 있다. 따라서 도방은 경대승의 신변호위기구인 것 이외에 비밀탐지 등 탐정의 역할과 기능까지 겸하게 하였는데, 이는 개인이 사병(私兵, 사설탐정)들을 고용하여 운영한 최초의 사례라고 볼 수 있다.

그 후 군사 탐정 활동이 가장 왕성한 때는 무신정권기 최씨정권하의 삼별초가 성립되어 운영되던 시기였다. 삼별초 중 가장 먼저 설치된 것은 야별초(夜別抄)였다. 야별초는 최충헌의 아들 최우(고종 5년~동왕 19년 사이)가 "나라 안에 도둑이 많아 용사를 모아 매일 밤에 순찰하게 하여 도둑을 단속함으로써 그 이름을 「야별초」라 하였는데, 도둑들이 전국에서 일어나자 그들을 나누어 각 도(道)에 보내어 도둑을 잡게 하였다." 그러나 군사의 수가 대단히 많아져서 이를 나누어 좌(左별초)와 우(右별초)로 삼았다. 또 고려 사람으로 몽고에 잡혀갔다가 도망한 자들로서 그 일부를 삼아 '신의(神義)'라고 하였는데, 이를 합하여 삼별초라 하였다.[28]

야별초가 오늘날까지 크게 주목받는 것은 몽고 침략군의 전투에서 혁혁한 공적을 남기고 있기 때문이다. 야별초는 중앙군으로써 도적을 잡고 폭행을 금지시킬 목적으로 창설되었으나, 점차 몽고의 침략에 대항하여 치열한 전투를 벌인 전투적 경찰임무도 수행하였다. 야별초가 국가방위의 역할(호국경찰)을 수행했다는 점은 고려사 곳곳에 산재해 있는 역사적 사실(史實)들에 의해서 그 기능의 일면을 알 수 있다.

야별초는 군사작전을 단독 혹은 지방별초와 합동으로 몽고병을 공격하기도 하였고, 혹은 정찰전을 위하여 편의부대(사복부대)를 운영하기도 하였다. 고종 44년 계해조에 "몽고병의 척후기병 300여 명이 전주성 남쪽의 반석역(班石驛)에 이르러 별초지유(야별초의 직위명) 이주(李柱)가 과반수를 격살하고 말 20필을 노획하기도 하였는데",[29] 이는 전투

---

27) 高麗史券 一百列傳券第三十慶大升傳.
28) 고려사 권81 병지(兵志) 5군(五軍) 원종 11년 5월조

적 기능을 설명해 주는 대표적인 사례라고 할 수 있다.

한편, 제24대 원종 10년(AD 1270)에 "임연이 원종을 폐한 후 몽고에 갔다가 돌아오는 태군(太君; 후에 제25대 충렬왕)이 국내의 정변이 두려워 입국하지 않을까 염려하여 야별초 20인을 국경지대에 잠복시켜 왕을 맞이하였는데",[30] 이는 사전에 위험요소를 제거하기 위한 사전 정보활동과 경호차원의 일환으로 볼 수 있는 대표적인 사례라고 할 수 있다.

3. 조선시대

삼국시대는 영토확장과 획득이 왕의 제일 큰 과제였고, 그러한 과정에서 첩자(군사 탐정·스파이)의 역할 또한 전쟁과 불가분의 관계에 있었다. 그 후 중세(고려)를 거쳐 근세(조선)에 들어서면서 첩자의 역할은 전쟁보다는 사회안정과 관련된 치안분야로 전환되었다. 조선의 경우 조선왕조실록을 보더라도 각 왕조마다 도적의 기사가 없는 시대는 없었고, 다만 정도의 차이가 있을 뿐이었다. 도적의 무리는 동·서양을 막론하고 국가가 형성되면서 항상 존재해왔고, 특히 사유재산제도가 확립되면서 절도는 전통적인 범죄로 특정되어졌다. 절도범죄는 그 사회의 치안지수와도 깊은 상관성이 있다. 따라서 도적을 잡는 문제는 조선왕조 일대를 걸쳐 치안상의 문제 중 초미의 관심사였다. 그러기 때문에 중앙의 포도대장은 강·절도의 발생여부에 따라 하옥 또는 교체되거나 파직을 당하는 경우가 허다하였고,[31] 임기가 1개월을 넘기지 못하는 경우도 있었다.[32]

한편, 지방의 경우에는 관찰사·부사·목사·군수·현령·현감 등이 행정·사법·경찰권 일체를 관장하였으나, 치안유지와 관련된 포도(捕盜)의 직무가 최우선적인 업무였다. 만약 도적떼들이 수령의 관할권 안에 나타났을 때 이를 즉시 수색하여 체포하지 못하고 도적떼가 만연해지는 경우, 그 수령은 구금되어 심문을 받고 정죄(定罪: 죄가 있다고 단정함)되기도 하였다.[33] 조선시대의 첩자는 치안 유지적 측면에서 볼 때 숙지와 포사를 들 수 있고, 정치적 측면에서는 보부상을 들 수 있다.

---

29) 고려사 고종세가 고종 40년 8월 계해조
30) 고려사 원종세가 원종10년 정묘조
31) 명종실록권2 명종 즉위년12월 기해조; 명종실록권5 명종2년 4월 정미조
32) 영조실록권3 영조1년2월 병신조; 영조실록권4 영조1년 3월 정사조
33) 오갑균, 「조선시대 사법제도사 연구」, 서울: 삼영사, 1995, p. 238.

1) 숙지

제11대 중종 때에는 포도청에 숙지(熟知)라고 하는 특수정보원(공인탐정)을 공식적으로 고용하여 도둑들을 체포하는 데 활용하기도 하였다. 이러한 숙지제도는 필자가 탐정역사의 변천과정을 연구하던 중 조선왕조실록에서 발굴한 결과물이라고 할 수 있다. 중종2년 3월 28일 영의정 유순, 좌의정 박원종, 무령군 유자광이 건의하기를 "백정 당래와 미륵은 원종공신(原從功臣)[34]에 올라 있는데, 그들은 날래고 용맹스럽기 짝이 없으나 또 겁탈하는 일이 많아서 강도라는 말을 듣고 있습니다. 그리하여 숨고 나오지 않으면서 말하기를 국가에서 죄를 풀고 포도장에게 붙여주면 도적들을 다 잡겠다고 합니다. (이미) 이들은 원종공신에 기록되어 있으니, 죄를 풀고 충찬위[35]에 소속시키든가 혹은 포도장(捕盜將) 밑으로 소속시켜 도둑의 내막을 잘 아는 것을 이용하여 그들을 잡게 함이 어떻겠습니까?"라고 건의 하였다. 이에 중종이 "강도를 충찬위에 소속시켜 대궐 안에 섞여 있게 할 수는 없다. 다만 포도장에 소속시켜 숙지(熟知)라고 칭명하며 도둑을 잡게 하는 것이 마땅하다"라고 전교하고 있다.[36] 이러한 맥락에서 본다면 숙지제도는 민간인을 공적기관인 포도청에 채용하여 필요한 정보를 수집·조사하고 범인을 검거토록 하는 공적 탐정이라고 부를 수 있으며, 오늘날로 치면 '공립탐정'이라고 볼 수 있다. 그러나 현재 '공립탐정'이라는 제도는 세계 각국 어느 나라에서도 정부조직 내에 별도로 창설하여 운영하는 곳은 전무하다.

2) 포사

조선시대에는 지방에 포사(砲士)라는 민간 수사요원을 두기도 하였다. 포사는 도내(道內)의 군(郡)유지들이 자진 협의하여 만든 자치적 조직으로 자위적 입장에서 자체적으로 내사나 범죄수사를 할 수 있었고, 지휘명령권은 당연히 지방수령에게 있었다.[37] 이러한 포사제도는 범죄수사를 제외하고는 오늘날의 사설탐정제도에 가장 유사한 제도라고 할 수 있겠다.

---

34) 원종공신이라 함은 국가나 왕실의 안정에 공훈이 있는 정공신(正功臣: 큰 공을 세운 사람) 외에 작은 공을 세운 사람에게 준 공신의 칭호를 말한다.
35) 충찬위라 함은 조선시대의 중앙군으로서 충좌위에 소속되었던 특수 병종이다. 세조2년(1456)에 처음 설치된 것으로 원종공신의 자손을 편입하게 한 특권적인 병종이었다.
36) 중종실록 권2 중종2년3월 신미조
37) 현규병, 「한국경찰제도사」, 국립경찰전문학교, 1955, p. 78.

3) 보부상

(1) 보부상단(보부상)과 탐정업(탐정)의 상관관계

보부상은 고대로부터 있었으나 조선시대에 들어서면서 조정의 공인을 얻은 공식적인 조직으로 성립되면서 전국적인 조직으로 발전하였다. 이러한 과정에서 보부상은 조정에 의한 보호와 관리를 받는 대신 상업세 납부는 물론 국난 위기 때 수시로 동원되어 왜군 등 적군을 물리치는 데도 크게 기여하였다. 국가적인 측면에서 볼 때 보부상단은 이익공동체적인 상인단체에 불과하였지만, 이들의 국가에 대한 공헌도를 높이 인정하여 관리들로 하여금 그들을 함부로 침해하지 못하게 하는 특전을 부여하였고, 한편, 그들의 정보망(보부상들의 정보수집 기능)과 강대한 조직체를 정치적으로 활용할 가치 또한 충분히 있었다. 따라서 보부상들은 단순한 봇짐장수나 등짐장수가 아닌 탐정업무(백성들의 여론 및 동향 수집)도 일부 수행한 최초의 상인 조합이라고 볼 수 있겠다.

따라서 한국의 탐정업(탐정)은 보부상단의 발달과정과 유사한 경로를 밟아가고 있는 중이다. 현재까지 탐정업(탐정)은 정부에서 공인을 얻은 공식 조직(공인탐정)은 아니지만 과도기적인 형태의 탐정업 형태로 진행되어 가고 있고, 앞으로 국회에 상정된 탐정 관련 법률안이 통과될 경우 국가로부터 공인을 얻은 공식적인 조직(공인탐정업·공인탐정)으로 전환되는 계기를 맞이하게 될 것이다. 나아가 현재 전국적으로 난립되어 있는 탐정협회 등은 국가의 개입에 의해 또는 탐정협회들 간의 협의와 조정에 의해 통일된 전국탐정협회가 결성될 가능성이 매우 농후하다. 이에 따라 내부적으는 체계적인 정보망(연락망) 구성과 자체적인 윤리강령 제정 등이 무엇보다 필요하다. 이런 맥락에서 볼 때 보부상의 발달과정은 앞으로 탐정협회 구성과 운영에 대한 이론적인 기본모델로서 충분한 참고자료가 될 수 있을 것이다.

(2) 보부상의 정의

① 보부상(褓負商)은 보상(報商)과 부상(負商)을 합한 말이다. 보상은 주로 기술적으로 발달된 정밀한 세공품이나 비교적 값이 비싼 잡화를 취급하였다. 즉, 인삼, 포목, 금, 은, 동으로 만든 각종 장식품, 면화, 놋그릇, 종이, 붓, 먹 등이었다. 반면, 부상은 비교적 질량이 크고 값이 싼 일용 물품들이었다. 즉, 목기, 토기, 담배, 누룩, 어물, 소금, 미역, 짚신, 솥 등이었다. 이들은 주로 지게에 상품을 지고 다니며 장시(場市, 시골장)나 촌가(村家)의 마당에 내려두고 서서 판매했으므로, 등짐장수 또는 입상(立商)이라고 했다. 상인들 사이에서 보부상들은 장돌뱅이, 장꾼, 봇짐장수, 등짐장수, 황아장수 등 여러 가지

형태로 불려졌다. 보상과 부상은 서로 취급하는 물품과 상대하는 손님들이 달랐기 때문에, 같은 시장을 함께 다니더라도 서로 간에 경쟁으로 인한 큰 충돌은 별로 없었다.

② 보부상은 대개 5일마다 열리는 장을 순회하며 상품을 매매하던 시장상인들이었다. 이들은 농업생산자, 가내수공업자, 시장상인들과 소비자 사이에서 경제적 교환을 매개하며 상품유통을 활성화시켰다. 상설 점포가 거의 없는 지방의 장시에서 보부상들은 상품유통에 주도적인 역할을 했고, 도시의 시장과 농촌의 연결도 이들을 매개로 하여 이루어지는 경우가 많았다.[38]

(3) 보부상의 기원(설)

① 개요

보부상의 기원은 고대사회에서부터 비롯된 것으로 보인다. 신라 지증왕 10년에 최초 상설시장인 동시(東市: 신라 수도의 동쪽에 만들어진 시장)를 설치하였고 동시를 주관하는 관료를 두었다.[39] 이때 시장 상인과 소비자들 사이를 왕래하면서 물물교환의 매개체 역할을 한 잡화상인(가내수공업자)들이 바로 보부상들이었다. 그 후 고려시대에도 수도 개성에 도시민들의 생활품을 판매하는 시전들이 있었지만, 이들은 주로 완수품을 조달하고 국고의 잉여품을 처분하는 기능을 가진 어용상점이었다. 그리고 이를 관리하는 중앙의 관서가 경시서였다. 고려시대에도 보부상의 역할은 삼국시대(신라)와 마찬가지였다. 그러나 국가에서 관리하는 상설시장과는 달리 오늘날 5일장 또는 재래시장으로 부르는 장시(場市, 시골장)가 처음 출현한 것은 조선시대 성종 원년(1470년), 즉 15세기 후반이었다.[40] 이러한 시골장은 일반 백성들이 스스로 만든 교환시장이자 교역기구였으며, 주기는 한 달에 두 번씩인 15일장이었다.

② 보부상의 기원(설)

보부상 집단이 성립되는 시기에 대해서는 대체로 고려 말이나 조선왕조 개창기로 보는 견해가 지배적이다. 보부상의 기원을 조선초기로 보는 설에 의하면 ㉠ 여진 토벌 과정에서 부상을 입은 이성계를 보부상이 간호했다는 사실과 조선 건국 후 안변 석왕사(釋王寺)를 증축할 때 부상(負商) 백발원 등의 도움이 있었는데, 이러한 공로로 상인단체의 조직인 '부상단(負商団)'의 조직을 허락하고 그들에게 행상권을 전담시켰다는

---

38) 김대길, 「시장을 열지 못하게 하다」, 서울: 가람기획, 2000, p. 11.
39) 삼국사기 권제 38 잡지 제7 직관상
40) 성종실록 권 14 성종3년 7월에 전라도 무암 등에 시장이 개설되고 있는 내용이 기술되고 있다.

설,[41] ㉡ 보부상들이 양반층과 무뢰한의 탐욕으로부터 그들 자신을 보호하기 위해 조직했다는 설, ㉢ 이성계가 조선왕국을 건설할 때 지역별 백성들의 동태를 수집하는 정보원으로 적극 활용하기 위하여 조직화시켰다는 설 등이 있다. 그러나 이와 같은 보부상의 기원설은 해당 시기의 자료를 바탕으로 확인되는 것은 아니기 때문에, 신빙성이 떨어진다.

(4) 상단(商団)으로 성장한 보부상

① 보부상들의 활동내용

보부상은 국가의 일정한 보호를 받는 대신 유사시에 국가에 동원되어 정치적인 활동을 수행해 온 역사를 가지고 있다. 보부상들의 문서에는 임진왜란 때 행주산성 전투에 수천 명이 식량과 무기를 운반·보급하고, 왜군의 동태 등을 수집하는 등 왜군을 물리치는 데 공헌을 하였다고 한다. 그 후 병자호란 때에도 청나라 군사의 동태 수집 및 남한산성으로 식량을 운반하고 성을 방어하는데 상당한 공헌을 하였다. 조정에서는 전쟁이 끝난 뒤 부상(負商)들에게 벼슬을 주려고 하였으나 이들이 사양하자, 반대급부로 어염·목기·수철(철의 합금)등 다섯 가지 물건에 대한 전매권을 부여했다고 전해지고 있다.[42]

조선 후기의 문인화가 권용정(權用正)이 그린 보부상 그림. 쇠솥 등을 지게에 올리고 일어서려 하는 보부상의 모습을 포착하여 그린 작품이다.

㉠ 그 후 개별 분산적으로 활동하던 보부상들이 스스로 상단 단체를 조직하고 전국적으로 활동하게 된 것은 개항 직후인 고종 19년(1879) 이후부터였다.

㉡ 1866년 프랑스 함대가 조선을 침입한 때(병인양요), 보부상들은 대원군의 명에 따라 강화도에 군량을 운반하고, 문수산 전투 등에 참여하여 프랑스군을 물리치는 데 크게 기여하였다. 대원군은 그 공로를 치하하여 전국의 보부상을 보호하는 '보부청'을 설치하고 맏아들 이재명으로 하여금 이를 관리케 하였다.

---

41) 김대길, 위의 책, p. 143.
42) 김대길, 앞의 책, p. 143.

ⓒ 1883년(고종 21년) 개항 이후 상업 자유화에 밀려 상업에 위협을 받게 된 보부상들을 보호하고 그들의 민폐를 근절하기 위해 기존의 '보부청'을 흡수하여 혜상공국을 설립하고, 보부상단과 부상단[43]을 병합하여 운영하였다. 그 후 1885년 혜상공국은 다시 '상리국'으로 개정되었고, 부상(負商)은 좌단(左團), 보상(褓商)은 우단(右團)으로 재정비하여 구분하되 통합하여 관할했다. 이처럼 조선조정이 이들의 활동을 적극적으로 보호하고 지원한 것은 개항 후 청과 일본 등 외국상인의 진출로 조선상업이 피해를 보게 되자 이에 대한 대안책 중의 하나였고, 한편으로는 보부상의 전국적인 조직을 이용한 민심 등의 정보수집과 이들의 힘을 정치적으로 이용하기 위해서였다. 그 후 조선조정은 1894년에 동학 농민운동을 진압할 때 보부상단 천명을 동원시켰고, 독립협회[44]와 만민 공동회를 탄압 할 때에도 황국협회[45]에 소속된 보부상단을 이용하기도 하였다. 그러나 일제강점과 더불어 일제의 보부상 말살기도에 따라 전국의 보부상단체들은 거의 소멸되었다.

② 보부상단의 조직과 운영

보부상이 나름대로 단체를 조직하게 된 동기 중 하나는 각지를 돌아다니면서 행상하는 과정에 만날 수 있는 도적의 피해나 맹수들의 공격으로부터 방어하기 위한 것이었다. 특히 보부상은 행적이 일정하지 않고 생활이 불안정했으므로, 상부상조하는 일종의 계의 형태를 띤 규약을 가짐으로써 공동체를 유지하고자 하였다.

㉠ 보부상의 조직

보부상 조직은 중앙과 지방으로 구분되어 있었다. 지방에는 접장·반수(읍 단위) 등의 임원이 있었고, 그 위에는 도(道)내의 보부상단의 단위조직을 망라하고 통할하는 도접장[46]과 도반수가 있었다. 이들은 선거를 통해서 선출되는 것이 아니라 중앙[47]에서 임면하였고, 기타 중앙의 각 임원도 여러 도의 접장 중에서 임명되었다. 각 도의 도접장·

---

43) 보부상단은 1879년에, 부상단은 1881년에 정부의 주도에 의하여 전국적인 조직을 결성하였다.

44) 독립협회는 고종 33년(1896) 7월 설립한 한국최초의 근대적인 사회 정치단체이다. 서재필, 이승만등 정부의 외세 의존정책에 반대하는 개화 지식층이 한국의 자주독립과 세정개혁을 표방하고 활동하였다. 한편 만민 공동회는 독립협회가 행한 정치활동의 하나로 시민·단체회원·정부관료 등이 참여한 대중 집회였다.

45) 황국협회는 독립협회에 대항하려고 정부가 조직한 어용단체이다.

46) 도접장은 소관 내의 행상을 통섭하여 기율 조항과 강목을 세우고, 회원의 명단을 만들어 인원을 파악하는 임무를 지니고 있었다.

47) 도임방(道任房, 일명 도가)은 중앙의 한성부에 있었고, 중앙임원은 모두 유급 임원이었다.

도반수 및 지방 각 임원의 직인(職印)은 상리국 본국에서 만들어 지급함으로써, 이의 사용을 통제하고 문서위조를 예방하였다. 보부상의 조직에서 가장 주목하여야 할 것은 지방의 경우 민주적인 투표에 의해 임원 선거를 했다는 사실과 안건을 심의하기 위해 정기 총회를 개최했다는 사실이다. 임방은 각 도·군·읍 단위까지 설치된 지방보부상의 의견수렴 및 의결기구였다. 그러다가 1895년 상리국과 각 도의 임방이 폐지되면서, 보부상의 세력은 약화되었다. 임방을 운영하는 데 필요한 경비는 적립금·벌전(벌금)·왕실 지원금·상업세 등으로 충당했다.

　　ⓛ 보부상의 도의와 규율

보부상의 조직은 환난상구(어려운 일을 당했을 때 서로 구해줌)와 동료 간의 신의·상도의 실천 등에 관해 규약을 정해 놓고 자치적으로 운영하였고, 자체 내에서 임원들이 처리하기 어려운 경우에는 관의 힘을 빌려 해결하기도 하였다.

　　㉮ 보부상들은 신의와 상도(商道)를 중시하였다.

보부상들은 오늘날의 상인이라고 생각할 수 없을 정도로 엄격한 규율을 갖춘 집단이었다. 소속이 다르더라도 같은 보부상이 어려움에 처해있으면 항시 발 벗고 나서야만 했고, 병에 걸린 동료가 있으면 일면식이 없더라도 병 구안은 물론 상을 당하면 장례도 치러 줘야만 했다. 아무리 바쁘고 장시(場市)가 열렸다고 하더라도 행수(行首: 조직의 우두머리)의 지시는 물불을 가리지 않고 수행해야 하며, 심지어 설혹 범죄에 연루되었더라도 동료의 이름을 불어서는 안 된다는 조항까지도 존재하였다.

　　㉯ 남녀의 분별에 있어서도 엄격하였다.

보부상은 성격상 각 지방을 순회하며 행상을 했기 때문에 보부상의 숙소였던 도방(道房)에서 남녀가 함께 자야하는 경우가 많았는데, 남자 부상들은 여자 보상들의 짚신도 넘어가지 않는다는 등의 엄격한 규율을 만들어 지켰다. 특히 보부상 중에는 처자를 데리고 다니는 경우가 적지 않았다. 이럴 때 풍기상의 문란을 막기 위해 여자 보상들을 형수나 제수와 같이 대접하되, 만일 이를 위반했을 때에는 엄하게 처벌하였다.[48]

　　ⓒ 벌목(罰目: 벌의 목록)

만약 행수나 윗사람의 정당한 지시에 따르지 않거나, 사전에 약속한 물건이 아닌 다른 것을 취급하거나, 도둑·사기·겁간과 같은 범죄를 저지르는 자는 정해진 법도에 따라 처벌되었다. 대표적으로 1851년 작성된 보부상 조직과 관련된 문서인「예산 임방

---

48) 김대길, 위의 책, p. 145.

업의 절목」[49] 규약 내용을 보면 다음과 같다. 여기에는 행상 중에 병이 나거나 사망하는 경우에 대비하여 규약을 정해 놓고 있으며, 그리고 상도의를 지키지 않거나 조직의 질서유지를 해치는 경우 등에 대한 벌칙을 정하고 있다. 가장 무거운 벌은 불효 및 형제 간 우애가 없는 자로 태(笞) 50대였고, 가장 가벼운 것이 모임에서 웃고 잡담하는 자에게 가한 태 15대였다. 이하에서는 모두 14개 조항 중 중요한 몇 개의 조항만을 기술하였다.[50]

> ① 부모에 불효하거나 형제간에 우애가 없는 자는 태 50대를 때린다.
> ② 선생(조직의 우두머리나 임원)을 속이는 자는 태 40대를 때린다.
> ③ 시장에서 물건을 억지로 판매하거나, 동료에게 나쁜 짓을 한 자, 불의를 저지른 자, 언어가 공손하지 못한 자는 태 30대를 때린다.
> ④ 놀음 등 잡기를 한 자는 태 30대를 때리고, 벌금 1냥을 내게 한다.
> ⑤ 술주정을 하거나 난동을 부린 자는 태 30대를 때린다.
> ⑥ 계모임에 참석하지 않은 자는 태 10대와 벌금 한 냥을, 부고를 받고도 가보지 않은 자는 태 10대에 벌금으로 부조로 낼 돈의 배를 내게 한다.
> ⑦ 모임에서 빈정대며 웃다가 잡담하는 자는 태 15대를 때린다.

이외에도 규율을 위반한 보부상들을 징계하고 처벌하는 독특하고도 엄격한 자치법이 있었다. 부상의 경우 저지른 죄의 경중에 따라 죄가 가벼우면 항상 지니고 다니는 태(笞) 3개를 가져다가 볼기를 때렸고, 그 죄가 무거우면 멍석에 말아 놓고 물미장(勿尾杖)[51]으로 난장을 치기도 하였다.

ⓔ 사형(私刑)[52]의 집행

보부상들이 자체적으로 형벌을 내릴 때에는 도방 앞에 장문(杖門)[53]을 놓고 시행하

---

49) 「예산 임방업의 절목」은 충남 예산 보부상 조직의 입의(立意, 규약)나 절목(節目, 법률이나 규정 따위의 조항)의 형태로 적어놓은 서류를 말한다.

50) 김대길, 앞의 책, pp. 145~147.

51) 물미장은 끝에 물미(깃대나 창대 따위의 끝에 끼우는 끝이 뾰족한 쇠, 또는 지게를 버티는 작대기 끝에 끼우는 쇠)를 맞추어 끼운 작대기를 말한다.

52) 사형(私刑)은 공식적인 관청 또는 기관에서 집행하는 형벌이 아닌 사적 집단 또는 개인으로서 내리는 벌로 사적 제재를 말한다.

53) 장문(杖門)은 용머리가 새겨진 작대기 두 개를 잡아맨 다음 문과 같이 서로 마주보게 괴어놓는 것으로, 이 장문을 설치한 도방 앞에는 누구라도 접근이 금지되었고 함부로 건드리거나 넘어갈 수 없었다.

였다. 이때에는 양반을 비롯해 일체의 잡인의 접근이 금지되었고, 당사자를 체포하러 온 나졸들도 형벌이 끝나고 나서야 개입할 수 있었다. 이를 무시하고 형벌을 방해했다가는 관속들은 물론이고 양반까지도 서슴지 않고 해코지를 해서 일반 백성들은 말할 것도 없고, 포졸이나 양반들까지도 자리를 피할 정도였다.

ⓜ 보부상의 통신망(사발통문)[54]

보부상들은 상단 내에서 연락할 일이 있을 경우 「사발통문」이라는 독특한 연락방식을 활용하였는데, 보부상들의 조직적인 단결력을 보여주는 것이 바로 이 「사발통문」이다.

사발통문[55]

㉮ 사발통문은 사발을 엎어서 그린 원을 중심으로 참가자의 이름을(예컨대, 도임방·군임방·보부상의 이름) 돌려가면서 쓴 것이다. 사발통문의 특징은 참여자의 이름을 순서대로 적지 않고 원 주위에다 적었기 때문에, 주모자가 드러나지 않으면서 연대책임을 지는 동시에 신속한 연락을 도모하기 위한 이점이 있었다. 이러한 사발통문은 8도에 흩어져 있는 보부상들에게 보내는 통문이다.

㉯ 보부상들에게 있어서 통문은 곧 긴급한 상황을 알리는 것이었다. 사발통문은 변란이나 유사시에 보부상을 동원시키는 경우, 시장에서 보부상끼리 또는 보부상과 관아와의 관계에서 시비가 발생하였을 때 발행되는 것이 상례였고, 그 외에는 통문 발행을 자제

---

54) 김대길, 위의 책, pp. 148~150.

55) 출처 : doopedia.co.kr (두산백과).

하였다. 그 이유는 사발통문의 발행에는 많은 비용이 들었고, 인력동원에 따른 여러 가지 번거로움과 어려움이 있었기 때문이다.

㉠ 보부상들은 통문이란 소리만 들어도 밥 먹던 사람은 수저를 놓고, 잠 자던 사람은 이불을 걷어차며, 난전을 벌인 사람은 전(廛)을 버리고 우레 천둥과 같이 뛰어 팔방으로 통달시킬 것을 임무로 삼았다고 한다. 따라서 보부상 사발통문의 속도는 역마를 통해 전달되는 파발마보다 보부상들에 의해 전달되는 통문이 더 빠르다고 구전으로 전해지고 있기도 하다. 이로 보아 그 신속성과 조직력을 가히 짐작해 볼 수 있겠다.

4) 암행어사

암행어사란 왕의 특명을 받고 지방군현에 비밀리에 파견되어 위장된 복장으로 '암행(暗行)'을 했던 왕의 특명사신을 말한다. 암행어사는 조선시대에만 있었던 제도로 제9대 성종 때(AD 1485년) 조익정이 처음으로 건의하여 시행되었고,[56] 암행어사가 각 도에 보내진 것은 제11대 중종 4년(AD 1509년)때였다.[57] 이러한 암행어사제도는 조선말 고종 35년(AD 1898년)까지 유지되었다.[58]

암행어사의 파견에서 무엇보다 중요한 점은 '암행'의 보장이었다. 누가 암행어사인지, 또 언제 어디로 무엇을 염찰(廉察)하러 가는지 이런 모든 사항들이 철저하게 드러나지 않아야 했다. 또한 암행어사의 파견목적이 순수하게 염찰에만 있는 것이 아니었고, 다분히 경계의 의미를 지니고 있었다.[59] 지방관아의 관리들은 누구도 두려워하지 않으나 오직 어사만을 두려워 하였기 때문에,[60] 지방관아의 관리들은 누군가가 암행하면서 염찰하고 있다는 긴장감을 항상 유지하여야 했다.[61]

이런 이유 등으로 암행어사는 수시로 또는 시도 때도 없이 무시(無時)로 보내기도 하여 팔도가 단속되는 효과를 나타낼 수 있었다.[62] 그러므로 이 암행어사제도야말로 조선왕조가 관리들의 부정부패를 막기 위한 숨겨진 비장의 카드였다. 암행어사의 임무는 은밀하게 파견되어 지방관아의 부사·목사·현령·현감 등의 비리를 들춰내어 죄가 심각

---

56) 성종실록 권181 성종 16년 7월 갑인조
57) 중종실록 권10 중종 4년 11월 정묘조
58) 고종실록 권37 고종 35년 8월 10일.
59) 고석규·심희기 외, 「암행어사란 무엇인가」, 서울: 박이정, 1999, p. 53.
60) 정조실록 권41 정조 18년 11월 경자조
61) 고석규·심희기 외, 앞의 책, p. 53.
62) 인조실록 권42 인조 19년 4월 갑인조

하면 봉고파직을 시키는 한편, 억울한 일을 당한 백성들의 원한을 풀어주고 효도와 정절을 권장하는 것이었다. 조선 조정에서 암행어사를 파견하여 달성하려는 목표는 무엇이었을까, 즉 암행어사는 어떤 기능을 하였을까 하는 점이다. 하나는 지방관에 대한 모니터링(monitering)이다. 국왕은 암행어사를 파견할 때 봉서(封書: 임명장)와 사목(事目: 암행어사의 직무를 정한 규칙)·마패·유척(길이를 재는 자)을 부여하였다. 봉서와 사목에는 그 시대의 행정과 사법 전반에 걸친 사항을 암행어사가 발로 뛰면서 직접 눈으로 확인하여 국왕에게 보고하도록 하는 임무가 부여되어 있었다.

즉, 군현을 암행하면서 수령들의 현부(賢否)를 살피고 민간의 질고(疾苦)를 묻는 기능을 하였다.[63] 다른 하나는 정보수집 수단으로서의 기능을 들 수 있다. 조선시대에는 통상적으로 국왕은 수령 → 관찰사로 이어지는 정보공급체계에 의해서 정보를 수집하였으나, 국왕의 입장에서는 때때로 수령과 관찰사의 보고를 신뢰할 수 없었다.[64] 따라서 국왕으로서는 정상적인 정세보고체계 이외에 또 하나의 정보수집 통로를 만들어 지방정세에 대하여 보다 정확한 정보수집 방법을 찾을 수밖에 없었다.[65] 본서(本書)에서 암행어사를 굳이 기술하는 이유는 탐정이나 암행어사의 임무수행 방법이 '암행'과 '정보수집'이라는 공통적인 요소를 갖고 있기 때문이다.

암행어사는 바로 '몰래 살핀다'는 뜻이 있기 때문에 근현대적 탐정의 사전적 의미와 일맥상통한다고 볼 수도 있으나, 주체·대상·내용적 측면에서는 오늘날의 탐정개념과는 전혀 다른 개념이라고 정의할 수 있다.

한편, 정보수집 차원에서 눈여겨볼 만한 대목은 정조대왕의 정보수집 방법이다. 2009년 9월에 공개된 「심환지-정조간의 비밀어찰」은 첩보수집 및 여론동향 등을 수집하여 이를 정치에 이용한 279통의 비밀내용이 수록되어 있다. 이 279통의 비밀내용은 '조선왕조실록'이나 '승정원일기' 등에 실려 있지 않은 기록들이다. 정조는 암행어사를 이용하여 정보를 수집한 것 이외에도 국왕과 신하와의 단독 또는 다수, 그리고 지방의 수령과도 직선라인을 통하여 다각적으로 정보망을 구축하고 있었다. 정보단계도 1인(심환지)[66]이 알아야 할 것, 2인이 알아야 할 것, 3인이 모두 알아도 되는 것등으로 정보단계를 구분하여, 비밀유지를 최우선적으로 고려하였다.[67]

---

63) 선조실록 권122 선조 33년 2월 정유조
64) 고석규·심희기 외, 위의 책, pp. 30~31.
65) 고석규·심희기 외, 앞의 책, pp. 30~31.
66) 심환지 정조 11년 4월 8일 암행어사로 간택되어 호서지방을 암행하는 임무를 맡기도 하였고, 그 후 예조판서와 우의정을 역임한 노론의 중심인물이었다(고석기·심희기 외, 앞의 책 p. 78).

정조는 조선일대를 통하여 암행어사제도를 가장 잘 활용한 국왕이라고 볼 수 있는데, 위의 「비밀어찰집」에서 보듯이 정조는 암행어사 이외에도 정보수집 방법으로 믿을 만한 신하와 폐쇄적 비선라인의 정보망을 구축하여 신하들을 공적 정보원으로 활용하였다. 이는 정보수집방법의 다양성을 보여주는 단적인 사례라고 할 수 있다.

3. 현대의 탐정업

1) 현대의 탐정업의 변천과정

(1) 광복 후

우리나라에 탐정이란 개념이 들어 온 것은 일제강점기 때 였는데, 최초로 탐정업을 설립한 사람은 양근환이다. 그는 일본에서 활약한 독립운동가로 1921년 일본 호텔에서 묵고 있던 친일단체 국민협회의 회장 민원식을 암살한 후, 상하이(상해)로 망명하려 했으나 체포되어 12년간 복역하다가 1933년 2월 출옥하였다. 광복 후 귀국하여 「혁신탐정사(革新探偵社)」라는 탐정회사와 「건국청년회」를 조직하였으나, 실질적으로는 반일무장투쟁 단체의 계승을 표방한 백색테러단체에 가까웠다. 그가 '혁신탐정사'를 설립한 목적은 친일파를 처단하기 위해서라는 설도 있다. 정부에서는 그의 사설탐정을 허용하지 않았다. 그는 1950년 6·25 전쟁 때 퇴각하던 북한군에게 피살당하였고, 1980년 건국훈장 독립장이 추서되었다.

(2) 법률의 개정(흥신업법의 변천)

우리나라는 1961년 「흥신업단속법」제정 이후 '타인의 경제상의 신용'에 대한 조사(흥신업)만을 허용했고, 제한 없는 사적 조사권을 갖는 '사설탐정'은 한 번도 허용한 적이 없다. 따라서 사적조사 등을 해 주는 '흥신소'는 당연히 불법이었다. 그럼에도 불구하고, 종전의 흥신업자들은 채권·채무와 관련한 폭력행사와 불륜행위 등에 대한 도청 등 불법행위를 다반사로 하여 폭력조직의 이미지에서 크게 벗어나지 못하고 있었다. 그 결과 일반 시민들에게는 '흥신소'라는 명칭은 부정적인 이미지로 각인되고 있기도 하다. 탐정업과 관련된 법률의 변천과정을 보면 1961년 「흥신업단속법」→ 1977년 「신용도조사법」→ 1995년 「신용정보의 이용 및 보호에 관한 법률 약칭 신용정보법」으로 명칭이 비뀌면서 현재에 이르고 있다.

---

67) 박철상·백승호 외, 「정조의 비밀어찰, 정조가 그의 시대를 말하다」, 서울: 도서출판푸른역사. 2011, p. 8.

(3) 탐정업에 관한 법안 발의 과정

우리나라에서 탐정제도는 제15대 국회 말 1999년 한나라당 하순봉 의원이 「탐정업법」제정을 위해 추진 중 중단 → 제17대 국회 때 한나라당 이상배 의원·민주당 최재천 의원 등이 「민간조사업법」 발의, 입법 실패 → 제19대 국회의 새누리당 윤재옥 의원이 「공인탐정법」발의·입법 → 문재인 대통령 대선후보 당시 100대 정책 과제에 '공인탐정제' 추진공약 → 2020년 21대 국회의 이명수 외 13인의 「탐정업 관리에 관한 법률(안)」, 윤재옥 의원 등의 「탐정업의 관리에 관한 법률(안)」제정안이 발의되어 현재 계류 중이다.

2) 현행법 하에서의 탐정업

대한민국의 모든 법률 그 어디를 보더라도 탐정업과 관련하여 모든 분야를 포괄적으로 조사하도록 허용하는 조항은 없다. 다만 일정부분 개인과 단체 등이 사립탐정업무를 법률에 따라 수행하고 있는데, 이를 수행하는 개인이나 단체는 다음과 같다.

(1) 탐정

탐정은 공권력이 미치지 않는 영역에 대해 법률이 허용하는 범위에서 개인이나 기업의 정보 및 자료를 수집하거나 사실 확인 등의 조사업무를 수행할 수 있는 자격을 가진자를 말한다. 그러나 탐정사 자격증은 국가공인이 아닌 민간자격으로 발행되는 되는 것이기 때문에, 탐정사에게 주어진 권한은 일반인과 완전히 동일하다. 따라서 그 권한 면에서 '사설탐정이 아닌 개인'과 '사설탐정'의 차이는 거의 없다. 다만 명칭 그대로 '조사'를 할 줄 아는 능력이 있음을 확인해 주는 자격이다. 현행 실정법상 탐정이 활동할 수 있는 영역에 관하여서는 창업실무 편에서 구체적으로 기술하였다.

(2) 변호사

우리나라에서는 사실상 변호사만이 민간인으로서 자신이 수임받은 모든 법률관계에 대해 조사할 수 있는 법적권리를 갖고 있다. 따라서 변호사가 사립탐정의 임무인 사적인 사실관계를 조사하는 것은 가능하다. 한편, 공적수사기관으로 검사가 있다면, 민간인으로는 변호사가 있고, 반면 공적수사기관으로 경찰이 있다면, 민간인으로는 탐정이 있다. 변호사인 경우에는 국가자격증을 필요로 하지만, 현재까지 탐정은 공인자격증이 아닌 탐정업에 관한 민간자격증이 있을 뿐이다.

(3) 행정사

「행정사법」제2조(행정사의 업무) 제7항에 "법령에 따라 위탁받은 사무의 사실 조사 및 확인"으로 행정사의 업무가 법적으로 명시되어 있다. 따라서 명시된 절차에 따라 의뢰된 일에 대해서는 조사하여 의뢰인에게 알려줄 수 있기 때문에, 행정사 역시 탐정에 가까운 유사 직업이라 볼 수 있다.

(4) 회계사

회계사인 경우 사립탐정의 임무인 사적인 사실관계 조사를 하는 것은 가능하다. 반면, 미국의 대부분의 주(州)에서는 회계사가 조사업무를 할 경우에는 사립탐정 면허증이 있어야 한다.[68] 그러나 이 규정은 거의 사문화(死文化)되다시피하여, 보통은 사립탐정 면허 없이 사실조사 업무를 하고 있는 실정이다.[69]

(5) 패러리걸(Paralegal)

① 의의

패러리걸(Paralegal)은 변호사 자격증은 없지만, 변호사의 법률업무를 도와주는 직책을 말한다. 즉, 법률적인 전문성을 갖춘 '법률보조원'을 말한다.

② 기능

    ㉠ 미국의 경우에는 소송을 위한 기초자료 수집·증거확보·목격자면담·서면작성 등 변호사가 하는 업무의 대부분을 함께 담당하고 있다. 다만, 법률적인 조언이나 법정에서 직접 소송을 수행하는 것은 자격증이 있는 변호사들만이 할 수 있다.

    ㉡ 우리나라의 경우에는 탐정 이외에 변호사·법무사에 의해 계약직 및 정규직으로 고용된 패러리걸들이 사설탐정으로서의 역할을 수행하고 있기도 하다. 국내 로펌 패러리걸의 연봉 수준은 초봉이 3,000만원에서 4,000만원 정도이며, 대형 로펌들은(김앤장 등) 많게는 20명, 적게는 5~6명 정도의 패러리걸 팀을 운영하고 있다.

        한편, 법무사는 독립해서 유료법률자문과 유료법률서류 작성이 가능하나, 패러리걸은 독립해서 유료 법률자문 또는 유료법률서류작성을 할 수 없다. 법무사가 고용한 계약직 패러리걸은 1회적인 임시계약도 가능하다. 즉, 서류

---

68) 조세일보(조세회계 경제중심의 종합언론사), 미국 회계사는 사설탐정업 허가 받아야 조사업무, 2013, 3.6.
69) https://ko.wikipedia.org. 검색일 2020.3.16.

형식상으로만 법무사에 1회적으로 고용되는 것이 가능하다.

ⓒ 국내 로펌의 패러리걸들은 아직까지 미국처럼 직접적인 증거수집활동을 하지 않는다. 이들은 일반적으로 번역업무[70]·기초조사업무[71]·현장업무 등 세 가지 영역에서 일하는데, 주로 번역업무를 하고 조사업무를 병행한다.

(6) 보험조사관

보험조사관(보험수사관)은 보험사건이 발생한 경우, 보험사기가 없는지를 조사하는 사람이다. 업무 내용면에서 보면 일정 부분 사설탐정에 가까운 직업이라고 볼 수 있다. 일반적으로 보험회사들은 자체적으로 내부 보험조사관팀을 두고, 보험사기에 관련된 사실 조사 업무를 수행하도록 하고 있다.

(7) 개별법에 의한 실질적인 민간조사관(민간조사사)의 종류

개별법에 의한 실질적인 민간조사관의 종류로는 ① 의료사고 피해구제 및 의료분쟁 조정 등에 관한 법률에 의한 '의료사고 중재 조사관', ② 신용정보의 이용 및 보호에 관한 법률에 의한 '신용정보조사사', ③ 보험업법에 의한 '손해사정사' 등을 들 수 있다.

제3절 외국의 탐정제도의 발달사

Ⅰ. 영국

1. 고대

1) 영국의 탐정제도는 영국경찰의 역사와 맥을 같이한다고 볼 수 있다. 고대 영국에서는 공공의 안녕을 유지하는 제1차적 책임은 각각의 마을에 있었다. 앵글로색슨 시대에는 별도의 경찰조직이 없었던 대신 지역마다 10가구씩 하나의 집단을 이루어 치안을 유지하였는데, 이를 '10인 조합(Tything)'이라 불렀다. 10인 조합의 구성원들은 순찰을 하면서 도적을 발견하면 고함을 질러 추적하고 체포해야 할 의무를 지고 있었으며, 실패하면 국왕에 대하여 연대책임을 지고 처벌되었다.[72] 따라서 10인 조합의 구성원은 하

---

70) 번역업무는 영문으로 된 판례나 비즈니스 계약서 등을 한글로 옮기거나, 한글문서를 영어로 옮기는 일 등을 말한다.

71) 조사업무에는 수임사건에 대한 기초적인 리서치(research: 어떤 주제에 대한 실제조사나 학술연구)·공중업무·해외기업과의 계약서 작성시 초안작업 등이 포함된다.

나의 치안 조직으로서 경찰역할과 사설탐정의 역할까지 수행하였다고 볼 수 있기 때문에, 사설탐정의 맹아기(萌芽期: 사물이 처음 생겨나는 시기)라고 볼 수 있다.

2) 10인 조합은 다시 100인 조합을 구성하였으며, 영주는 이를 관리하기 위하여 1명의 콘스타블(Constable)이라는 관리자를 한 명씩 두었다. 이 당시의 콘스타블은 단순한 무기 장비 관리 순시원이었다. 콘스타블은 각 교구마다 1명씩 임명되었고 일종의 명예직이었는데, 오늘날의 영국경찰관의 기원이라고 볼 수 있다.[73)]

2. 중세

1)「윈체스터법령」제정

(1) 13세기 말(1285년) 에드워드 1세때 지방도시를 위하여「윈체스터법령」을 제정하였는데, 이 법령은 19세기 말「수도경찰청법」이 제정될 때까지 500여년 동안 치안활동을 규율하는 거의 유일한 법령이었다.

(2) 이 법령은 고대의 전통인 '도둑 잡아라'고 외칠 의무가 법적으로 모든 주민에게 부과되었고, 15세~60세의 모든 남자들에게 계급에 따라 일정량의 무기 등의 장비를 보유하도록 하였다. 이와 같은 규정은 발견되는 어떠한 범법자든 모든 주민에게 추적됨을 의미하는 동시에, 공동체 전체의 범죄대처능력을 강화하기 위한 것이었다.

(3) 수도 런던에서는「윈체스터법」이 시행되지 못하였고, 동년(1285)에 수도 런던에 관한 별도의 법률을 제정하였다. 이 법을 집행하는 기관은 치안유지권을 부여받은 '치안판사'와 그에 소속된 '경비원'이었다. 경비원은 관내의 주민성향을 파악하고 범죄인이 있을 때에는 이를 체포하는 것이 임무였고, 체포된 범죄자는 치안판사가 재판하였다.

2) 사설탐정의 효시

(1) 상공업의 발달과 치안문제

초기 영국의 치안유지는 개인 내지 집단책임이었으나, 점차 국가책임으로 이동하게 되면서 치안판사직을 신설하는 등의 국가적 차원의 노력을 기울였다. 그럼에도 불구하고 영국은 근 300여 년(1500~1800) 동안 시민의 생명과 재산, 그리고 상업·산업시설을

72) 김형중·김양현,「경찰학총론」, 서울: 청목출판사, 2020, pp. 116~117.
73) 치안본부,「서구경찰」, 서울: 정양사, 1989, p. 23~24.

지켜줄 만한 치안능력이 부족하였다. 특히 상공업의 발달에 따라 상인들은 휴대가 간편한 고가품이 자연히 많아졌고, 그 결과 절도범과 사기범 등의 증가로 경찰의 보호가 절실하였다. 이에 따라 고대 전통적인 10인제도와 같은 사회제도(범인의 추적과 함성)는 사실상 무용지물이 되었다.[74] 따라서 상인들은 이에 대응할 자구책을 마련하였는데, 이것이 상업사설탐정(상업경찰)조직이었다.

(2) 상업사설탐정

상공업자들은 자신들의 이익을 보호하기 위하여 동일직업 상호간에 단결하여 길드(guild)[75]라는 조합을 만들고 그 특권유지를 위하여 특수경찰조직을 설치하게 되었는데, 이것이 상업경찰제도이자 사설탐정제도라고 볼 수 있다.

따라서 영국에서는 16세기경 국가조직과는 별도로 상인들 스스로 사적조직을 결성하였는데, 이들의 목적은 상인들의 특권유지와 도난 및 사기당한 재산을 회수하기 위한 것이었다. 상인들은 이러한 목적을 달성하기 위하여 조합원이나 사람을 고용하였는데, 여기에서 사설탐정이 유래되었다고 볼 수 있다.

3. 근대

1) 보스트리트러너

(1) 세계최초의 탐정기관은 영국 런던 보우가(Bow街: Bow Street)의 '보스트리트러너(Bow Street Runner)'이다. 1749년 보우가(Bow Street)의 치안판사로 임명된 헨리 필딩(Henry Fielding)은 "범죄예방은 시민 스스로가 단결하여 유지해야 한다"는 기조하에 보우가의 치안유지를 위해 시민들 중의 지원자에 한해 소규모 치안조직을 만들었고, 다음해인 1750년 정부의 허가를 얻어 정식으로 발족되었다.

이 소규모 치안 조직은 세 가지 종류(절도체포대·기마순찰대·도보순찰대)의 조직으로 구성되었다. 이 세 가지 조직 중 탐정과 관련된 조직이 「절도체포대」, 즉 「보스트리트러너」이다.[76]

(2) 절도체포대(Bow Street Runners)는 소수의 정예 탐정조직(인원은 8명)으로, 부패와

---

74) 치안본부, 위의 책, pp. 28~29.
75) 길드는 중세시대에 상공업자들이 만든 상호부조적인 동업 조합이다. 서유럽의 도시에서 발달하여 11세기~12세기에는 중세 영주의 권력에 대항하면서 도시의 정치적·경제적 실권을 쥐었으나, 근대 산업의 발달과 함께 16세기 이후에 쇠퇴하였다.
76) 치안본부, 위의 책, p. 33.

범죄의 정보 및 증거 등을 수집하는 등 사회기강 확립에 크게 기여하였다. 이후 '보스트리트러너'는 뛰어난 정보력을 평가받아 1829년 당시 내무부장관 로버트 필 경이 창설한 수도경시청(스코틀랜드 야드)[77]의 치안조직으로 흡수되는 명예를 얻게 되었다. '보스트리트러너(절도체포대)'는 오늘날의 사복형사의 시조(始祖)라고 보아도 무방하다.[78]

　(3) 헨리필딩 법관에 의해 만들어진 '보스트리트러너'는 민간이 주체가 된 것이 아니고, 지자체(런던)라는 공조직이 주체가 된 탐정기관이라고 볼 수 있다. 즉, 공적기관이 탐정활동을 한 공립탐정기관이었다. 오늘날 동·서양을 막론하고 국가(정부)차원에서 탐정이라고 명칭되는 공조직을 두고 운영하는 나라는 없다. 이런 맥락에서 보면 18세기 영국 런던에서 창설되어 약 90년[79] 동안 존속하였던 '보스트리트러너'라는 공립탐정의 존재는 세계 탐정에 기록될 만한 조직으로 길이 남을 것이다.

2) 명탐정 셜록 홈즈

　(1) 셜록 홈즈는 아서 코난 도일[80]이 창조해 낸 유명한 사설탐정으로, 오늘날까지 명탐정의 대명사 같이 이해되고 실제 인물이라고까지 믿고 있기도 하다. 2008년 조사에 따르면 영국인의 약 58%가 "셜록 홈즈는 실존인물이다"라고 믿었고, 심지어 소설 속의 홈즈와 왓슨의 하숙집인 런던 베이커가 21번은 아예 존재하지도 않는 주소임에도 불구하고 아직까지 사건을 의뢰하는 편지와 팬레터가 오고 있기도 하다. 셜록 홈즈가 유명하자 1990년 웨스트민스터 자치구 차원에서 공식적으로 239번지를 221B번지로 바꿔버렸다. 현재 221B번으로 편지를 보내면 셜록 홈즈 박물관으로 간다. 박물관과 함께 셜록 홈즈 사무소도 영업 중인데, 221B Baker Street London NW16XE England, U.K로 의뢰편

---

77) 수도경시청(런던경시청)을 스코틀랜드 야드(Scotland Yard)라고도 부른다. 그 유래는 국가가 경찰의 청사로서 공공건물을 제공하지 않고 지역사회중심으로 운영하면서 성립하였기 때문이다. 이런 이유 등으로 런던 경찰은 런던시에 있는 스코틀랜드 저택의 한 구석의 건물을 빌려 이곳에 경시청을 두고서 활동을 하였다. 이러한 역사적이고 지리적인 사정으로 스코틀랜드 야드라고 부른다.

78) Philip John Stead, The Police of Britain(Macmillanm 1983), p. 36; Prothero, The History of the Criminal Investigation Department at Scotland yard, p. 18.

79) 절도체포대, 즉 보스트리트러너는 1750년에 창설되어 수도경시청에 흡수된 후에도 1839년까지 존속하였다(치안본부, 앞의 책, p. 33).

80) 아서 코난 도일은 스코틀랜드 애든버러에서 태어났고, 애든버러 대학에서 의학을 수학했다. 그는 병원을 개업해 의사로 활동했지만, 여의치 않자 작가의 길에 들어섰다. 그는 명탐점 홈즈를 창조해 내며 애매한 자리에 위치했던 추리소설을 고전의 자리에 올려놓았고, 셜록홈즈 시리즈로 막대한 부와 명예를 얻었다. 당시 미국에서 셜록홈즈의 인기는 엄청나서, 1920년 기준으로 미국 업자들이 그에게 단어 하나당 1달러씩 계산하는 방식으로 판권 값을 지불했다고 한다.

지를 보내면 답장도 온다고 한다.

　(2) 셜록홈즈는 '주홍빛 연구'라는 작품에서 최초로 모습을 드러냈으며, 그의 이미지인 사냥모자, 망토달린 코트, 굽은 파이프, 돋보기 등은 '탐정'이라는 캐릭터 자체를 대표하는 이미지가 되었으며, '돋보기'라는 물건은 아예 탐정의 상징 아이콘으로 굳어졌다. 코난 도일은 셜록홈즈와 결별하기 위해서 24번째 단편에서 악당 모리에타 교수와 함께 빠져 죽도록 하였으나, 세계 독자들의 거센 반발로 1905년 「셜록홈즈의 귀환」에서 부활시킬 수밖에 없었다. 이처럼 셜록홈즈는 전 세계적으로 관심의 대상이었고, 그리고 셜록홈즈로 인해 '탐정'이라는 캐릭터는 영웅에 가까운 명성을 얻게 되었다.

존 왓슨(왼쪽)과 셜록홈즈(오른쪽)
1892년 12월 스트랜드 매거진에 실린 시드니패짓의 일러스트

　(3) 셜록홈즈는 탐정으로 갖추어야 할 각종 자질이라는 자질은 다 가지고 있다. 홈즈는 문학·철학·천문학에 관한 지식은 전무하지만, 주변환경과 타인의 인상착의를 관찰하여 그 사람의 내력까지 추리해 내는 추리능력, 식물학 중에서도 독물에 관한 해박한 지식, 화학은 전문가급, 범죄 관련 문헌에 대해서는 걸어다니는 범죄학 사전이었고, 변장실력과 권투와 펜싱에도 능한 것으로 묘사되고 있다.

4. 현대의 탐정제도

1) 탐정제도의 운용현황

영국은 국가경찰력의 한계를 보조하는 자치경찰제도가 가장 발전한 나라로서, 자위

방범(自衛防犯)사상에 근간을 둔 민간경비제도가 발전해 왔다. 탐정업에 대한 규제가 없었던 초창기에는 수사기관 등에서 경력을 보유한 자나, 그렇지 못할 경우 관련 교육기관의 소정교육을 이수하고 국가직업인증(National Vocational Qualification: NVQ)을 취득하면 누구나 탐정업을 수행할 수 있었다. 그러나 이러한 자율적 제도는 자격 결격소유자의 관련산업 진입을 막지 못하는 등의 문제점이 파생되었다. 이러한 폐단을 막기 위하여 2001년 「민간보안산업법」을 제정하여 총괄적으로 규정하고 있다. 영국은 2006년에 「민간보안산업법」을 개정하였는데, 이때 탐정업이 면허제로 전환되었다. 영국에서 탐정사의 주요 고객은 개인보다는 보험회사를 비롯한 금융기관이나 변호사가 더 많다고 한다. 약 703개의 탐정업 관련 업체가 있으며, 연간 매출액은 3천 454억에 달한다.

2) 탐정의 업무범위

영국의 「민간보안산업법」은 탐정의 업무에 관하여 "특정 인물 또는 그의 활동이나 소재에 대한 정보를 얻거나, 재산이 소멸된 상황 혹은 그 원인에 대한 정보를 얻기 얻기 위해 행해지는 모든 감시, 조회 또는 조사"를 하는 것이라고 정의하고 있다.

(1) 영국은 미국과 대조적으로 탐정의 업무영역을 좁게 설정하고 있다. 특정 개인 및 특정 활동, 특정 개인의 소재파악, 멸실 및 훼손된 재산에 대한 정보파악, 그리고 감시업무로 국한하고 있다. 그러나 실질적으로 탐정은 민·형사상의 재판에 중요한 단서가 될 수 있는 증거의 조사와 수집, 그리고 사실관계 파악업무를 주 업무로 하고 있다.

그리고 이외에도 보험관련 사고 및 조사,[81] 사무변호사(법률자문 등을 주로 하는 변호사)의 의뢰를 받은 민·형사상의 변호자료 증거수집업무, 기업들의 신용 조사,[82] 유산상속과 관련된 유족 및 친족의 소재파악, 실종자 소재파악, 배우자 부정사실 조사업무 등을 수행하고 있다.

(2) 영국의 경우 무면허 탐정에게 조사의뢰를 하는 자체도 위법으로 간주하며, 면허를 취득한 탐정들의 리스트를 공개하고 있다.

---

81) 보험회사가 고객인 경우에는 교통사고 조사, 산업재해 조사 등을 하면서 보험금의 부정취득에 대한 조사를 하거나 그 증거를 수집하는 등 주로 보험사기를 방지하기 위한 조사가 많다.

82) 기업을 대상으로 하는 경우는 합병이나 인수 등의 제휴 예정 기업들의 신용조사나 직원 고용 시 배경조사를 주로 한다.

3) 탐정의 자격

구분	내용	비고
면허명칭	• 국가직업능력인증(NVQ) Level 3 취득	• 복잡하고 다양한 범위의 일을 수행할 수 있으며, 타인을 지도할 수 있는 능력
탐정면허의 기본적 조건	• 신원증명서·범죄경력 없음을 증명하는 서류, 탐정으로서의 적합한 능력(경력)의 보유가 요구됨	• 제도적으로 면허의 유효기간을 3년마다 갱신하도록 하고 있음.
자격취득	• 영국의 탐정업은 전직 경찰 및 군인 출신들이 대다수를 차지하고 있음(경력보유자).	• 경력을 보유하지 못한 자가 탐정업을 하고자 하는 경우에는 일반적으로 수사 등의 전문기법을 교육하는 민간교육기관에서 일정기간 동안 교육을 이수하여야 면허국에서 발급하는 국가취업인증을 취득할 수 있음.
유자격자 창업 및 활동	• 개인활동 및 탐정회사 창업가능	
관리·감독 기관[83]	• 민간경비산업위원회에서 탐정면허 교부	• 민간경비산업위원회에서 지도·감독을 행하고 있으나, 앞으로는 경찰을 소관청으로 하는 실질적인 밀착관리가 되도록 추진하고 있음.

4) 탐정의 교육

탐정교육은 전문탐정아카데미(Academy of Professional Investigation, API) 또는 전문수사연구소(Institute of Professional Investigators, IPI)[84]에서 사립 탐정이 되기를 원하는 사람들을 위한 맞춤형 교육과정을 제공하는데, 이 교육과정은 반드시 이수하여야 하며[85] 일정 비용을 지불하고 교육받는 경우가 일반적이다. API는 보안산업위원회의 자격 취득과정 중 하나로 운용되고 있다. API 교과목은 실종자 추적, 영장 송달 과정, 감시사고 보고서, 지위 및 소유권 회복, 목격자 인터뷰와 목격자 진술, 범죄 수사, 법의학 수사 및 거짓말 탐지기, 사법 체계, 전자 및 디지털 전자 증거와 보안·압수, 효과적인 팀 이바지 등으로 구성되어 있다.[86] 경찰이나 군인의 경력이 없는 사람의 경우 탐정이 갖추어야 할 여러 가지 지식과 기술을 가르쳐 주는 탐정 관련 교육기관의 교육과정을 통해 '국가

---

83) 외국의 경우 경찰이 탐정업을 직접 관리·감독하거나, 경찰의 상급기관인 내무부(한국의 경우 행정안전부)가 자격심사 등 핵심권한을 갖지만, 경찰이 실질적인 밀착관리를 행하는 분권적 관리·감독 체계를 갖춘 경우가 일반적이다.

84) IPI(Institute of Professional Investigators): http://ipi.org.uk/, 2022. 06. 02. 검색.

85) 정웅, "민간조사관 자격시험 및 교육훈련 제도 모형에 대한 연구", 「치안정책연구」, 24(2), 치안정책연구소, 2010, p. 253.

86) 김계원·서진석, "민간조사(탐정) 학과의 교과과정 연구", 「한국공안행정학회보」, 62, 한국공안행정학회, 2016, p. 19.

직업인증'을 취득할 수 있도록 하고 있다.[87]

보안산업위원회의 탐정 자격증 취득을 위한 시험으로 전문능력시험(IQ Level 3)이 있다. 전문시험은 탐정 관련 법률 및 표준절차에 대한 이해와 윤리적 사항으로 구성되어 있는데, 구체적인 과목은 ① 조사 방법, ② 고객 관계, ③ 인터뷰 기술, ④ 사례관리, ⑤ 사고 현장 및 보존, ⑥ 조사, ⑦ 감시, ⑧ 기록, ⑨ 법절차 등이다.[88]

Ⅱ. 미국

미국은 영국과 마찬가지로 자경주의 사상을 기반으로 하는 자치경찰제가 발전하였다. 이에 따라 미국은 전 세계에서 가장 잘 발달된 탐정국가로서, 거의 모든 사건에 탐정이 관여할 정도로 광범위하게 활용되고 있다.

1. 미국의 독립과 초기시대(사설탐정의 기원)

1) 미국은 1766년 독립을 선언했지만 동부 13개 주에 국한된 독립이었고, 1812년 영국과의 전쟁이 끝나면서 미국은 급속한 영토확장을 하기 시작하였다. 이에 따라 산업혁명의 진행과 도시화의 진전에 따라 종래의 「보통법(Common Law: 주민에게 치안유지 책임이 있다)」의 전통은 점차 귀찮은 것으로 되어 갔다.

2) 이러한 정치·사회 환경의 변화에 따라 1838년 보스턴 경찰국이 탄생하였고, 1844년 뉴욕 그리고 1848년 필라델피아 순으로 도시경찰이 창설되었다.[89] 그러나 당시에는 연방경찰이나 미국 전체를 관할할 수 있는 형사사법기관은 아직 존재하지 않았고, 공적인 대도시 경찰만 설치되어 있었다. 따라서 나머지 지역에서는 전적으로 자경주의에 입각한 민간영역에 의존할 수밖에 없었다.

3) 미국의 이민 초기의 역사는 지역적 환경에 영향을 많이 받았다. 남부지역은 비교적 평화로운 농업지역으로 노예는 가장 중요한 재산 가운데 하나였다. 북부지역은 인디언 등의 외부 침입에 대응하기 위해 마을(Town)이 형성되었고, 그 후 중공업의 발달과 함께

87) 황요완, "공인탐정 제도 도입시 문제점과 해결방안에 관한 입법론적 연구", 박사학위논문, 동아대학교, 2017, p. 45.

88) 김정규·강맹진, "탐정 공인 자격화 방안에 관한 연구", 「한국치안행정논집」, 4(2), 한국치안행정학회, 2017, p. 62.

89) 김형중·김순석·김양현·정의롬·조상현, 위의 책, p. 127.

도시로 성장하였다. 미국경찰의 경우도 이러한 지역환경에 따라 발전하였다.[90] 미국은 19세기 초 노예폐지를 위한 논의로 한창 시끄러웠는데, 1820년 미주리 협약에 의해 노예제도 유지세력(남부지역)과 폐지세력(북부지역)이 남북으로 확연히 갈라지면서, 남부의 흑인 노예들을 북부로 탈출시키려는 움직임이 크게 늘었다.

4) 사설탐정의 기원

남부의 경우 거대농장을 기반으로 하는 농업경제가 중심이었기 때문에, 노예들은 자본의 핵심이었다. 이런 상황에 대처하기 위해 남부 주민들은 1850년 「도망노예 송환법」을 제정하여 도망친 노예의 반환과 탈출한 노예를 도와준 사람들에 대한 처벌을 강화하여 노예의 이탈을 단속하였다. 그러나 북부로 도망친 노예들을 공식적인 통로를 이용해 되돌려 받는 것은 사실상 불가능에 가까웠다. 그 결과 도망친 노예만을 전문적으로 잡아들이는 사설탐정들이 고용되기 시작하였고, 반면 노예폐지론자들과 이에 동조하는 언론기관들은 북부지역에서 활동하는 사설탐정 등을 공개하고 이들의 활동을 저지했다. 그러나 이들 사설탐정들이 은밀하게 비공식적으로 활동하는 탓에 적발하는데 한계가 있었다.[91] 이런 연유로 미국의 경우 북부로 도망친 노예들을 잡아들이기 위해 남부주민들에 의해 고용된 자들이 바로 사설탐정의 효시라고 봐도 무방할 것이다.

2. 서부개척시대와 남북전쟁시대

1) 서부개척시대의 사설탐정의 등장배경

서부개척시대에는 경찰이 있다 해도 도시지역에서만 활동하였으며, 그 이외의 지역에는 실효성 있는 경찰은 존재하지도 않았고, 기대하지도 않았다. 1848년 당시 캘리포니아에서 금광이 발견되고 이어 네바다와 콜로라도 등지에서 금 등이 발견되면서 골드러시를 이루었다. 이에 맞춰 귀중품 등을 호송하는 데 필수적인 철도가 활발하게 부설되었으나, 이를 운송하는 철도회사들은 범죄자들의 표적이 되기 일쑤였다. 당시 경찰은

---

90) 미국 경찰의 역사도 지역적 환경에 영향을 많이 받았는데, 북부의 경우에는 영국식의 경찰인 「치안관제도」와 「야경제도」가 도입되어 치안을 담당하였고, 그 후 중공업의 발달과 함께 도시로 성장하면서, 도시경찰(보스턴 경찰국)의 기원이 되었다. 반면 남부지역은 영국 시골의 제도였던 샤이어리브(Shire Reeve: 샤이어는 오늘날의 군(郡)에 해당하며 리브는 샤이어의 모임에서 선출된 자로 해당지역에서의 행정과 사법권을 행사하였다)가 변형된 군(郡)보안관제도가 발달하였다(김형중 외, 위의 책, pp. 127~128).

91) 최선우, 「민간경비론」, 인천: 진영사, 2008, p. 61.

대도시에만 집중되었고 사법관할권이 주 경계를 넘지 못했기 때문에, 운송업체들은 독자적인 경비와 수사방법을 강구하지 않으면 안 되었다. 그 결과 경비 및 사설탐정이 전면에 등장하는 계기가 되었다.

2) 앨런 핀커튼(Allen Pinkerton, 1819~1884)

(1) 세계 최초의 탐정회사 설립

① 엘렌 핀커튼은 스코틀랜드 야드(런던 경시청)에서 근무한 아버지 밑에서 자란 스코틀랜드 출신의 이민자로서, 23살 때 미국으로 건너가 시카고 외곽 작은 마을에서 맥주통을 만드는 가게를 열었다. 그러던 어느 날 무인도에 재료로 쓸 나무를 찾으러 산에 갔다가 우연히 위조지폐를 만드는 일당을 발견하여 미행하였다. 다음날 곧바로 지역보안관에게 신고하였고, 그 공로로 부보안관으로 임명되었다. 그리고 1943년 핀커튼은 시카고 최초의 형사로 임명되었다.[92] 그 후 1950년에 변호사 에드워드 럭커와 함께 오늘날 탐정기업의 효시라고 볼 수 있는 '노스웨스트 경찰대행사'라는 회사를 설립하였고, 훗날

핀커튼社 로고
(우리는 잠들지 않는다)

자신의 이름을 딴 핀커튼 전국탐정회사(Pinkerton's National Detective Agency)로 상호명을 바꿨다. 이때 핀커튼은 탐정회사의 슬로건을 '우리는 잠들지 않는다(We never sleep)'로 하였고, 'Open Eye'를 로고로 제작하였다.[93] 이후 미국에서는 속어로 'private eye' 또는 'eye'라고 하면 사립탐정을 대표하는 대명사가 되었다.

② 핀커튼 탐정회사는 초기에 열차강도의 체포와 철도경비시스템을 구축하였고,[94] 1855년 이후에는 수많은 철도회사들과 계약을 체결하였다.[95] 그 후 50년에 걸쳐 핀커튼

---

92) 최선우, 위의 책, p. 63.

93) 최선우, 앞의 책, p. 63; 권창기·김동제·강영숙 공저, 위의 책, p. 13.

94) Hess, Kären M. and Wrobleski, Henry M.(1966), Introduction to Private Security, N.Y.:West Publishing Company, p. 18.

95) 핀커튼이 활약할 당시 서부와 남부지역의 신도시들은 무법천지였으며, 이에 따라 새로운 개척지에는 시민들이 스스로를 보호하기 위해 민간조직을 창설하게 되었는데, 이러한 민간조직의 대표적인 사례가 핀커튼 탐정회사였다. 당시 미국의 주(州) 경찰은 도망간 범법자를 체포하거나 수사하는데 사법권 관할이라는 한계에 놓였던 반면에, 핀커튼 탐정회사를 비롯한 일부 유명 탐정회사들은 주(州) 경계를 넘어 범법자를 추적할

의 회사는 미국에서 유일하게 주(州)간 철도수송의 안전을 담당하는 경비회사가 되었다. 이 시기에 핀커튼은 링컨 대통령을 알게 되었다.

(2) 서부개척시대의 핀커튼사의 공적

엘렌 핀커튼 탐정회사는 서부개척시대에 치안의 공백을 메우는데 매우 중요한 역할을 수행하였다. 핀커튼 회사의 요원들은 은행과 열차를 털어온 리노(Reno)갱단을 잡아들이는 한편, 전설적인 열차강도 프랭크와 제시 제임스를 수차례에 걸친 노력 끝에 잡아들임으로써, 법과 보안관은 피할 수 있어도 핀커튼으로부터는 도망칠 수 없다는 확고한 평판(공적영역은 물론 사적영역까지)을 얻게 되었다.[96] 이 당시 핀커튼 에이전트(Pinkerton Agent)의 명성과 영향력은 미국 전역에서 신화같은 존재였다.

3) 남북전쟁시대

(1) 핀커튼 탐정사무소(회사)

① 남북전쟁(Civil War, 1861 – 1865)이 발발하자, 펜실베니아 철도회사에서 링컨의 암살소문과 관련된 진상을 핀커튼에게 의뢰하자 그는 볼티모어에서 남부주민들이 환영행사 중 링컨을 암살한다는 음모를 밝혀내고, 이미 알려진 기차와는 다른 기차를 이용하여 링컨과 동승하여 암살위험에서 벗어나게 하여 유명해졌다.[97] 링컨도 핀커튼을 신뢰하여 남북전쟁 기간 내내 핀커튼 탐정회사의 탐정들을 고용해서 자신의 경호를 맡겼을 정도였다.

② 한편, 남북전쟁이 발발하자 그는 알렌 소령이라는 가명으로 육군 첩보부를 설립하였고, 후에 그 책임자가 되어 첩보활동을 수행하였다. 탐정기업들이 정보수집과 경호경비 등 종합 보안서비스를 제공하는 전통도 여기서 비롯되었다. 이 기관은 남북전쟁 후에 첩보국(Secret Service)으로 발전하여 연방정부의 정식기관이 되었다.

③ 반면, 핀커튼회사는 부정적인 이미지도 많은데, 19세기 말 20세기 초에는 노조활동을 탄압하는 주역을 맡았다. 1892년에는 300명의 핀커튼 탐정들이 노조원들을 공격하여 핀커튼사 요원 3명과 노조원 5명 등이 사망한 홈스테드 스트라이크 사건[98]을 일으켰

수 있었다.
96) 최선우, 위의 책, p. 65.
97) 최선우, 앞의 책, p. 66.
98) 홈스테이드 사건은 1892년 6월30일에 일어난 홈스테드 공장 파업자들과 핀커튼 탐정회사와의 분쟁을 말한다. 이 사건은 미국 분쟁 역사상 그 규모가 2번째로 큰 것인데, 이 사건은 펜실베니아 피츠버그 부근에 있

는데, 이 사건으로 핀커튼회사는 노동자들과 노동조합원 사이에서 기업가의 편에 선 최악의 부역자 집단으로 기억되고 있기도 하다. 이 사건 이후 사설탐정과 경비로 명성을 날리던 탐정사무소가 사설기업으로 너무 커진 나머지 국가 공권력까지 위협할 수준이 되자, 미 의회는 '반 핀커튼 법안'을 통과시켰다. 이 조치에 따라 연방정부와 연방정부의 기관은 사설탐정의 고용이 금지되었다. 이 회사는 2003년 스웨덴의 보안회사인 시큐리타스(Securitas)AB에 합병되었다.

(2) 윌리엄 번즈(William J. Burns)

윌리엄 번즈는 1909년 첩보국(Secret Service) 요원이었던 경험을 살려 '윌리엄 번즈 탐정회사(William J. Burns Detective Agency)를 설립하여 핀커튼 탐정회사와 유사한 업무를 하였는데, 이 두 회사는 오랫동안 미국 지역의 중요한 민간경비 계약서비스를 제공하였다. 이 회사 역시 스웨덴의 보안회사인 시큐리타스AB에 핀커튼 탐정회사와 함께 매수되었다.[99]

3. 현대의 탐정제도

1) 탐정제도의 운영현황

미국은 전통적으로 개인의 자유가 보장되어 있기 때문에 발달된 자치경찰제도를 근간으로 민간이 주도하는 치안과 탐정활동, 그리고 민간경비가 매우 발전되어 있다. 특히 미국의 법률문화는 소송에 있어서 당사자소송주의와 배심원제도를 채택하고 있기 때문에, 소송절차에서 반드시 필요한 증거의 조사와 수집은 당사자 자력으로 해야 하는 것이 원칙이다. 따라서 소송구조상 탐정의 역할은 필수적일 수밖에 없다.

오늘날 미국의 탐정산업은 대규모 자본을 바탕으로 전문화와 거대한 기업화를 이루고 있다. 현재 탐정의 업무와 영역은 지속적으로 확장되고 있으며, 그에 종사하는 인력도 약 6만 명이 넘는 것으로 추정되고 있다.

2) 탐정의 업무범위

미국의 경우 주의 성격에 따라 탐정의 업무범위와 면허, 자격 등 관리·감독 체계가 상이하다. 미국에서 탐정업은 자유업이지만, 탐정도 공공의 복지에 봉사하고 이에 적합

는 카네기 강철회사의 홈스테이드 공장에서 벌어졌다.

99) 권창기·김동제·강영숙 공저, 위의 책, p. 15.

하여야 한다는 최소한의 공적 의무가 주어져 있다. 미국의 탐정은 공인탐정과 일반탐정으로 구분되어 운영되고 있다.

(1) 공인탐정

공인탐정은 면허국의 면허시험에 합격하여야 하며, 수사 또는 조사관련업무에 종사한 경력이 있어야 한다. 공인탐정은 스스로 개업할 수 있다. 그리고 업무수행과정에서 일부 제한적이지만 정부기관의 기록을 열람할 수 있으며, 수사기관의 협조를 받을 수도 있다.

(2) 일반탐정

일반탐정은 공인탐정과 달리 단독으로 일을 하거나 계약 또는 상담행위를 할 수 없으며, 단지 탐정회사에 소속되어 주어진 직무(업무보조원)만을 수행한다. 따라서 역량과 자격면에서 큰 차이점이 있다.

3) 탐정의 자격

구분	공인탐정	일반탐정
자격명칭	• 면허(License)	• 취업허가증(Employee Registration Card) • 일반탐정의 자격은 면허(license)라고 하지 않으며, 취업을 할 수 있는 취업허가증의 형태로 부여됨.
자격조건	• 탐정사무소를 통해 3년(60,000시간) 이상을 면허국에 등록한 후 탐정업무를 수행한 경력을 가지고 있거나, 수사기관 3년 이상의 수사업무 경력자에 한함. • 주마다 차이는 있지만 탐정회사(Private Detective Agency)에 탐정면허를 부여하는 것이 아니고, 회사의 운영자에게 면허를 부여함. 탐정회사는 영업허가만 가질 뿐 활동을 하는 모든 탐정들은 탐정자격을 보유하여야 하며, 면허가 있는 공인탐정[100]에게 소속된 조사원도 주 당국에 등록하여야 함.	• 허가를 받은 교육기관인 탐정학교에서 교육(2주~3개월)을 마친 후, 시험 및 신원조회를 거쳐 취업허가증을 받게 됨(일리노이 주). • 공인탐정과 일반탐정의 구분없이 공인탐정 면허시험에 합격하여야만 탐정업무를 할 수 있음(워싱턴).
자격시험	• 면허시험	• 취업허가취득 시험
창업 및 활동	• 본인명의 창업가능, 독립활동 가능	• 독립적 탐정행위 불가, 종사원으로 근무만 가능

4) 탐정의 교육

미국의 탐정제도는 일정한 수준이 되면 누구에게나 면허를 취득할 수 있도록 개방되어 있지만, 전문적인 경력과 교육이 필요하다. 우선 탐정이 되려는 자는 18세 이상으로서 형사사법기관, 군대 또는 연방 정보기관 등의 기관에서 2년 내지 3년 이상의 근무 경력을 요구하고 있으며, 경력이 없는 경우 일정한 전문성을 확보할 수 있는 학위 또는 교육프로그램의 수강을 요구하고 있다.[101] 범죄경력과 관련하여 경범죄에 대해서는 호의적이지만, 살인·강도·강간·방화 등 중범죄를 범하여 유죄판결을 받은 기록이 없어야 하며 그 외 범죄별 규정은 주별로 조금씩 차이가 있으나, 일반적으로 가벼운 형태의 범죄도 허락하지 않고 있다.[102] 그 외에도 외국 국적자, 전과 기록자, 마약 및 약물 복용자, 정신 관련 병력자는 결격사유로 응시 자격이 주어지지 않는다.[103]

주(州)에 따라서는 관련 분야의 경력이나 학력을 필요조건으로 하는 곳도 많은데 캘리포니아주의 경우 3년간 6,000시간 이상의 탐정과 관련된 경력이 있거나, 2년 4,000시간 이상 법률, 경찰행정 관련 과목을 공부하여 관련 학위를 받았거나, 2년 6개월간 5,000시간 이상 경찰학, 형사법, 형사정책 등 과목을 이수하고 AA 학점 이상을 받은 학력이 있어야 하는 등 일정 이상의 전문교육을 통해 탐정제도의 전문성을 강화하고 있다.[104]

탐정교육은 4년제 대학보다는 대학 부설 사회 교육기관이나 독립적인 아카데미에서 운용되고 있으며 매우 다양하게 탐정 교육기관이 설치되어 있다.[105] 탐정 자격시험은 일정 실무경력이나 필기시험 합격자에 대해 면허를 발급하는 방식을 채택하고 있다. 탐정 자격시험의 내용을 살펴보면 수사기법이나 상황 판단 능력 테스트 등과 같이 실무 경험이 없는 상태에서는 답을 하기가 어렵게 되어 있다. 변호사 시험의 합격률이 80% 이상인 데 비하여 탐정면허시험은 20~30%로 매우 낮으며 보통 여러 차례, 심지어 10회

---

100) 예를 들어 개인회사의 경우에는 소유주가, 파트너십의 경우에는 파트너 모두가, 법인일 경우에는 임원 중 최소 1명이 공인탐정면허를 보유하고 있어야 한다. 면허가 없는 사람은 회사운영에 참여할 뿐 탐정행위는 할 수 없다.

101) 이승철, "미국 탐정제도의 고찰과 시사점", 「한국민간경비학회보」, 17(4), 한국민간경비학회, 2018, pp. 90~91.

102) 이하섭, "외국사례를 통한 민간조사제도 도입에 관한 연구", 「한국민간경비학회보」, 11(4), 한국민간경비학회, 2012, p. 274.

103) 이대선, 위의 논문, p. 67.

104) 정일석, 위의 논문, p. 115.

105) 조창길, "국내 탐정교육의 활성화 방안에 관한 연구", 용인대학교 박사학위논문, 2020, p. 57.

이상 시험을 치르는 응시자도 있다. 탐정 면허시험은 대부분 경험을 요구하는 관계로 응시자는 수사기관의 전·현직 수사관이나 은퇴를 앞둔 수사기관의 국장급 등 고위 간부가 상당수에 이르고 있다.[106) 따라서 법률이나 수사업무에 전문성이 없는 사람은 민간 아카데미에서 일정한 교육을 받아 경력을 관리하거나 시험에 합격하여 탐정면허를 취득하는 경로를 밟고 있다.[107)

Ⅲ. 호주

1. 탐정제도의 운용현황

호주는 연방국가로 주마다 탐정제도가 조금씩 다르지만 공통적으로 공인탐정제도를 운영하고 있다. 호주는 자격제도가 발달된 국가이다. 탐정제도는 주로 영국의 영향을 받아 탐정면허를 인가하고 있고, 법률자문법인이나 보험회사 등에 전문인력이 투입되고 있다.

2. 탐정의 업무범위

호주는 6개 주와 두 개의 특별지역으로 이루어져 있으며, 각 주는 연방에서 제시한 국가자격제도의 기본지침(AQF)을 크게 벗어나지 않은 상태에서 운영되고 있다.

1) 호주의 탐정제도는 여타의 다른 국가에서 사례를 찾아볼 수 없는 특징들이 많다. 호주의 탐정은 일반적인 민·형사상의 자료수집과 함께 준사법권을 행사하여 조사를 할 수 있고, 법원이 허가한 영장의 집행도 가능하다. 즉, 판결의 집행이나 법원의 명령으로 법적 절차를 집행하는 업무가 가능하다.[108)

2) 도청행위는 엄격히 금지된다. 그러나 진행 중인 사건의 조사를 위해 몰래카메라를 사용하는 것이 가능하고, 압류와 징수도 합법화되어 있다.[109)

---

106) 강영숙·김태환, "미국의 탐정제도에 관한 연구", 「시큐리티연구」, (12), 한국경호경비학회지, 2006, p. 40.

107) 정웅, 위의 논문, p. 252.

108) 이상원·김상균, "공인탐정교육관련 모형에 관한 기초연구", 한국민간경비협회, 제8회 춘계학술세미나, 한국민간경비학회, 2006, pp. 62~63.

109) 이상원·김상균, 앞의 논문, pp. 62~63.

3. 탐정의 자격

구분	내용	비고
면허형태	• 국가공인 신청면허제	• 공인탐정제도(허가제)를 운영 • 면허업무를 소비자보호 차원에서 「공정거래국」이 맡고 있음
자격요건	• 범죄경력이 없는 자 • 국가공인 교육훈련기관에서 6월~2년간 교육이수 • 국가가 주관하는 소정의 시험에 합격하여야 함	• 응시자와 1년 이상 친분이 있는 3인 이상의 보증인이 필요함 • 공인탐정이 업무 중에 위법·범법행위를 하였을 경우 보증인에게 이에 대한 책임을 묻게 함
자격취득	• 선 교육이수 후 자격시험에 합격하여야 함. • 탐정교육과정은 탐정이론과 실무, 인터뷰(면접)로 이루어져 있음 • 호주의 탐정제도는 경력이 아닌 교육이수를 전제로 하는 것이 가장 큰 특징임	• 교육과목과 난이도에 따라 4단계 등급으로 나누어 최종 4단계의 교육과정을 통과하여야 국가공인시험에 응시할 수 있는 자격이 주어짐
창업 및 활동	• 개인활동 및 탐정회사 창업가능	호주 대부분의 주에서는 '의뢰인을 대신하여 제3자를 찾거나 제3자에 대한 동향 등 정보를 수집·조사하는 일'을 거의 공통적으로 하고 있으나, 일부 주에서는 채권회수, 영장송달, 상품회수, 소송목적의 증거수집 등도 가능함
관리·감독 기관	5개 주는 주 경찰이 관리하고 있으나, Queensland 주는 소비자 보호 차원에서 '공정거래국'이 관리하고 있음	

4. 탐정의 교육

탐정의 자격 취득은 공인탐정 자격 소지자가 속해 있는 주에서 인정한 사설 교육기관에서 6개월에서 2년간에 걸친 소정의 교육을 받은 후 국가가 주관하는 공인면허시험에 응시한 후 합격하여야 한다. 교육과정은 크게 탐정 이론과 실무, 인터뷰(면접)로 이루어지는데 교육과목과 난이도에 따라 4단계 등급으로 나누어져 있다. 국가 공인 자격시험은 최종 4단계의 교육과정을 통과하여야 응시할 수 있는 자격이 주어진다.[110]

Ⅳ. 캐나다

캐나다의 탐정제도는 대체로 영미법계의 체제와 유사하게 운영되고 있는데, 대표적

---

110) 노진거, "민간조사제도(탐정제도) 쟁점분석과 정책적 대안 연구", 석사학위논문, 중부대학교,, 2016, pp. 39~40.

인 캐나다 온타리오주의 탐정제도를 살펴보면 아래와 같다.

1. 탐정의 업무범위

온타리오주의 탐정의 업무 범위로는 ① 개인의 성격이나 행동 또는 사업이나 직업에 관한 정보조사·제공, ② 법 위반 범죄자를 조사, ③ 실종자 또는 재산에 대한 조사, ④ 임직원의 행동, 성실성 또는 신뢰도 조사 및 기타 서비스, ⑤ 소매치기의 예방 또는 탐지를 위해 민간 또는 사복 차림 서비스 제공 등이다. 온타리오주의 탐정은 탐정업무 수행 과정에서 발급된 면허 휴대와 명함을 제외하고 제복을 입거나 배지·방패·카드 또는 기타 경찰과 혼동되는 표식을 할 수 없도록 규정하고 있다.[111]

2. 탐정의 자격

온타리오주 탐정의 자격요건은 ① 18세 이상일 것, ② 캐나다에서 취업할 수 있는 적격이 있을 것, ③ 사면될 수 없는 범죄행위를 행하지 않았을 것, ④자격 취득에 필요한 모든 훈련 및 테스트를 성공적으로 완수할 것, ⑤「보험업법」에 따라 정해진 금액의 책임배상 보험에 가입할 것 등을 요건으로 하고 있다. 만약 자격 기간 중 자격요건에 흠결이 발생하였을 경우, 발생일로부터 5일(공휴일 제외) 이내에 면허를 관리·감독하는 기관에 반납하여야 한다.

3. 탐정면허의 갱신기간

탐정면허의 갱신기간은 2년 혹은 3년 주기로 자격을 가진 자들에게 자격을 갱신하도록 하고 있다[112]. 탐정면허의 갱신 기간은 「민간보안 및 조사서비스법」에 따라 2012년 1월 30일부터 2021년 7월 1일 이전에 면허가 발급 또는 갱신된 경우 2년, 2021년 7월 1일 또는 그 이후에 면허가 발급 또는 갱신되는 경우 3년마다 탐정면허를 갱신하여야 한다.[113]

---

111) 이상수, "탐정업의 효율적 관리와 운영을 위한 주요 쟁점과 입법방안", 「탐정법 제정 어떻게 할 것인가? 입법방향과 전략」, 한국행정학회·경찰발전연구회 공동주최세미나 자료집, 2020, p. 35.

112) 정일석·박지영, "민간조사업 관리 감독 기관 선정에 관한 연구", 한국경호경비학회지, 제21권, 2009, p. 143.

113) https://www.ontario.ca/laws/regulation/070367. / 2022. 6. 6. 검색.

4. 탐정법 관리·감독기관

온타리오주의 탐정업 관리·감독기관은 '공공안전·교정국(Ministry of Community Safety and Correctional Servics, MCSCS)'이다.[114] 공공안전·교정국은 주의 재소자 교정업무와 민간경비 관련 업무를 담당하는 기관으로 탐정의 자격 부여, 등록, 갱신을 담당하고 있다.[115]

5. 탐정의 교육

사립 탐정의 양성을 위한 훈련 교과과정은 교육부와 정부 웹사이트에서 구할 수 있으며, 시험은 교육부 또는 정부가 승인한 개인 또는 단체에 의해 시행될 수 있다. 면허 및 등록사업체의 경우 교육부가 정한 사립 탐정을 위한 교육 강의계획서를 규정대로 준수하여 개인에게 교육하였을 경우 사립 탐정교육 완료 이수증을 발행하여야 하며, 그렇지 못하였을 경우 교육부는 사립 탐정 교육프로그램의 제공을 거부할 수 있다.[116]

온타리오주 토론토에 위치한 전문 탐정 아카데미인 'AIS(The Academy of Investigative Studies)'는 총 50시간 8개의 모듈코스가 교육과정으로 운영되고 있다.

V. 프랑스

1. 근대 탐정업의 실상

1) 개요

(1) 역사적으로 프랑스와 독일은 대표적인 대륙법계의 국가이다. 프랑스 파리는 옛부터 정치·경제·문화의 중심지이자 폭동의 발생지였기 때문에, 나폴레옹 시기에 들어서면서 직접 중앙권력에 종속하는 경찰기관으로서 파리경시청(1800년)이 창설되었다.[117] 그러나 1809년 당시 국제적 이름을 떨치던 파리는 인구의 급증에 따라 범죄도 날로 증가하였으나, 이를 해결한 경찰력은 부족하였다.

(2) 이러한 상황에 맞춰 1825년 파리 경찰이었던 들라보(Delaveau)에 의해 '사립경찰

---

114) 정일석·박지영, 앞의 논문, p. 143.
115) 정일석·박지영, 앞의 논문, p. 162.
116) https://www.ontario.ca/laws/regulation/100026. / 2022. 6. 6. 검색.
117) 치안본부, 위의 책, pp. 381~382.

사무소'라는 이름으로 처음 탐정업이 시작되었고,[118] 그 후 1834년 파리 경시청의 초대 범죄수사 과장이었던 비도크가 '사설정보사무소'를 차려 탐정활동을 하였다.

2) 비도크(비독)

추리소설의 탄생을 이야기할 때면 빠지지 않고 언급되는 이름 가운데 하나가 프랑수아 비도크(Francois Vidocq)이며, 우리나라에서는 비독이라고 불리어지기도 한다. 그는 19세기에 살았던 실존인물로서 범죄자이자 탈옥수, 그리고 스파이였다가 후에 파리 경시청 범죄수사국 초대 범죄수사과장이 되었고, 파면된 후 사설탐정소(사설정보사무소)를 개설한 세계최초의 사설탐정이었다. 그가 체험한 기이한 범죄들은 「회상록, 1829」에 기록되어 있다. 이후 비도크(비독)는 빅토르 위고의 레미제라블에 나오는 형사 자베르와 장발장, 모리스 루블랑의 아르센 루팡, 코난도일의 셜록홈즈 등의 모델이 되었으며, 2001년에는 영화(비독)로 제작되기도 하였다.

「비도크의 회고록(1828-1829)」

(1) 전설적인 범죄자

비도크(비독)은 파리 뒷골목의 전설적인 범죄자다. 젊은 시절 망나니처럼 살던 비도크는 도둑질과 싸움질을 하고 다녔으며 여러 애인을 두고 있었다. 그러다 애인 중 한명이 다른 남자와 있는 모습을 보고 그 남자를 피습하였는데, 이 피습사건으로 인해 오랜 수감생활과 탈출 그리고 도피행각으로 이어지는 생활이 시작되었다. 감옥에서 지내던 비도크는 문서 위조에 연루되어(자신은 무관하다고 주장) 유죄 선고를 받게 되자 탈옥을 하였으나 체포되어 8년형을 선고 받았는데, 그 후 탁월한 변장술로 50여 차례나 탈옥을 감행한 전설적인 괴도였다.

(2) 파리 최초의 비밀수사관(공적 전속탐정)

비도크가 탈옥하여 마지막으로 잡혔을 때 리옹 경찰서장은 그에게 파리에 원정을 온 절도범을 잡는 데 협조하면 풀어주겠다는 타협안을 제시하였고, 비도크는 그 제안을 받아들여 절도범 일당을 일망타진하는 데 기여하였다. 이후 평범한 삶을 살기 위해 옷가게를 열었으나, 자신에게 문서위조의 누명을 씌운 전과자 2명이 나타나 그가 탈옥수임을 폭로하겠다고 위협하자, 오히려 경찰서장에게 형무소 안에서 스파이 노릇을 하겠다고 제의하여 1년 9개월간 옥살이를 자청하였다.[119]

이때 비도크가 빼낸 정보로 파리의 범죄자 체포건수는 급증하였고, 경찰의 정보제공자로서 그의 입지는 상승했다. 1809년에 들어서면서 파리는 인구급증에 따라 치안상황이 점점 더 악화되었고, 그 와중에 나폴레옹의 아내 조세핀 황후가 에메랄드 목걸이를 도난 당하는 일이 벌어졌다. 정보원으로 활동하던 비도크는 경찰 대신 자신이 사건을 해결하겠다고 나섰고 단 사흘 만에 목걸이를 찾아냈는데, 그것은 범죄자 정보망을 이용한 결과였다. 경찰은 이런 비도크의 공로를 인정해 파리 최초로 비밀수사관으로 임명하였다. 이렇게 그의 인생은 다시 새로운 국면을 맞게 되었다.

(3) 범죄수사국(치안대) 범죄수사과장

1817년 비도크는 수많은 사건을 해결한 뒤 파리시 경찰국장 앙글레스(Anglais)를 설득하여 개심한 전과자를 중심으로 수흐떼(Surete: 치안대 혹은 범죄수사국)를 창설하였고, 치안대(범죄수사국) 초대 범죄수사과장이 되었다. 1817년 비도크와 그의 수하에 있던 12명의 수사관들은 772건의 체포 건수를 올렸는데, 그 중 15건은 살인사건이었다. 1820년에 들어와서는 수흐떼의 수사관은 300여 명에 이르렀고, 파리의 범죄율은 40%나 줄어들었다. 그 후 수흐떼는 국가 수사국인 수흐떼 나찌오날(Surete National)이 되었고, 수흐떼 나찌오날은 훗날 미국 FBI조직의 모델이 되었다.

한편, 비도크는 수사팀 성격을 다양화하기 위해 여성 수사관들을 채용하였는데, 프랑스와는 달리 미국과 영국에서 여성수사관이 활동하기까지는 수십년에서 백년 이상이 더 걸렸다.

(4) 사설정보사무소 창설 운영

비도크는 1827년 도둑질을 모의했다는 혐의로 해임되었으나 1834년에 사설탐정소인 '사설정보사무소'를 차려 탐정활동을 개시하였는데, 그의 명성 탓에 단골이 금새 3천명에 이르렀다.[120]

(5) 세계최초의 현대식 수사관이자 탐정

비도크는 범죄자들과 함께 생활했던 경험을 토대로 삼아 프랑스 비밀경찰 창설(수흐떼)과 세계최초의 탐정, 그리고 범죄자로서 이력을 가진 입지전적인 인물이었다.

---

119) 강동욱·윤현종, 위의 책, p. 8.
120) https://blog.naver.com/PostPrint.nhn?blogId. 검색일 2020. 3. 18.

2. 현대의 탐정제도

1) 탐정제도의 운영

프랑스의 경우 근대 초기에는 국가의 규제 없이 탐정업을 할 수 있었으나, 1981년 「안전확보를 위한 사적 업무에 관한 법률(1981, 이하 '안전확보법'이라 칭함)」에 의해 탐정업에 관한 신고제가 도입되었다. 그 후 2003년 3월 18일 「안전확보법」제2장에 탐정업에 관한 규정을 두었다. 「안전확보법」은 2001년 9·11 테러 발생 이후 보안의 중요성에 대한 세계적인 의식구조와 EU 각국의 탐정업법 제정 동향에 영향을 받아, 종래의 신고제 대신 허가제와 탐정자격제를 도입하였다.[121] 따라서 프랑스는 강력한 경찰권을 보유하는 대륙법계 국가라는 특성에도 불구하고 신고제를 채택하고 있는 독일·일본 등과는 다르게 허가제를 채택하고 있다. 그리고 오늘날은 유럽 전역에 공통적으로 적용될 수 있는 탐정자격의 상호인증과 국제적인 업무협력을 위한 필요성을 제기하는 수준까지 이르러, 현재는 탐정업이 전문성을 보유한 직업으로 널리 인정받고 있다.

2) 탐정업의 업무범위

프랑스의 「안전확보법」 제20조에는 탐정의 업무범위를 "제3자의 이익을 보호할 목적으로 정보를 수집하고 해당 의뢰인에게 제공하는 사적 활동"이라고 정의하고 있다(법률상 활동범위).

프랑스 탐정업은 기업대상 서비스(보험회사 등의 보험사기 및 재무조사 등)가 증가하는 반면, 개인의 의뢰에 대한 조사수요는 급감하는 추세에 있다.[122] 프랑스 탐정업자는 대개 규모가 작은 개인사업의 형태로 이루어지고 있다. 반면 대규모 탐정회사는 보험조사 또는 재무조사 등의 분야를 특화하여 경쟁력을 확보하고 있다. 만약 자사의 거점이 없는 지역에 조사가 들어오면 다른 탐정업자를 고용하거나 의뢰를 하는데, 이러한 협력은 유럽연합(EU) 전지역·북미·아시아 등의 탐정들과 연계하여 광역적이고 공조적인 형태를 띠고 있다.[123] 프랑스의 탐정업무를 도표화하면 다음과 같다.[124]

---

121) 나영민, "탐정의 도입방안에 관한 연구", 연세대학교 석사학위논문, 2005, p. 28.
122) 개인 대상의 조사 의뢰가 감소하는 주된 이유는 (1) 조사비용이 비싼점, (2) 간통죄가 폐지되어 이전보다 쉽게 이혼을 할 수 있는 등 이혼 방식이 변환된 점을 들 수 있다.
123) 강동욱·윤현종, 위의 책, pp. 54~55.
124) 권창기·김동제·강영숙, 위의 책, p. 123.

조사대상	내용
개인	• 이혼에 수반된 정보수집 • 양육비를 지불하고 있지 않는 상대방에 대한 조사
기업	• 회사 내 범죄(사내 도난이나 정보유출 등)에 관한 조사 • 신용조사(개인의 지불능력 조사) • 중요 직책의 후보자나 신입사원들의 인사와 채용 시 신변조사 • 채무자의 소재확인 • 보험사기 관련 조사(보험회사가 의뢰한 경우)

3) 탐정의 자격

과거에는 탐정업을 신고제로 운영하였기 때문에, 프랑스인이면 누구나 신고만하면 탐정업을 할 수 있었다. 그러나 2003년 「안전확보법」이 개정되면서 탐정업이 신고제에서 허가제로 변경되고, 탐정의 자격제도가 도입되었다. 프랑스에서 탐정자격을 얻는 것은 다른 국가들보다 상당히 까다롭다고 볼 수 있다.

구분	내용	비고
자격 요건	• 탐정의 자격조건은 탐정사무소의 소장과 일반직원 모두에게 해당됨 • 탐정사무소 소장의 경우 반드시 프랑스인이어야 하며, 일반직원은 외국인이어도 무방함 • 탐정은 탐정보조원을 고용할 수 있음. 그러나 탐정보조원인 경우 개인으로서의 자격을 취득할 필요는 없지만 직업상의 적성이 인정되어야 하며, 탐정회사에 고용되기 전 지방장관에게 신고하여야 함 개인탐정의 인가요건[125] • 프랑스, 유럽연합 가맹국 또는 유럽경제권에 관한 합의국의 국적보유자 • 중범죄 및 경범죄의 전과 경력이 없을 것 • 불명예, 파렴치 행위, 미풍양속에 반하는 행위 등으로 경찰당국이 관리 중인 개인정보 파일에 등록된 자가 아닐 것 • 현재 경비업무를 수행하고 있지 않을 것 등	• 자격조건을 갖추지 못한자가 탐정활동을 할 경우 벌금이나 탐정면허 취소 또는 탐정사무소의 영업정지 등의 처벌을 받게 됨 • 탐정보조원의 자격요건을 탐정과 비교하면 국적이나 파산에 관한 실격요건이 부과되어 있지 않음 탐정보조원의 자격요건 • 고용에 앞서 지방장관에게 신고할 것 • 중죄 또는 경죄의 전과기록이 없을 것 • 명령에 의한 직업상의 자격을 가질 것 • 불명예, 파렴치 행위, 공서양속에 반하는 행위 또는 사람의 신체, 재산, 공공의 질서 또는 국가 공안에 타격을 주는 유형의 범죄를 행하여 경찰당국 관리 중인 개인정보 파일에 등록되어 있는 경력이 없을 것

창업 시 전제조건 및 창업활동	• 탐정업을 운영하고자 하는 개인사업자나 개인탐정은 인가를 먼저 취득하여야 하는 것을 전제로 함 • 탐정사무소의 개설은 인가보유자를 전제로 하며, 사무소의 개설은 별도로 개별 허가를 취득하여야 함. 허가의 경우 개인사업자는 개인사업자가 등록된 지방자치단체의 장, 법인의 경우에는 사무소가 소재하는 지방자치단체의 장으로부터 허가를 받아야 함	• 프랑스의 탐정은 대부분 퇴직 경찰관 또는 군인 출신이 전체의 약 30~50%를 차지하고 있음
권한과 의무	• 탐정에게는 일반인 이상의 권한을 행사하는 것 자체가 허용되지 않으며, 수사기관에게 인정하는 강제력 등은 인정되지 않음. 따라서 어떠한 경우에도 탐정사업자나 소속된 개인 탐정이라도 전직 경찰관 또는 군인이었던 것을 기재하거나, 탐정이 특별한 사람인 것 같은 인상을 주는 일이 없도록 하여야 함	• 현행범 등의 체포와 같은 일반인과 동일한 권한만 인정함
관리· 감독기관	• 자격시험은 내무부에서 주관하나, 실질적 관리는 경찰이 담당함	• 프랑스의 탐정업체들은 개업부터 영업활동에 이르기까지 본사가 위치하는 지역의 관할 경찰서에 의해 관리됨

4) 탐정의 교육

탐정 자격을 취득하기 위해서는 각 대학에서 탐정양성 과정 또는 탐정업체 교육훈련을 수료하여야 한다.[126]

프랑스의 탐정은 국가가 관리하는 탐정면허 취득과 등록을 통해 탐정으로 활동할 수 있는 전문 기술과 역량을 갖추고 있다는 것을 증명하여야 하는데, 면허 취득과 등록은 전문화 직업교육을 통해서만 가능하다. 탐정직업교육은 탐정 활동과 관련하여 특별한 지식과 전문성을 교육하는 데 초점을 맞추고 있으며, 위에 나열된 지식이나 기술 이외에 탐정업을 직접 운영하는 대표들은 행정절차 및 회계서류 작성 방법 등에 대한 지식도 측정하도록 요구되고 있다.[127]

교육과목은 탐정의 역할과 상황, 관련 법, 기업의 회계와 경영, 마케팅, 심리학의 응용, (비)언어표현, 컴퓨터 데이터베이스, 포토그래피, 미행, 감시, 몽타주 작성, 보고서

---

125) 강동욱·윤현종, 위의 책, p. 57; 권창기·김동제·강영숙, 위의 책, p. 122.
126) 이건수, "탐정제도 도입방안과 관리주체에 관한 연구", 「법학연구」, 21(4), 한국법학회, 2021, p. 110.
127) 조창길, 위의 논문, p. 67.

작성, 증거·증언·화해 확인서, 독촉, 현행법, 경찰 무기, 조사기술, 경제스파이, 마약범죄, 보호·증명·행정문서, 직업윤리로 구성되어 있다.[128]

Ⅵ. 독일

1. 탐정제도의 운용현황

독일의 탐정업은 영미와 다르게 약 100여 년 전 바이마르공화국 때 공권력의 약화로 사적 영역에 대한 불안감이 증폭되어가자, 전직 수사관들을 중심으로 탐정활동을 시작하게 되었다. 1920년 5월에는 탐정에게 국가가 보관하고 있는 정보를 열람할 수 있는 자격을 부여하는 법이 제정되었고, 1946년 탐정업무를 수행하는 자는 사업인가를 받도록 의무화하는 법률이 시행되었다. 그리고 1952년에는 연방경제장관에 의해 정식 직업단체로 등록되었다. 그 후 「연방독일탐정연합회」가 결성되었고, 1966년에는 「세계탐정협회(World Association of Detective, WAD)」가 설립되었다.

2. 탐정의 업무범위

1) 독일탐정의 주요업무는 노동법 관련 조사와 비즈니스 관련 조사, 시「민법」관련 조사, 혼인과 가족 관련 업무 분야로 구분되어져 있다. 독일탐정업무의 대부분은 혼인관계와 관련된 조사가 차지하고 있었다. 그러나 1977년 배우자의 혼인관계 중 부정행위가 이혼사유에서 제외되는 법 개정이 이루어지면서, 해당 업무의 수임이 급속도로 감소하게 되었다.

2) 이후 독일의 탐정회사들은 기업과 계약을 체결하여 체결된 기업의 구성원에 의해 이루어지는 불법행위방지와 적발을 주된 업무로 하고 있다.

---

128) 정일석, 위의 논문, p. 146.

3. 탐정의 자격

구분	내용	비고
설립방법	• 영업법 제14조에 따라 영업등록만 하면 됨	• 면허나 허가제도가 없고, 민간차원에 전적 위임 • 신고제로 운영하되 탐정자격을 취득한 자라도 법규로서 정한 결격을 엄격하게 심사 후 신고 수리(사실상 허가제에 준함)
자격요건	• 연방중앙등록법에 근거한 결격사유가 없으면 누구든 탐정업 영위가능	• 전과기록이 없어야 하고 법인에서 이론, 실무, 법률, 법과학 등을 6개월 이상 교육 이수 후 법인에서 발급한 면허를 받아 활동하며 취득된 면허는 국가에서 공인함
자격취득	• 특별한 요건이 없음	• 보편적 관리제(신고제)
창업 및 활동	• 개인활동 및 탐정회사 창업가능	• 연방독일탐정협회(BDD) 등의 단체에 가입한 탐정의 경우 조사업무 습득을 위한 자체적인 훈련을 받고 있으며, 회원의 대부분은 경찰관, 군인 등의 경력을 가진자로 구성되어 있음
관리·감독 기관	• 경찰이 지도, 감독을 담당하고 있음	

4. 탐정의 교육

　　탐정에 대한 법정 교육 제도가 없는 관계로 공공기관이 요구하는 자격시험이 없으며, 탐정에 대한 교육 및 자격 취득, 훈련 및 재교육은 민간교육 기관에서 제공하고 있다[129]. 이와 같은 업무를 수행하는 곳이 「독일탐정협회(Bundesver band Deutscher Detektive, BDD)」인데,[130] 이곳 독일탐정협회가 마련한 지침에 따라 탐정 교육계획과 인정된 교육기관에 의해 교육이 제공되고 있다. 현재 '탐정교육중앙회(Zentralstelle für die Ausbildung im Detektivgewerbe, ZAD)'만이 이 지침을 준수하여 교육훈련을 수행하고 있으며, 탐정에 대한 기본 훈련 역시 독일탐정협회의 추천에 따라 탐정교육중앙회에 의해서만 이루어지고 있다.[131]

　　독일의 탐정교육은 법적 의무교육이 없으므로 국가시험도 존재하지 않는다. 다만 자격과 추가 훈련 등을 필요로 하지만, 이 또한 의무사항은 아니다. 탐정교육중앙회에서 10~22개월 기간 동안 제공하는 기본 교육훈련 프로그램을 이수한 후 자격시험에 합격하고 탐정 관련 기관에서 탐정 대리인 등의 인턴쉽 신분으로 2년간 전문경력을 연마

129) 정일석, 위의 논문, p. 157.
130) https://www.bdd.de / 2022. 7. 20. 검색.
131) 경재웅, 위의 논문, p. 67.

한 후, 탐정교육중앙회에서 심화교육을 수료하면 공인탐정 자격이 부여된다.[132] 또한, 기본 훈련과정에 따른 최종 시험에 합격하여도 최소 2년간의 자격을 갖춘 탐정임을 증명한 후에야 비로소 '공인탐정'이라고 칭할 수 있다. 독일탐정협회는 매년 교육 세미나를 개최하여 탐정에 대한 추가 교육 및 훈련 기회를 제공하고 있는데, 이는 협회의 회원이 아닌 탐정들에 대하여도 제공되고 있다.[133] 자격 취득 후에는 독일탐정협회 또는 독일상공회의소 등에서 주관하는 최소 수개월부터 최대 2년간의 주말 세미나에 참여할 기회가 제공된다.[134]

Ⅶ. 일본

1. 탐정제도의 운용현황

일본의 탐정업은 메이지유신 중반(1880년대)과 함께 시작되었다. 최초 '흥신소(興信所)'라는 이름으로 시작되었지만, 제2차 세계대전 후 전후복구를 위한 경제부흥시기에 접어들어 급속도로 발전하기 시작하였다. 일본은 미국이나 영국의 면허제와는 달리 국가가 탐정업에 대하여 특별한 규제를 하지 않았다. 그 결과 통제되지 않은 업체의 난립과 질서가 문란해지자, 4개 단체가 통합된 「일본조사협회」를 결성하여 정부로부터 설립 인가를 받았다.

그러나 업계 자율로 설립된 일본조사협회의 한계성이 드러나고 국가차원의 규제 미비로 인한 폐해와 부작용이 속출하자, 2006년 6월 「탐정업의 업무 적정화에 관한 법률」이 제정되면서, 일본의 탐정업은 국가의 관리체계로 편입되었다.

2. 탐정의 업무범위

일본의 탐정업법에 명시된 탐정업무 범위는 "타인의 의뢰를 받아 특정인의 소재 또는 행동에 대한 정보수집을 하는 것"을 목적으로 한다. 즉, 탐문·미행·잠복 기타 이것들과 유사한 방법으로조사를 하고 그 결과를 해당 의뢰인에게 보고하는 업무라고 정의하고 있다.

---

132) https://www.z~a~d.de/bildungsangebote/berufsbildung/index.html / 2022. 7. 20. 검색.

133) 노진거, "탐정제도 도입의 주요 쟁점 연구", 경기대학교 박사학위논문, 2019, p. 27.

134) https://www.privatdetektiv~werden.de/ 2022. 7. 20. 검색.

1) 일본의 탐정업무는 개인의 소행조사, 조사대상의 행동이나 행선지파악, 배우자의 불륜 등의 조사, 기업체로부터 의뢰받은 횡령 및 증거취득, 2중 취업여부, 기업비밀누설 등을 주 업무로 하고 있다. 또한 탐정회사의 규모에 따라 대규모 탐정회사들은 신용·채무 및 채권관계, 신원확인, 재판증거조사 등과 같은 업무가 전문화 되어 있다. 소규모 탐정회사들은 미아 찾기, 배우자 부정사실 확인, 자녀감시, 행불자 찾기, 결혼상대자 우려사항 찾기, 사생활보호조사 등을 주 업무로 한다.

2) 한편, 업종별로는 전문화된 탐정들도 등장하기 시작하였다. 예컨대, 법률전문탐정, 부동산전문탐정, 기업전문탐정, 의료전문탐정, 보험전문탐정, 경제사건전문탐정 등으로 세분화 되어 있다.

3. 탐정의 자격

구분	내용	비고
설립방법	• 특별한 면허나 자격없이 자유롭게 탐정업을 영위할 수 있으나, 일정한 범죄경력자는 배제(수리적 신고제)됨[135]	• 공인면허제(허가제)가 아닌 신고제임
자격요건	• 법률에 근거한 결격사유자 외 누구든 탐정업 영위 가능	• 탐정업의 업무 적정화에 관한 법률 제3조(결격사유)에 해당하지 않은 이상 누구나 탐정업 가능
자격취득	• 소재지 관할 도도부현(都道府縣)공안위원회에 신청서 제출로 자격 취득	• 2006년 6월 일본은 탐정업법을 제정하여 탐정업에 대한 국가의 관리 감독을 강화함
유자격자 창업 및 활동	• 개인활동 및 탐정회사 창업 가능	• 탐정업을 하려는 자는 해당 영업소의 소재지를 관할하는 도도부현 공안위원회에 소정의 사항을 기재한 신청서와 첨부서류를 제출하여야 함
관리·감독 기관	• 지방경찰의 관리기관인 도도부현 공안위원회에 등록(신고). 국가공안위원회는 총체적 관리 방향만 제시함. 탐정에 대한 지도·감독은 경찰이 담당함	

---

135) 신고에는 수리를 요하지 않는 신고와 수리를 요하는 신고(수리적 신고제)로 구분할 수 있다. 행정청의 수리(受理)를 요하지 않는 신고의 경우, 신고의 요건을 갖춘 신고만 하면 신고의무를 이행하는 것이 되는 신고를 말한다(예컨대, 출생신고·사망신고 등). 행정청은 요건을 갖추지 못한 신고서가 제출된 경우 지체없이 상당한 기간을 정하여 보완을 요구하여야 한다. 반면 수리를 요하는 신고의 경우, 형식적인 요건 이외에 실질적 요건을 신고의 요건으로 한다. 따라서 수리를 요하는 신고의 경우에는 적법한 신고가 있더라도 행정청의 수리행위가 있어야 신고의 효력이 발생한다고 보는 것이 일반적 견해이고, 판례 또한 같은 입장이다(대판 2005. 5. 26. 99다 3782). 예컨대 납골당설치 신고는 모든 요건에 맞는 신고라 하더라도 신고인은 곧바로 납골당을 설치할 수는 없고, 이에 대한 행정청의 수리처분이 있어야만 납골당을 설치할 수 있다(대판

4. 탐정의 교육

「일본탐정업법」의 경우 탐정제도의 운용과 관련된 자격증의 취득이나 교육의 형태 등에 대한 규정은 명문화되어 있지 않다. 그리고 관청에 대한 신고를 제외한 그전 단계 에서의 탐정양성과정과 전문화 교육은 기본적으로 사설학원으로 대표되는 민간부문에 전적으로 일임된 것으로 판단된다.[136] 탐정이 되고자 하는 자는 본인의 선택에 따라 전 국의 주요 도시에 설립된 탐정학교의 교육을 받을 수 있다. 탐정학교에서는 현역 탐정 교사가 직접 이론과 실무를 교육하고 있으며, 수료생들은 기존 졸업생과의 탐정 관련 인적 네트워크를 구축할 수 있다.[137]

한편, 「(사)일본탐정산업협회」에서는 건전한 탐정업자의 육성을 목적으로 탐정 자 격 검증을 위한 '탐정능력시험'을 실시하고 있다.[138] 협회가 실시하는 탐정 자격 검증은 각 도도부현의 공안위원회에 신고된 실무 탐정과 탐정업자 중 희망자를 대상으로 한다. 이와는 별도로 「일본탐정업법」 제11조는 탐정업자가 고용한 고용자에 대하여 필요한 교육을 취하도록 규정하고 있다. 탐정업자가 실시해야 하는 필요 교육내용으로는 해당 탐정업 법령과 「개인정보보호법」 등의 관계 법령에 관한 지식, 적정 탐정업무 실시 방 법, 업무에 관한 자료 및 정보의 올바른 취급 방법 등이 있다. 그리고 탐정업자가 종사 자에게 부적절한 업무를 종사하도록 지시하는 경우 등은 처분 대상이 된다. 한편, 탐정 업자는 교육 수행 이행을 관리하기 위해 교육계획서 및 교육 실시기록부를 작성해야 하 는데, 이는 의무규정이다.[139]

Ⅷ. 스페인

스페인 연방정부는 1995년 이전까지 국가의 간섭없이 자율규제원칙에 의하여 탐정 제도가 운영되고 있었으나, 1995년 「민간보안법」이 제정되면서 본격적으로 국가관리체

2011. 9. 8. 2009두 6766).

136) 황명준, "일본 탐정제도의 법제화와 운용에 관한 비교법적 연구", 「법학연구」, 18(1), 한국법학회, 2018, p. 291.
137) 米澤 太, 「誰も教えてくれない"探偵"の始め方・儲け方―低リスクで開業! 生涯現役でいられる仕事」, ぱ る出版., 2005, pp. 89~90.
138) https://www.jda~tokyo.jp/article/13980977.html. / 2022. 6. 6. 검색.
139) 村上 麻利, "探偵業の業務の適正化に関する法律等の概要について", 東京法令出版株式会社, 25(8), 2007, pp. 22~25.

제로 전환되었다.

1. 탐정의 업무범위

탐정의 업무 범위를 규정한 「민간보안법」 제19조 제1항의 내용은 "공인탐정은 법인 또는 자연인의 요청으로 다음과 같은 임무를 담당한다." 첫째 사적 행동과 행실에 관한 증거를 획득하거나 제공하는 것, 둘째 형사소송에 있어서 합법적으로 임무부여를 받은 쪽의 소 제기나 추적 가능한 범죄의 조사, 셋째 야시장·호텔·전시장 또는 그와 유사한 구역에서의 감시활동 등이다.[140]

이하는 스페인 '사립 탐정 마드리드'의 취급 업무 내용이다.

스페인의 사립 탐정은 법률을 준수하며 사적 조사는 노동, 사업, 개인·가족 및 법률 등 모든 분야를 포함한다. 구체적으로는 불륜 조사, 아동 행동 조사, 소재 파악, 미성년자 양육권 과정에서 증거 획득, 도박이나 알코올 중독의 탐지 및 모니터링, 임대 계약 이행에 대한 조사, 사기조사, 불공정 경쟁 가능성 조사, 임시 휴가 시 근로자 모니터링, 부상 및 후유증 확인, 불법 도청 탐지, 특허 및 상표의 산업재산에 대한 조사와 노무, 사회복지 부정 수급 조사 등이 있다.[141]

2. 탐정의 자격

탐정이 되려는 자는 민간보안업의 종사자로서 일반 요건과 특정 요건을 모두 갖추어야 한다. 일반 요건으로서는 첫째 성년이며 스페인 국민일 것, 둘째 업무를 수행하기 위한 신체적 능력과 심리적 적합성을 지녀야 하며, 업무수행을 저해하는 질병에 걸리지 않을 것, 셋째 형벌을 받은 전력이 없을 것, 넷째 신청하기 이전 5년 이내에 위법행위로 인하여 처벌을 받은 적이 없을 것, 다섯째 최근 4년 이내에 민간안전 직역에서 중대한 잘못으로 인하여 징계당하지 않았을 것, 여섯째 군대나 안전 무장 조직[142]에서 퇴출당하지 않았을 것, 일곱째 신청한 지 최근 2년 이내에 탐정 또는 경비보안직의 수행·서비스·단체를 통제하는 공무원으로 종사하지 않았고, 국가 안전 조직 및 무장단체의 구성

---

140) 박대규, 위의 논문, p. 28.

141) https://www.agencyworld.org/detectives~privados~madrid.html. / 2022. 6. 5. 검색.

142) 스페인의 안전무장조직(Fuerzas y Cuerpos de Seguridad)에서는 안전과 관련하여 탐정 부분은 사적 안전 부분이고, 공공안전 부분과 관련된 부분이 안전 무장 조직이라고 할 수 있다: http://noticias.juridicas.com/base_datos/Admin/lo2~1986.t1.html, 2022. 6. 6. 검색.

원으로서 종사하지 않았을 것, 여덟째 탐정 자격을 보장하는 시험에 통과하고, 관련 업무를 수행하는 필요한 능력을 갖춰야 하는 것들이다.

한편, 탐정으로서의 특정 요건은 첫째 한국의 고등학교 졸업에 상응하는 학력 또는 그와 동등한 학력을 지닐 것, 둘째 법무부−내무부령에서 규정하고 있는 탐정 학위를 지니고 있어야 하고, 규정된 강의를 수강한 후 그 시험를 통과할 것, 셋째 현재 공공행정부의 공무원이 아니며, 신청한 지 최근 2년간 마찬가지로 그와 같은 공무원이 아닐 것 등이다.[143] 이처럼 스페인의 탐정은 전관예우의 차단 규정과 함께 신청 자격이 엄격하고 고학력의 자질을 요구하는 것은 탐정의 업무 분야가 노동 관련 분야와 소송자료 수집 등 법률 관련 등 전문화된 분야가 매우 발달하였기 때문으로 판단된다.[144]

3. 탐정업의 관리·감독 및 인가 후 탐정의 준수사항

1) 탐정업의 관리·감독

탐정업에 관한 관리·감독의 권한은 스페인 경찰 총국의 '시민안전총경찰국'이 총괄하며, 자격을 받기 위해서 주(州)나 지방 경찰서 본부를 거쳐 경찰 총국에 자격요건에 관한 객관적 증빙서류를 제출하여야 한다.

2) 탐정업 인가 후 중점관리 및 탐정의 준수사항

탐정업 인가 후 중점관리 및 탐정의 준수사항으로는 ① 발급된 면허는 타인에게 양도 불가능하며, ② 대중광고·서비스의 공급·요구되는 서류의 표시는 인가된 면허번호에 의하여 이루어져야 하며, ③ 탐정은 본인의 업무 활동을 효과적으로 수행하기 위하여 보조직원을 고용할 수 있으며, 보조직원은 보조직원이 되기 위한 자격의 모든 요건을 충족한 사람 중에 선발해야 한다. ④ 탐정은 국가기관이 추적하고 있는 범죄에 대하여는 조사할 수 없고, 그러한 범죄를 알게 되었을 때는 그 즉시 경찰서나 관할 민병대(Guardia Civil)에 알려야 한다. 다만, 법익침해자에 의하여 그 권한이 부여되었거나, 사법당국이 그 사건을 알지 못한 경우, 합법적인 당사자의 요구에 의한 범죄는 예외적으로 조사할 수 있다. ⑤ 탐정의 준수 규정을 이행치 못할 경우, 경찰총국은 결과에 따라 경고·면허의 정지·면허의 취소 등의 징계를 할 수 있다.[145]

---

143) 박대규, 위의 논문, pp. 21~30.
144) 하금석·강동욱, 위의 논문, p. 419.
145) 박대규, 위의 논문, pp. 10~11.

4. 탐정의 교육

탐정 교육과정은 「교육일반법(La Ley General de Educación de 1970)」에 근거하여 마드리드 소재 꼼뿔루뗀세(Complutense) 대학 내 법과대학 부설 '범죄학연구소'가 관할하고 있다. 연구소로부터 권한을 위임받은 살라망카(Salamanca) 대학 법과대학 내에 개설된 탐정 학위과정의 수업내용은 이론과 실무로 편성되어 있고, 과정은 고급과정과 전문화과정으로 나누어 지며, 통상 3년 과정을 거치도록 하고 있다.[146] 스페인 탐정제도의 특이한 점은 탐정학과를 지망한 수강생은 자신의 원하는 직역의 실무실습을 위한 후원자를 선택하여야 하며, 학점을 획득하기 위하여 탐정전문학교, 법무부, 내무부, 지방법원, 탐정사무소 등 실습에 적합한 기관과 협정을 맺어야 한다. 예비 탐정의 실무실습은 필수 코스이며, 일정 기간 경력 탐정과 예비 탐정이 멘토−멘티 관계를 맺게 하고 있다. 이는 탐정의 전문화와 의뢰자의 피해를 예방하기 위한 제도적 장치의 일환이라고 볼 수 있다.

---

146) https://www.usal.es/facultad~de~derecho. 2022. 5. 28. 검색.

제4장 탐정학의 기본법

　탐정의 업무는 업무 특성상 법률과 관련된 내용이 다수이기 때문에, 실정법과 조리상의 한계 내에서 수행되어야 한다. 탐정의 업무 수행행위의 궁극적인 목적은 의뢰인의 의뢰한 문제를 해결하기 위한 것으로 귀결될 수 있다. 따라서 이러한 문제들을 해결하기 위한 규범으로서 가장 강력한 것은 법이라 할 수 있으며, 정상적인 국가에서의 법은 최소한의 윤리에 해당한다. 따라서 탐정에게는 도덕성·책임감보다 준법성이 더 요구되는 직업이기 때문에, 「헌법」에 위배되거나 법률에서 금지하는 행위 등을 하여서는 안 된다. 문제는 탐정의 경우 일반시민으로서만 가질 수 있는 권리와 권한 밖에 없기 때문에, 업무 수행 시 현행 법률과 상충될 수 있는 기본적 사항에 대하여 정확하게 숙지해 둘 필요가 있다. 탐정이 기본적으로 알아두어야 할 기본법으로는 「헌법」·「민법」·「형법」·「민사소송법」·「형사소송법」 등을 들 수 있다. 이하에서는 탐정 업무수행 시 직접 관련되는 핵심 내용 등에 한정하여 기술하였다.

제1절 헌법

Ⅰ. 서설

　「헌법」은 한 나라의 기본 질서 및 국민의 권리와 의무에 대하여 규정한 법으로써, 다른 법률이나 명령으로 변경할 수 없는 국가 최고법이자 최고 법규이다. 특히 「헌법」에서 열거하는 국민의 기본권 및 의무는 탐정의 업무수행과정에서 반드시 숙지해야 할 부분이기도 하다.

Ⅱ. 내용

1. 탐정의 업무 수행과정 중 고려해야 할 주요한 기본권으로는 인간의 존엄과 가치·행복추구권·불가침의 기본적 인권(헌법 제10조), 신체의 자유(동법 제12조), 주거의 자유(제16조), 사생활의 비밀과 자유(제17조), 통신의 자유(제18조), 재산권의 보장과 제한(제23조) 등을 들 수 있다.

2. 위에 열거된 「헌법」상의 권리 등은 법률 등에 의해서 구체화되어 실현되고 있는데, 이와 관련된 기본법으로는 「민법」·「형법」·「민사소송법」·「형사소송법」 등이 있다.

제2절 민법

Ⅰ. 서설

「민법」은 인간사회의 가장 기본적인 생활 관계를 규율하는 기본법이라고 할 수 있다. 「민법」은 탐정이 업무수행과정에서 의뢰할 수 있는 사안, 즉 사인간의 재산관련 분쟁·이혼·친족 및 상속 등에 관한 다툼 등에 있어서 의뢰인의 요구에 효율적으로 대처하는데 필요불가결한 법적 지식이라고 볼 수 있다. 이하에서는 탐정 업무를 수행하는데 필요한 내용 등만을 발췌하여 기술하였음을 밝혀둔다.

Ⅱ. 권리와 의무

1. 법률관계와 권리 의무

1) 의의

사람의 생활관계 가운데에는 법에 의하여 규율되는 것이 있는가 하면, 그렇치 않은 것도 있다. 이 중에 '법에 의하여 규율되는 생활관계'를 '법률관계'라고 한다. 법률관계는 법에 의하여 보호되는자와 법에 의하여 구속되는 자의 관계로 나타내며, 이를 당사자의 입장에서 보면 권리·의무의 관계로서 나타난다.

2) 권리

권리의 본질이 무엇인가에 관해서는 학설이 대립이 있으나, 우리나라의 경우 권리는'일정한 이익을 누리게 하기 위한 법이 인정하는 힘'이라고 하는 설(권리법력설)이 지배적인 견해(통설)이다.

3) 의무

의무는 법률상의 구속이다. 따라서 의무자는 그의 의사와는 관계없이 일정한 행위를 하거나 또는 하지 말아야 할 법률상의 구속을 말한다.

2. 권리의 종류

사권(私權, 사법상의 권리)은 재산권·인격권·가족권(신분권)·사원권으로 나눌 수 있는데, 이는 권리에 관한 가장 기본적인 분류이다.

1) 재산권

재산권은 권리자의 인격이나 친족 관계를 떠나서 존재하는 권리라고 할 수 있다. 재산권의 대표적인 것으로는 물권·채권·지식재산권·상속권 등이 있다. 다만, 상속권인 경우 상속권이 가족권인가 인격권인가에 관해서는 견해가 대립하고 있다.[1]

(1) 물권

물권은 권리자가 물건 기타의 객체를 직접 지배해서 이익을 얻는 배타적 권리로서, 이에는 소유권·점유권·지상권·전세권·질권·저당권 등의 8가지가 있다.

(2) 채권

채권은 특정인(채권자)이 다른 특정인(채무자)에 대하여 일정한 행위(급부, 이행행위)를 요구하는 것을 내용으로 하는 권리로서, 계약·사무관리·부당이득·불법행위 등 여러 가지 사유에 의하여 발생한다.

(3) 지식재산권

지식재산권은 저작·발명 등의 정신적·지능적 창조물을 독점적으로 이용하는 것을 내용으로 하는 권리이며, 이에는 특허권·저작권·의장권·상표권·디지인권 등이 있다.

---

1) 송덕수, 「민법강의」, 서울: 박영사, 2020, p. 27.

2) 인격권

인격권은 생명·신체·자유·신용·정조·명예 등과 같이 권리의 주체가 되는 사람과 뗄 수 없는 인격상의 이익을 내용으로 하는 권리이다.

3) 법인

법인(法人)관련 사항은 탐정사와 직접적인 연관성이 없기 때문에 간략하게 개요만 기술하였다.

(1) 의의

법인이란 법률에 의하여 권리능력의 주체가 될 수 있는 지위 또는 자격을 갖는 단체나 재산을 말한다.

(2) 법인의 종류

① 법인은 준거법에 따라 내국법인과 외국법인으로, 적용받는 법이 공법인지 사법인지에 따라 공법인과 사법인으로, 영리활동 여부에 따라 영리법인[2]과 비영리법인으로 분류된다.

②「민법」의 적용을 받는 법인은 내국법인·사법인·비영리법인이며(제32조),「민법」상의 비영리법인에는 사단법인과 재단법인이 있다.

③ 사단법인은 일정한 목적을 위하여 결합한 사람의 단체로서, 사원을 요소로 하며 사원총회가 의결기관이다.

④ 재단법인은 일정한 목적에 바쳐진 재산의 집합체로서, 재산을 요소로하며 설립자의 의사대로 운영된다.

(3) 법인의 능력

① 권리능력

법인은 법률의 규정에 따라 정관으로 정한 목적의 범위 내에서 권리와 의무 주체가 된다. 법인은 성질상 자연인을 전제로 하는 생명권·친권·상속권 등은 가질 수 없으나, 재산권·신용권·명예권 같은 인격권은 인정된다.

---

2) 비영리법인과 대립되는 개념으로 합명회사·합자회사·주식회사·유한회사 등의 이에 해당한다. 영리법인은 구성원의 존재를 전제로 하므로 사단법인에 한하고, 설립에 관하여 준칙주의를 취하고 있다.

② 행위능력

　　㉠ 법인은 권리능력의 범위에서 행위능력을 가지며, 자연인에게 적용되는 제한
　　　능력자 제도는 없다.

　　㉡ 법인의 행위는 법인의 대표기관을 통하여 하고, 이에 관하여는 대리에 관한
　　　규정이 준용된다.

③ 불법행위 능력

법인은 이사 기타 대표자가 그 직무에 관하여 타인에게 가한 손해를 배상할 책임이
있다. 즉, 대표기관의 불법행위에 대하여 법인 스스로가 그 배상책임을 지며, 가해행위
를 한 대표기관이나 개인 또한 손해배상 책임을 면하지 못한다.

4) 가족권

(1) 친족권

친족권은 친족관계에 있어서의 일정한 지위에 따르는 이익을 누리는 것을 내용으
로 하는 권리로서, 일신전속(一身專屬)적이며 의무적 색채가 강하다. 구체적으로는 친권·
후견인이 가지는 권리·배우자가 가지는 권리·부양청구권 등이 있다.

(2) 상속권

상속권은 사람이 사망한 경우에 그 사망한 자의 재산법상의 권리·의무를 그 사람
과 일정한 친족관계에 있는 사람(상속인)이 승계하는 권리이다. 구체적으로는 재산상속
권·유류분에 관한 권리 등이 있다.

(3) 사원권

사원권은 단체의 구성원이 그 구성원이라는 지위에서 단체에 대하여 가지는 권리
를 말하며, 「민법」상 사단법인의 사원의 권리, 「상법」상 주식회사의 주주의 권리 등이
있다.

3. 권리의 주체

1) 권리주체와 권리능력

(1) 권리주체

권리는 당연히 그것이 귀속하게 되는 자를 전제로 한다. 따라서 권리가 귀속하는

주체를 '권리의 주체'라고 한다. 즉, 법질서에 의하여 일정한 이익을 누릴 수 있도록 법적 힘이 부여되는 자를 말한다.

(2) 권리능력

권리능력은 권리의 주체가 될 수 있는 지위 또는 자격을 가리키며, 그것을 인격(人格) 또는 법인격이라고도 한다. 「민법」상 권리능력자는 모든 살아있는 사람과 사람이 아니면서 법에 의하여 권리능력이 부여되어 있는 사단(사람의 집단)과 재단(재산의 집단)이다. 이 중에 살아있는 사람을 '자연인'이라고 하고, 권리 능력이 인정된 사단 또는 재단을 '법인'이라고 한다.[3]

2) 자연인

(1) 태아의 권리능력의 시기

사람의 출생시기는 명문으로 규정하고 있지 않으며, 학설·판례에 의하고 있다. 「민법」상 사람의 출생 시기는 태아가 모체로부터 완전히 분리된 때에 출생한 것으로 보는 '전부노출설'이 통설이다.

① 사람은 생존하는 동안 권리와 의무의 주체가 된다(제3조). 아직 출생하지 아니한 태아는 권리능력이 없다.

② 출생의 사실은 호적법에 따라 1월 이내에 본적지에 신고하여야 한다. 그러나 권리능력의 취득은 출생이라는 사실에 의하여 취득되는 것이지, 가족관계부(과거의 호적부)의 기재로 취득되는 것은 아니다.

(2) 태아의 권리능력

태아는 아직 출생 전의 단계에 있으므로 「민법」상 사람이 아니며, 권리능력을 가지지 못한다. 따라서 태아가 권리능력을 취득하려면 출생 후 한 순간이라도 살아 있어야 한다. 출생시기 이전에 사망한 경우에는 권리능력을 취득하지 못한다. 문제는 태아에게도 권리능력을 인정할 것인가 하는 점인데, 만일 태아에게 권리능력을 전혀 인정하지 않는다면 매우 불리한 일을 당할 경우가 발생하게 된다. 예컨대, 태아로 있는 동안 부(父)가 사망하거나 타인에 의하여 살해당하더라도 상속을 받을 수 없고 또, 손해배상청구를 할 수도 없게 되는 경우 등이다. 이에 따라 각국의 「민법」은 태아가 출생한 경우를 생각

---

3) 송덕수, 위의 책, p. 257.

하여 태아의 이익을 보호하는 규정을 두고 있다. 「민법」은 아래의 사항들에 관하여 태아를 이미 출생한 것으로 본다. 즉, 태아가 이미 출생한 것으로 의제되는 사항들이다.

① 불법 행위로 인한 손해배상의 청구(「민법」 제762조)

태아는 손해배상의 청구권에 관하여 이미 출생한 것으로 본다.

> **「관련 판례」**
>
> ★ 교통사고의 충격으로 태아가 조산되고 또 그로 인하여 제대로 성장하지 못하고 사망하였다면 위 불법행위는 산모에 대한 불법행위인 동시에 한편으로는 태아 자신에 대한 불법행위라고 볼 수 있으므로, 따라서 죽은 아이는 생명침해로 인한 재산상 손해배상청구권이 있다(대판 1968.3.5. 67다2869).

② 상속의 순위(동법 제1000조 제3항)

여기서의 상속은 재산상속만을 의미하는데, 「민법」은 '태아는 상속 순위에 관하여 이미 출생한 것으로 본다'고 규정하고 있다.

③ 대습상속(동법 제1001조 ~ 1000조 제3항)

대습상속은 상속인이 될 직계비속·형제자매가 상속 개시전에 사망하거나 결격된 경우에 그 직계비속 및 배우자가 그 자에 갈음하여 상속하는데, 이때 태아도 그 직계비속으로 본다.

④ 유증

유증은 유언으로 타인에게 재산을 무상으로 주는 단독행위이며, 태아도 유증을 받을 수 있다(동법 제1064조).

⑤ 유류분

유류분은 법정상속인에게 유보되는 상속 재산의 일정비율을 말한다. 직계비속·배우자는 법정 상속분의 2분의 1이고, 직계존속·형제자매는 법정 상속분의 3분의 1이다. 이 경우 태아는 직계비속으로 다루어진다.

(3) 권리능력의 종기

① 사망

   ㉠ 자연인의 사망

      자연인의 권리능력은 사망에 의하여 소멸한다. 사망의 시기는 상속·유언의

효력발생·잔존배우자의 재혼·연금 및 보험금 청구권의 발생 등 여러 법률
관계와 관련되어 있어 매우 중요하다.

ⓛ 인정사망·실종 등

권리능력 소멸 원인은 오직 사망 밖에 없기 때문에, 인정사망[4]이나 실종선
고가 있더라도 당사자가 생존하고 있는 한 권리능력을 잃게 되지는 않는다.
그러나 동시사망이나 인정사망, 실종 등은 그것을 증명·확정하기 어렵기 때
문에, 「민법」 등 기타 법률은 동시사망의 추정,[5] 인정사망, 실종선고제도 등
을 두고 있다.

(4) 행위능력과 행위무능력자

① 의사능력과 책임능력

의사능력이란 자기행위의 의미나 결과를 정상적으로 판단할 수 있는 정신능력을
의미하며, 대체로 10세 미만의 유아, 아편중독자 등은 의사무능력자로 본다(「민법」상 무
효사유). 반면, 책임능력이란 자기행위의 결과를 분별하여 알 수 있는 판단능력(불법행위
능력)을 의미하며, 「민법」은 불법행위에 관하여 과실책임주의를 취하고 있어 판단능력
이 없는 자는 불법행위책임을 부담하지 않는다.

② 행위능력과 행위무능력자

ⓛ 행위능력

행위능력은 단독으로 완전하고 유효한 법률행위를 할 수 있는 지위 또는 자
격을 가리키며, 「민법」은 미성년자, 피성년 후견인,[6] 피한정 후견인[7] 등을
행위무능력자로 규정하고 있다.

---

4) 인정사망이란 수해·화재 그 밖의 사변으로 인하여 사망한 것이 확실한 경우에 그 조사를 집행한 관공서가
 이를 사망이라고 인정하는 제도를 말한다.

5) 동시사망의 추정이란 2인 이상이 동일한 위난으로 사망한 경우에는 동시에 사망한 것으로 추정된다(민법제
 30조). 이러한 동시사망 추정제도는 2인 이상이 사망한 때에 특히 상속과 관련하여 발생할 수 있는 불합리
 한 결과를 막기 위한 것이다. 대법원은 "동시사망이 추정되는 경우 그들 상호 간에는 상속이 되지 않는다.
 그러나 대습상속을 받을 수 있다"고 판시하고 있다(대판 2001. 3. 9. 99다 13157).

6) 피성년 후견인이라 함은 본인의 질병·장애·노령 등 정신적 제약으로 사무를 처리할 능력이 지속적으로 결
 여된 자에 대하여 피성년 후견인 선고의 청구권자의 청구에 의하여 가정법원으로부터 선고를 받은 자를 말
 한다. 피성년 후견인의 법률행위는 취소할 수 있다.

7) 피한정 후견인이라 함은 본인의 질병·장애·노령 등 정신적 제약으로 사무를 처리할 능력이 부족한 자에
 대하여 피한정 후견인 선고의 청구에 의하여 가정 법원으로부터 선고를 받은 자를 말한다. 한정후견인의 동
 의가 필요한 법률행위를 피한정 후견인이 동의없이 하였을 경우 그 법률행위를 취소할 수 있다.

ⓒ 행위무능력자의 행위

미성년자(만 19세 미만) 피성년후견인과 같이 행위무능력자의 법률행위는 의사무능력 상태에서 하였다는 입증이 없어도 이를 취소할 수 있게 함으로써, 행위무능력자를 보호하고 있다.

㉮ 미성년자

미성년자가 법률행위를 함에는 법정대리인의 동의를 얻어야 한다. 따라서 법정대리인이 범위를 정하여 처분을 허락한 재산은 미성년자가 처리할 수 있다. 그러나 법정대리인은 미성년자가 아직 법률행위를 하기 전에는 동의와 허락을 취소할 수 있다. 특히 미성년자가 법정대리인으로부터 허락을 얻은 특정한 영업에 관하여는 성년자와 동일한 행위능력이 있다. 법정대리인은 법률행위의 허락을 취소 또는 제한할 수 있으나, 선의의 제3자에게 대항하지 못한다.

㉯ 성년후견인제도(피성년후견인·피한정후견인)

성년후견인제도는 자신의 힘으로 의사결정이나 사무처리를 할 능력이 부족한 성년자에게 법률 지원을 돕는 제도를 말한다. 성년후견인 제도는 본인·친족·검사 등의 청구에 의해 후견인을 선임하는데, 선정된 후견인은 피후견인(피성년후견인·피한정후견인)의 법률행위를 대신하고 재산을 관리할 수 있으며, 피후견인이 어려운 경우에 재활·의료·교육 등의 신상에 관련된 부분에서도 대리권을 가지고 있다. 이러한 권한은 법원으로부터 부여받는다. 우리나라의 경우 성년후견인 제도를 이용할 수 있는 사람은 질병·장애·노령 등 정신제약을 가진 사람(치매·정신장애인·발달장애인 등)들이 여기에 해당하며, 인구가 고령화 되면서 그 규모는 지속적으로 증가할 것으로 예상된다.

(5) 주소

주소는 부재와 실종 사건에 있어서 직접적인 관련성이 있기 때문에, 탐정은 이에 대해서도 기초지식을 습득할 필요가 있다.

① 주소의 의의

「민법」은 생활의 근거되는 곳을 주소라고 규정하고 있으며(제18조 제1항), 주소는 동시에 두 곳 이상을 둘 수 있다(복수주의).

② 주소의 법률상 효과

주소는 부재 및 실종의 표준(「민법」 제22조, 제27조), 변제의 장소(동법 제467조), 상속 개시지(동법 제998조), 재판관할의 표준(「민사소송법」 제3조), 주민등록대상자의 요건(「주민등록법」 제6조 제1항) 등에 있어서 법률상 효과가 있다.

③ 거소·가주소

거소는 사람이 상당한 기간동안 계속하여 거주하는 장소를 말하며, 주소를 알 수 없을 때와 국내에 주소가 없는 자에 대하여는 각각 거소를 주소로 본다(제19조, 제20조). 반면, 가주소는 당사자의 의사에 가하여 거래의 편의상 설정되는 것으로서, 그 거래관계에 있어서는 주소로서의 효과를 가진다(「민법」 제21조).

(6) 부재와 실종(부재자의 재산관리와 실종선고)

「민법」은 주소나 거소를 떠나 돌아올 가능성이 희박한 자(부재자)가 있을 때에는 제1단계로 부재자가 생존하고 있는 것으로 추측하여 그의 재산을 관리해 주면서 돌아오기를 기다리는 부재자의 재산관리제도를 두고 있다. 2단계로 부재자의 생사불명의 상태가 오랫동안 지속되어 사망의 가능성이 높을 경우에는 그 자를 사망한 것으로 보고 법률관계를 확정·종결시키는 실종선고제도를 두고 있다.

① 부재자의 재산관리

부재자(예: 납북어부 등)에게 재산관리인이 없는 경우에는 가정법원은 이해관계인[8]이나 검사의 청구에 의하여 재산관리인의 선임, 부재자 재산의 매각 등 재산관리에 필요한 처분을 명하여야 한다(제22조 제1항).

② 실종선고

부재자의 생사불명 상태가 장기간 계속되어 사망의 개연성은 크나 사망의 확정이 없는 경우에, 일정한 요건하에 법원이 실종선고를 하고 일정시기를 표준으로 하여 사망과 동일한 법률효과를 생기게 하는 제도이다.

　㉠ 요건

　　㉮ 부재자의 생사가 일정기간 불분명하여야 한다.

　　㉯ 생사불명의 기간은 보통실종의 경우 5년이며, 기간의 기산점은 부재자의 생존을 증명할 수 있는 최후의 시기로 한다. 특별실종(전쟁실종·선박실종·항공기

---

8) 여기서의 '이해관계인'은 부재자의 재산관리에 법률상 이해관계를 가지는 자이다. 예컨대, 추정상 상속인·배우자·부양청구권자·채권자 등이 이에 해당되며, 반면, 단순한 이웃이나 친구는 이해관계인이 아니다.

실종·기타 위난실종)의 경우에는 실종기간이 1년이며, 기산점은 전쟁이 종지된 때·선박이 침몰한 때·항공기가 추락한 때·기타 위난이 종료한 때이다.

㉰ 이해관계인(배우자·상속인·법정대리인·재산관리인 등)이나 검사로부터 실종선고의 청구가 있어야 한다.

㉱ 청구를 받은 가정법원 6월 이상의 기간을 정하여 공시최고를 하고 신고가 없이 기간이 종료되면 실종을 선고한다.

   ⓛ 실종선고의 효과

㉮ 실종자는 실종기간이 만료되면 사망한 것으로 간주되므로, 상속이 개시되고 배우자는 재혼할 수 있게 된다.

㉯ 실종선고는 제3자에 대하여도 효력이 생긴다. 따라서 본인의 생존 기타의 반증을 들어 선고의 효과를 다투지 못하여 선고의 효과를 뒤집으려면 실종선고를 취소[9]해야 한다.

4. 친족상속관계

   친족관계는 「친족법」·「상속법」의 많은 법률관계에 있어서 당사자를 결정하는데 필요한 기초개념을 담고 있다. 따라서 탐정은 이에 대해서도 법적 지식을 갖출 필요성이 있다.

1) 친척관계

(1) 친족의 정의

우리나라 「민법」은 부계혈족[10]과 모계혈족,[11] 즉 양친족 관계를 인정하고 있다.

① 혈족

피를 나누었다면 혈족이고, 한번 혈족이면 영원한 혈족이다. 즉, 혈족은 혈연관계가 있는 친족을 말한다. 혈족은 직계혈족과 방계혈족으로 구분된다. 직계혈족이란 직계친(直系親)의 관계에 있는 혈족을 말하며, 「민법」은 '자기의 직계존속과 직계비속'을 직계

---

9) 실종선고가 취소되면 실종선고로 생긴 법률관계는 소급적으로 무효가 되어 실종자의 재산관계와 가족관계는 신고전의 상태로 회복된다. 다만 실종선고 후 취소 전에 선의로 한 행위의 효력에는 영향을 미치지 않도록 규정하고 있다(민법 제29조 제1항 단서).

10) 부계혈족(父系血族)은 부계친의 관계에 있는 혈족(예컨대, 부모·조부모·백부·숙부·고모)을 말한다.

11) 모계혈족(母系血族)은 모계친의 관계에 있는 혈족(예컨대, 부모·외조부모·외숙부·이모)을 말한다.

혈족이라고 규정하고 있다. 한편, 방계혈족(傍系血族)은 방계친(傍系親)의 관계에 있는 혈족이며, 「민법」은 '자기의 형제자매와 형제자매의 직계비속, 직계존속의 형제자매 및 그 형제자매의 직계비속'을 방계혈족이라고 규정하고 있다. 여기에서의 형제자매는 부계 및 모계의 형제자매를 모두 포함하며 이복형제도 이에 속한다고 대법원은 판시하고 있다(대판 2007.11.29. 2007도7062).

② 인척

인척은 혼인으로 인하여 성립하는 친족을 말한다. 인척은 혼인관계를 전제로 하기 때문에, 그 혼인이 깨어지면 인척관계도 소멸된다. 「민법」은 혈족의 배우자(계모·형제의 처·고모와 이모의 남편), 배우자의 혈족(배우자의 부모나 형제자매), 배우자의 혈족의 배우자(처의 자매의 남편, 남편의 형제자매의 처나 남편)을 인척으로 규정하고 있다.

(2) 친족의 범위

① 촌수

「민법」은 친족의 범위를 '8촌 이내의 혈족', '4촌 이내의 인척', '배우자'로 규정하고 있다(「민법」 제777조). 「민법」은 친족 사이에서는 촌수가 작을수록 가까운 것으로 평가하며, 그에 기초하여 여러 가지 법률효과를 부여하고 있다. 예컨대, 부모와 자식과의 관계는 1촌이며, 그 자식과 조부모의 관계는 2촌이다. 반면 형수·제수는 인척 2촌이며, 고모부·이모부·숙모 등의 친척의 배우자는(나를 기준으로 보면) 삼촌관계에 있다고 볼 수 있으나, 이들은 혼인으로 맺어진 친척이기 때문에 인척 또는 혼인척이라고 부른다. 따라서 가까운 가족을 이야기할 때는 친척과 인척을 통틀어 '친인척'이라고 한다.

② 친족관계의 효과

㉠ 일반적으로 인정되는 효과

친족 모두에게 일반적으로 인정되는 효과로는

㉮ 일정한 경우 친권자 지정 청구, ㉯ 일정한 경우 미성년후견인 선임청구, ㉰ 친권자의 동의를 갈음하는 재판 청구, ㉱ 일정한 경우에 미성년후견인·성년후견인의 선임청구, ㉲ 피후견인의 재산상황에 대한 조사청구 등을 들 수 있다.

㉡ 형법상의 효과

친족관계로 인하여 범죄가 성립하지 않거나(예컨대, 범인은닉죄·증거인멸죄), 친족상도례가 적용되어 형벌이 감면되는 경우도 있다(예컨대, 절도죄·사기죄·공

갈죄 등). 반면, 친족관계로 인하여 형벌이 가중되는 경우도 있다(예컨대, 존속
살인죄·존속상해죄·존속유기죄 등).

ⓒ 기타 법상의 효과

이외에도 「가사소송법」·「가족등록법」·각종 「연금법」 등 많은 법률과 시행
령에서 친족관계와 관련하여 특별한 효과를 인정하는 규정들을 두고 있다.

(3) 가족의 범위

개정 「민법」은 '가족의 범위'를 다음과 같이 규정하고 있다(「민법」 제779조).

① 배우자·직계혈족 및 형제자매

배우자·직계혈족·형제자매는 생계를 같이하는가에 관계없이 언제나 가족의 범위
에 포함된다. 여기에서의 배우자는 현재 혼인관계에 있는 한 모두 가족으로 되고, 부계
와 모계를 가리지 않는다.

② 직계혈족의 배우자·배우자의 직계혈족 및 배우자의 형제자매

직계혈족의 배우자(예컨대, 계모·며느리·사위), 배우자의 직계혈족(예컨대, 장인·장모·
시부모 등), 배우자의 형제자매(예컨대, 시숙·시누이·처남·처제)는 생계를 같이하는 경우에
한하여 가족의 범위에 포함된다.

2) 상속관계

(1) 상속의 의의

상속이란 사람의 사망으로 인하여 그 재산상의 지위(권리·의무)가 법률규정에 의하
여 타인에게 포괄적으로 승계되는 것을 말하며, 그 지위를 승계하는 자를 상속인이라고
한다.

(2) 상속의 유형

상속의 유형으로는 ① 재산상속, ② 사후상속,[12] ③ 법정상속,[13] ④ 유언상속 등을
들 수 있다. 이하에서는 유언상속에 한정하여 기술하였다.

---

12) 상속은 사후상속이 원칙이며, 우리나라의 민법에도 사후상속만을 인정하고 있다.

13) 법정상속은 상속인이 될 자의 범위와 순위가 법률상 정해져 있는 상속을 법정상속이라 한다. 민법은 법정상
속만을 규정하고 있고, 유언에 의한 상속인의 지정은 허용하지 않는다.

(3) 유언상속

① 유언의 의의

유언은 자기의 사망으로 인하여 효력을 발생시킬 것으로 하여, 일정한 방식에 따라 행하는 일방적인 의사표시(상대방 없는 단독행위)이다. 유언은 요식행위[14]이므로, 그 방식에 따르지 않은 유언은 무효이다(「민법」 제1000조).

② 유언과 법정상속과의 관계

우리나라의 「민법」은 유산처분의 방법으로 유증만을 인정할 뿐 유언상속은 인정하지 않는다. 상속으로는 법정상속만 있기 때문에, 유언으로 상속인을 지정하지 못한다. 다만 유언자가 포괄적 유증을 함으로써 실질적으로 상속인의 지정이나 상속분의 변경과 같은 결과를 달성할 수 있다.

③ 유언의 방식

유언은 일정한 방식에 따라서 하여야 하고, 그 방식에 따르지 않은 유언은 설사 유언자의 진정한 의사에 합치하더라도 무효이다.[15] 유언의 방식에는 다섯 가지가 있다.

　㉠ 자필증서에 의한 유언

　　자신이 유언의 내용과 연월일·주소·성명을 직접 적은 후 날인함으로써 성립하는 유언이다. 이 유언은 간편하나 문자를 모르는 자는 이용할 수 없고, 유언자가 사망 후 유언서의 존부가 쉽게 판명되지 않을 수 있으며, 위조·변조의 위험성이 있다.

　㉡ 녹음에 의한 유언

　　유언하는 사람이 유언의 내용·성명·연원일 등을 구술하고, 이에 참여한 증인이 유언의 정확함과 그 성명을 구술함으로써 성립하는 유언이다. 녹음에 의한 유언은 문자를 모르는 자도 이용할 수 있으나, 위조·변조가 용이하다는데 문제점이 있다.

　㉢ 공정증서에 의한 유언

　　유언하는 사람이 증인 2명이 참여한 공증인의 면전에서 유언의 취지를 말로

---

14) 유언을 요식행위로 규정한 이유는 유언이 유언자의 사망 후에 효력이 생기기 때문에, 미리 본인의 진의를 확보해 두기 위해서이다.

15) 대판 2008.8.11. 2008다1712.

진술하고, 공증인이 이를 필기 낭독하여 유언자와 증인이 그 정확함을 승인
한 후 각자 서명 또는 기명날인함으로써 성립하는 유언이다. 이 유언은 가장
확실한 방법이나, 복잡하고 비용이 들며 유언내용이 누설되기 쉬운 문제점이
있다.[16]

「관련 판례」

★ 공증사무실에서 유언장을 인증 받았으나 그 유언장이 증인 2명의 참여가 없고 자
서(自書, 스스로 쓴 것)된 것도 아니라면 공정증서에 의한 유언이나 자필증서에 의
한 유언으로서의 방식이 결여되어 있으므로 유언의 효력을 발생할 수 없다(대판
1994.12.22. 94다13695).

ⓔ 비밀증서에 의한 유언

유언하는 사람이 유언의 취지와 유언자의 성명을 기입한 증서를 봉투에 넣
어 날인하고 이를 2인 이상의 증인의 면전에 제출하여 자기의 유언서임을
표시한 후, 그 봉서 표면에 제출 연월일을 기재하고 유언자와 증인이 각자
서명 또는 기명날인 한 다음 일정 기간 내에 확정일자를 받음으로써 성립하
는 유언이다. 이 유언은 그 내용을 비밀로 하고 싶을 때 유용하게 쓸 수 있
으나, 비밀증서의 성립에 다툼이 생기기 쉽고 분실·훼손의 위험이 있다는
단점이 있다.

ⓜ 구수증서(口授証書)에 의한 유언

질병 기타 급박한 사유로 인하여 위의 4가지 방식에 의한 유언을 할 수 없는
경우에, 유언자가 2명 이상의 증인을 참여시키고 그 중 1명에게 유언의 취지
를 구수하고 그 구수를 받은 자가 이를 필기·낭독하여 유언자와 증인이 그
정확함을 승인한 후 각자 서명 또는 기명날인함으로써 성립하는 유언이다.
구수증서에 의한 유언은 유언이 있은 날에 급박한 사유가 종료하였다고 할
것이므로, 유언이 있은 날부터 7일 내에 법원에 검인을 신청하여야 한다(대결
1994.11.3. 94스16). 검인신청기간 내에 검인신청을 하지 않은 구수증서 유언은
무효이다.

---

16) 송덕수, 위의 책, p. 1713.

「관련 판례」

★ 이 유언은 보통의 방식에 의한 유언이 가능한 경우에는 허용되지 않는다(대판 1999.9.3. 98다17800). 특별한 사정이 없는 한 유언이 있은 날에 급박한 사유가 종료하였다고 할 것이므로, 유언이 있은 날부터 7일 이내에 검인을 신청하여야 한다(대결 1994.11.3. 94스16).

---

④ 유언의 효력과 무효

   ㉠ 유언의 효력 발생시기

      유언은 유언자가 사망한 때부터 그 효력이 생기면, 유언에는 조건이나 기한을 붙일 수 있다.

   ㉡ 유언의 무효

      유언의 무효인 경우로는 ㉮ 방식을 갖추지 않은 유언, ㉯ 17세 미만인 자의 유언,[17] ㉰ 의사능력 없는 자의 유언, ㉱ 사회질서나 강행법규에 위반되는 유언 등을 들 수 있다.

3) 이혼관계

이혼에는 배우자의 사망과 이혼(협의 이혼과 재판상 이혼)의 두 가지가 있다. 이하에서는 탐정활동과 관련성이 있는 재판상 이혼에 한정하여 기술하였다.

(1) 재판상 이혼

① 재판상 이혼이란 일정한 사유가 있을 때 당사자 일방의 청구로 가정 법원의 판결에 의하여 혼인을 해소시키는 것을 말하며, 재판상 이혼은 일정한 사유가 있는 경우에만 허용된다.

② 이혼원인

이혼원인으로는 ㉠ 배우자의 부정행위, ㉡ 악의의 유기,[18] ㉢ 배우자 또는 그의 직계존속에 의한 심히 부당한 경우,[19] ㉣ 자기의 직계존속에 대한 배우자의 심히 부당한

---

17) 만 17세에 달하지 못한 자는 유언을 하지 못한다(민법 제1061조).

18) 정당한 이유없이 부부로서의 동거·부양·협조의무를 이행하지 않고 다른 일방을 버린 것을 말한다. 예컨대, 상대방을 집에 두고 나가서 돌아오지 않는 경우 등이다(대판 1999.11.9. 90므583).

19) 혼인관계의 지속을 강요하는 것이 가혹하다고 여겨질 정도의 폭행이나 학대 또는 중대한 모욕을 받았을 경

대우, ⓜ 기타 혼인을 계속하기 어려운 중대한 사유 등을 들 수 있다. 이하에서는 배우자의 부정행위에 한정하여 기술하였다.

　ㄱ 배우자의 부정한 행위

　　㉮ 의의

　　　배우자의 부정한 행위란 간통을 포함하는 광의의 개념으로 부부의 정조의무에 충실하지 않은 일체의 행위를 가리킨다. 부정한 행위로 되려면 객관적으로 부정한 행위에 해당한다고 볼 만한 사실이 있어야 하고, 또 그것이 내심의 자유로운 의사에 의하여 행하여졌어야 한다.[20] 따라서 강간 등을 당한 경우는 부정한 행위가 아니다. 부정한 행위는 1회의 것으로 충분하며, 계속적일 필요는 없다.

「관련 판례」

① 피고 A(여)는 남편 B와 교회에 다니면서 C(남)을 알게 되었고, 그 후 피고 A(여)가 식당을 개업하면서 남편 B와 떨어져 살게 되었다. 그 무렵부터 피고 C(남)는 수시로 식당을 드나들면서 식당에 딸린 방에 수십분씩 함께 들어가 있거나 서로 껴안고 있다가 타인에게 목격되기도 하였는데, 이를 알게된 남편 B가 C를 추궁하여 간통사실을 자백받고 고소하여 구속되었으나 결과적으로 증거불충분으로 무죄가 선고되었다. 이에 대하여 대법원은 재판상 이혼사유인 부정행위라 함은 간통에 이르지는 아니 하였다고 하더라도 부부의 정조의무에 충실하지 아니한 것으로 인정되는 일체의 부정행위를 포함하는 넓은 개념으로 파악하여야 한다. 따라서 피청구인 A와 C가 간통한 것으로 단정할 수 없지만, C가 피고와 가까이 지내면서부터 부부간의 정조 의무를 저버린 부정행위를 하였다고 보기에는 충분하다고 판시하였다(대판 1992. 10. 28. 92르 199).

② 고령과 중풍으로 성교능력이 없는 자가 이성과 동거한 경우는 부정한 행위에 해당한다(대판 1992. 11. 10. 92므 68).

③ 피청구인 A(여)는 충남 홍성읍에 있는 캬바레에 춤을 추러 갔다가 B(남)을 만나 친하게 되었고, 어느 날 A(여)가 대천에서 서울로 갈 때 B(남)와 기차를 타고 서울에 있는 자신의 집까지 동행한 사실만으로는 피청구인이 「민법」 제840조 제1

우 등이다(대판 1999.11.26. 99고180).

20) 대판 1976.12.14. 76므10.

호(배우자의 부정행위) 소정의 부정한 행위를 한 것으로 단정할 수 없다(대판 1990. 7. 24. 89므 1115).

⑭ 유책주의

유책주의는 배우자가 동거·부양·정조 등 혼인의무에 위반되는 행위를 저질러 이혼사유가 명백하면 상대 배우자에게만 재판상 이혼청구권을 인정하는 제도이다. 즉, 부정을 저지른 배우자의 이혼청구를 엄격하게 제한해 가정파탄에 책임이 없는 배우자를 보호할 수 있도록 한 제도이다. 반면 파탄주의는 혼인관계가 사실상 회복될 수 없을 만큼 파탄 났다면 어느 배우자에게도 책임을 묻지 않고 이혼을 허용하는 제도를 말한다.

대법원은 1965년 9월 "바람 피운 배우자는 이혼을 청구할 수 없다"고 유책주의를 채택하였는데, 이후 현재까지 유책주의에 대한 기존 판례를 유지하고 있다.

③ 재판상 이혼의 효과

일반적으로 이혼이 성립하면 혼인이 해소되어 혼인에 의하여 생긴 효과(예컨대, 동거·부양·협조의무 등)는 모두 소멸된다. 따라서 ㉠ 자(子)에 관한 양육문제·친권자의 결정·면접교섭권, ㉡ 재산분할청구권, ㉢ 위자료 청구권 등이 문제가 발생한다. 이하에서는 재산분할청구권과 위자료 청구권 등에 한정하여 기술하였다.

㉠ 재산분할청구권

㉮ 의의

재산분할 청구권은 이혼을 한 당사자의 일방이 다른 일방에 대하여 재산분할을 청구할 수 있는 권리이다.

㉯ 재산분할의 대상

혼인 중에 부부 쌍방의 협력에 의하여 이룩한 재산은 실질적으로 부부의 공동재산이라고 보아야 하므로 당연히 분할대상이 된다. 그 재산은 부동산·현금·예금자산도 포함하며, 그 명의가 누가 하고 있는지를 불문한다.[21] 그리고 그 협력에는 처의 가사노동도 포함된다.[22]

---

21) 대판 1999.6.11. 96므1397.
22) 대결 1993.5.11. 93스6.

한편, 부부의 일방이 별거 후에 취득한 재산이라도 그것이 별거 전에 쌍방의 협력에 의하여 형성된 유·무형의 자원에 기한 것이라면 분할의 대상이 된다.[23]

「관련 판례」

★「재산분할대상을 부정한 사안」

① 부부일방이 혼인 전부터 가진 고유재산과 그로부터 증가된 재산, 혼인 중 부부의 일방이 상속·증여·유증받은 재산 등은 분할의 대상이 아니다(대결 2002.8.28. 2002스36).

② 부부의 일방이 실질적으로 혼자서 지배하고 있는 주식회사인 경우에 그 회사 소유의 재산은 그 개인의 재산으로 평가하며 재산분할의 대상에 포함시킬 수는 없다(대판 2011.3.10. 2010므4699, 4705).

★「재산분할대상을 인정한 사안」

① 부부 중 일방이 상속받은 재산이거나 이미 처분한 상속재산을 기초로 형성된 부동산이더라도 이를 취득하고 유지함에 있어 상대방의 가사노동 등이 직·간접적으로 기여한 것이라면 재산분할의 대상이 된다(대판 1998.4.10. 96므1434).

② 비록 처가 주로 마련한 자금과 노력으로 취득한 재산이라 할지라도 남편이 가사비용의 조달 등으로 직·간접적으로 재산의 유지 및 증가에 기여하였다면 그와 같이 쌍방의 협력으로 이룩된 재산은 재산분할의 대상이 된다고 보아야 한다(대판 1997.12.26. 96므1076, 1083).

ⓛ 채무

부부의 일방이 혼인 중 제3자에게 부담한 채무 중 일상가사에 관한 것은 청산의 대상이 되고, 그 나머지는 원칙적으로 개인채무로서 청산의 대상이 되지 않는다. 그러나 공동 재산의 형성에 수반하여 부담한 채무인 경우에는 청산의 대상이 된다.[24]

ⓒ 위자료 청구권

「민법」 제751조에는 '타인의 신체적 자유 또는 명예를 해하거나 기타 정신상 고통

---

23) 대판 1999.6.11. 96므1397.
24) 대판 2006.9.14. 2005다74900.

을 가한 자는 재산이외의 손해에 대하여도 배상할 책임이 있다'고 규정하고 있다. 따라서 이혼을 하는 경우에는 그 이혼을 하게 된 것에 책임이 있는 배우자(유책배우자)에게 이혼으로 인한 정신적 고통(예컨대, 배우자의 혼인 파탄행위 그 자체와 그에 따른 충격·불명예 등)에 대한 배상, 즉 위자료를 청구할 수 있다.

5. 손해배상

손해배상 분야는 탐정이 업무 수행과정에서 습득해야 할 필요한 지식 중의 하나다. 예컨대, 의뢰자의 의뢰에 의하여 손해배상 청구와 관련된 자료수집과정에서 발생하는 「민법」상 손해배상문제, 그리고 탐정 스스로의 고의·과실로 인해 손해배상책임 문제가 발생할 수 있다.

1) 손해배상의 의의

「민법」상 손해배상이라 함은 손해를 가한 자가 손해를 입은 자에 대하여 배상을 하는 것을 말한다. 반면, 국가나 지방자치단체 등이 법규에 따른 정당한 행위로 국민에게 손실을 입혔을 때 보상해주는 것을 손실보상(損失補償)[25]이라고 한다. 「민법」상 손해배상책임은 총 4가지가 있는데, 「민법」은 손해배상청구권에 관하여 일반적 규정을 두지 않고 가장 중요한 채무불이행과 불법행위에 관해서만 별도로 규정하고 있다.

2) 손해배상청구권의 유형

(1) 채무불이행을 원인으로 한 손해배상청구권

채무자의 채무불이행이 있으면 채권자에게 채무불이행의 사실만으로 곧바로 손해배상청구권이 인정되는 것은 아니다. 손해배상청구권이 생기려면 '손해가 발생한 사실'이 인정되어야 하며, 또 그것이 배상범위에 해당하여야 한다. 이러한 손해배상의 범위에 관하여 「민법」은 그 범위 및 방법·배상액의 예정·과실상계 등에 관하여 명문의 규정을 두고 있다. 예컨대, 원료를 살 계약을 체결하였는데도 원료를 가져오지 않아 공장

---

[25] 민법은 적법한 원인으로 인하여 생긴 손실을 전보하는 것을 배상이라 하지 않고, 보상(補償)이라고 한다. 손실보상이란 공공의 필요에 의한 적법한 공권력의 행사로 인하여 개인에게 가하여진 '특별한 희생'에 대하여 전체적인 공평부담의 견지에서 국가 또는 지방자치단체가 그 손해를 전보(塡補)하는 것을 말한다. 예컨대, 국가 또는 지방자치단체가 도로용지·학교용지 등 공공용지가 필요한 경우 사인(개인)의 땅을 수용하고 그 손해를 보상해 주는 것 등이다(김형중, 「Perfect 행정법」, 서울; 박영사, 2017, p. 545).

에서 작업을 하지 못하여 손해를 본 경우는 채무불이행의 한 예이다. 이 경우 위의 사안들에 대한 것은 피해자가 증명하여야 하지만, 손해배상청구권은 손해가 현실화되기 전에도 인정된다.

(2) 불법행위를 원인으로 한 손해배상청구권

현실적으로 탐정과 직접관련성이 있는 것은 불법행위를 원인으로 한 손해배상청구권이다.

① 불법행위의 의의와 구별

　　㉠ 불법행위의 의의

　　　불법행위는 고의 또는 과실로 위법하게 타인에게 손해를 가하는 행위이다. 예컨대, 도로 옆의 집에 트럭이 뛰어들어 가구를 파괴하여 손해를 보게 한 경우가 불법행위의 한 예이다. 불법행위가 있으면 「민법」규정에 의하여 가해자는 피해자에 대하여 손해배상책임을 부담하게 된다.

　　㉡ 구별[26]

　　　㉮ 채무불이행과 불법행위는 모두 위법행위이나, 양자는 다음과 같은 점에서 차이가 난다. 채무불이행은 적법한 채권관계를 전제로 하여 그 당사자 사이에서 채무를 이행하지 않는 데 대한 책임을 문제삼는 위법행위이고, 반면 불법행위는 아무런 특별한 관계가 없는 자들 사이에서 가해행위의 책임을 문제로 삼는 위법행위이다.

　　　㉯ 민사책임은 불법행위에 의한 손해배상책임이고, 형사책임은 형사상의 형벌에 의한 제재이다. 민사책임과 형사책임의 차이점은 다음과 같다.
　　　　첫째, 민사책임은 사법상(私法上)의 제도인 데 비하여, 형사책임은 공법상(公法上)의 제도이고, 둘째, 민사책임은 피해자에게 생긴 손해의 전보에 목적이 있는 데 비하여, 형사책임은 행위자에 대한 응보 또는 장래에 있어서의 해악발생의 방지에 목적이 있고, 셋째, 민사책임은 가해자에게 고의가 있든 과실이 있든 손해를 배상하게 한다. 반면 형사책임은 고의범만을 처벌하는 것이 원칙이며, 과실범에 대하여는 예외적으로 처벌규정을 두고 있다.[27]

---

26) 송덕수, 위의 책, pp. 1379~1380.
27) 예컨대, 과실로 재물을 손괴하거나 또는 과실로 폭행한 자는 무죄이다. 그 이유는 이러한 행위에 대하여는

넷째, 민사책임과 형사책임은 완전히 별개의 것이고 발생요건이 다르다. 따라서 동일한 가해행위에 대하여 두 책임이 모두 생기는 때가 있는가 하면,[28] 어느 하나의 책임만 생길 수도 있다.[29]

② 일반 불법행위의 성립요건

불법행위라는 것이 반드시 실정법을 위반한 경우뿐 아니라 법질서에 비추어 법률이 보호하는 방식이 아닌 형태로 타인의 법익을 침해하는 경우도 포함하므로, 그 범위가 매우 넓다. 통상적으로 손해배상을 구한다고 할 때의 근거조문은 제750조에 의한 '불법행위'이다. 따라서 일반 불법행위의 성립요건은 그 대부분이 제750조에 정하여져 있다. 일반 불법행위의 성립요건으로는 ㉠ 가해자의 고의 또는 과실에 의한 행위가 있을 것, ㉡ 가해자의 책임능력이 있을 것, ㉢ 가해자가 위법할 것, ㉣ 가해행위에 의한 손해가 발생할 것의 4가지이다.

③ 불법행위의 효과

불법행위의 성립요건이 갖추어지면 「민법」 규정상 피해자는 가해자에 대하여 손해배상청구권을 취득하게 된다.

㉠ 손해배상청구권자

「민법」은 불법행위에 의하여 손해를 입은 자, 즉 직접적 피해자가 손해배상청구권을 가지게 되고(동법 제750조), 신체·자유·명예를 침해당하였거나 기타 정신상 고통을 입은 자는 위자료청구권을 가지는 것으로 규정하고 있다(동법 제751조).

㉡ 손해배상의 방법

불법행위, 즉 고의·과실로 인한 위법행위로 타인에게 손해를 가한 경우에는 가해자는 피해자에 대하여 손해를 배상할 채무를 지며, 손해를 금전으로 평가해서 배상함을 원칙으로 한다. 예외적으로 '원상회복'이 인정되는 때에는 법률에 특별한 규정이 있거나(명예훼손의 경우),[30] 당사자의 특약이 있는 경우

과실범에 대한 처벌규정이 없기 때문이다.

28) 예컨대, 살인·상해·사기의 경우 형사책임은 별도로 하고 민법상 손해배상 문제가 발생한다.

29) 예컨대, 형사상 무죄판결이 선고되었지만, 민사상 손해배상이 인정될 수도 있고(대판 2008.2.1.2006다 6713) 반면, 유죄판결이 선고되었지만, 민사상 손해배상은 인정되지 않을 수 있다.

30) 민법은 명예훼손에 있어서 피해자의 청구에 의하여 법원이 손해배상에 갈음하거나 손해배상과 함께 '명예회복에 적당한 처분'을 명할 수 있다고 규정하고 있다(동법 제764조). 이와 유사한 규정은 특별법(부정경쟁

등이다.

ⓒ 손해배상의 범위

㉮ 손해배상의 범위에 관하여 「민법」은 채무불이행으로 인한 손해배상의 범위에 관한 원칙을 추상적으로 규정하고 있다. 그 범위는 통상 발생하는 손해를 그 한도로 하고, 그 사정을 알고 있거나 알 수 있었을 때에 한하여 배상책임이 발생한다고 규정하고 있다.

㉯ 이 규정은 채무불이행으로 인한 손해배상책임뿐만 아니라 불법행위로 인한 손해배상책임의 성립에도 적용된다는 것이 통설적 견해이며, 또한 이 규정은 과실책임의 원칙에 입각한 규정으로 해석하는 것이 정설이다.

ⓓ 증명책임

원칙적으로 손해발생의 증명책임은 원고에게 있다. 그러나 통상 발생하는 손해는 그 발생원인이 된 사실과 결과간의 인과관계가 사회관념상 객관적으로 예견되는 경우, 그 구체적인 사실을 입증할 필요 없이 현실적으로 발생한 손해의 배상을 청구할 수 있다.

(3) 구상권

① 의의

「민법」상 구상권이라 함은 채무를 대신 변제해 줄 사람이 채권자를 대신하여 채무당사자에게 반환을 청구할 수 있는 권리이다. 즉, 일종의 반환청구권이다. 예컨대, A가 C의 돈을 갚지 않아 B가 대신 물어줬을 경우, 이때 B가 A에게 반환을 청구할 수 있는 권리가 구상권이다. 한편, 「행정법」상 국가소송에 있어서는 국가가 불법행위로 피해를 본 사람들에게 배상금을 먼저 지급한 뒤, 실제 불법행위에 책임이 있는 공무원을 상대로 배상금을 청구하는 권리를 구상권이라고 하기도 한다(예컨대, 고의·과실로 불법행위를 저지른 공무원).

② 구상권의 종류

「민법」상 구상권에는 ㉠ 연대채무자의 1인이 채무를 변제한 경우에 다른 연대채무자에게(동법 제425조 제1항), ㉡ 타인의 불법행위로 발생한 손해배상 의무를 이행하는 사람이 손해배상을 한 후 나중에 당사자에게 변제를 청구하는 경우(동법 제465조·제756조·

방지법 제6조·특허법 제131조·신용신안법 제30조·디자인보호법 제117조·상표법 제113조·저작권법 제127조 등)에도 규정되고 있다.

제758조), ⓒ 채무자가 아닌 자가 착오로 타인의 채무를 변제한 경우에 상대방의 채무를 변제한 자가 채무자에게 부당이득을 반환을 청구하는 경우 등이 있다(동법 제745조).

③ 구상권 행사

구상권 행사는 위법행위에 대한 공소시효와는 상관없이 법원의 손해배상에 대한 확정판결이 있은 후 3년 이내에 청구할 수 있다.

제3절 형법

Ⅰ. 서설

「형법」은 무엇이 범죄이고, 그것에 어떠한 형벌을 가할 것인가를 규정한 법률이다. 형법은 크게 총칙과 각칙으로 나누어 지는데, 총칙은 다른 법률이 정한 죄에도 원칙적으로 적용되는 점에서 모든 처벌법규의 기본이 되며, 각칙은 총 286개의 조문에서 처벌되어야 할 「형사법」을 거의 다 규정하고 있다.

Ⅱ. 탐정과 「형법」과의 관계

1. 탐정의 주요 업무는 의뢰된 사건에 대한 정보수집활동과 조사활동이라고 볼 수 있다. 그러나 탐정은 일반인과 동일한 권리만 가지고 있을 뿐, 수사요원들에게 부여되고 있는 강제력 등의 권한은 일체 허용되지 않는다. 따라서 탐정은 의뢰된 사건에 대한 정보수집활동이나 조사활동 중 타인의 명예나 사생활을 침해할 수 있는 가능성이 항상 상존하고 있기 때문에, 특별한 위법성 조각 사유가 없는 이상 자신의 불법행위에 대하여 형사책임을 지게 된다. 따라서 형법과 범죄의 성립과 처벌에 대한 정확한 이해가 요구된다.

2. 탐정업무 수행과 관련된 「형법」조항으로는 비밀침해죄·주거침입죄·퇴거불응죄·주거신체수색죄·협박죄·공갈죄 등을 들 수 있다.

Ⅲ. 탐정업무관련 「형법」상 범죄

1. 비밀침해죄

1) 의의

「헌법」 제17조는 "모든 국민은 사생활의 비밀과 자유를 침해받지 않는다"고 하여 사생활의 비밀과 자유를 보장하고 있다. 한편 동법 제18조는 "모든 국민은 통신의 비밀을 침해받지 않는다"고 규정하고 있고, 이에 따라 「형법」도 비밀침해의 죄를 규정하고 있다. 「형법」상 비밀침해의 죄(「형법」 제316조)는 개인의 비밀을 탐지하거나 누설하는 죄이다. 한편, 개별법으로 「통신비밀보호법」은 타인의 통신비밀을 침해하는 행위를, 「부정경쟁 방지 및 영업비밀보호에 관한 법률(「부정경쟁방지법」)」은 타인의 영업비밀을 침해하는 행위를 처벌하는 규정을 두고 있다.

2) 탐정의 업무수행과 비밀침해죄와의 관계

비밀침해행위의 위법성을 조각하는 법령상의 행위로서는 「통신비밀보호법」상의 감청행위, 형집행법상 수형자의 서신 검열행위 등을 들 수 있다. 이러한 법령상의 행위등은 「형법」상 위법성조각사유, 즉 예외적으로 위법하지 않는 것으로 되는 사유에 해당하여 처벌되지 않는다. 그러나 탐정이 의뢰된 사건에 대한 정보수집활동이나 조사활동 과정에서 도청장치·추적장비·촬영장비 등을 이용하여 타인의 사생활을 침해하는 경우에는 「형법」상 비밀침해죄 위반으로 형사처벌을 받을 가능성이 높다. 따라서 탐정사는 비밀침해죄와 「통신비밀보호법」 등에 대한 법률적 지식을 숙지해 둘 필요가 있다.

2. 주거침입죄

> 제319조 ① 사람의 주거·관리하는 건조물·선박이나 항공기 또는 점유하는 방실에 침입하는 자는 3년 이하의 징역 또는 500만원 이하의 벌금에 처한다.

1) 의의

「헌법」 제16조는 "모든 국민은 주거의 자유를 침해받지 않는다"고 규정하여, 주거의 자유를 기본적으로 보장하고 있다. 「형법」은 이를 구체화하여 주거침입죄를 규정하고 있는데, 「형법」상 주거침입죄는 헌법이 보장하고 있는 주거의 자유를 침해함으로써

성립하는 범죄이다.[31]

2) 행위의 객체

본죄의 객체는 사람의 주거·관리하는 건조물, 선박, 항공기 또는 점유하는 방실이다.

(1) 사람의 주거

「형법」상 주거는 단순히 주택만을 의미하는 것이 아니라 사람이 일상생활을 영위하기 위하여 점거하는 장소면 족하고, 반드시 침식에 사용하는 장소일 것까지 요하지 않는다.[32] 따라서 관리하는 건조물, 선박, 항공기 또는 점유하는 방실(점포·사무실·연구실·호텔·투숙 중인 여관의 방)도 주거와 같이 보호하고 있다.

「관련 판례」

★ 다가구용 단독주택이나 다세대 주택·연립주택·아파트 등 공동주체의 내부에 있는 엘리베이터, 공용계단과 복도는 특별한 사정이 없는 한 사람의 주거에 해당한다(대판 2009.9.10. 2009도4335). 따라서 경계를 인식할 수 있으면 족하고 담장이나 장애물의 유무를 묻지 않는다.

---

(2) 관리하는 건조물, 선박이나 항공기

① 관리하는 건조물

관리[33]하는 건조물이란 주거용 이외에 관리하는 건조물을 의미한다. 관공서·극장·사무실·창고·실내주차장 등이 이에 해당되며, 심지어 비닐하우스(대판 2007.3.15. 2006도7044), 일시적으로 설치해 놓은 선전용 부스(Booth, 칸막이한 공간이나 좌석)나 버스표·담배 등을 판매하기 위해 설치해 놓은 간이건조물도 건조물이라 할 수 있다.[34] 반면, 사람이 출입할 수 없는 견사나 토지에 정착되지 않은 천막이나 물탱크 시설은 건조물이라할 수 없다.[35]

---

31) 오형근, 「형법각론」, 서울: 박영사, 2019, p. 202.
32) 이재상·장영민·강동범, 「형법학개론」, 서울: 박영사, 2019, pp. 236~237.
33) '관리'란 사실상 사람이 관리·지배하고 있는 것을 말한다. 따라서 수위나 경비원 또는 관리인을 둔 경우는 물론 자물쇠를 잠그거나 문에 못질을 해 둔 경우는 관리에 해당하지만, 단순히 출입금지의 표지를 해 둔 것만으로는 관리라고 할 수 없다.
34) 오형근, 위의 책, p. 206.

② 관리하는 선박이나 항공기

선박이나 항공기는 그 크기를 묻지 않지만 적어도 사람의 주거에 사용할 수 있을 정도의 규모여야 한다. 따라서 놀이용 보트·1인용 경비행기 등은 본죄의 객체에 해당하나, 반면, 자동차·기차·지하철 전동차[36] 등은 본죄의 객체에 해당하지 않는다.

③ 점유하는 방실

점유하는 방실이란 점포·사무실·연구실·호텔이나 여관의 투숙 중인 방(객실)이 여기에 속한다.

「관련 판례」

★ 점유하는 방실이라 함은 건물 내에서 사실상 지배·관리하는 구획을 말하며, 점유하는 방실을 침해하는 경우에는 「방실침입죄」가 성립한다(대판 1965.1.26. 64도587).

---

3) 실행행위

본죄의 실행행위는 침입이다. '침입'이란 행위자가 주거권자의 의사에 반하여 들어가는 것을 말한다.

(1) 침입

침입은 신체적 침입을 의미하므로 돌·오물 등을 주거에 던지거나, 소리를 지르거나, 창문을 들여다 보는 행위 등은 침입이라고 할 수 없다. 침입의 방법에는 제한이 없다. 따라서 몰래 들어가든, 열린 문으로 들어가든, 장애물을 넘고 들어가든 상관없다.[37]

(2) 주거권자의 의사

주거권자의 의사에 반할 때에만 침입이 된다. 따라서 주거권자의 승낙은 반드시 명시적으로 행해질 것을 요하는 것은 아니며, 일반적 또는 묵시적 동의도 가능하다.

① 주거권자

주거권자는 주거에의 침입과 그 제재를 결정할 권리가 있는 사람을 말하며, 반드시

---

35) 물탱크 시설은 건조물이라 할 수 없다(대판 2007.12.13. 2007도7247).

36) 지하철 내에서 판매행위를 하다가 철도보안관에게 적발되어 퇴거를 요구당하였음에도 이에 불응한 경우, 이는 지하철 전동차가 아니라 지하철역 밖으로 퇴거요구에 불응한 것이라는 이유로 퇴거불응죄를 인정하는 것이다.

37) 오형근, 위의 책, p. 207; 이재상·장영민·강동범, 위의 책, p. 237.

소유자이거나 직접 점유자임을 요하지 않는다.[38) 따라서 주거권은 주거에 입주함으로써 취득하여 퇴거하면 없어지는 권리라고 할 수 있다. 다만 거주는 적법하게 개시될 것을 요한다. 예컨대, 임대인이 임차인의 의사에 반하여 임차가옥에 들어간 경우에는 주거침입죄가 성립한다.

「관련 판례」

★ 차가(借家: 남의 집을 빌려서 듦)에 대한 주거권은 임차인(빌린사람)에게 있다. 임차 기간이 종료되어 임차인이 점유할 권리가 없는 때에도 임차인이 주거를 계속 점유하고 있는 동안은 같다. 따라서 임대차 기간이 종료된 후에 임차인이 계속 점유하고 있는 건물에 대하여 소유자(임대인)가 마음대로 출입한 때에는 주거침입죄가 성립한다(대판 2008.5.8. 2007도11322). 그러나 임차인이 소유자가 폐쇄한 출입구를 뜯고 그 건물에 들어갔다고 하여도 주거침입죄는 성립하지 않는다(대판 1973.6.26. 73도460).

---

② 복수의 거주자

주거에 여러 사람이 거주하는 때에는 각자가 모두 주거권을 가진다. 판례는 수인(數人)의 거주자 중 일부의 승낙이 다른 거주자의 의사에 직·간접적으로 반하는 경우에는 주거침입죄가 성립한다고 판시하고 있다. 따라서 남편의 부재중 처와 간통을 하기 위해서 집에 들어간 경우 주거침입죄가 성립한다(대판 1984.6.26. 83도685).

4) 탐정업무와 주거침입죄의 관계

누구든지 타인의 주거·관리하는 건조물·선박·항공기 또는 점유하는 방실 등의 사적 영역에 출입하는 경우에는 반드시 주거권자(거주권자 포함)의 명시적 또는 묵시적 동의를 얻어야 한다. 만약 수인이 거주하는 경우에는 주거에 거주하는 모든 사람의 명시적 또는 묵시적 동의를 얻어야 형사처벌로부터 면책된다.

예컨대, 탐정이 도청장치를 설치할 목적으로 손님을 가장하여 음식점에 들어가거

---

38) 예컨대, 집주인 A가 외출 중이고 가정부 B가 집을 지키고 있을 때 침입에 중요한 것은 주권자인 A가 아니라 사실상 거주자인 B의 의사에 따른다. 따라서 주거의 사실상 평온설(거주자의 사실상 평온의 주거침입죄의 보호법익이라는 견해, 통설)에 의하면 주거자 또는 거주자라는 사실상의 개념을 사용해야 한다(오형근, 앞의 책, p. 208.)

나, 출입이 금지된 시간에 여객터미널의 대합실에 들어갔다면, 각각 주거침입죄가 성립된다.

3. 퇴거불응죄

주거침입죄와 퇴거불응죄는 주거의 평온을 침해하는 성격을 가진 점에서는 공통이지만, 실행행위가 다른 독립적 범죄 유형이다. 따라서 「형법」 제319조 제1항에는 주거침입죄를, 제2항에는 퇴거불응죄의 규정을 두고 있다.

> 제319조 ② 전항의 장소에서 퇴거요구를 받고 응하지 아니한 자도 전항의 형과 같다.

1) 의의

퇴거불응죄는 적법하게 들어온 사람이 주거자의 퇴거요구를 받고 이에 응하지 않는 범죄이다. 따라서 처음부터 위법하게 주거에 침입한 자에게는 주거침입죄가 성립될 뿐이다.

2) 실행행위

(1) 퇴거요구

본죄가 성립하기 위하여는 퇴거요구가 있을 것을 요하며[39] 퇴거요구는 1회로도 족하다. 그러나 반드시 명시적인 것일 필요는 없지만, 상대방이 인식할 수 있는 정도의 의사표시가 있어야 한다.

(2) 퇴거불응

본죄는 퇴거요구를 받고 즉시 응하지 않음으로써 기수가 되며, 퇴거란 신체가 주거에서 나가는 것을 의미한다. 따라서 퇴거에 불응할 정당한 사유가 없어야 하고, 정당한 사유가 있는 경우에는 본죄가 성립하지 않는다. 예컨대, 선박에서 내리라고 하거나 옷을 벗고 있는 사람에게 나가라고 하였다고 하여 본죄가 즉시 성립하는 것은 아니다.

---

[39] 직장점거를 개시한 근로자들이 직장폐쇄를 단행한 사용자의 퇴거요구를 받고 불응한 때에는 퇴거불응죄가 성립한다(대판 2005.6.6. 2004도7218).

3) 탐정업무 수행과 퇴거불응죄

탐정업무의 수행과정에서 합법적으로 주거에 들어갔다고 하더라도 정당한 퇴거요구에 불응한 경우 퇴거불응죄가 성립한다. 따라서 퇴거불응죄에 관한 정확한 이해가 요구된다.

4. 주거·신체수색죄

> 제312조(주거·신체수색) 사람의 신체·주거·관리하는 건조물·자동차·선박이나 항공기 또는 점유하는 방실을 수색한 자는 3년 이하의 징역에 처한다.

1) 의의

수색이란 사람 또는 물건을 발견하기 위하여 사람의 신체 또는 일정한 장소를 조사하는 것을 말한다. 본죄의 객체에는 주거침입죄의 객체(사람의 주거·관리하는 건조물, 선박이나 항공기, 점유하는 방실) 이외에 '사람의 신체 및 자동차'가 포함된다.

2) 실행행위

본죄의 실행행위는 수색이다. 수색은 불법해야 하므로 「형사소송법」에 의한 수사기관의 수색은 위법성이 조각되나, 주거권자의 의사에 반하여 타인의 주거에 침입하여 수색한 때에는 본죄와 주거침입죄의 경합범[40]이 된다(통설).

3) 탐정업무와 주거·신체수색죄

과도한 욕심은 화를 부르기 마련이다. 의뢰인의 요구 내용을 달성하겠다는 의욕으로 미행 중 탐정의 업무 영역을 일탈하여 타인의 주거에 무단 침입하여 수색하는 경우에는 본죄가 성립한다. 다만, 주거에 들어가지 않고 주거 밖에서 망원경을 통하여 주거를 수색하는 경우에는 본죄가 성립하지 않는다. 따라서 탐정은 어떠한 경우에도 본죄에

---

40) 실체적 경합법은 판결이 확정되지 아니한 수개의 죄 또는 판결이 확정된 죄와 그 판결이 확정되기 전에 범한 죄를 말한다. 즉 '실체적 경합'이라는 용어자체는 이미 동일인이 범한 두 개 이상의 범죄라는 뜻을 내포하고 있다. 선고하는 방법은 (1) 가중주의(사형·무기징역·무기금고는 제외)가 원칙인데, 가장 무거운 죄의 2분의 1까지 가중하고, (2) 흡수주의는 가장 중한 죄에 정한 형으로 처벌하며, (3) 병과주의는 각 죄에 정한 형이 무기징역이나 무기금고 이외의 이종(異種, 죄의 종류가 다름, 유기징역과 벌금·벌금과 과료 등)의 형(刑)인 때에는 병과한다.

해당하는 행위를 하여서는 아니 된다. 본죄는 주거침입죄의 처벌보다 훨씬 무겁다.

5. 협박과 공갈죄

1) 협박죄

(1) 의의

협박죄란 사람을 협박함으로써 성립하는 범죄로서 개인의 정신적 의사결정의 자유를 보호법익으로 한다(자유에 대한 죄). 여기서 협박이라 함은 해악을 고지하여 상대방에게 공포심을 느끼게 하는 행위를 말한다. 사람을 협박한 자는 3년 이하의 징역 또는 5,000만원 이하의 벌금에 처한다.

(2) 실행행위

협박죄의 실행행위는 협박이다. 폭행이 유형력의 행사라면 협박은 무형력의 행사, 즉 해악의 고지(告知)를 기본으로 한다. 문제는 모든 해악을 고지를 협박이라고 하면 협박의 범위가 너무 넓어지기 때문에, 대법원은 해악의 고지가 사회의 관습이나 윤리관념 등에 비추어 볼 때에 사회통념상 용인할 수 있을 정도의 것이라면 협박죄는 성립되지 않는다고 판시하고 있다(대판 1998.3.19. 98도70).

「관련 판례」

★ 「협박죄에 해당하지 않고 단순 경고에 불과한 경우」

① 돈을 갚지 않으면 사기죄로 고소하겠다고 하는 정도는 협박에 해당하지 않는다 (대판, 1984.6.26. 84도648). 즉, 실제로 고소할 의사 없이 상대방의 의무이행을 촉구하기 위해 고소하겠다고 하는 정도는 위법하다고 할 수 없다.

② 경찰서에 연행되어 혐의사실을 추궁당하며 뺨까지 맞자, 술김에 흥분하여 항의조로 "너희들의 목을 자르겠다"고 소리친 경우는 협박죄를 구성할 만한 해악의 고지로 보기 어렵다(대판 1972.8.29. 72도1565).

③ 피해자와 언쟁 중 "입을 찢어버릴라"라고 한 말은 당시의 주위 사정 등에 비추어 단순한 감정적인 욕설에 불과하고 피해자에게 해악을 가할 것을 고지한 행위라고 볼 수 없어 협박에 해당하지 않는다(대판 1986.7.22. 86도1140).

---

2) 공갈죄

(1) 의의

공갈죄는 사람을 공갈하여 재물의 교부를 받거나 재산상의 이익을 취득하거나 제3자로 하여금 재물의 교부를 받게 하거나 재산상의 이익을 취득하게 하는 범죄를 말한다. 공갈죄의 보호법익은 재산권과 자유이다. 따라서 공갈죄는 협박죄보다 그 형량이 훨씬 무겁다. 공갈죄를 범한 자는 10년 이하의 징역 또는 2천만원 이하의 벌금에 처한다.

(2) 행위

본죄의 행위는 공갈이다. 공갈이란 재물을 교부받거나 재산상의 이익을 취득하기 위하여 폭행 또는 협박으로 외포심을 일으키게 하는 것을 말한다. 여기에서의 폭행 또는 협박은 사람의 의사 내지 자유를 제한하는 정도로 족하고, 반드시 상대방의 반항을 억압할 정도에 이를 것을 요하지 않는다는 점에서 강도죄의 그것과 구별된다(대판 2001. 3.23. 2001도359).

「관련 판례」

★ 공갈죄(폭행·협박)를 인정한 판례

① 주점의 종업원에게 신체에 위해를 가할 듯한 태도를 보여 주류를 제공받은 경우 (대판 2005.9.29. 2005도4738),

② 타인의 채권회수를 의뢰받아 실행하면서 채무자에게 빚을 갚지 않으면 영업을 못하게 하겠다고 욕을 하고 멱살을 잡아 흔드는 등 폭행을 한 경우(대판 1987.10. 26. 87도1656),

③ 교통사고의 피해자가 사고 운전자의 사용자에게 과다한 금원을 요구하면서 응하지 않으면 수사기관에게 신고하겠다고 한 경우(대판 1990.3.27. 89도2036) 등은 각각 공갈죄가 성립한다.

★ 공갈죄 부정한 판례

① 손해배상을 청구하면서 고소하겠다고 하는 경우(대판 1984.6.26. 84도648),

② 가출자의 가족에 대하여 가출자의 소재를 알려주는 조건으로 보험가입을 요구한 경우(대판 1979.10.30. 79도2565),

③ 회사에게 손해배상을 요구하면서 사장 이하 간부들에게 욕설을 하거나 응접탁자

등을 들었다 놓았다 하거나 현수막을 만들어 보이며 시위를 할 듯한 태도를 보인 경우(대판 1979.10.30. 79도2565.),

④ 인접대지 위에 건축허가조건에 위반되게 건물을 신축 사용하는 소유자로부터 일조권 침해 등으로 인한 손해배상의 합의금을 받는 경우(대판 1990.8.14. 90도114). 이와 같은 경우 대법원은 그 방법의 공갈의 수단에 의하더라도 사회통념상 인용된 범위를 일탈하지 아니한 때에는 공갈죄가 성립하지 않는다고 판시하고 있다.

(3) 탐정업무와 협박·공갈죄와의 관계

탐정이 미행 중 미행당하는 상대방에게 발각되자, 미행당하는 상대방에게 해악을 고지하여 상대방이 공포심을 느꼈다면 협박죄가 성립될 수 있다. 반면, 탐정이 의뢰인이나 조사대상자의 약점을 잡고, 금품을 갈취하였다면 공갈죄가 성립한다.

제4절 민사·형사소송법

Ⅰ. 서설

민사소송과 「형사소송법」상의 증거법과 손해배상 분야는 탐정업무를 수행하는 과정에서 필히 알아두어야 할 기본적 지식이다. 현실적으로 민·형사상 소송에 관한 행위나 행정처분의 청구에 관한 대리행위 등은 변호사가 아니면 할 수 없는 법률상의 한계가 있기 때문에, 탐정은 어떠한 경우에도 변호사의 직무 영역 내의 업무를 할 수 없다. 예컨대, 탐정이 의뢰인으로부터 사건의뢰를 받아 재판 중(소송 중)인 수사사건과 관련하여 관계자들을 찾아가 진술을 녹취하고 그 녹취내용에 대한 녹취록을 작성하는 등의 사실조사와 자료수집행위를 한 것은 「변호사법」에서 금지한 "그 밖의 법률사무"에 해당한다(대판 2015.7.9. 2014도16204). 따라서 「변호사법」 위반죄로 처벌될 수 있다는 점을 명심하여야 한다. 다만, 변호사가 수임한 사건과 관련하여 해당 변호사로부터 의뢰받은 자료수집 등의 업무는 가능하다.

Ⅱ. 증거편(민·형사소송 공통)

1. 증거의 의의 및 종류

1) 증거

(1) 증거란 사실을 증명하는 자료, 즉 사실 인정의 근거가 되는 자료를 말한다. 「형사소송법」상 증거라는 용어는 보통 증거방법과 증거자료의 두 가지 의미를 포함하는 개념이다. 증거방법이란 사실 인정의 자료가 되는 물건이나 사람 자체를 말한다(예컨대, 증인·증거서류·증거물 등). 반면, 증거자료는 증거방법을 증거조사하여 알게 된 내용을 말한다(예컨대, 증인신문으로 얻은 증언내용, 증거서류 등의 낭독 등으로 알게 된 증거서류의 기재내용, 증거물조사로 알게 된 증거물의 성질·형상 등).

(2) 증명(證明)이란 사실관계가 증거에 의하여 명백하게 확인되는 과정(예컨대, 법관이 증거에 의하여 주요사실(요증사실)의 존재에 대해 확신을 얻은 상태)을 말한다. 따라서 주요사실(요증사실)은 증명이 필요한 사실, 즉 증명의 대상이 되는 사실을 말한다.

2) 증거의 종류

(1) 직접증거와 간접증거

직접증거란 주요사실(요증사실)[41]그 자체를 직접 증명하는 증거(예컨대, 피고인의 자백, 현장목격자의 증언 등)를 말한다. 반면 간접증거란 주요사실을 직접 증명하는 것은 아니지만, 어느 일정한 사실을 인정하고 그 사실로부터 주요 사실을 간접적으로 추인하는 간접증거 또는 정황증거(예컨대, 유류지문 등)를 말한다.[42]

(2) 인증·물증·서증(증거서류와 증거물인 서면)

① 인증(인적 증거)

사람의 진술내용이 증거로 되는 것을 말한다. 예컨대, 증인의 증언, 감정인의 감정 등이 이에 해당된다.

② 물증(물적 증거)

물건의 존재 또는 상태가 증거로 되는 것을 말한다. 예컨대, 범행에 사용된 흉기, 절도의 장물 등이 이에 해당된다.

---

41) 주요사실(요증사실)이란 피고사건의 유죄증명에서 핵심적인 내용을 이루는 사실(주로 범죄사실)을 말한다.
42) 이주원, 「형사소송법」, 서울: 박영사, 2020, p. 343.

③ 서증(증거서류와 증거물인 서면)

증거서류와 증거물인 서면을 합하여 서증(書証)이라고 한다. 증거서류는 서면의 내용이 증거로 되는 것을 말한다(예컨대, 피의자 신문조서, 검증조서, 의사의 진단서 등). 반면, 증거물인 서면은 서면의 내용과 동시에 서면의 존재 또는 상태가 증거로 되는 것을 말한다(예컨대, 위조죄의 위조문서, 협박죄의 협박편지, 부동산사기죄의 매매계약서 등).

(3) 진술증거·비진술증거

① 진술증거

진술증거란 사람의 진술 내용이 증거로 되는 것을 말하며, 진술증거에는 진술과 진술을 기재한 서면이 포함된다.

② 비진술증거

비진술증거란 진술을 내용으로 하지 않는 서면과 물적 증거 등을 말한다.

3) 증거능력과 증명력

(1) 증거능력

증거능력이란 증거가 엄격한 증명의 자료로 사용될 수 있는 법률상의 자격을 말한다. 증거능력은 미리 법률에 의하여 형식적으로 규정되어 있다.[43] 「형사소송법」 제307조의 '증거재판주의'는 증거능력의 문제에 관한 조항으로, 이러한 엄격한 증명의 법리를 입법화한 것이라고 볼 수 있다.[44] 따라서 증거능력이 없는 증거는 사실인정의 자료로 사용될 수 없으며, 또한 증거능력 없는 증거는 공판정에서 증거조사조차 허용되지 않는다.[45] 증거능력의 제한에는 절대적 제한과 상대적 제한이 있다. 위법수집배제법칙과 자백배제법칙은 절대적 제한이나, 전문법칙에 의한 증거능력 제한은 당사자의 동의가 있으면 증거로 쓸 수 있으므로 상대적 제한이다.[46]

(2) 증명력

증명력은 주요사실(요증사실)을 증명하는 증거의 힘, 즉 증거의 실질적 가치를 말한

---

43) 예컨대, 위법수집증거배제법칙(형사소송법 제308조의2) · 자백배제법칙(동법 제309조) · 전문법칙(동법 제310조의2) 등이 증거능력에 관한 규정이다.

44) 이은모, 「형사소송법」, 서울: 박영사, 2011, pp. 546~547.

45) 이재상 · 조균석, 「형사소송법」, 서울: 박영사, 2019, p. 538.

46) 이주원, 위의 책, p. 345.

다. 증명력은 신빙성의 정도 문제로서, 법관의 입장에서는 심증(心証)의 문제이다. 증거 능력이 미리 법률에 의해 형식적으로 결정되는 반면, 증명력은 법관의 자유심증에 맡겨져 있다. 「형사소송법」제308조의 자유심증주의는 증명력의 문제인데, 이것은 증거능력 있는 증거라 할지라도 증명력이 없거나 부족할 수가 있다는 것을 의미한다.

2. 증거재판주의(「형사소송법」 제307조)

1) 의의

사실의 인정은 증거에 의하여 해야 하는 것을 증거재판주의라 한다(「형사소송법」 제307조). 여기에서의 '사실'은 '범죄될 사실'을 의미하고, '증거'는 '증거능력이 있고 적법한 증거조사를 거친 증거'를 의미한다. 이에 따라 형사소송법에서는 증거에 관하여 엄격한 증거능력이 규정되어 있고(예컨대, 위법수집증거배제법칙·자백배제법칙 등), 또 동법 제307조 제2항에서는 "범죄사실의 인정은 합리적인 의심이 없는 정도의 증명에 이르러야 한다"고 하여 증거재판주의의 엄격성을 재차 확인하고 있다.

2) 엄격한 증명과 자유로운 증명

(1) 엄격한 증명

엄격한 증명이란 법률상 증거능력이 있고 적법한 증거조사를 거친 증거에 의한 증명을 말한다. 엄격한 증명의 대상은 공소범죄사실(공소장에 기재된 범죄사실)·처벌조건·법률상 형의 가중·감면사유인 사실 등이다.

(2) 자유로운 증명

자유로운 증명이란 엄격한 증명 이외의 증명, 즉 '증거능력이 없는 증거를 사용하거나 적법한 증거조사를 거치지 아니한 증거에 의한 증명'을 의미한다. 따라서 자유로운 증명의 경우에는 증거능력을 요하지 않을 뿐 아니라 증거조사의 방법도 법관의 재량에 맡겨져 있으므로, 반드시 공판정에서의 증거조사가 요구되는 것은 아니다. 자유로운 증명의 대상은 정상관계사실(예컨대, 피고인의 성격, 환경, 범죄 후의 정황 등 양형의 기초가 되는 사실 등)·순수한 소송법적 사실(예컨대, 친고죄에 있어서 고소의 유무, 피고인의 구속기간 등) 등은 엄격한 증명을 요하지 않고, 자유로운 증명으로 족하다.

3) 증명을 요하지 않는 사실(불요증사실)

증명의 대상인 사실의 성질에 비추어 증명이 필요없는 사실, 즉 자유로운 증명조차 필요없는 사실을 말한다. 여기에는 공지의 사실(예컨대, 역사상 명백한 사실 등과 같이 일반적으로 널리 알려진 사실 등), 추정된 사실[47] 등이 있다.

3. 자유심증주의

1) 의의

「형사소송법」 제308조는 "증거의 증명력은 법관의 자유판단에 의한다"고 규정하고 있는데, 이를 자유심증주의라고 한다. 즉, 증거의 증명력을 적극적 또는 소극적으로 법률로 규정하지 않고 법관의 자유로운 판단에 맡기는 원칙을 말한다.

2) 내용

(1) 자유판단의 대상

자유심증주의에 의하여 법관이 자유롭게 판단할 수 있는 것은 증거의 증명력이며, 이는 법관이 어떤 법칙으로 제한을 받지 않고 자신의 주관적 확신에 따라 판단하는 것을 말한다. 자유판단의 유형으로는 증인의 증언, 피고인의 진술, 감정인의 의견, 서증, 간접증거 등을 들 수 있다.

(2) 자유심증주의의 예외

① 자백의 증명력 제한

「형사소송법」 제310조는 '피고인의 자백이 그 피고인에게 불이익한 유일의 증거인 때에는 이를 유죄의 증거로 하지 못한다'고 하여 자백의 보강법칙을 규정하고 있다. 자백의 증명력 제한은 자유심증주의의 중요한 제한원리가 된다.

② 공판조서의 증명력

「형사소송법」 제56조는 '공판기일의 소송절차로서 공판조서에 기재된 것은 법관의

---

47) 추정된 사실은 1) 사실의 추정과, 2) 법률상 추정된 사실로 나누어 볼 수 있다. 사실의 추정은 일반적으로 어떤 사실로부터 다른 사실을 추론하여 인정하는 것을 말한다(예컨대, A 사실의 존재가 증명되면, 특별한 합리적 의심이 없는 경우에 경험칙에 의하여 B사실의 존재를 논리적으로 추론하여 인정하는 것을 말한다). 반면, 법률적 추정은 법률상 추정규정을 적용하여 행하는 추정을 말한다. 예컨대, A사실의 존재가 증명되면, B사실의 존재가 증명된 것으로 취급하도록 법률상 규정되어 있는 경우를 말한다.

심중 여하를 불문하고 그 기재된 대로 인정하여야 한다'고 규정하고 있어, 공판조서의 기재사항에 배타적 증명력을 인정하고 있다. 이는 자유심증주의를 제한하는 사유에 해당한다.

4. 위법수집증거배제법칙

1) 의의

적법한 절차에 따르지 아니하고 위법한 절차에 의하여 수집된 증거, 즉 위법수집증거의 증거능력을 부인하는 것을 위법수집증거배제법칙이라고 한다. 이러한 위법수집증거배제법칙은 원래 국가기관이 위법하게 수집한 증거의 증거능력을 부정하는 법칙이다.

2) 형성과정

위법수사의 관행을 억제하고 피의자의 인권을 옹호하기 위하여 등장한 이 법칙은 학설에 의하여 인정되어 왔으며, 판례는 주로 인적증거에 대해서만 인정하고 물적증거에 대해서는 일관되게 적용을 부정하고 있었다. 그러나 2007.6.1. 「형사소송법」개정으로 판례와 학설의 대립이 해소되었다.[48]

3) 적용의 범위

위법수집증거배제의 법칙에서의 위법이란 국민의 기본적 인권을 침해하거나 「헌법」과 「형사소송법」상의 절차적 효력규정(영장주의의 위반·적정절차의 위반 등)에 위반하는 등의 중대한 위법을 말하며, 단순한 절차규정 위반의 경우는 포함되지 않는다고 본다.

「관련 판례」

① 영장주의를 위반하여 수집한 증거의 증거능력

구 정보통신망 이용촉진 및 정보보호 등에 관한 법률상 음란물 유포의 범죄혐의를 이유로 압수·수색영장을 발부받은 사법경찰관리가 피고인의 주거지를 수색하는 과정에서 대마를 발견하자, 피고인을 마약류관리에 관한 법률 위반죄의 현행범으로 체포하면서 대마를 압수하였으나 그 다음날 피고인을 석방하였음에도 사후 압수·수

---

48) 형사소송법은 "적법한 절차에 따르지 아니하고 수집한 증거는 증거로 할 수 없다"라고 위법수집증거배제법칙을 명문으로 규정하고 있다(제308조의2).

색영장을 발부받지 않은 사안에서, 위 압수물과 압수조사는 형사소송법상 영장주의를 위반하여 수집한 증거이기 때문에 증거능력을 부정하였다(대판 2009.5.14. 2008도10914).

② 영장 없이 행한 채혈의 증거능력

피고인이 운전 중 교통사고를 내고 의식을 잃은 채 병원 응급실로 호송되자, 출동한 경찰관이 법원으로부터 압수·수색 또는 검증 영장을 발부 받지 아니한 채 피고인의 동서로부터 채혈동의를 받고 의사로 하여금 채혈을 하도록 한 사안에서, 원심이 적법한 절차에 따르지 아니하고 수집된 피고인의 혈액을 이용한 혈중알콜농도에 관한 국립과학수사연구소 감정서 및 이에 기초한 주취운전자적발보고서의 증거능력을 부정한 것은 정당하고, 음주운전자에 대한 채혈에 관하여 영장주의를 요구한 경우 증거가치가 없게 될 위험성이 있다거나 음주운전 중 교통사고를 야기하고 의식불명 상태에 빠져 병원에 후송된 자에 대해 수사기관이 수사의 목적으로 의료진에게 요청하여 혈액을 채취한 사정이 있다고 하더라도 이러한 증거의 증거능력을 배제하는 것이 형사사법 정의를 실현하려고 한 취지에 반하는 결과를 초래하는 예외적인 경우에 해당한다고 볼 수 없다(대판 2011.4.28. 2009도2109).

③ 수사기관이 피고인 아닌 자를 상대로 적법절차를 위반하여 수집증거의 증거능력

형사소송법 제308조의2는 "적법한 절차에 따르지 아니하고 수집한 증거는 증거로 할 수 없다."고 규정하고 있는데, 수사기관이 헌법과 형사소송법이 정한 절차에 따르지 아니하고 수집한 증거는 유죄인정의 증거로 삼을 수 없는 것이 원칙이므로, 수사기관이 피고인 아닌 자를 상대로 적법한 절차에 따르지 아니하고 수집한 증거는 원칙적으로 피고인에 대한 유죄인정의 증거로 삼을 수 없다(대판 2011.6.30. 2009도6717).

4) 사인(私人)이 증거수집과 위법수집증거배제법칙의 적용 여부

(1) 학설·판례

수사기관이 위법한 절차에 의하여 증거를 수집하였다면, 당연히 「형사소송법」상 위법수집증거배제법칙이 적용되어 유죄의 증거로 사용할 수 없다.

문제는 이러한 법칙이 사인(私人)의 증거수집행위에 대해서도 적용되는가 하는 점이다.

① 학설

㉠ 증거능력을 인정하는 견해

사인은 수사기관이 아니므로 위법수사억제라는 취지가 필요하지 않고, 사인이 수집한 증거는 증명력 단계에서 고려되면 족하다는 이유로 증거능력을 인정하는 견해이다.

㉡ 증거능력이 배제된다는 견해

사인의 증거수집행위가 기본권의 핵심적인 영역을 침해하는 경우에는 사인에 대해서도 위법수집증거배제법칙을 적용해야 한다는 견해이다. 즉, 국가의 기본권의 보호의무는 사인에 의한 침해의 경우에도 그대로 타당하며 사인이 수집한 증거도 결국 사법기관이 이용하게 되므로 증거능력을 배제해야 된다는 것이다.

㉢ 절충설(이익형량설)

기본권의 핵심영역은 불가침이므로 이를 침해하는 것은 부정하지만, 기타 영역에서는 공익과 사익을 비교 형량하여 위법수집배제법칙의 적용 여부를 결정해야 한다는 견해이다.

② 판례

판례는 절충설(이익형량설)의 입장을 취하고 있으며, 대체로 사인의 위법수집증거에 대해서는 증거능력을 인정하고 있다. 대법원은 '국민의 사생활 영역에 관계된 모든 증거의 제출이 곧바로 금지되는 것으로 볼 수는 없으므로, 법원으로서는 효과적인 형사소추 및 형사소송에서의 진실발견이라는 공익과 개인의 사생활의 보호이익을 비교형량하여 그 허용 여부를 결정해야 한다'고 판시한 바 있다.

「**관련 판례**」

① 피고인 갑·을의 간통범행을 고소한 남편 Ⓐ가 갑의 주거에 침입하여 수집한 후 수사기관에 제출한 혈흔이 묻은 휴지 등 및 침대시트를 목적물로 하여 이루어진 감정의뢰회보에 대하여, Ⓐ가 갑의 주거에 침입한 시점은 갑이 그 주거에서의 실제상 거주를 종료한 이후이고, 위 회보는 피고인들에 대한 형사소추를 위하여 반드시 필요한 증거이므로 공익의 실현을 위해서 증거로 제출하는 것이 허용되어

야 하고, 이로 말미암아 갑의 주거의 자유나 사생활의 비밀이 일정정도 침해되는 결과를 초래하더라도 이는 갑이 수인하여야할 기본권의 제한에 해당된다는 이유로 위 회보의 증거능력을 인정하였다(대판 2010.9.9. 2008도3990).

② 피해자 Ⓐ는 사기피해를 입고 경찰에 Ⓑ를 고소하였으나, 수사기관으로부터 별다른 이야기가 없자 불안해져 스스로 증거를 수집하기로 결심하고 제3자에게 대가를 지급하고 제3자로 하여금 Ⓑ가 운영하던 사무실에 침입하여 Ⓑ의 업무일지를 가져오도록 하여 경찰에 제출하였다. 이 경우 사인(私人)인 Ⓐ가 위법하게 수집한 업무일지의 증거능력이 인정되는지 여부에 대하여, 대법원은 "이 사건 업무일지 그 자체는 피고인 경영의 주식회사가 그날 그날 현장 및 사무실에서 수행한 업무 내용 등을 담당직원이 기재한 것이고, 그 뒷면은 1996.2.25.자 신축공사계약서(이하 '신축계약서'라 한다), 1998.2.25.자 신축추가 공사계약서(이하 '추가계약서'라 한다) 및 1999.11.27.자 약정서 등 이 사건 각 문서의 위조를 위해 미리 연습한 흔적이 남아 있는 것에 불과하며, 이를 피고인의 사생활영역과 관계된 자유로운 인격권의 발현물이라고 볼 수 는 없고, 사문서위조·위조사문서행사 및 소송사기로 이어지는 일련의 범행에 대하여 피고인을 형사소추하기 위해서는 이 사건 업무일지가 반드시 필요한 증거로 보이므로, 설령 그것이 제3자에 의하여 절취된 것으로서 위 소송사기 등의 피해자측이 이를 수사기관에 증거자료로 제출하기 위하여 대가를 지급하였다 하더라도, 공익의 실현을 위하여는 이 사건 업무일지를 범죄의 증거로 제출하는 것이 허용되어야 하고, 이로 말미암아 피고인의 사생활 영역을 침해하는 결과가 초래된다 하더라도 이는 피고인이 수인하여야 할 기본권의 제한에 해당된다(대판 2008.6.26. 2008도1584)"고 판시한 바 있다. 결론적으로 사인에 의해 수집된 증거는 구체적인 사안에 따라 판단이 달라질 수 있으나, 위 사안에서 업무일지는 피고인의 사생활영역을 침해나는 결과가 초래된다 하더라도 그것이 오로지 사적인 '일기'와 같은 문서가 아니고 업무에 관련된 업무일지이며, 효과적인 형사소추 및 형사소송에서의 진실발견이라는 공익이 침해되는 피고인의 사익보다 중하다고 볼 수 있으므로 증거로서 사용될 수 있다고 보았다.

(2) 탐정의 위법수집과 그 증거능력

①「민·형사소송법」상의 위법수집증거와 증거능력

재판은 민사소송이든 형사소송이든 명백한 증거에 따라 판결을 내리므로, 증거는 재판의 핵심요소이다. 다만 모두 증거재판을 원칙으로 한다고 하더라도 민사재판과 형사재판간에는 각 증거에 대한 증거능력 인정여부에는 다소 차이가 있다. 예컨대, 민사소송에서는 당사자가 자백한 사실(다툼이 없는 사실)에 대해서는 증명을 요하지 않는다 (「민사소송법」제288조). 그러나 실체적 진실주의가 적용되는 형사소송에 있어서는 자백한 사실일지라도 그 사실은 증거에 의하지 아니하면 인정할 수 없게 된다.[49]

② 요증사실에 대한 증명의 정도는 민사소송과는 달리 형사소송에서는 법관이 합리적 의심을 할 여지가 없을 정도로 확신을 갖는다는 점에서(「형사소송법」제307조 제2항),[50] 정도상 차이는 있다고 보아야 한다.

③ 민사소송과 형사소송 모두에서 위법하게 수집된 증거라도 재판에서 혐의를 벗을 수 있는 핵심적 역할을 하는 단서가 된다면, 판사는 재량에 따라 이를 배척하지 않고 충분히 증거로 인정하는 경우도 있다.[51] 그러나 이 경우에도 형사재판보다 민사재판이 위법하게 수집된 증거를 조금은 더 유연하게 받아 들인다. 다만, 탐정이 이러한 행위로 인하여「통신비밀보호법」에 위반되거나「개인비밀보호법」에 의해 형사처벌을 받는 것은 별개의 문제이다.

④ 탐정의 위법수집증거의 유형

㉠ 간통죄 폐지 전후의 동향

2015년 간통죄가 폐지되기 전에는 형사소송법상의 '무죄추정의 원칙'에 의거 배우자와 상간자가 성관계를 했다는 사실을 증명할 현장 사진·체모·정액·녹취록 등의 증거를 제출해야 했기 때문에, 간통죄의 피해자와 경찰은 그 입증에 애를 먹었다. 그러다 보니 간통 피해 당사자는 이를 해결하기 위하여 흥신소·심부름센터 등에 이를 의뢰하는 경우가 많았고, 일부에서는 성과에 집착한 나머지 간통관계가 의심되는 남녀를 추적·촬영하거나 간통하는 방실에 난입하는 등 일탈도 적지 않았다. 이러한 불법 행위는 사립탐정에 의한

---

49) 이재상·조균석, 위의 책, p. 539.

50) 이주원, 위의 책, p. 342.

51) 강지형, 위의 책, pp. 62~63.

대표적인 사생활 침해 사례로 자주 논의되어 왔고, 앞으로 본격적인 탐정(탐정업)시대가 열릴 경우 사생활 침해 문제 등이 최대 이슈(issue)로 떠오를 가능성 또한 상당히 높다고 보아야 한다.

ⓛ 배우자 부정행위의 입증책임

㉮ 민사상 부정행위의 입증책임과 위법수집 증거능력

민사상 부정행위 입증은 형사상 간통죄 입증방법에 비해 쉬운 편이다. 민사사건에서의 '부정행위'는 간통죄보다 매우 넓은 개념으로, 간통은 여러 유형의 부정행위 중 하나에 불과하다. 과거 간통죄 폐지 전에는 현행범일 경우에만 간통죄 처벌이 가능하였는데, 간통죄가 폐지됨에 따라 형사적으로 처벌은 없어졌더라도 가사소송에서는 유책배우자에 대한 위자료 청구나 손해배상청구를 요구할 수 있는 범위가 더욱 넓어졌다. 따라서 간통죄폐지 이후에는 문자내역(애정표현)·통화내역 등의 부정행위 내용 자체만으로도 이혼사유로 인정하는 폭이 상당히 넓어지고 있다. 민사소송의 경우 피해입증 책임은 전적으로 당사자에게 있기 때문에, 배우자의 부정행위를 밝히기 위하여 전문성이 있는 변호사나 탐정에게 사실관계 파악을 의뢰하는 것이 가장 손쉬운 방법이다. 그러나 부정행위와 관련하여 과거와 같은 불법·부당한 조사 행태를 보인다면 탐정이라는 직업은 시민들로부터 외면당할지 모르기 때문에, 탐정의 최대 덕목인 절제력과 도덕성이라는 점을 항상 명심하고 탐정업무를 수행하여야 할 것이다.

㉯ 이혼소송과 위법수집 증거능력

이혼소송은 국가 수사기관이 개입할 수 없는 개인간의 민사 가정소송이기 때문에 압수·수색과 같은 강제처분은 필요치 않고, 사실관계를 파악한 후 유책배우자를 가려내어 사건을 마무리한다. 민사소송의 경우에는 형사소송보다는 증거인정에 대한 융통성이 높기 때문에, 도청이나 불법녹음으로 수집한 증거(예컨대, 부부간의 부정행위 관련 정황에 대한 자료 등), 즉 적법한 절차에 따른 증거 수집이 아니더라도 사실관계를 파악할 수 있는 가치가 있다면, 판사의 재량에 따라 언제든지 소송에 필요한 자료로 사용될 수도 있다. 다만, 증거능력 인정 여부와는 달리 탐정이 불법도청이나 불법녹음 등에 의한 위법행위로 처벌받는 것은 별개의 문제이다.

㉓ 사인(私人)의 비밀녹음

사인(私人)에 의한 비밀녹음은 대화 당사자의 동의나 대화 당시 참석 여부에 따라 그 증거능력이 허용되거나 배제되는 경우가 있다. 이에 대해서는 통신비밀보호법에서 구체적으로 기술하였다.

5. 전문법칙

1) 전문증거와 전문법칙의 의의

(1) 전문증거의 의의

전문증거란 사실인정의 기초가 되는 경험사실(요증사실)을 경험한 자신이 직접 법원에 진술하지 않고, ① 경험사실을 들은 타인이 전문한 사실을 법원에서 진술한 경우(전문진술 또는 전문증언), ② 경험자 자신이 경험사실을 서면에 기재하는 경우(진술서), ③ 경험사실을 들은 타인이 서면에 기재하는 경우(진술녹취서) 등을 말한다. 예컨대. 피고인 A가 B를 살해한 혐의로 기소된 사건에서,

① 갑이 A가 B를 살해하는 현장을 목격하고, 갑이 증인으로 출석하여 "나는 A가 B를 살해하는 것을 보았다"고 증언하였다면, 이는 "본래의 증거"이다.

② 갑이 목격한 사실을 을에게 말하고, 을이 증인으로 법정에 출석하여 "나는 갑으로부터 A가 B를 살해하는 것을 보았다는 말을 전해 들었다'고 증언하면 을의 증언은 '전문증거'에 해당한다.[52]

(2) 전문법칙의 의의

전문법칙이란 전문증거는 증거가 아니며, 따라서 증거능력이 인정될 수 없다는 원칙을 말한다. 이는 당사자의 반대신문권을 보장하고 증거의 실용성을 확보함으로써, 실체적진실을 발견하기 위해 인정된 법칙이다.

2) 내용

(1) 법적근거

「형사소송법」 제310조의2는 '제311조 내지 제316조에 규정한 것[53] 이외에는 공판준

---

52) 김형중, 「수사학각론」, 서울: 형지사, 2020, p. 119.
53) 법원 및 법관의 면전조서(형소법 제311조), 피의자신문조서(형소법 제312조 제1항, 제2항 <검사 작성의 피

비 또는 공판기일에서의 진술에 대신하여 진술을 기재한 서류나 공판준비 또는 공판기일 외에서의 타인의 진술을 내용으로 하는 진술은 이를 증거로 할 수 없다'고 규정하고 있다.

(2) 적용범위

① 진술증거에 한하여 적용된다. 따라서 증거물과 같은 비진술증거에는 전문법칙의 적용이 없으며, 진술증거인 한 전문진술뿐만 아니라 진술을 기재한 서류도 전문증거이다.

② 진술증거라도 본래증거(요증사실의 구성요소를 이루는 진술)에는 적용되지 않는다.

(3) 전문법칙의 예외

전문법칙의 예외란 전문법칙이 적용되어 원칙적으로 증거능력이 없는 전문증거가 예외적으로 증거능력이 인정되는 경우를 말한다(「형사소송법」 제311조─제316조).

① 예외인정의 기준

신용성의 정황적 보장과 필요성이 있는 경우에는 예외적으로 증거능력이 인정된다.

② 현행법상의 예외

전문법칙의 예외규정은 진술을 대신하는 서면, 즉 전문서류(제311조 내지 제315조)와 전문진술에 관한 것(제316조)으로 나눌 수 있다. 따라서 법원 또는 법관의 면전조서(제311조), 수사기관 작성의 각종조서(제312조, 제313조), 당연히 증거능력이 있는 서류(제315조), 전문의 진술(제316조) 등은 법률의 요건을 갖춘 경우에 한하여 증거능력이 인정된다.

3) 탐정의 활동과 전문법칙

탐정이 의뢰인의 의뢰를 받고 사실관계를 수집하는 과정에서 전문법칙과 밀접한 관련성이 있는 것으로는 녹음테이프의 녹음, 비밀녹음에 의한 녹음, 비디오테이프에 의한 영상녹화 등을 들을 수 있다. 이하에서는 녹음테이프의 증거능력과 비디오테이프의 증거능력에 한정하여 기술하였고, 비밀녹음의 증거능력에 대하여서는 「통신비밀보호법」에서 구체적으로 설명하였다.

의자신문조서, 사법경찰관작성의 피의자신문조서>). 진술조서(형소법 제312조 제1항, 제2항 <검사, 사법경찰관작성의 진술조서>, 진술서(형소법 제313조 제1항), 감정서(형소법 제314조), 검증조서(형소법 제314조), 전문진술(형소법 제316조) 등에 대해서는 형사소송법상 전문법칙의 예외를 인정하고 있다.

(1) 녹음테이프의 증거능력

녹음테이프(디지털 녹음기로 녹음한 녹음파일도 포함)는 사람의 음성과 기타 음향을 기계적 장치를 통하여 기록하여 재생할 수 있도록 한 것이다. 녹음테이프의 증거능력은 진술녹음과 현장녹음의 경우로 나누어 볼 수 있다.

① 진술녹음의 증거능력

㉠ 수사기관이 녹음한 경우

진술녹음이란 사람의 진술이 녹음되어 있고, 그 진술내용의 진실성이 증명의 대상으로 되는 것을 말한다. 진술녹음은 진술내용에 대한 반대신문이 보장되어 있지 않으므로 전문법칙이 적용된다는 점에서는 견해가 일치하고 있다. 다만, 적용범위[54]와 적용근거가 문제되는데, 이 경우 통설·판례는 녹음주체와 원진술의 단계에 따라 제311조에서 제313조의 규정을 차별적으로 유추적용한다.[55] 대법원은 녹음테이프를 진술서(진술자가 녹음한 경우) 또는 진술기재서류(진술자의 상대방이 녹음한 경우)에 준하여 취급하고 있다. 즉, 검사가 피의자와 대화하는 내용을 녹화한 비디오테이프는 피의자신문조서에 준하여 증거능력을 가려야 한다고 판시하고 있다(대판 1992.6.23. 92도682).

㉡ 사인(私人)이 녹음한 경우

대법원은 "수사기관이 아닌 사인(私人)이 피고인 아닌 사람과의 대화내용을 대화 상대방 몰래 녹음하였다고 하더라도 일정한 조건이 갖추어졌다면 그것만으로는 그 녹음테이프가 위법하게 수집된 증거로서 증거능력이 없다고 할 수 없다"고 판시하고 있다(대판 1999.3.9. 98도3169). 여기서 판례는 녹음테이프의 증거능력을 인정하기 위해서는 (일정한 조건), 첫째, 녹음테이프가 대화내용을 녹음한 원본이거나 원본으로부터 복사한 사본(디지털녹음기로 녹음된 내용을 CD로 복사한 경우도 포함)일 경우에는 복사과정에서 편집되는 등의 인위적 개

---

54) 적용범위와 관련하여서는 '적법성'과 '요증사실과의 관계'를 따져 보아야 한다. (1)우선 녹음이 적법하여야 한다(적법성). 위법한 녹음은 위법증거수집배제법칙에 따라 증거로 사용할 수 없다. (2)중요한 점은 요증사실과의 관계 즉, 녹음된 내용의 진실성 여부이다. 첫째, 녹음매체에 녹음된 진실이 경험사실의 진술로서 그 내용의 진술성 여부가 '증명대상'인 경우에는 전문증거로서 전문법칙이 적용된다. 둘째, 경험사실의 진술이 아니거나(예컨대, 의사표시·해약고지 등 이른바 발언녹음) 또는 진술 그 자체의 존재여부가 '증명대상'인 경우(진술녹음 중 그 존재여부)에는 전문증거가 아니며 전문법칙이 적용되지 않는다(이주원, 위의 책, pp. 478~479).

55) 이재상·조윤석, 위의 책, p. 655; 신양균, 「형사소송법」, 서울: 화산미디어, 2009, p. 819.

작없이 원본의 내용을 그대로 복사된 사본임이 증명되면 증거능력을 인정할 수 있다고 하고 있다. 한편, 녹취서(녹취록)가 증거로 제출된 경우에도 마찬가지로 녹음테이프에 대한 증거능력의 인정절차를 거쳐야 증거능력을 인정할 수 있다고 판시하고 있다(대판 2005.12.23. 2005도2945; 대판 2014.8.26. 2011도6035).

ⓒ 서명·날인 불필요

녹음테이프에는 서명·날인이 따로 필요없다는 것이 통설·판례의 입장이다.

「관련 판례」

★ 녹음자의 서명 또는 날인이 없더라도 그것이 대화내용을 녹음한 원본이거나 원본의 내용을 그대로 복사한 사본임이 입증되면 증거능력이 있다(대판 2005.12.23. 2005도2045).

---

② 현장녹음의 증거능력

현장녹음이란 범행현장에서 관련자의 음성이나 소음 기타 음향을 녹음한 것을 말한다. 현장녹음의 증거능력에 관해서는 진술증거설과 비진술증거설[56]이 대립되고 있으나, 진술증거설이 다수설의 입장이다. 진술증거설은 녹음테이프도 진술증거이므로 전문법칙이 적용되며 제311조 내지 제313조에 따라 증거능력이 인정될 수 있다고 해석한다. 그리고 현장녹음에 대한 증거조사방법은 '검증'이다.

(2) 비디오테이프의 증거능력

비디오테이프란 수사기관 이외의 자(탐정도 포함된다)가 자신이나 타인의 진술을 영상녹화하여 기록해 놓은 것으로, 수사기관이 행하는 영상녹화물[57]과는 구별된다. 비디오테이프의 증거능력은 녹음테이프와 마찬가지로 '진술녹화'와 '현장녹화'처럼 나누어진다. 따라서 '사인의 진술녹화'는 진술녹음과 마찬가지로 취급되고, '현장녹화'는 현장녹음과 마찬가지로 따지면 된다. 대법원도 "사인이 피고인 아닌 사람과의 대화내용을 대

---

56) 비진술증거설은 녹음테이프는 비진술증거이므로 전문법칙이 적용되지 않으며, 따라서 관련성만 증명되면 증거능력이 인정된다는 견해이다(이주원, 앞의 책, p. 481 ; 임동규, 「형사소송법」, 서울: 법문사, 2009, p. 571; 신현주, 「형사소송법」, 서울: 박영사, 2002, p. 625.).

57) 영상녹화물이란 법원 또는 수사기관이 일정한 진술을 청취하는 과정에서 그 진술을 영상녹화하여 기록해 놓은 것을 말하며, 형사소송법상에서는 영상녹화물과 비디오테이프를 서로 표현을 달리하여 구별하고 있다.

화 상대방 몰래 녹음하였다고 하더라도 위와 같은 조건이 갖추어진 이상 그것만으로 그 녹음테이프가 위법하게 수집된 증거로서 증거능력이 없다고 할 수 없으며, 사인이 피고인 아닌 사람과의 대화내용을 상대방 몰래 비디오촬영 녹음한 경우에도 그 비디오테이프의 진술부분에 대하여도 위와 마찬가지로 취급하여야 할 것이다"라고 판시하고 있다 (대판 1999.3.9. 98도3169).

제5장 탐정학 관련 개별법

제1절 총설

I. 서설

탐정은 경찰이 아니기 때문에, 권력적 수단(명령·강제 등)을 사용할 수 없고 범죄를 수사할 권한이 없다.

그럼에도 불구하고 탐정업은 업무 성질상 기존의 법률들과 직·간접적인 충돌과 모순을 피할 수 없는 것이 현 실정이다. 따라서,「신용정보법」의 개정에 따라 '사생활 조사와 무관한 탐정업의 창업과 탐정 행위'가 가능해졌다고 하더라도「형법」등 여러 법률에 저촉이 되는 한, 강력한 제재조치가 뒤따르게 된다. 예컨대, 불륜행위(간통의 증거확보)의 의뢰가 있는 경우, 불륜행위 현장에서 증거를 수집하기 위해 이루어지는 불법도청 등은「통신비밀보호법」상에 위배되는 행위이기 때문에, 특별한 위법성 조각사유가 없는 한 그에 대한 법적 책임은 피할 수가 없다.

II. 탐정업 관련 법률

1. 탐정업 기본법

탐정업과 관련된 기본법으로는 1)「헌법」, 2)「형법」, 3)「형사소송법」, 4)「민법」, 5)「민사소송법」등을 들 수 있다.

2. 탐정업 관련 개별법

탐정업과 관련된 개별법으로는 1)「공공기관의 정보공개에 관한 법률」, 2)「개인정보 보호법」, 3)「신용정보의 이용 및 보호에 관한 법률」, 4)「통신비밀 보호법」, 5)「위치정보 보호 및 이용 등에 관한 법률」, 6)「정보통신망 이용 촉진 및 정보보호 등에 관한 법률」, 7)「부정경쟁 방지 및 영업비밀보호에 관한 법률」, 8)「유실물법」, 9)「주민등록법」, 10)「실종아동 등의 보호 및 지원에 관한 법률」[1] 등이 있다.

3. 탐정업과 유사직역과의 관계 법률

탐정업의 업무범위나 영업활동은 변호사업(「변호사법」)·법무사업(「법무사법」) 등 기존의 여러 직역(職役)에서 담당하는 업무와 중복되는 부분이 상존하고 있기 때문에, 상호업무간 충돌할 가능성을 배제할 수 없다. 따라서 탐정업과 유사직역간의 관계 법령을 충분히 숙지하고 이해해 둘 필요가 있다.

제2절 **정보공개 제도**(「정보공개법」)

I. 개설

민간차원의 자료 수집 활동은 비권력적(임의적·자의적) 사실행위[2]이기 때문에, 탐정이 조사대상자를 호출하거나 직접 찾아가 질문하는 행위는 허용되지 않는다. 따라서 탐정(탐정)은 오로지 스스로의 관찰력과 탐문으로 사실관계 자료를 수집하여 의뢰자에게 제공하는 간접조사 기능을 수행함이 원칙이다.

탐정은 그 취급하는 업무가 광범위하기 때문에, 의뢰인을 대신하여 공공기관 등이 가지고 있는 관련 서류들을 열람하거나 정보공개 청구권을 통하여 정보를 취득할 수 있다. 따라서 탐정은 문서열람권 행사나 정보공개 청구권을 행사하여 합법적으로 자료를

---

1) 이에 대해서는 실종자 탐지기법에서 구체적으로 후술하였다.
2) 사실행위라 함은 일정한 법률효과의 발생을 목적으로 하는 것이 아니라, 직접적으로 사실상의 효과의 발생만을 목적으로 하는 일체의 행위를 말한다. 사실행위는 여러 가지로 분류할 수 있으나, 그 중 가장 중요한 분류가 권력적 사실행위와 비권력적 사실행위로 구분하는 것이다. '권력적 사실행위'는 행정기관의 일방적 의사결정에 의하여 국민의 신체·재산 등에 실력을 가하는 사실행위를 말한다(예컨대, 전염병환자의 강제격리·압류 등 행정상 강제집행). 반면 '비권력적 사실행위'는 공권력적 행사를 요소로 하지 않는 사실행위를 말한다. 즉, 처분성(국민의 권리·의무에 직접적으로 구체적인 효과를 가하는 행위)이 없는 서비스 지향적인 지도나 봉사 형태로 이루어지기 때문에, 구체적인 법적 근거를 요하지 않는다. 예컨대, 행정상 행정지도(권고나 알선)·경찰의 순찰·수난구호·유실물 관리·교통교육 등을 들 수 있고, 여기에는 민간탐정의 탐문·관찰·정보수집 등도 해당된다(김형중, 「perfect 행정법」, 서울: 박영사, 2017, pp. 342~343).

수집하는 방법 등을 습득하는 것이 무엇보다 필요하다. 그러나 이 경우는 민간차원의 자료수집활동(사적영역)이기 때문에, 의뢰인·자료수집대상·조사내용 등 일체를 비공개로 하여야 하며 고도의 보안성이 요구된다.

1. 행정정보 공개의 의의

　행정정보공개라 함은 국가 등 공공기관이 보유하고 있는 정보(일부 비공개로 하여야 할 정보는 제외)를 국민의 청구에 의하여 열람·복사·제공하도록 하는 제도를 말한다. 「공공기관의 정보공개에 관한 법률」에서는 국민의 알 권리를 보장하고, 또한 모든 국민은 정보의 공개를 청구할 권리를 가진다고 천명하고 있다. 이러한 권리의 내용에는 자신의 권익보호와 직접 관련이 있는 정보의 공개를 청구할 수 있는 '개별적 정보공개 청구권'도 포함된다.

「관련 판례」

★ 공공기관은 국가기관에 한정된 것이 아니라 지방자치단체·정부투자기관·그 밖에 공동체 전체의 이익에 중요한 역할이나 기능을 수행하는 기관도 포함된다(대판 2006.8.24. 2004두2783).

---

2. 행정정보공개의 법적 근거

1)「헌법」적 근거

　알권리의 근거규정에 관하여는 여러 견해가 있으나, 헌법재판소는 알 권리의 「헌법」상 근거를 「헌법」 제21조의 표현의 자유에서 찾고 있다. 여기에서 '알 권리'라 함은 일반적으로 접근할 수 있는 정보원으로부터 방해받지 않고, 보고·듣고·읽을 수 있는 소극적 측면으로서의 권리와, 그리고 정보의 공개를 청구할 수 있는 적극적 측면으로서의 권리를 모두 포함한다. 대법원과 헌법재판소는 정보공개청구권을 「헌법」상의 권리라고 판시하고 있다(대판 1999.9.21. 98두3426; 헌재 1989.9.4. 88헌마22).

2) 법률상 근거

　정보공개에 관한 일반법으로 「공공기관의 정보공개에 관한 법률(약칭, 정보공개법)」이 있고, 그 밖에 「교육관련 기관의 정보공개에 관한 특례법」 등이 있다.

II. 「공공기관의 정보공개에 관한 법률」의 주요 내용

1. 정보의 개념

정보는 공공기관이 직무상 작성 또는 취득하여 관리하고 있는 문서(전자문서를 포함)·도면·사진·필름·테이프·슬라이드 및 그밖에 이에 준하는 매체 등에 기록된 사항이다.

2. 정보공개청구권자

1) 정보공개의 청구권자는 '모든 국민'이다. 따라서 청구인은 청구인 본인 또는 그 대리인을 통하여 공공기관에 정보 공개를 청구할 권리를 가지고 있다.

2) 모든 국민은 자연인은 물론 법인과 권리능력이 없는 사단·재단도 포함되며, 법인과 단체의 경우는 대표자의 명의로 공공기관에 정보공개를 청구할 수 있다.

3) 현재 외국인은 ① 국내에 일정한 주소를 두고 거주하는 자, ② 학술연구를 위하여 일시적으로 체류하는 자, ③ 국내에 사무소를 두고 있는 법인 또는 단체에 한정하고 있다.

4) 정보공개청구는 이해관계가 없는 공익을 위한 경우에도 인정된다. 따라서 이해관계가 없는 시민단체도 정보의 공개를 청구할 수 있는 당사자 능력이 있으므로, 정보공개 거부처분의 취소를 구할 법률상의 이익이 있다(대판 2003. 12.12. 2003두8050).

「관련 판례」

★ 정보공개를 청구할 수 있는 국민에는 자연인은 물론 법인·권리능력이 없는 사단이나 재단도 포함되고, 법인·권리능력 없는 사단이나 재단 등의 경우에는 설립목적을 불문한다(대판 2003.12.12. 2003두8050)

---

3. 정보공개대상

1) 정보공개의 원칙

정보공개의 대상이 되는 정보는 '공공기관이 보유·관리하는 정보'이다. 공개 청구의 대상이 되는 문서는 반드시 원본일 필요는 없다(대판 2006.5.25. 2006두3049).

2) 정보공개 의무자(공공기관)

(1) 공공기관

공공기관이라 함은 ① 국가기관(국회·법원·헌법재판소·중앙선거관리위원회·대통령소속기관과 국무총리소속기관을 포함한 중앙행정기관 및 그 소속기관), ② 지방자치단체, ③ 정부투자기관, ④ 그 밖에 대통령령으로 정하는 기관을 말한다. 그 밖에 대통령령으로 정하는 기관으로는 다음과 같은 것 등을 들 수 있다(동법 시행령 제2조).

㉠ 「유아교육법」, 「초·중등교육법」, 「고등교육법」에 따른 각급 학교 또는 그 밖의 다른 법률에 따라 설치된 학교. 여기에서 말하는 각급 학교에는 국·공립 초등학교 및 사립초등학교, 국·공립 중·고등학교 및 사립 중·고등학교, 국·공립 대학 및 사립대학교 등이 포함된다. 따라서 사립학교(초·중고·대학교)도 공공기관의 정보공개에 관한 법령상 공공기관에 해당한다.

㉡ 지방공기업법에 따른 지방공사 및 지방공단

㉢ 지방자치단체의 조례로 정하는 기관

㉣ 특별법에 의하여 설립된 특수법인

㉤ 지방자치단체로부터 보조금을 받는 사회복지법인과 사회복지사업을 하는 비영리법인

(2) 관련 판례

① 공공기관은 국가기관에 한정된 것이 아니라 지방자치단체·정부투자기관·그 밖에 공동체 전체의 이익에 중요한 역할이나 기능을 수행하는 기관도 포함된다(대판 2006.8.24. 2004두2783).

② 사립대학교가 국비의 지원을 받는 범위 내에서만 공공기관의 성격을 가진다고 볼 수 없다(대판 2006.8.24. 2004두2783).

따라서 사립대학교는 공공기관의 정보공개에 관한 법령상 공공기관에 해당하며, 사립대학교에 정보를 청구하였다가 거부되면 사립대학교 총장을 피고로 하여 행정소송을 제기할 수 있다.

③ 한국방송공사(KBS)는 특별법(방송법)에 의거하여 설립된 특수법인으로서 정보공개의무가 있는 공공기관의 정보공개에 관한 법률 제2조 제3호의 '공공기관'에 해당한다(대판 2010.12.23. 2008두13101).

3) 행정정보의 공표 등(제7조)

탐정업무 수행시 아래와 같은 사항에 대해서는 별도의 정보공개청구를 하지 않아도 정기적으로 필요한 정보를 수집할 수 있다.

공공기관은 다음에 해당하는 정보에 관하여는 공개의 구체적 범위·공개의 주기·시기 및 방법 등을 미리 정하여 공표하고, 이에 따라 정기적으로 공개하여야 한다.

① 국민생활에 매우 큰 영향을 미치는 정책에 관한 정보

② 국가의 시책으로 시행하는 공사 등 대규모의 예산이 투입되는 사업에 관한 정보

③ 예산집행의 내용과 사업평가결과 등 행정감시를 위하여 필요한 정보

④ 그 밖에 공공기관의 장이 정하는 정보

4) 공개대상 정보의 원문공개(제8조의2)

전자적 형태로 보유·관리하는 정보 중 공개대상으로 분류된 정보는 정보공개청구가 없더라도 정보공개시스템 등을 통하여 공개하여야 한다.

4. 비공개 대상정보(제9조)

비공개정보는 비밀정보를 의미하는 것이 아니기 때문에 자동적으로 공개가 거부될 수 있는 것은 아니다. 따라서 탐정사는 정보공개법상에 열거된 비공개대상 정보의 내역을 숙지하여 정보공개 청구시 이를 활용하는 것이 업무수행에 도움이 될 것이다.

1) 비공개 대상정보라 함은 공공기관이 공개를 거부할 수 있는 정보를 말한다. 비밀정보는 공개가 금지되는 정보이지만, 비공개대상정보는 행정기관이 공개하지 않을 수 있는 정보를 말한다. 비공개정보로는 공공기관 등의 재량행위이므로, 비공개정보를 공개정보로 할 수 있다.

2) 비공개 대상 정보

공공기관이 보유·관리하는 정보는 공개대상이 되지만, 아래의 정보등은 비공개 대상 정보로 규정하고 있다.

(1) 다른 법률 또는 법률에 의한 명령에 의하여 비밀로 또는 비공개사항으로 규정된 정보

(2) 공개될 경우, 국가안전보장·국방·통일·외교관계 등 국가의 중대한 이익을 현저

히 해할 우려가 있다고 인정되는 정보

(3) 공개될 경우, 국민의 생명·신체 및 재산의 보호에 현저한 지장을 초래할 우려가 있다고 인정되는 정보

(4) 진행중인 재판에 관련된 정보와 범죄의 예방·수사·공소의 제기 및 유지·형의 집행·교정·보안처분에 관한 사항으로서 공개될 경우, 그 직무수행을 현저히 곤란하게 하거나 형사 피고인의 공정한 재판을 받을 권리를 침해한다고 인정할 만한 상당한 이유가 있는 정보

「관련 판례」

★ '진행 중인 재판에 관련된 정보'에 해당한다는 사유로 정보공개를 거부하기 위하여는 반드시 그 정보가 진행중인 재판의 소송기록 그 자체에 포함된 내용의 정보일 필요는 없으나, 재판에 관련된 일체의 정보가 그에 해당하는 것은 아니고 진행 중인 재판의 심리 또는 재판결과에 구체적으로 영향을 미칠 위험이 있는 정보에 한정된다고 봄이 상당하다(대판 2011.11.24. 2009두19021).

---

(5) 당해 정보에 포함되어 있는 이름·주민등록번호 등 개인에 관한 사항으로서 공개될 경우, 개인의 사생활의 비밀 또는 자유를 침해할 우려가 있다고 인정되는 정보, 다만, 다음에 열거한 개인에 관한 정보는 제외한다.

① 법령에서 정하는 바에 따라 열람할 수 있는 정보

② 공공기관이 공표를 목적으로 작성하거나 취득한 정보로서, 개인의 사생활의 비밀 또는 자유를 부당하게 침해하지 아니하는 정보

③ 공공기관이 작성하거나 취득한 정보로서, 공개하는 것이 공익이나 개인의 권리구제를 위하여 필요하다고 인정되는 정보

④ 직무를 수행한 공무원의 성명·직위

⑤ 공개하는 것이 공익을 위하여 필요한 경우로서, 법령에 따라 국가 또는 지방자치단체가 업무의 일부를 위탁 또는 위촉한 개인의 성명·직업 등은 비공개정보에 해당하지 않는다.

「관련 판례」

① 공무원이 직무와 관련없이 개인적인 자격으로 간담회·연찬회 등 행사에 참석하고 금품을 수령한 정보는 구 공공기관의 정보공개에 관한 법률 제7조 제1항 제6호 단서 다목 소정의 '공개하는 것이 공익을 위하여 필요하다고 인정되는 정보'에 해당하지 않는다(대판 2003.12.12. 2003두8050).

② 불기소처분기록 중 피의자신문조서 등에 기재된 피의자 등의 인적 사항 이외의 진술내용 역시 개인의 사생활의 비밀 또는 자유를 침해할 우려가 인정되는 경우 정보공개법 제9조 제1항 제6호 본문 소정의 비공개대상에 해당한다(대판 2012.6. 18. 2011두2361).

---

(6) 법인·단체 또는 개인의 영업상 비밀에 관한 사항으로 공개될 경우, 법인 등의 정당한 이익을 현저히 해할 우려가 있다고 인정되는 정보, 다만 아래에 열거한 정보(①, ②)는 비공개대상정보에 해당하지 않는다.

① 사업활동에 의하여 발생하는 위해로부터 사람의 생명·신체 또는 건강을 보호하기 위하여 공개할 필요가 있는 정보

② 위법·부당한 사업활동으로부터 국민의 재산 또는 생활을 보호하기 위하여 공개할 필요가 있는 정보

「관련 판례」

① 법인 등이 거래하는 금융기관의 계좌번호에 관한 정보는 법인 등의 영업상 비밀에 관한 사항으로서 공개될 경우 법인 등의 정당한 이익을 현저히 해할 우려가 있다고 인정되는 정보에 해당한다(대판 2004.8.20. 2003두8302). 따라서 비공개대상 정보이다.

② 한국방송공사(KBS)의 '수시집행 접대성 경비의 건별 집행서류 일체'는 공공기관의 정보공개에관한법률제9조제1항제7호의 비공개대상정보에 해당하지 않는다(대판 2008.10.23. 2007두1798). 따라서 공개대상 정보이다.

---

(7) 공개될 경우 부동산투기·매점매석 등으로 특정인에게 이익 또는 불이익을 줄 우려가 있다고 인정되는 정보에 해당하면, 공공기관은 이를 공개하지 아니할 수 있다.

3) 비공개정보의 한계

비공개정보라고 하여 영원히 비공개정보로 존속하거나 당연히 공개되지 않아야 하는 것은 아니다.

(1) 공공기관은 비공개대상 정보의 어느 하나에 해당하는 정보가 기간의 경과 등으로 인하여 비공개의 필요성이 없어진 경우에는 그 정보를 공개대상으로 하여야 한다.

(2) 비공개정보에 해당한다고 하여 자동적으로 공개가 거부될 수 있는 것은 아니다. 따라서 해당 정보의 공개로 달성될 수 있는 공익 및 사익과 비공개로 하여야 할 공익 및 사익을 이익형량하여 공개여부를 결정하여야 한다(대판 2009.12.10. 2009두12785).

5. 정보공개의 절차

정보공개의 절차는 정보공개청구서 제출 → 정보공개여부의 결정 → 정보공개여부 결정의 통지 → 청구인의 직무 → 불복구제절차 순으로 진행된다.

1) 정보공개청구서의 제출

청구인은 (1) 청구인의 이름·주민등록번호·주소 및 연락처(전자우편주소·전화번호 등), (2) 공개를 청구하는 정보의 내용 및 공개방법을 기재한 정보공개청구서를 당해 정보를 보유하거나 관리하는 공공기관에 정보의 공개를 청구할 수 있다. 정보공개청구서 양식은 다음과 같다.

■ 정보공개 청구서

접수번호		접수일		처리기간

청구인	성명(법인·단체명 및 대표자 성명)		주민등록(여권·외국인등록)번호
	주소(소재지)		사업자(법인·단체)등록번호
	☎번호	팩스번호	전자우편주소

청구 내용	

공개 방법	[ ]열람·시청 [ ]사본·출력물 [ ]전자파일 [ ]복제·인화물 [ ]기타( )
수령 방법	[ ]직접 방문 [ ]우편 [ ]팩스 전송 [ ]정보통신망 [ ]기타( )

수수료	[ ]감면 대상임 [ ]감면 대상 아님
	감면 사유
	※ 「공공기관의 정보공개에 관한 법률 시행령」 제17조제3항에 따라 수수료 감면 대상에 해당하는 경우에만 적으며, 감면 사유를 증명할 수 있는 서류를 첨부하시기 바랍니다.

「공공기관의 정보공개에 관한 법률」 제10조제1항 및 같은 법 시행령 제6조제1항에 따라 위와 같이 정보의 공개를 청구합니다.

년   월   일

청구인   (서명 또는 인)

(접수 기관의 장) 귀하

- -

접 수 증

접수번호	청구인 성명
접수부서	접수자 성명
	(서명 또는 인)

귀하의 청구서는 위와 같이 접수되었습니다.

년   월   일

접 수 기 관 장 |직인|

유 의 사 항

1. 공개 청구된 공개 대상 정보의 전부 또는 일부가 제3자와 관련이 있다고 인정되는 경우에는 「공공기관의 정보공개에 관한 법률」 제11조제3항에 따라 청구사실이 제3자에게 통지됩니다.
2. 정보 공개를 청구한 날로부터 20일이 경과하도록 정보공개 결정이 없는 경우에는 「공공기관의 정보공개에 관한 법률」 제18조부터 제20조까지의 규정에 따라 해당 공공기관에 이의신청을 하거나, 행정심판(서면 또는 온라인 : www.simpan.go.kr) 또는 행정소송을 제기할 수 있습니다.

210mm×297mm[백상지 80g/㎡(재활용품)]

2) 정보공개 여부의 결정

(1) 정보공개 결정기간

① 정보공개청구방법에 따라 정보공개의 청구가 있는 때에는 청구를 받은 날부터 10일 이내에 공개 여부를 결정하여야 한다. 다만, 부득이한 사유로 10일 내에 공개 여부를 결정할 수 없는 때에는 그 기간의 만료일 다음날부터 기산하여 10일의 범위 내에서 공개 여부 결정기간을 연장할 수 있다. 따라서 총 20일의 범위 내에서 정보공개 여부를 결정하여야 한다.

② 공공기관은 공개청구된 공개대상정보의 전부 또는 일부가 제3자와 관련이 있다고 인정할 때에는 그 사실을 제3자에게 지체없이 통지하여야 하며, 필요한 경우에는 그의 의견을 들을 수 있다. 이 경우 제3자는 비공개요청을 할 수 있으며, 이러한 요청에도 불구하고 공개하는 경우에는 불복절차에 따라 불복하면 된다.

(2) 정보공개심의회

국가기관·지방자치단체 및 공기업은 정보공개 여부 등을 심의하기 위하여 정보공개심의회를 설치·운영한다. 심의회는 위원장 1명을 포함한 5명 이상 7명 이하의 위원으로 구성한다. 심의회 위원장은 위원중에서 국가기관 등의 장이 지명하거나 위촉한다.

「관련 판례」

① 정보공개를 청구하는 자가 공공기관에 대해 정보의 사본 또는 출력물의 교부의 방법으로 공개방법을 선택하여 정보공개청구를 한 경우, 공개청구를 받은 공공기관은 그 공개방법을 선택할 재량권이 없다(대판 2003.12.12. 2003두8050).

② 공개청구의 대상이 되는 정보가 이미 다른 사람에게 공개되어 널리 알려져 있다거나 인터넷 등을 통하여 공개되어 인터넷검색 등을 통하여 쉽게 알 수 있는 경우에도 소의 이익이 없다거나 그 비공개결정이 정당화될 수 없다(대판 2010.12.23. 2008두13101).

---

3) 정보공개 여부 결정의 통지

(1) 정보공개 결정시

① 공공기관은 정보의 공개를 결정한 때에는 공개일시·공개장소 등을 명시하여 청구인에게 통지하여야 한다.

② 정보공개를 결정한 경우에는 청구인에게 통지한 공개일시·공개장소에서 원본으로 공개함이 원칙이다. 다만, 청구인 본인 또는 그 대리인을 확인할 필요가 없는 경우에는 청구인의 요청에 의하여 우편으로 송부할 수 있다.

③ 정보를 공개하는 경우 청구인 본인 또는 그 대리인임을 아래와 같이 확인하여야 한다(동법 시행령 제15조).

　㉠ 청구인 본인에게 공개시에는 청구인의 신원을 확인할 수 있는 주민등록증이나 그 밖에 신원을 확인할 수 있는 신분증명서

　㉡ 청구인의 법정대리인에게 공개하는 경우 법정대리인임을 증명할 수 있는 서류와 대리인의 주민등록증이나 그 밖에 그 신원을 확인할 수 있는 신분증명서

　㉢ 청구인의 임의대리인에게 공개하는 경우 행정안전부령으로 정하는 위임장과 청구인 및 수임인의 주민등록증이나 그 밖에 신원을 확인할 수 있는 신분증명서. 이 경우 탐정사는 청구인의 의뢰에 의하여 임의대리인으로써의 임무를 수행할 수도 있다. 정보공개위임장 서식은 아래와 같다(뒷면 양식 참조).

④ 부분 공개시

공개 청구한 정보가 비공개정보에 해당하는 부분과 공개가능한 부분이 혼합되어 있는 경우, 공개청구의 취지에 어긋나지 아니하는 범위에서 두 부분을 분리할 수 있는 경우에는 비공개 대상정보에 해당하는 부분을 제외하고 공개하여야 한다.

┌───┐
「관련 판례」

① 교도관의 가혹행위를 이유로 형사고소 및 민사소송을 제기하면서 그 증명자료 확보를 위해 '근무보고서'와 '징벌위원회 회의록' 등의 정보공개를 요청하였으나 교도소장이 이를 거부한 사안에서, 근무보고서는 비공개대상정보에 해당한다고 볼 수 없고, 징벌위원회 회의록 중 비공개 심사·의결 부분은 비공개사유에 해당하지만 징벌절차 진행 부분은 비공개 사유에 해당하지 않는다고 보아 분리공개가 허용된다(대판 2009.12.10. 2009두12785).

② 정보의 부분 공개가 허용되는 경우란 그 정보의 공개방법 및 절차에 비추어 당해 정보에서 비공개대상정보에 관련된 기술 등을 제외 혹은 삭제하고 나머지 정보만을 공개하는 것이 가능하고 나머지 부분의 정보만으로도 공개의 가치가 있는 경우를 의미한다(대판 2009.12.10. 2009두12785).
└───┘

■ 공공기관의 정보공개에 관한 법률 시행규칙 [별지 제8호서식] <개정 2014.5.28>

정보공개 위임장

청구인 (위임인)	성명(법인·단체명 및 대표자 성명)	주민등록번호(사업자등록번호 등)
	주소(소재지)	
수임인	성명	주민등록번호 등
	주소	
	위임인과의 관계	
정보 내용		

「공공기관의 정보공개에 관한 법률 시행령」제15조제2항제3호에 따라 위와 같이 정보공개를 위임합니다.

년   월   일

위임인   (서명 또는 인)

210mm×297mm[백상지 80g/㎡(재활용품)]

4) 청구인의 직무

(1) 이 법의 규정에 의하여 취득한 정보는 청구한 목적에 따라 적정하게 사용하여야 한다.

(2) 정보공개장소에 올 때에는 정보(공개·부분공개·비공개) 결정 통지서와 위의 해당 증명서를 지참하여야 한다.

5) 불복구제절차

청구인은 비공개결정에 대하여 이의신청 또는 행정심판을 청구할 수 있고, 직접 행정소송을 제기할 수 있다. 즉, 청구인은 (1) 이의신청 → 행정심판 → 행정소송 순으로, (2) 이의신청을 하지 않고 행정심판 → 행정소송, (3) 이의신청과 행정심판을 거치지 않고 직접 행정소송을 제기할 수 있다.

(1) 이의신청

① 이의신청 사유

이의신청은 임의절차이며 행정심판이 아니다. 청구인은 ㉠ 공공기관의 비공개 또는 부분공개의 결정에 불복이 있거나, ㉡ 정보공개 청구 후 20일이 경과하도록 정보공개 결정이 없는 때에는 이의신청을 할 수 있다. 이의신청기간은 ㉠ 공공기관으로부터 정보 공개여부의 결정통지를 받은 날, ㉡ 정보공개 청구 후 20일이 경과한 날부터 30일 이내에 공공기관에 문서로 이의신청을 할 수 있다. 정보공개결정 등 이의신청 서식은 다음과 같다.

■ 공공기관의 정보공개에 관한 법률 시행규칙 [별지 제9호서식] <개정 2014.5.28> 정보공개시스템(www.open.go.kr)
에서도 신청할 수 있습니다.

정보공개 결정 등 이의신청서

접수번호		접수일	처리기간:	

이의신청인	성명(법인·단체명 및 대표자 성명)	주민등록번호(사업자등록번호 등)
	주소(소재지)	전화번호(팩스번호)
		전자우편주소

공개 또는 비공개 내용	

이의신청 사유 ※[ ]에는 해당되는 곳 에 √표를 합니다.	**정보공개 결정에 대하여 불복이 있는 때**
	정보(공개[ ] 부분 공개[ ] 비공개[ ]) 결정 통지서를 년 월 일에 받았음. ※ 공개 결정에 대한 이의신청은 제3자의 경우에만 해당됩니다.
	정보공개 청구 후 20일이 경과하도록 정보공개 결정이 없는 때
	[ ] 년 월 일에 정보 공개를 청구했으나, 정보 공개 여 부의 결정 통지서를 받지 못했음.

이의신청의 취 지 및 이유	

「공공기관의 정보공개에 관한 법률」 제18조제1항 또는 제21조제2항과 같은 법 시행령 제18조제1항에
따라 위와 같이 이의신청서를 제출합니다.

년   월   일

이의신청인   (서명 또는 인)

(접수기관)   귀하

처 리 절 차

신청서 작성	→	접 수	→	검 토	→	정보공개심의 회 심의	→	결 재	→	결과 통보

신청인   처 리 기 관: 각 접수기관 (정보공개 업무 담당 부서)

210mm×297mm[백상지 80g/㎡(재활용품)]

② 이의신청에 대한 통지

㉠ 공공기관은 이의신청을 받은 날부터 7일 이내에 그 이의신청에 대하여 결정하고 그 결과를 청구인에게 지체 없이 문서로 통지하여야 한다.

㉡ 다만, 부득이한 사유로 정하여진 기간 이내에 결정할 수 없을 때에는 그 기간이 끝나는 날의 다음 날부터 기산하여 7일 이내의 범위에서 연장할 수 있으며, 연장사유를 청구인에게 통지하여야 한다. 따라서 총 14일 범위내에 청구인에게 통지하여야 한다.

㉢ 공공기관은 이의신청을 각하 또는 기각하는 결정을 한 경우에는 청구인에게 행정심판 또는 행정소송을 제기할 수 있다는 사실을 결과 통지와 함께 알려야 한다.

(2) 행정심판

① 청구인은 ㉠ 정보공개와 관련한 공공기관의 비공개 또는 부분공개의 결정에 불복이 있거나, ㉡ 정보공개 청구 후 20일이 경과하도록 정보공개 결정이 없는 때에는 「행정심판법」이 정하는 바에 따라 행정심판을 청구할 수 있다.

② 청구인은 이의신청절차를 거치지 아니하고 행정심판을 청구할 수 있다.

③ 정보공개와 관련한 공공기관의 결정에 대하여 불복하는 경우에는 처분이 있음을 안 날부터 90일 이내에 행정심판을 제기할 수 있다.

(3) 행정소송

① 행정소송의 제기

㉠ 청구인은 ㉮ 정보공개와 관련한 공공기관의 비공개 또는 부분공개의 결정에 대하여 불복이 있거나, ㉯ 정보공개 청구 후 20일이 경과하도록 정보공개결정이 없는 때에는 「행정소송법」이 정하는 바에 따라 행정소송을 제기할 수 있다.

㉡ 정보공개청구권자의 정보공개신청에 대한 거부는 행정소송의 대상이 되는 거부처분이다.

㉢ 정보공개와 관련한 공공기관의 결정에 대하여 불복하는 경우에는 처분이 있음을 안 날부터 90일 이내에 행정소송을 제기할 수 있다.

② 일부취소판결

공개를 거부한 정보에 비공개대상정보에 해당하는 부분과 공개가 가능한 부분이 혼합되어 있고, 공개청구의 취지에 어긋나지 아니하는 범위 안에서 두 부분을 분리할 수 있을 때에는 청구취지의 변경이 없더라도 공개가 가능한 부분만의 일부취소를 명할 수 있다.

Ⅲ. 탐정업과 「정보공개법」의 관계

정보공개는 「헌법」상 기본권인 '알권리'에 근거한 것으로 「헌법」 제21조의 언론의 자유(표현의 자유)에 당연히 포함되어지는 것으로 이해되어지고 있다. 따라서 탐정업을 수행하는 과정에서 공공기관의 정보가 필요한 경우에는 정보공개를 통하여 합법적으로 자료를 수집하는 것도 방법 중의 하나이다.

제3절 개인정보보호제도(「개인정보보호법」)

Ⅰ. 개념

1. 개인정보보호제도의 의의

개인정보보호제도라 함은 개인에 관한 정보가 부당하게 수집·유통·이용되는 것을 막아 사생활의 비밀 등을 보호하려는 제도를 말한다.

2. 개인정보자기결정권

개인정보자기결정권이란 자신에 관한 정보가 언제, 누구에게, 어느 범위까지 알려지고 또 이용되도록 할 것인지를 그 정보주체가 스스로 결정할 수 있는 권리를 말한다. 이러한 권리를 정보상 자기결정권·자기정보결정권·자기정보통제권이라고 한다(헌재 2005.5.26. 99헌마513, 2004헌마190병합 전원재판부).

「관련 판례」

① 주민등록법상 지문날인제도는 정보주체가 현실적으로 입게 되는 불이익에 비하여 경찰청장이 보관·전산화하고 있는 지문정보를 범죄수사활동·대형사건사고나 변사자가 발생한 경우의 신원확인·타인의 인적사항 도용방지 등 각종 신원확인

> 의 목적을 위하여 이용함으로써 달성할 수 있게 되는 공익이 더 크다고 보아야
> 할 것이므로, 이 사건 지문날인제도가 과잉금지원칙에 위배하여 청구인들의 개인
> 정보자기결정권을 침해하였다고 볼 수 없다(헌재결, 2005.5.26. 99헌마513, 2004헌마
> 190 병합 전원재판부).
>
> ② 서울특별시 교육감 등이 졸업생의 생명·생년월일 및 졸업일자 정보를 교육정보
> 시스템(NEIS)에 보유하는 행위는 법률유보원칙에 위배되지 않으며, 위 행위는 그
> 정보주체의 개인정보자기결정권을 침해하지 않는다(헌재결 2005.7.21. 2003헌마282).

Ⅱ. 법적근거

1. 「헌법」적 근거

개인정보보호제도의 주된 「헌법」적 근거는 제17조의 프라이버시(Privacy) 보호조항
이다. 「헌법」 제17조는 "모든 국민은 사생활의 비밀과 자유를 침해받지 아니한다"라고
규정하여 사생활의 비밀과 자유를 보장하고 있다.

2. 법률의 근거

1) 「개인정보보호법」은 개인정보의 보호에 관한 기본법 및 일반법의 성질을 갖는다.

2) 이외에도 「정보통신망 이용촉진 및 정보보호 등에 관한 법률」·「신용정보의 이용
및 보호에 관한 법률」·「금융실명거래 및 비밀보장에 관한 법률」등이 있다.

Ⅲ. 「개인정보보호법」

1. 용어의 정리[3]

이법에서 사용하는 용어의 뜻은 다음과 같다.

1) "개인정보"란 살아 있는 개인에 관한 정보로서 성명·주민등록번호 및 영상 등을
통하여 개인을 알아볼 수 있는 정보(해당 정보만으로는 특정 개인을 알아볼 수 없더라도 다른
정보와 쉽게 결합하여 알아볼 수 있는 것을 포함한다)를 말한다. 따라서 ① 공공기관·법인·단

---

3) 개인정보보호법 제2조(정의).

체 및 개인이 처리하는 정보, ② 직접 또는 제3자를 통한 간접처리정보, ③ 전자적 처리 정보뿐만 아니라 수기(手記)처리정보 등이 모두 이에 해당된다.

개인정보의 유형

인적사항 정보	• 성명, 주민등록번호, 운전면허증번호, 여권번호, 주소, 본적지, 전화번호, 생년월일, 출생지, 이메일주소, 가족관계 및 가족구성원 정보 등
신체적 정보	• 신체정보 : 얼굴, 지문, 홍채, 음성, 유전자 정보, 키, 몸무게 등 • 의료 및 건강정보 : 건강상태, 진료기록, 신체장애, 장애등급, 병력 등
정신적 정보	• 성향정보 : 도서 비디오 등 대여기록, 잡지구독정보, 물품구매내역, 웹사이트 검색내역 등 • 내면의 비밀 등 : 사상, 신조, 종교, 가치관, 정당, 노조가입여부 및 활동내역 등
재산적 정보	• 개인금융정보 : 소득, 신용카드번호, 통장계좌번호, 동산부동산보유내역, 저축내역 등 • 신용정보 : 개인신용평가정보, 대출 또는 담보설정내역, 신용카드사용내역 등
사회적 정보	• 교육정보 : 학력, 성적, 출석상황, 자격증 보유내역, 상벌기록, 생활기록부 등 • 법적정보 : 전과, 범죄기록, 재판기록, 과태료 납부내역 등 • 근로정보 : 직장, 고용주, 근무처, 근로경력, 상벌기록, 직무평가기록 등 • 병역정보 : 병역여부, 군별, 군번, 계급, 근무부대 등
기타	• 전화통화내역, IP주소, 웹사이트 접속내역, 이메일 또는 전화메시지, 기타 GPS 등에 의한 개인 위치정보

2) '정보주체'란 처리되는 정보에 의하여 알아볼 수 있는 사람으로서, 그 정보의 주체가 되는 사람을 말한다.

3) '개인정보처리자'란 업무를 목적으로 개인정보파일을 운용하기 위하여 스스로 또는 다른 사람을 통하여 개인정보를 처리하는 공공기관·법인·단체 및 개인 등을 말한다.

4) '공공기관'이란 ① 국회·법원·헌법재판소·중앙선거관리위원회의 행정사무를 처리하는 기관, 중앙행정기관(대통령 소속기관과 국무총리 소속기관을 포함) 및 그 소속기관, 그리고 지방자치단체, ② 그 밖의 국가기관 및 공공단체 중 대통령령으로 정하는 기관을 말한다.

> **※ 그 밖의 국가기관 및 공공단체 중 대통령령으로 정하는 기관**(동법시행령 제2조)
> ① 「국가인권위원회법」 제3조에 따른 국가인권위원회
> ② 「공공기관의 운영에 관한 법률」 제4조에 따른 공공기관
> ③ 「지방공기업법」에 따른 지방공사와 지방공단
> ④ 특별법에 따라 설립된 특수법인

5) '영상정보처리기기'란 일정한 공간에 지속적으로 설치되어 사람 또는 사물의 영상 등을 촬영하거나 이를 유·무선망을 통하여 전송하는 장치로서, 대통령령으로 정하는 장치를 말한다(CCTV등의 폐쇄회로 텔레비전[4]·네트워크 카메라).[5]

Ⅳ. 「개인정보보호법」의 내용

1. 서설

탐정업자는 개인정보처리자로서 법률이 허용하는 범위내에서 의뢰인이 제공하는 정보주체의 개인정보를 기초로 인적 및 물적소재 파악과 관련된 조사, 의뢰인의 피해사실에 대한 조사, 그리고 변호사가 수임한 사건과 관련하여 해당 변호사로부터 의뢰받은 자료의 수집을 위하여 개인정보처리를 할 수 있다.[6] 「개인정보보호법」에 의한 개인정보처리절차를 체계화시키면 다음과 같다.

「개인정보보호법」상의 개인정보 처리절차의 체계도[7]

---

4) 폐쇄회로 텔레비전(CCTV)은 (1) 일정한 공간에 지속적으로 설치된 카메라를 통하여 영상 등을 촬영하거나 촬영한 영상정보를 유무선 폐쇄회로 등의 전송로를 통하여 특정장소에 전송하는 장치, (2) 촬영되거나 전송된 영상정보를 녹화·기록할 수 있도록 하는 장치를 말한다.
5) 네트워크 카메라는 일정한 공간에 지속적으로 설치된 기기로 촬영한 영상정보를 그 기기를 설치·관리하는 자가 유무선 인터넷을 통하여 어느 곳에서나 수집·저장 등의 처리를 할 수 있도록 하는 장치를 말한다.
6) 신관우, "민간조사의 개인정보보호에 관한 연구", 한국민간경비학회보 제12권 제3호(2013), p. 85.
7) 신관우, 앞의 논문 <표 5> 개인정보처리절차의 체계도 인용.

2. 개인정보의 처리절차

1) 개인정보를 수집·이용할 수 있는 경우(동법 제15조)

(1) 개인정보처리자는

① 정보주체의 동의를 받은 경우

② 법률의 특별한 규정, 법령상 의무준수를 위해 불가피한 경우

③ 공공기관이 법령에서 정한 소관업무 수행을 위해 불가피한 경우

④ 정보주체와의 계약 체결·이행을 위해 불가피한 경우

⑤ 정보주체 또는 그 법정 대리인이 의사표시를 할 수 없는 상태에 있거나 주소 불명 등으로 사전 동의를 받을 수 없는 경우로서 명백히 정보주체 또는 제3자의 급박한 생명·신체·재산의 이익을 위하여 필요하다고 인정되는 경우

⑥ 개인정보처리자의 정당한 이익 달성을 위해 필요한 경우 등에는 개인정보를 수집할 수 있으며, 그 수집 목적의 범위에서 개인정보를 이용할 수 있다.

(2) 개인정보처리자는 위의 각 호에 따른 동의를 받을 때에는

① 개인정보의 수집·이용 목적, ② 수집하려는 개인정보의 항목, ③ 개인정보의 보유 및 이용 기간, ④ 동의를 거부할 권리가 있다는 사실 및 동의 거부에 따른 불이익이 있는 경우에는 그 불이익의 내용 등을 정보주체에게 알려야 한다.

(3) 개인정보 이용 동의서의 서식

개인정보 이용 동의서의 서식은 현재까지 통일화 되거나 보편화되어 있지는 않고, 각각의 개인정보처리자의 재량에 의해 작성되어 사용되고 있다. 다음의 개인정보 이용 동의서 서식은 탐정업무 수행시 활용할 수 있는 일종의 모델을 하나의 예시로 제시한 것이다.

개인정보 이용 동의서

※ [ ]에는 해당되는 곳에 ∨표시를 합니다.

인적사항 (동의자)	성명		생년월일	
	주소			

정보이용 관련사항	개인정보를 제공받는 기관	000탐정사무소
	수집 · 이용 목적	의뢰 사실확인 및 이에 부수되는 개인정보 활용
	보유 및 이용기간	제출일로부터 ~수임종료시까지(최대1년)
	수집정보 항목	성명, 주민번호, 주소(이력포함), 휴대전화번호(집전화포함),자동차,원 동기이력, 학력, 경력, 결혼유무, 가족관계, 금융자료(필요시), 컴퓨터통 신 · 인터넷로그자료(필요시)
	정보주체의 권리 · 의무	–개인정보 열람 · 오류정정 · 삭제 · 처리정지요구 –정보주체의 사생활침해를 받지 않을 권리
	개인정보수집 이용 · 동의	개인정보 · 이용에 대한 동의를 거부할 권리가 있습니다(동법제16조) 개인정보수집 · 이용에 동의하십니까? [ ] 예, [ ] 아니오
개인정보 제3자 제공안내		「개인정보법」제17조 1항에 따라 개인정보를 제3자에게 제공하겠습 니다. 　　동의하십니까? 　　[ ] 예, [ ] 아니오
민감정보 처리	민감정보수집	「개인정보법」제23조에 따라 다른 개인정보의 처리에 대한 동의와 별도로 동의를 받아 민감정보를 처리하고자 합니다(동법제23조) 동 의하십니까? [ ] 예, [ ] 아니오 –보유기간 : 1년
고유식별 정보처리	고유식별 정보의 수집	「개인정보법」제24조에 따른 다른 개인정보의 처리에 대한 동의와 별도로 동의를 받아 고유식별정보를 처리하고자 합니다(동법제24조) 동의하십니까? [ ] 예, [ ] 아니오 –보유기간 : 1년
개인정보의 파기		의뢰건의 종결로 수임이 종료되었거나,보유기간경과 · 활용목적이 달성되었을 경우 지체없이 해당 정보 파기(파기사실 통보)

▶ 「개인정보법」제15조(개인정보수집 · 이용) · 제17조 개인정보의 제3자제공 · 제23조(민감정보의 처리) · 제24조(고유식별정보의 처리)에 의거하여 본인은 위와 같이 개인정보수집 및 활용에 동의합니다.

년　　　　월　　　　일

의뢰인(신청인)　　　　　　　　　　　　　　(서명 또는 인)

▶ 개인정보이용 및 동의에 대하여 상기 내용을 의뢰자에게 충분히 설명하였음을 확인합니다.

탐정사　　　　　　　　　　　(서명 또는 인)

000탐정 사무소장 귀하

2) 개인정보의 수집 제한(동법 제16조)

(1) 개인정보처리자는 개인정보를 수집하는 경우에는 그 목적에 필요한 최소한의 개인정보를 수집하여야 한다. 이 경우 최소한의 개인정보 수집이라는 입증책임은 개인정보처리자가 부담한다.

(2) 개인정보처리자는 정보주체의 동의를 받아 개인정보를 수집하는 경우 필요한 최소한의 정보 외의 개인정보 수집에는 동의하지 아니할 수 있다는 사실을 구체적으로 알리고 개인정보를 수집하여야 한다.

(3) 개인정보처리자는 정보주체가 필요한 최소한의 정보 외의 개인정보 수집에 동의하지 아니한다는 이유로 정보주체에게 재화 또는 서비스의 제공을 거부하여서는 아니 된다.

3) 개인정보의 제공(동법 제17조)

개인정보처리자는 아래와 같은 경우에 정보주체의 개인정보를 제3자에게 제공(공유를 포함한다)할 수 있다.

(1) 정보주체의 동의를 받은 경우

(2) 개인정보를 수집한 목적 범위에서 개인정보를 제공하는 경우(동법 제15조 제1항 제2호·제3호·제5호)

① 법률의 특별한 규정, 법령상 의무 준수를 위해 불가피한 경우

② 공공기관이 법령 등에서 정하는 소관업무의 수행을 위하여 불가피한 경우

③ 정보주체 등이 의사표시를 할 수 없는 상태에 있거나 주소불명 등으로 사전 동의를 받을 수 없는 경우로서 명백히 정보주체 또는 제3자의 급박한 생명·신체·재산의 이익을 위하여 필요하다고 인정되는 경우에는 정보주체의 개인정보를 제3자에게 제공(공유를 포함)할 수 있다.

(3) 개인정보를 국외의 제3자에게 제공하는 경우

개인정보처리자가 개인정보를 국외의 제3자에게 제공할 때에는 일정사항을 정보주체에게 알리고 동의를 받아야 하며, 이 법을 위반하는 내용으로 개인정보의 국외 이전에 관한 계약을 체결하여서는 아니 된다.

4) 개인정보의 이용·제공 제한(목적외의 이용·제한; 동법 제18조 제2항)

개인정보처리자는 개인정보를 수집목적에 따른 범위를 초과하여 이용하거나 제3자

에게 제공하는 범위를 초과하여 제3자에게 제공하여서는 아니된다. 다만, 다음의 어느 하나에 해당하는 경우에는 정보주체 또는 제3자의 이익을 부당하게 침해할 우려가 있을 때를 제외하고는 개인정보를 목적 외의 용도로 이용하거나 이를 제3자에게 제공할 수 있다.

① 정보주체로부터 별도의 동의를 받은 경우

② 다른 법률에 특별한 규정이 있는 경우

③ 정보주체 또는 그 법정대리인이 의사표시를 할 수 없는 상태에 있거나 주소불명 등으로 사전 동의를 받을 수 없는 경우로서 명백히 정보주체 또는 제3자의 급박한 생명·신체·재산의 이익을 위하여 필요하다고 인정되는 경우

④ 통계작성 및 학술연구 등의 목적을 위하여 필요한 경우로서 특정 개인을 알아볼 수 없는 형태로 개인정보를 제공하는 경우 등

⑤ 제5호부터 제9호까지의 경우는 공공기관에만 적용되는 사안이기 때문에, 여기서는 생략하였다.

5) 개인정보를 제공받은 자의 이용·제공 제한(제19조)

개인정보처리자로부터 개인정보를 제공받은 자는 2가지의 경우, 즉

(1) 정보주체로부터 별도의 동의를 받은 경우,

(2) 다른 법률에 특별한 규정이 있는 경우에만 개인정보를 제공 받은 목적외의 용도로 이용하거나 이를 제3자에게 제공할 수 있다.

6) 동의를 받는 방법(동법 제22조)

개인정보 이용동의서를 받는 방법은 탐정업을 영위하거나 탐정업무를 수행하는 탐정사에게 필수적인 사항이므로 반드시 숙지해 둘 필요가 있다.

(1) 개인정보처리자는 이 법에 따른 개인정보의 처리에 대하여 정보주체(제6항에 따른 법정대리인을 포함한다)의 동의를 받을 때에는 각각의 동의 사항을 구분하여 정보주체가 이를 명확하게 인지할 수 있도록 알리고 각각 동의를 받아야 한다.

(2) 개인정보처리자는 개인정보의 처리에 대하여 정보주체의 동의를 받을 때에는 정보주체와의 계약체결 등을 위하여 정보주체의 동의 없이 처리할 수 있는 개인정보와 정보주체의 동의가 필요한 개인정보를 구분하여야 한다. 이 경우 동의 없이 처리할 수 있는 개인정보라는 입증책임은 개인정보처리자가 부담한다.

(3) 개인정보처리자는 정보주체에게 재화나 서비스를 홍보하거나 판매를 권유하기 위하여 개인정보의 처리에 대한 동의를 받으려는 때에는 정보주체가 이를 명확하게 인지할 수 있도록 알리고 동의를 받아야 한다. 이를 위반하여 동의를 받은 자에게는 1천만원 이하의 과태료를 부과한다.

(4) 개인정보처리자는 정보주체가 선택적으로 동의를 할 수 있는 사항을 동의하지 아니하거나, 동의를 하지 아니한다는 이유로 정보주체에게 재화 또는 서비스의 제공을 거부하여서는 아니된다. 이를 위반하여 재화 또는 서비스의 제공을 거부한 자에게는 3천만원 이하의 과태료를 부과한다.

(5) 개인정보처리자는 만 14세 미만 아동의 개인정보를 처리하기 위하여 이 법에 따른 동의를 받아야 할 때에는 그 법정대리인의 동의를 받아야 한다. 이 경우 법정대리인의 동의를 받기 위하여 필요한 최소한의 정보는 법정대리인의 동의 없이 해당 아동으로부터 직접 수집할 수 있다.[8] 법정대리인의 동의를 받지 아니한 자는 5천만원 이하의 과태료를 부과한다.

7) 민감정보의 처리 제한(동법 제23조)

(1) 민감정보의 의의

사상 및 신념·노동조합·정당의 가입 및 탈퇴·정치적 견해·건강·성생활 등에 관한 정보, 그 밖에 정보주체의 사생활을 현저히 침해할 우려가 있는 개인정보로서 대통령령으로 정하는 정보를 말한다. 여기서 대통령령으로 정하는 정보란 ① 유전자검사 등의 결과로 얻어진 정보, ② 범죄경력자료에 해당하는 정보(「형의 실효등에 관한 법률」제2조 제5호), ③ 개인의 신체적·생리적·행동적 특징에 관한 정보로서 특정개인을 알아볼 목적으로 일정한 기술적 수단을 통해서 생성한 정보, ④ 인종이나 민족 등에 관한 정보 등을 말한다.

(2) 민감정보의 처리

① 원칙적 금지

개인정보처리자가 사상 및 신념·노동조합·정당의 가입 및 탈퇴·정치적 견해·건강·성생활 등에 관한 정보, 그 밖에 정보주체의 사생활을 현저히 침해할 우려가 있는

---

8) 개인정보처리자는 만14세 미만 아동의 법정대리인의 동의를 받기 위하여 해당 아동으로부터 직접 법정대리인의 성명·연락처에 관한 정보를 수집할 수 있다.

개인정보로서 대통령령으로 정하는 정보(민감정보)를 처리하여서는 아니 된다.

   ② 예외적 허용

      ⊙ 개인정보처리자가 정보주체로부터 개인정보를 수집하거나, 개인정보를 제3 자에게 제공하는 경우에는 ㉮ 개인정보의 수집·이용 목적, ㉯ 수집하려는 개인정보의 항목, ㉰ 개인정보의 보유 및 이용기간, ㉱ 동의를 거부할 권리 가 있다는 사실 및 동의 거부에 따른 불이익이 있는 경우에는 그 불이익의 내용을 알리고, 다른 개인정보의 처리에 대한 동의와 별도로 동의를 받은 경 우에는 민감정보를 처리할 수 있다.

      ⊙ 개인정보처리자는 법령에서 민감정보의 처리를 요구하거나 허용하는 경우에 는 민감정보를 처리할 수 있다. 이 경우에는 정보주체에게 동의를 받을 필요 가 없다.

   ③ 벌칙

민감정보의 처리제한 규정을 위반하여 민감정보를 처리한 자는 5년 이하의 징역 또는 5천만원 이하의 벌금에 처한다.

8) 고유식별정보의 처리(동법 제24조)

(1) 고유식별 정보

① 의의

고유식별정보는 법령에 따라 개인을 고유하게 구별하기 위하여 부여된 식별정보로 서 대통령령으로 정하는 정보를 말한다. 여기서 '대통령령으로 정하는 정보'란 ⊙「주민 등록법」에 따른 주민등록번호, ⊙「여권법」에 따른 여권번호, ⊙「도로교통법」에 따른 운전면허의 면허번호, ㉣「출입국관리법」에 따른 외국인등록번호 등이 있다.

   ② 고유식별정보의 처리

      ⊙ 원칙적 금지

         개인정보처리자는 원칙적으로 고유식별정보를 처리할 수 없다.

      ⊙ 예외적 허용

         ㉮ 정보 주체에게 알리고 다른 개인정보의 처리에 대한 동의와 별도로 동의 를 받은 경우

         ㉯ 법령에서 구체적으로 고유식별정보의 처리를 요구하거나 허용하는 경우

에 한하여 처리가 가능하다. 고유식별정보의 처리제한 규정을 위반하여 고유식별정보를 처리한 자는 5년 이하의 징역 또는 5천만원 이하의 벌금에 처한다.

ⓒ 안전성 확보 조치

㉮ 개인정보처리자가 고유식별정보를 처리하는 경우에는 그 고유식별정보가 분실·도난·유출·위조·변조 또는 훼손되지 아니하도록 대통령령으로 정하는 바에 따라 암호화 등 안전성 확보에 필요한 조치를 하여야 한다.

㉯ 안전성 확보에 필요한 조치를 하지 아니한 자에게는 3천만원 이하의 과태료를 부과한다.

(2) 주민등록번호 처리의 제한(동법 제24조의2)

개인정보처리자는 다음의 어느 하나에 해당하는 경우를 제외하고는 주민등록번호를 처리할 수 없다.

---

① 법률·대통령령·국회규칙·대법원규칙·헌법재판소규칙·중앙선거관리위원회규칙 및 감사원규칙에서 구체적으로 주민등록번호의 처리를 요구하거나 허용한 경우
② 정보주체 또는 제3자의 급박한 생명·신체·재산의 이익을 위하여 명백히 필요하다고 인정되는 경우
③ ① 및 ②에 준하여 주민등록번호 처리가 불가피한 경우로서 행정안전부령으로 정하는 경우

---

9) 영상정보처리기기(CCTV)의 설치·운영 제한(동법 제25조)

(1) 영상정보처리기기 설치·운영 허용 사유

누구든지 다음의 경우를 제외하고는 공개된 장소에 영상정보처리기기를 설치·운영하여서는 아니 된다.

① 법령에서 구체적으로 허용하고 있는 경우
② 범죄의 예방 및 수사를 위하여 필요한 경우
③ 시설안전 및 화재예방을 위하여 필요한 경우
④ 교통단속을 위하여 필요한 경우
⑤ 교통정보의 수집·분석 및 제공을 위하여 필요한 경우

(2) 설치·운영 금지 장소

누구든지 불특정 다수가 이용하는 목욕실·화장실·발한실·탈의실 등 개인의 사생활을 현저히 침해할 우려가 있는 장소의 내부를 볼 수 있도록 영상정보처리기기를 설치·운영하여서는 아니 된다. 다만, 교도소·정신보건 시설 등 법령에 근거하여 사람을 구금하거나 보호하는 시설로서 대통령령으로 정하는 시설에 대하여는 그러하지 아니하다.

(3) 영상정보처리기기의 설치목적 이외의 다른 목적 사용금지

영상정보처리기기운영자는 영상정보처리기기의 설치목적과 다른 목적으로 영상정보처리기기를 임의로 조작하거나 다른 곳을 비춰서는 아니되며, 녹음기능은 사용할 수 없다. 이를 위반한 자는 3년 이하의 징역 또는 3천만원 이하의 벌금에 처한다.

(4) 안전성 확보 조치

영상정보처리기기운영자는 개인정보가 분실·도난·유출·위조·변조 또는 훼손되지 아니하도록 안전성 확보에 필요한 조치를 하여야 한다.

3. 개인정보의 안전관리조치

1) 안전조치의무(동법 제29조)

개인정보처리자는 개인정보가 분실·도난·유출·위조·변조 또는 훼손되지 아니하도록 내부 관리계획 수립, 접속기록 보관 등 대통령령으로 정하는 바에 따라 안전성 확보에 필요한 기술적·관리적·물리적 조치를 하여야 한다.

「안전성 확보 조치」

개인정보처리자는 대통령령으로 정하는 바에 따라 안전성 확보에 필요한 ① 기술적, ② 관리적, ③ 물리적 조치를 하여야 한다.

① 기술적 조치

개인정보에 대한 접근 통제 및 접근 권한의 제한 조치[9]·암호화[10]·방화벽·백신 등 보안프로그램의 설치 및 갱신

---

9) 개인정보처리자는 (1) 개인정보처리시스템에 대한 접근권한을 업무수행에 필요한 최소한의 범위로 업무 담당자에 따라 차등 부여하여야 하고, (2) 개인정보처리자는 권한부여·변경 또는 말소에 대한 내역을 기록하고, 그 기록을 최소 3년간 보관하여야 한다.

10) 암호화하여야 하는 개인정보는 고유식별정보, 비밀번호 및 바이오정보를 말한다.

② **관리적 조치**

　개인정보의 안전한 처리를 위한 내부 관리계획의 수립·시행

③ **물리적 보호조치**

　개인정보의 안전한 보관을 위한 보관시설의 마련 또는 잠금장치의 설치 등

2) 개인정보 보호책임자의 지정(제31조)

　(1) 개인정보처리자는 개인정보의 처리에 관한 업무를 총괄해서 책임질 개인정보 보호책임자를 지정하여야 한다. 개인정보 보호책임자를 지정하지 아니한 자에게는 1천만원 이하의 과태료를 부과한다.

　(2) **개인정보 보호책임자의 지정요건**[11]

　① 공공기관인 경우 중앙부처는 3급이상 공무원(고위공무원 포함), 시·도는 국장급(3급 이상 공무원 또는 그에 상당하는 공무원)

　② 공공기관 외의 개인정보처리자의 경우

　공공기관 외의 개인정보처리자는 사업주 또는 대표자, 개인정보처리업무를 담당하는 부서의 장 또는 개인정보 보호에 관한 소양이 있는 사람 중에서 지정하여야 한다.

3) 개인정보 유출 통지[12]

　(1) 개인정보처리자는 개인정보가 유출되었음을 알게 되었을 때에는 지체없이(5일 이내) 해당 정보주체에게 유출사실을 알려야 한다.

　(2) 개인정보처리자는 대통령령으로 정한 규모 이상(1만 명 이상 개인정보)의 개인정보가 유출된 경우에는 지체없이 행정안전부장관 또는 대통령령으로 정한 전문기관(한국정보화진흥원·한국인터넷진흥원)에 신고하여야 한다.

4) 개인정보 파기조치[13]

　(1) 개인정보처리자는 보유기간의 경과·개인정보의 처리 목적 달성 등 그 개인정보가 불필요하게 되었을 때에는 지체없이(5일 이내) 그 개인정보를 파기하여야 한다.

---

11) 개인정보보호법 시행령 제32조(개인정보보호책임자의 업무 및 지정요건 등)
12) 개인정보보호법 제34조(개인정보유출통지 등) 및 시행령 제39조(개인정보 유출통지의 방법 및 절차)
13) 개인정보보호법 제21조(개인정보의 파기)

(2) 개인정보처리자가 개인정보를 파기할 때에는 복구 또는 재생되지 아니하도록 조치하여야 한다.

① 전자적 파일 형태는 복구가 불가능하도록 포맷이나 삭제전용 소프트웨어를 사용하여 파기(영구삭제)하여야 한다.

② 기록물·인쇄물·서면 등은 파쇄 또는 소각시켜야 한다.

4. 정보주체의 권리보장

1) 정보주체의 권리

정보주체는 자신의 개인정보 처리와 관련하여 다음의 권리를 가진다.

(1) 개인정보의 열람(동법 제35조)

① 정보주체는 개인정보처리자가 처리하는 자신의 개인정보에 대한 열람을 해당 개인정보처리자에게 요구할 수 있다.

② 정보주체가 자신의 개인정보에 대한 열람을 공공기관에 요구하고자 할 때에는 공공기관에 직접 열람을 요구하거나 대통령령으로 정하는 바에 따라 행정안전부장관을 통하여 열람을 요구할 수 있다.

③ 개인정보처리자는 열람을 요구받았을 때에는 10일 내에 정보주체가 해당 개인정보를 열람할 수 있도록 하여야 한다. 이 경우 해당기간 내에 열람할 수 없는 정당한 사유가 있을 때에는 정보주체에게 그 사유를 알리고 열람을 연기할 수 있으며, 그 사유가 소멸하면 지체 없이 열람하게 하여야 한다. 이를 위반하여 열람을 제한하거나 거절한 자에게는 3천만원 이하의 과태료를 부과한다.

④ 개인정보처리자는 다음의 어느 하나에 해당하는 경우에는 정보주체에게 그 사유를 알리고 열람을 제한하거나 거절할 수 있다.

　　㉠ 법률에 따라 열람이 금지되거나 제한되는 경우
　　㉡ 다른 사람의 생명·신체를 해할 우려가 있거나 다른 사람의 재산과 그 밖의 이익을 부당하게 침해할 우려가 있는 경우
　　㉢ 공공기관이 업무를 수행할 때 중대한 지장을 초래하는 경우

⑤ 개인정보 열람 요구서

개인정보 열람요구서 서식은 다음과 같다.

■ 행정안전부 개인정보보호지침 [별지 제11호 서식]

개인정보 열람 요구서

※ 아래 작성방법을 읽고 굵은 선 안쪽의 사항만 적어 주시기 바랍니다. (앞 쪽)

접수번호	접수일		처리기간 10일 이내

정보주체	성 명		전 화 번 호
	생년월일		
	주 소		

대리인	성 명	전 화 번 호
	생년월일	정보주체와의 관계
	주 소	

요구내용	[ ] 개인정보의 항목 및 내용
	[ ] 개인정보 수집·이용의 목적
	[ ] 개인정보 보유 및 이용 기간
	[ ] 개인정보의 제3자 제공 현황
	[ ] 개인정보 처리에 동의한 사실 및 내용

「개인정보 보호법 」제35조제2항과 같은 법 시행령 제41조제3항에 따라 위와 같이 요구합니다.

년   월   일

요구인   (서명 또는 인)

행정안전부장관 귀하

작 성 방 법

1. '대리인' 란은 대리인이 요구인일 때에만 적습니다.

2. '요구내용' 란은 열람하려는 사항을 선택하여 [√] 표시를 합니다. 표시를 하지 않은 경우에는 해당 항목의

   열람을 요구하지 않은 것으로 처리됩니다.

210mm×297mm[백상지(80g/㎡) 또는 중질지(80g/㎡)]

(2) 개인정보의 정정·삭제(동법 제36조)

① 자신의 개인정보를 열람한 정보주체는 개인정보처리자에게 그 개인정보의 정정 또는 삭제를 요구할 수 있다. 다만, 다른 법령에서 그 개인정보가 수집 대상으로 명시되어 있는 경우에는 그 삭제를 요청할 수 없다.

② 개인정보처리자가 개인정보를 삭제할 때에는 복구 또는 재생되지 아니하도록 조치하여야 한다.

③ 개인정보처리자는 개인정보 정정·삭제 요구서를 받은 날부터 10일 이내에 정정·삭제 등 필요한 조치를 한 후 그 결과를, 정보주체의 요구가 삭제·요구할 수 없는 경우에 해당될 때에는 지체 없이 그 내용을 정보주체에게 알려야 한다.

④ 벌칙

    ㉠ 정정·삭제 등 필요한 조치를 하지 아니하고 개인 정보를 계속 이용하거나 이를 제3자에게 제공한 자는 2년 이하의 징역 또는 1천만원 이하의 벌금에 처한다.

    ㉡ 정정·삭제 등 필요한 조치를 하지 아니한 자에게는 3천만원 이하의 과태료를 부과한다.

(3) 개인정보의 처리정지 등(동법 제37조)

① 정보주체는 개인정보처리자에 대하여 자신의 개인정보 처리의 정지를 요구할 수 있다.

② 공공기관에 대하여는 등록 대상이 되는 개인정보파일 중 자신의 개인정보에 대한 처리의 정지를 요구할 수 있다.

(4) 권리행사의 방법 및 절차(동법 제38조)

① 정보주체는 열람·정정 및 삭제·처리정지 등의 요구(열람 등 요구)를 대통령령으로 정하는 방법·절차에 따라 대리인에게 하게 할 수 있다. 정보주체를 대리할 수 있는 자는 정보주체의 법정대리인 또는 정보주체로부터 위임을 받은 자로 한다. 대리인이 정보주체를 대리할 때에는 행정안전부령으로 정하는 정보주체의 위임장을 제출하여야 한다.

② 만 14세 미만 아동의 법정대리인은 개인정보처리자에게 그 아동의 개인정보열람 등 요구를 할 수 있다.

③ 개인정보처리자는 열람 등을 요구하는 자에게 대통령령으로 정하는 바에 따라 수수료와 우송료(사본의 우송을 청구하는 경우)를 청구할 수 있다. 수수료와 우송료의 금액은 열람 등 요구에 필요한 실비의 범위에서 해당 개인정보처리자가 정하는 바에 따른다.

④ 개인정보처리자는 정보주체가 열람 등 요구를 할 수 있는 구체적인 방법과 절차를 마련하고, 이를 정보주체가 알 수 있도록 하여야 한다.

⑤ 개인정보처리자는 정보주체가 열람 등 요구에 대한 거절 등 조치에 대하여 불복이 있는 경우 이의를 제기할 수 있도록 필요한 절차를 마련하고 안내하여야 한다.

(5) 손해배상 청구 및 책임(동법 제39조)

① 개인정보처리자가 「개인정보법」을 위반하여 정보주체에게 손해를 입힌 경우, 정보주체는 개인정보처리자에게 손해배상을 청구할 수 있다. 이 경우 그 개인정보처리자는 고의 또는 과실이 없음을 입증하지 아니하면 책임을 면할 수 없다(제39조 제1항). 따라서 개인정보처리자가 고의·과실이 없음에 대한 입증책임을 진다.

② 개인정보처리자가 이 법에 따른 의무를 준수하고 상당한 주의와 감독을 게을리하지 아니한 경우에는 개인정보의 분실·도난·유출·변조 또는 훼손으로 인한 손해배상 책임을 감경받을 수 있다.

③ 징벌적 손해배상[14](동법 제39조 제3항)

개인정보처리자의 고의 또는 중대한 과실로 인하여 개인정보가 분실·도난·유출·위조·변조 또는 훼손된 경우로서 정보주체에게 손해가 발생한 때에는 법원은 그 손해액의 3배를 넘지 아니하는 범위에서 손해배상액을 정할 수 있다. 다만, 개인정보처리자가 고의 또는 중대한 과실이 없음을 증명한 경우에는 그러하지 아니하다.

④ 법정 손해배상의 청구(동법 제39조의2)

징벌적 손해배상에도 불구하고 정보주체는 개인정보처리자의 고의 또는 과실로 인하여 개인정보가 분실·도난·유출·위조·변조 또는 훼손된 경우에는 300만원 이하의 범

---

14) 징벌적 손해배상이라 함은 민사재판에서 가해자의 행위가 악의적이고 반사회적일 경우 실제 손해액보다 훨씬 더 많은 손해배상을 부과하는 제도로서, 처벌적 손해배상이라고도 한다. 즉, 가해자의 비도덕적·반사회적인 행위에 대하여 일반적 손해배상을 넘어선 제재를 가함으로써 형벌적 성격을 성격을 띠고 있다고 볼 수 있다. 현재 징벌적손해배상은 영국·미국·캐나다 등 영미법을 근간을 하는 국가에서 주로 행해지고 있다. 우리나라의 경우 징벌적 손해배상제도가 도입된 법안으로는 개인정보보호법, 신용정보보호법 등 6개 법률이 있는데, 손해액의 최대 3배를 배상하도록 규정하고 있다.

위에서 상당한 금액을 손해액으로 하여 배상을 청구할 수 있다. 이 경우 해당 개인정보처리자는 고의 또는 과실이 없음을 입증하지 아니하면 책임을 면할 수 없다(제39조의2 제1항).

5. 개인정보 분쟁조정

1) 개인정보와 관련한 분쟁의 조정을 원하는 자는 '개인정보분쟁조정위원회'에 분쟁조정을 신청할 수 있다.

2) 개인정보분쟁조정위원회

(1) 설치 및 구성

① 개인정보에 관한 분쟁의 조정을 위하여 개인정보 분쟁조정위원회를 둔다.

② 분쟁조정위원회는 위원장 1명을 포함한 20명 이내의 위원으로 구성하며, 위원은 당연직위원과 위촉위원으로 구성한다.

(2) 처리기간

분쟁조정위원회는 분쟁조정 신청을 받은 날부터 60일 이내에 이를 심사하여 조정안을 작성하여야 한다. 다만, 부득이한 사정이 있는 경우에는 분쟁조정위원회의 의결로 처리기간을 연장할 수 있다.

(3) 조정 전 합의 권고

분쟁조정 신청을 받았을 분쟁조정위원회는 당사자에게 그 내용을 제시하고 조정 전 합의를 권고할 수 있다.

(4) 분쟁의 조정

① 분쟁조정위원회는 조정안을 작성할 수 있다.

② 분쟁조정위원회는 조정안을 작성하면 지체 없이 각 당사자에게 제시하여야 한다.

③ 조정안을 제시받은 당사자가 제시받은 날부터 15일 이내에 수락여부를 알리지 아니하면 조정을 거부한 것으로 본다.

④ 조정의 내용은 재판상 화해[15]와 동일한 효력을 갖는다.

---

15) 재판상 화해라 함은 소송 중 양 당사자가 화해하여 소송을 종료시키기로 하는 합의를 말하며, 이 경우 확정판결과 동일한 효력을 갖는다.

6. 「개인정보보호법」상의 벌칙

공공기관의 정보공개에 관한 법률에는 벌칙에 관하여 규정을 두고 있지 않지만, 「개인정보보호법」에서는 벌칙에 관하여 규정을 두고 있다.

1) 실체법·절차법 위반행위

실체법 위반은 징역형 또는 벌금이 부과되고, 절차법 위반은 과태료가 부과된다. 주요 위반행위 및 벌칙 등을 도표화하면 다음과 같다.

「주요 위반행위 및 벌칙」

위반행위	벌칙
① 정보주체의 동의를 받지 않고 개인정보를 제3자에게 제공한 자 및 그 사정을 알고 제공받은 자	5년 이하의 징역 또는 5천만원 이하의 벌금
② 민감정보 처리기준 위반	5년 이하의 징역 또는 5천만원 이하의 벌금
③ 고유식별정보를 처리한 자	5년 이하의 징역 또는 5천만원 이하의 벌금
④ 수집·이용기준을 위반하여 개인정보를 수집한 자	5천만원 이하 과태료
⑤ 개인정보 미파기	3천만원 이하의 과태료
⑥ 동의획득방법 위반	1천만원 이하의 과태료

2) 과징금의 부과 등

(1) 과징금의 의의

과징금이란 행정청이 행정법상의 의무를 위반한 자에 대하여 당해 위반행위로 얻은 경제적 이익을 박탈하기 위하여 부과하거나 또는 사업의 취소·정지에 갈음하여 부과하는 금전적 제재를 말한다. 환경관련 법률에서는 부과금으로 부르기도 한다.

(2) 개인정보를 적법하게 수집했어도 개인정보처리자가 처리하는 주민등록번호가 분실·도난·유출·변조 또는 훼손된 경우에는 5억원 이하의 과징금이 부과된다. 다만, 주민등록번호가 분실·도난·유출·변조 또는 훼손되지 아니하도록 개인정보처리자가 안전성 확보에 필요한 조치를 다한 경우에는 그러하지 아니하다.

V. 탐정업과 「개인정보보호법」의 관계

우리나라의 경우 현재까지 탐정업과 관련된 탐정관련법이 제정되지 않았기 때문에, 탐정조사업무수행 중 「개인정보보호법」에 저촉되는 행위가 빈번히 발생할 가능성이 농후하다. 따라서 탐정은 「개인정보보호법」상의 조항 등을 정확히 숙지하고 검토하여, 개인정보를 부당하게 침해하는 일이 없도록 하여야 한다.

제4절 # 신용정보의 이용 및 보호에 관한 법률(「신용정보보호법」)

Ⅰ. 목적

이 법은 신용정보업을 건전하게 육성하고 신용정보의 효율적 이용과 체계적 관리를 도모하며 신용정보의 오용·남용으로부터 사생활의 비밀 등을 적절히 보호함으로써 건전한 신용질서의 확립에 이바지함을 목적으로 한다.

Ⅱ. 정의

이 법에서 사용하는 용어의 뜻은 다음과 같다.

1. '신용정보'란 금융거래 등 상거래에 있어서 거래 상대방의 신용을 판단할 때 필요한 다음의 정보를 말한다.

1) 특정 신용정보주체를 식별할 수 있는 정보
2) 신용정보주체의 거래내용을 판단할 수 있는 정보
3) 신용정보주체의 신용도를 판단할 수 있는 정보
4) 신용정보주체의 신용거래능력을 판단할 수 있는 정보
5) 그 밖에 1)번부터 4)번까지 유사한 정보

2. '개인신용정보'란 신용정보 중 개인의 신용도와 신용거래능력 등을 판단할 때 필요한 정보로서 신용정보 중 기업 및 법인에 관한 정보를 제외한 개인에 관한 신용정보를 말한다. 다만, 다른 법령에 따라 공시 또는 공개된 정보나 다른 법령에 위반됨이 없이 출판물 또는 방송매체나 국가·지방자치단체 또는 공공기관의 인터넷 홈페이지 등의 공공매

체를 통하여 공시 또는 공개된 정보는 제외한다.

　　3. '신용정보주체'란 처리된 신용정보로 식별되는 자로서 그 신용정보의 주체가 되는 자를 말한다.

　　4. '신용정보업'이란 신용조회업·신용조사업·채권추심업의 전부 또는 일부를 업으로 하는 것을 말한다.

　　5. '신용정보회사'란 신용정보업을 할 목적으로 금융위원회의 허가를 받은 자를 말한다. 신용정보회사의 주요업무는 다음의 도표와 같다.

Ⅲ. 내용

1. 신용정보업의 허가

　　신용정보업을 하려는 자(신용조회업·신용조사업·채권추심업)는 각각 업무의 종류별로 금융위원회의 허가를 받아야 한다.

2. 신용정보회사의 업무

신용정보회사의 주요업무

구분	내용
신용조회업	개인 및 기업의 연체정보 등 신용불량정보를 수집·정리하여 데이터베이스화하고 의뢰인의 요청에 따라 신용정보를 제공하는 행위를 말한다.
신용조사업	타인의 의뢰를 받아 개인이나 기업의 신용정보 또는 재산상태를 조사하고 이를 의뢰인에게 제공하는 행위를 말한다.
채권추심업	채권자의 위임을 받아 약정기일 내에 채무를 변제하지 아니한 자에 대한 재산조사, 변제의 촉구 또는 채무자로부터 변제금 수령을 통해 채권자를 대신하여 「상법」상의 추심채권을 행사하는 행위를 말한다.

3. 신용정보 주체 등의 보호 규정

　　동법에서는 신용정보의 수집·조사 및 처리(동법 제12조·제15조·제16조)·신용정보주체의 보호(개인신용정보의 제공·활용에 대한 동의) 등에 관하여 규정하고 있으며, 이를 위반한 경우에 대한 벌칙 규정을 두고 있다.

4. 신용정보회사등의 금지사항(동법 제40조)

신용정보회사 등은 다음 각호의 행위를 하여서는 아니 된다(2020.8.5. 시행)

1) 의뢰인에게 허위 사실을 알리는 일(삭제·2020.2.4.)

2) 신용정보에 관한 조사 의뢰를 강요하는 일(삭제·2020.2.4.)

3) 신용정보 조사 대상자에게 조사자료 제공과 답변을 강요하는 일(삭제·2020.2.4.)

4) 특정인의 소재 및 연락처(이하 "소재 등"이라 한다)를 알아내는 행위·다만, 채권추심회사가 그 업무를 하기 위하여 특정인의 소재 등을 알아내는 경우 또는 다른 법령에 따라 특정인의 소재 등을 알아내는 것이 허용되는 경우에는 그러하지 아니하다(개정).

5) 정보원·탐정, 그 밖에 이와 비슷한 명칭을 사용하는 일을 해서는 안된다. 이를 위반한 자는 3년 이하의 징역 또는 3천만원 이하의 벌금에 처한다(동법 제50조 제3항 제3호).

5. 채권추심회사의 금지사항[16]

1) 채권추심회사는 자기의 명의를 빌려주어 타인으로 하여금 채권추심업을 하게 하여서는 아니된다.

2) 채권추심회사는 다른 법령에서 허용된 경우 외에는 상호 중에 "신용정보"라는 표현이 포함된 명칭 이외의 명칭을 사용하여서는 아니 된다.

Ⅳ. 탐정업과 「신용정보의 이용 및 보호에 관한 법률」

1. 개정된 「신용정보보호법」은 구법과 달리 신용정보등의 금지사항(제40조)의 적용 대상을 '신용정보회사등'으로 한정하였기 때문에, 일반인(신용정보회사 등에 포함되지 않는 모든 자연인)은 원천적으로 「신용정보보호법」상 금지조항이 적용되는 대상에서 제외된다. 따라서 구법에서 탐정업을 규제하던 '탐정호칭 사용 금지' 조항은 '신용정보회사 등'에만 적용될 뿐, 탐정업 종사자 등 자연인에게는 적용되지 않는다.

2. 개정된 「신용정보법」에 따라 누구든지 탐정이라는 명칭을 사용하여 영업활동을 할 수 있으며, 탐정사무소를 차릴 수도 있다. 다만, 잠적한 불법행위자나 가출한 성인소재

---

16) 동법 제41조

파악 등은 특정인의 소재 및 연락처를 알아내는 행위이기 때문에, 개정된 「신용정보법」에서도 여전히 제한하고 있다. 따라서 가출한 배우자를 찾아달라는 의뢰에 의하여 탐정이 가출한 사람을 찾았다고 하더라도 가출당사자의 동의가 있어야만 그의 소재를 알릴 수 있다. 이를 위반할 경우 관련법(「신용정보법」·「개인정보법」 등)에 의하여 처벌될 수 있다는 점에 유념하여야 한다.

제5절 통신비밀보호법

Ⅰ. 목적

통신 및 대화의 비밀과 자유에 대한 제한은 그 대상을 한정하고 엄격한 법적 절차를 거치도록 함으로써 통신비밀을 보호하고 통신의 자유를 신장함을 목적으로 한다.

Ⅱ. 정의

이 법에서 사용하는 용어의 정의는 다음과 같다.

1. '통신'이라 함은 우편물 및 전기통신을 말한다.

2. '우편물'이라 함은 우편법에 의한 통상우편물과 소포우편물을 말한다.

3. '전기통신'이라 함은 전화·전자우편·회원제정보서비스·모사전송·무선호출 등과 같이 유선·무선·광선 및 기타의 전자적 방식에 의하여 모든 종류의 음향·문언·부호 또는 영상을 송신하거나 수신하는 것을 말한다.

4. '당사자'라 함은 우편물의 발송인과 수취인, 전기통신의 송신인과 수신인을 말한다.

5. '내국인'이라 함은 대한민국의 통치권이 사실상 행사되고 있는 지역에 주소 또는 거소를 두고 있는 대한민국 국민을 말한다.

6. '검열'이라 함은 우편물에 대하여 당사자의 동의없이 이를 개봉하거나 기타의 방법으로 그 내용을 지득 또는 채록하거나 유치하는 것을 말한다.

7. '전자우편'이라 함은 컴퓨터 통신망을 통해서 메시지를 전송하는 것 또는 전송된 메시지를 말한다.

Ⅲ. 감청의 허용과 불법 감청의 금지

1. 감청과 불법감청의 정의

1) 감청의 정의

'감청'이라 함은 전기통신에 대하여 당사자의 동의 없이 전자장치·기계장치 등을 사용하여 통신의 음향·문언·부호·영상을 청취 및 공독하여 그 내용을 지득 또는 채록하거나 전기통신의 송·수신을 방해하는 것을 말한다.

2) 불법감청의 정의

불법감청을 흔히 도청이라고 부른다. 불법감청이란 개인의 이익을 목적으로 타인의 동의나 허락없이 유무선 및 기타 장치에 의한 감시 또는 녹음·청취의 방법으로 각종 정보를 입수하는 행위를 말한다. 따라서 수사기관이 합법적인 절차에 따라 행하는 감청외의 감청은 모두 불법감청이 되며, 이를 위반하면 「통신비밀보호법」에 따라 처벌된다.

2. 감청의 허용과 요건

1) 법적근거

감청은 「통신비밀보호법」에서 범죄수사 또는 국가안보를 위해 필요한 경우 제한적으로 허용하고 있다. 이러한 통신제한조치 등은 탐정에게는 허용되지 않지만, 그 개념만은 이해해 둘 필요가 있다.

2) 통신제한조치(감청)

(1) 개념

통신제한조치라 함은 범죄를 계획·실행하고 있거나 실행하였다고 의심할 만한 충분한 이유가 있고 다른 방법으로는 범죄실행을 저지하거나 범인체포 또는 증거수집이 어려운 때에 한하여 최후의 방법으로 검열과 감청을 실시하는 것을 말한다.[17]

---

17) 김형중, 「범죄수사총론」, 서울: 청목출판사, 2012, p. 168.

(2) 통신제한조치

① 통신제한조치(「통신비밀보호법」 제5조)

　　㉠ 통신제한조치(감청)는 ㉮ 범죄수사를 위한 통신제한조치, ㉯ 국가안보를 위한 통신제한조치, ㉰ 긴급통신제한조치의 경우에만 허용된다. 통상적으로 수사기관은 법원의 허가를 받아 감청을 하는 것이 일반적이나, 긴급한 경우(유괴사건 등) 법원의 허가없이 통신제한조치를 할 수 있다. 다만 사후에 법원의 허가를 받아야 한다.

　　㉡ 통신제한조치(감청) 대상은 280개 범죄[18]의 우편물 또는 '통화내용'이며, 2개월을 초과할 수 없다(단, 2개월의 범위 안에서 연장 가능).

② 통신사실확인자료(동법 제13조)

　　㉠ 통신사실확인자료라 함은 ㉮ 가입자의 전기통신일시, ㉯ 전기통신개시·종료시간, ㉰ 발·착신 통신번호 등 상대방의 가입자 번호, ㉱ 사용도수, ㉲ 인터넷 사용자의 컴퓨터 통신 또는 인터넷의 로그기록자료, ㉳ 발신기지국의 위치추적자료, ㉴ 인터넷 사용자가 사용하는 정보통신기기의 위치를 확인할 수 있는 접속지의 추적자료 등을 말한다.

　　㉡ 수사기관은 범죄수사 또는 형의 집행을 위하여 필요한 경우 전기통신사업자에게 통신사실확인자료의 열람이나 제출을 요청할 수 있다. 통상적으로 법원의 허가를 받아야 하나, 긴급사유시 법원의 허가없이 긴급통신수사가 가능하나, 사후에 법원의 허가를 받아야 한다. 통신사실확인자료의 대상범죄는 모든 범죄이며, 대상은 '통신(통화)내역'이다.

③ 통신자료(「전기통신사업법」 제54조)

　　㉠ 통신자료라 함은 특정시간·특정유동 IP를 통신사업자에게 제시하고 요구하는 가입자 정보를 말한다. 즉, 이용자의 인적사항(성명·주민등록번호·주소·전화번호·아이디)에 관한 자료이다.

　　㉡ 통신자료의 대상범죄는 모든 범죄이며, 법원의 허가없이 소속관서장(예컨대, 경찰서장) 명의의 협조공문으로 요청이 가능하다.

---

18) 280개의 통신제한조치에 해당되지 않은 범죄로는 ① 공무집행방해, ② 직무유기·직권남용, ③ 폭행·상해(폭행·상해치사포함), ④ 사기, ⑤ 강요, ⑥ 주거침입, ⑦ 손괴, ⑧ 선거법위반, ⑨ 존속협박 등이 있다.

3. 감청설비와 불법 감청설비 탐지업

1) 감청설비

(1) 감청설비의 정의

'감청설비'라 함은 대화 또는 전기·통신의 감청에 사용될 수 있는 전자장치·기계장치 기타 설비를 말한다.[19]

2) 감청설비에 대한 인가기관과 인가절차(동법 제10조)

(1) 감청설비를 제조·수입·판매·소지·사용하거나 이를 위한 광고를 하고자 하는 자는 과학기술정보통신부장관의 인가를 받아야 한다. 다만, 국가기관의 경우에는 그러하지 아니하다.

(2) 감청설비에 대한 인가를 받아 감청설비를 제조·수입·판매·배포·소지 또는 사용하는 자는 인가연월일·인가된 감청설비의 종류와 수량·비치장소 등 필요한 사항을 대장에 기재하여 비치하여야 한다.

3) 불법감청설비 탐지업

(1) 불법감청설비 탐지업의 정의

「통신비밀보호법」 규정에 의하지 아니하고 행하는 감청 또는 대화의 청취에 사용되는 설비를 탐지하는 것을 말한다.[20]

(2) 불법감청설비탐지업의 등록 등(동법 제10조의3)

① 영리를 목적으로 불법감청설비탐지업을 하고자 하는 자는 대통령령이 정하는 바에 의하여 과학기술정보통신부장관에게 등록을 하여야 한다.

② 등록은 법인에 한하여 할 수 있다.

③ 등록을 하고자 하는 자는 대통령령이 정하는 이용자보호계획·사업계획·기술·재정능력·탐지장비 그 밖에 필요한 사항을 갖추어야 한다.

(3) 불법감청설비탐지업자의 결격사유(동법 제10조의4)

법인의 대표자가 다음의 어느 하나에 해당하는 경우에는 불법감청설비탐지업의 등

---

19) 통신비밀보호법 제2조, 제8조.
20) 통신비밀보호법 제2조 제8호의2.

록 등에 따른 등록을 할 수 없다.

① 피성년후견인 또는 피한정후견인

② 파산선고를 받은 자로서 복권되지 아니한 자

③ 금고 이상의 실형을 선고받고 그 집행이 종료(집행이 종료된 것으로 보는 경우를 포함한다)되거나 집행이 면제된 날부터 2년이 경과되지 아니한 자

④ 금고 이상의 형의 집행유예 선고를 받고 그 유예기간 중에 있는 자

⑤ 법원의 판결 또는 다른 법률에 의하여 자격이 상실 또는 정지된 자

(4) 등록의 취소(동법 제10조의5)

과학기술정보통신부장관은 불법감청설비탐지업을 등록한 자가 다음의 사항에 해당하는 경우에는 그 등록을 취소하거나 6월 이내의 기간을 정하여 그 영업을 정지를 명할 수 있다. 다만, 제1 또는 제2호에 해당하는 경우에는 그 등록을 취소하여야 한다.

① 거짓 그 밖의 부정한 방법으로 등록 또는 변경등록을 한 경우

② 불법감청설비탐지업자의 결격사유에 해당하게 된 경우

③ 영업행위와 관련하여 알게 된 비밀을 다른 사람에게 누설한 경우

④ 불법감청설비탐지업 등록증을 다른 사람에게 대여한 경우

⑤ 영업행위와 관련하여 고의 또는 중대한 과실로 다른 사람에게 중대한 손해를 입힌 경우

⑥ 다른 법률의 규정에 의하여 국가 또는 지방자치단체로부터 등록취소의 요구가 있는 경우

Ⅳ. 사인의 비밀녹음과 불법감청의 증거능력

1. 서설

「통신비밀법」은 전기통신을 감청하거나 공개되지 아니한 타인간의 대화를 녹음 또는 청취하는 것을 금지하고, 이를 공개하는 것을 처벌하고 있다(「통신비밀보호법」 제3조·제16조).

2. 비밀녹음의 증거능력

1) 수사기관에 의한 비밀녹음의 증거능력

수사기관이 법령(「통신비밀보호법」)에 의하지 않고 타인의 대화를 감청내지 비밀녹음한 경우에는 행위자체가 위법하므로, 그 증거능력을 부정해야 한다는 점에는 의문이 없다(「통신비밀보호법」 제4조).

2) 사인의 비밀녹음의 증거능력

사인이 타인간의 통화내용을 불법감청하거나, 공개되지 아니한 타인간의 대화를 비밀녹음한 경우에 그 내용은 "재판 또는 징계절차에서 증거로 사용할 수 없으며(동법 제4조·제14조 제2항), 또한 비밀녹음한 자는 형사처벌의 대상이 된다(동법 제16조 제1항). 문제는 대화의 일방당사자가 비밀리에 녹음하거나 일반당사자의 동의 하에 녹음이 이루어진 경우, 그것을 증거로 사용될 수 있는가 하는 점이다. 이하에서는 증거능력이 부인되는 경우와 허용되는 경우로 나누어서 살펴보았다.

(1) 사인에 의한 비밀녹음 증거능력 부인

① 대화당사자 아닌 제3자의 비밀녹음은 그 제3자가 사인(私人)이라도 대화 당사자들이 동의없이 녹음한 이상 증거능력이 없다(대판 2001.10.9. 2001도3016).

② 제3자가 대화당사자 일방만의 동의를 받고 통화내용을 녹음한 경우에도, 상대방이 동의가 없었던 이상 증거능력이 부정된다(대판 2012.10.8. 2002도123).

(2) 사인에 의한 비밀녹음의 증거능력 허용

① 대화당사자 일방의 비밀녹음은 「통신비밀보호법」 위반이 아니므로 증거능력이 있다. 즉, 수사기관이 아닌 사인이 타인과의 대화내용을 비밀녹음한 경우, 그 타인이 피고인이든[21], 피고인이 아닌 사람이든 불문하고 증거능력이 있다.[22]

또 전화통화 당사자 일방의 비밀녹음도 마찬가지로 증거능력이 있다(대판 2002.10.8. 2002도123).[23]

---

21) 대판 1997.3.28. 97도240.
22) 대판 1999.3.9. 98도3169.
23) 이주원, 위의 책, p. 384.

> **「관련 판례」**
>
> ★ 피해자가 피고인으로부터 걸려 온 전화내용을 비밀녹음한 경우 위법증거라 할
> 수 없다(대판 1997.3.28. 97도240).

② 3인간의 대화에서 그 중 한 사람의 비밀녹음은 「통신비밀보호법」에 위배되지 않는다(동법 제32조1항). 다른 두 사람의 발언은 그 녹음자에 대한 관계에서 '타인간의 대화'라고 할 수 없기 때문이다(대판 2014.5.16. 2013도16404).

3. 불법검열에 의한 우편물의 내용과 불법감청에 의한 전기통신내용의 증거능력

불법검열에 의하여 취득한 우편물이나 그 내용 및 불법감청에 의하여 지득 또는 채록된 전기통신의 내용은 재판 또는 징계절차에서 증거로 사용할 수 없다.

> **「관련 판례」**
>
> ★ 렉카 회사가 무전기를 이용하여 한국도로공사의 상황실과 순찰차간의 무선전화
> 통화를 청취한 경우 무전기를 설치함에 있어 한국도로공사의 정당한 계통을 밟
> 은 결재가 있었던 것이 아닌 이상 전기통신의 당사자인 한국도로공사의 동의가
> 있었다고는 볼 수 없으므로, 통신비밀보호법상의 불법감청에 해당한다(대판
> 2003.11.13. 2001도6213).

4. 벌칙

1) 불법감청·검열, 공개되지 아니한 타인간의 대화를 녹음 또는 청취한 자는 1년 이상 10년 이하의 징역과 5년 이하의 자격정지에 처한다.

2) 인가를 받지 아니하고 감청설비를 제조·수입·판매·소지·사용하거나 이를 광고한 자, 감청설비의 인가대장을 작성 또는 비치하지 아니한 자, 등록을 하지 않거나 거짓으로 등록하여 불법감청설비탐지업을 하는 자는 5년 이하의 징역 또는 3천만원 이하의 벌금에 처한다.

V. 탐정과 「통신비밀보호법」의 관계

1. 탐정에게는 어떠한 경우에도 감청(통신제한조치)이 허용되지 않는다. 다만, 영리를 목적으로 '불법감청설비탐지업'을 하고자 하는 자는 대통령령이 정하는 바에 의하여 과학기술정보통신부장관에게 등록하여야 하고, 등록은 '법인'에 한하여 할 수 있다. 따라서 탐정업이 공인되더라도 별도의 등록(허가) 절차없이 '불법감청설비탐지업'을 하는 것은 위법한 행위이다. 이를 위반하면 5년 이하의 징역 또는 3천만원 이하의 벌금에 처해진다.

2. 탐정이 사실확인 및 증거수집활동에 있어서 부당하게 통신 및 대화의 비밀과 자유를 침해하는 등의 불법감청을 하면 위법행위가 된다. 예컨대, 배우자의 부정행위를 포착하기 위하여 '배우자와 제3자 간 대화 또는 통화·비밀녹음 행위'는 「통신비밀보호법(동법 제32조·제16조)」에 의해 처벌받게 된다.

> 제6절 **위치정보 보호 및 이용 등에 관한 법률**(「위치정보보호법」)

I. 목적

이 법은 위치정보의 유출·오용 및 남용으로부터 사생활의 비밀 등을 보호하고 위치정보의 안전한 이용환경을 조성하여 위치정보의 이용을 활성화함으로써 국민생활의 향상과 공공복리의 증진에 이바지함을 목적으로 한다.

II. 용어의 정의

1. '위치정보'라 함은 이동성이 있는 물건 또는 개인이 특정한 시간에 존재하거나 존재하였던 장소에 관한 정보로서 전기통신사업법에 따른 전기통신설비 및 전기통신회선설비를 이용하여 수집된 것을 말한다.

2. '개인위치정보'라 함은 특정 개인의 위치정보(위치정보만으로는 특정 개인의 위치를 알 수 없는 경우에도 다른 정보와 용이하게 결합하여 특정 개인의 위치를 알 수 있는 것을 포함)를 말하며, '개인위치정보주체'라 함은 개인위치정보에 의하여 식별되는 자를 말한다.

3. '위치정보 수집사실 확인자료'라 함은 위치정보의 수집요청인, 수집일시 및 수집방법에 관한 자료(위치정보 제외)를 말한다.

4. '위치정보 이용·제공사실 확인자료'라 함은 위치정보를 제공받는 자, 취득경로, 이용·제공일시 및 이용·제공방법에 관한 자료(위치정보 제외)를 말한다.

5. '위치정보사업'이라 함은 위치정보를 수집하여 위치기반서비스사업을 하는 자에게 제공하는 것을 사업으로 영위하는 것을 말하며, '위치기반서비스사업'이라 함은 위치정보를 이용한 서비스를 제공하는 것을 사업으로 영위하는 것을 말한다.

Ⅲ. 내용

1. 내용

동법은 총칙·위치정보사업의 허가[24]·위치정보의 보호·긴급구조를 위한 개인위치정보이용·개인위치정보의 권리·손해배상 등에 관하여 규정하고 있으며, 이를 위반한 경우에 대한 벌칙규정을 두고 있다.

2. 위치정보의 수집 등의 금지

1) 위치정보의 수집 등의 금지[25]

(1) 누구든지 개인 또는 소유자의 동의를 얻지 아니하고 당해 개인 또는 이동성이 있는 물건의 위치정보를 수집·이용 또는 제공하여서는 아니된다. 개인의 동의를 얻지 아니하고 당해 개인의 위치를 수집·이용 또는 제공하는 자는 3년 이하의 징역 또는 3천만원 이하의 벌금에 처한다. 다만 ① 긴급구조기관의 긴급구조요청 또는 경보발송요청이 있는 경우, ② 경찰관서의 요청이 있는 경우, ③ 다른 법률에 특별한 규정이 있는 경우에는 예외로 한다.[26]

---

24) 위치정보사업을 하고자 하는 자는 상호, 주된 사무소의 소재지, 위치정보사업의 종류 및 내용, 위치정보시스템을 포함한 사업용 주요 설비 등에 대하여 대통령령으로 정하는 바에 따라 방송통신위원회의 허가를 받아야 한다(동법 제5조).

25) 위치정보 보호 및 이용 등에 관한 법률 제15조

26) 위치정보 보호 및 이용 등에 관한 법률 제15조 제1.2.3항

(2) 누구든지 타인의 정보통신기기를 복제하거나 정보를 도용하는 등의 방법으로 위치정보사업자 등을 속여 타인의 개인위치정보를 제공받아서는 아니 된다.

(3) 위치정보를 수집할 수 있는 장치가 부착된 물건을 판매하거나 대여·양도하는 자는 위치정보 수집장치가 부착된 사실을 구매하거나 대여·양도받는 자에게 고지하여야 한다.

3. 손해배상

개인위치정보주체는 위치정보사업자 등의 위치정보의 수집 등의 금지(제15조) 내지 8세 이하의 아동 등의 보호를 위한 위치정보 이용[27]의 규정을 위반한 행위로 손해를 입은 경우에 그 위치정보사업자등에 대하여 손해배상을 청구할 수 있다. 이 경우 그 위치정보사업자등은 고의 또는 과실이 없음을 입증하지 아니하면 책임을 면할 수 없다.[28]

「관련 판례」

★ 대구지법 경주지원은 피고인이 피해자로부터 일방적으로 이별 통보를 받자 피해자가 다른 남자를 만난다고 의심하고, 피해자가 운행하는 승용차 뒤 범퍼 부분에 GPS 단말기를 몰래 부착하여 피해자의 개인위치정보를 수집한 사안에 대하여 위치정보의보호및이용등에관한법률위반죄를 적용하여 징역8월에 집행유예2년 그리고 120시간의 사회봉사를 선고하였고, 압수된 GPS단말기 1대는 몰수하였다(대구지법 경주지원 2019.4.10. 2018고단710).

Ⅳ. 탐정과 「위치정보법」의 관계

탐정이 의뢰인으로부터 의뢰를 받고 특정인의 자동차 등에 무단으로 GPS단말기를 부착하여 개인위치정보를 수집하고 의뢰인에게 제공하였다면, 「위치정보보호법(약칭: 제15조·제40조)」에 저촉되는 행위로 3년 이하의 징역 또는 3천만원 이하의 벌금에 처해진다. 따라서 탐정은 증거수집과 관련하여 「위치정보보호법」에 저촉되지 않도록 특별한 주의를 기울여야 한다.

---

27) 동법 제26조(8세 이하의 아동 등의 보호를 위한 위치정보 이용)
28) 동법 제27조(손해배상)

제7절 정보통신망 이용촉진 및 정보보호 등에 관한 법률
(「정보통신망법」)

Ⅰ. 목적

정보통신망의 이용을 촉진하고 정보통신서비스를 이용하는 자의 개인정보를 보호함과 아울러 정보통신망을 건전하고 안전하게 이용할 수 있는 환경을 조성하여 국민생활의 향상과 공공복리의 증진에 이바지함을 목적으로 한다.

Ⅱ. 정의

이법에서 사용하는 용어의 뜻은 다음과 같다.

1. '정보통신망'이란 「전기통신사업법」 제2조 제2호에 따른 전기통신설비를 이용하거나 전기통신설비와 컴퓨터 및 컴퓨터의 이용기술을 활용하여 정보를 수집·가공·저장·검색·송신 또는 수신하는 정보통신체제를 말한다.

2. '정보통신서비스'란 「전기통신사업법」 제2조 제6호에 따른 전기통신역무와 이를 이용하여 정보를 제공하거나 정보의 제공을 매개하는 것을 말한다.

3. '정보통신서비스 제공자'란 「전기통신사업법」 제2조 제8호에 따른 전기통신사업자와 영리를 목적으로 전기통신사업자의 전기통신역무를 이용하여 정보를 제공하거나 정보의 제공을 매개하는 자를 말한다.

4. '이용자'란 정보통신서비스 제공자가 제공하는 정보통신서비스를 이용하는 자를 말한다.

5. '침해사고'란 해킹·컴퓨터 바이러스·논리폭탄·메일폭탄(컴퓨터 바이러스의 일종)·서비스 거부 또는 고출력전자기파 등의 방법으로, 정보통신망 또는 이와 관련된 정보시스템을 공격하는 행위를 하여 발생한 사태를 말한다.

Ⅲ. 내용

1. 개인정보의 수집·이용 및 제공 등 [29]

1) 정보통신서비스 제공자는 이용자의 개인정보를 이용하려고 수집하는 경우에는 다음 각 호의 모든 사항을 이용자에게 알리고 동의를 받아야 한다. 다음 각 호의 어느 하나의 사항을 변경하려는 경우에도 또한 같다.

(1) 개인정보의 수집·이용 목적

(2) 수집하는 개인정보의 항목

(3) 개인정보의 보유·이용 기간

2) 정보통신서비스 제공자는 다음 각 호의 어느 하나에 해당하는 경우에는 동의 없이 이용자의 개인정보를 수집·이용할 수 있다.

(1) 정보통신서비스의 제공에 관한 계약을 이행하기 위하여 필요한 개인정보로서 경제적·기술적인 사유로 통상적인 동의를 받는 것이 뚜렷하게 곤란한 경우

(2) 정보통신서비스의 제공에 따른 요금정산을 위하여 필요한 경우

(3) 이 법 또는 다른 법률에 특별한 규정이 있는 경우

2. 주민등록번호의 사용제한(동법 제23조의2. 개정 2020.2.4., 시행일 2020.8.5.)

1) 정보통신서비스 제공자는 다음의 어느 하나에 해당하는 경우를 제외하고는 이용자의 주민등록번호를 수집·이용할 수 없다(개정 2020.2.4).

(1) 제23조의 3[30]에 따라 본인확인기관[31]으로 지정받은 경우

(2) 삭제(2020.2.4)

---

29) 정보통신망 이용촉진 및 정보보호등에 관한 법률(정보통신망법) 제22조

30) 동법 제23조의3(본인확인기관의 지정 등) ① 방송통신위원회는 대체수단의 개발·제공·관리업무(이하 "본인확인업무")를 안전하고 신뢰성있게 수행할 능력이 있다고 인정되는 자를 본인확인 기관으로 지정할 수 있다.

31) 정보통신망법(약칭)에서는 주민등록번호 등 개인정보유출에 따른 2차 피해를 예방하기 위하여 정보통신서비스 제공자의 주민번호 이용 및 수집을 제한하고 있다. 이에 따라 방송통신위원회에서는 주민번호를 사용하지 않고 본인을 확인하는 방법을 제공하는 본인확인기관을 지정하여 운영하고 있다. 예컨대, 휴대폰 인증은 (주)KT·(주)엘지유플러스·(주)SK텔레콤 등, 아이핀 인증은 (주)NICE평가정보·(주)SCI평가정보기관 등, 공인인증서 발급은 (주)한국정보인증·금융결재원·(주)코스콤 등이 있다.

(3) 「전기통신사업법」 제38조 제1항에 따라 기간통신사업자로부터 이동통신서비스 등을 제공받아 재판매하는 전기통신사업자가 제23조의3에 따라 본인확인기관으로 지정받은 이동통신사업자의 본인확인업무 수행과 관련하여 이용자의 주민등록번호를 수집·이용하는 경우

2) 제1항 제2조에 따라 주민등록번호를 수집·이용할 수 있는 경우에도 이용자의 주민등록번호를 사용하지 아니하고 본인을 확인하는 방법(이하 '대체수단'이라 한다)을 제공하여야 한다(개정 2020.2.4).

3. 비밀 등의 보호[32]

누구든지 정보통신망에 의하여 처리·보관 또는 전송되는 타인의 정보를 훼손하거나 타인의 비밀을 침해·도용 또는 누설하여서는 아니 된다. 예컨대 사생활이 담긴 이메일·메시지 내용 등을 빼돌린다면 「정보통신망법」상 비밀보호 조항 위반행위로 처벌받을 수 있다.

4. 속이는 행위에 의한 개인정보의 수집 금지 등[33]

1) 누구든지 정보통신망을 통하여 속이는 행위로 다른 사람의 정보를 수집하거나 다른 사람이 정보를 제공하도록 유인하여서는 아니 된다.

2) 정보통신서비스 제공자는 제1항을 위반한 사실을 발견하면 즉시 과학기술정보통신부장관 또는 한국인터넷진흥원에 신고하여야 한다.

5. 불법정보의 유통금지

누구든지 정보통신망을 통하여 다음 각 호의 어느 하나에 해당하는 정보를 유통하여서는 아니 된다.

1) 음란한 부호·문언·음향·화상 또는 영상을 배포·판매·임대하거나 공공연하게 전시하는 내용의 정보

2) 사람을 비방할 목적으로 공공연하게 사실이나 거짓의 사실을 드러내어 타인의 명

---

32) 동법 제49조
33) 동법 제49조의2

예를 훼손하는 내용의 정보

3) 공포심이나 불안감을 유발하는 부호·문언·음향·화상 또는 영상을 반복적으로 상대방에게 도달하도록 하는 내용의 정보

4) 「청소년 보호법」에 따른 청소년유해매체물로서 상대방의 연령 확인·표시의무 등 법령에 따른 의무를 이해하지 아니하고 영리를 목적으로 제공하는 내용의 정보

5) 법령에 따라 금지되는 사행행위에 해당하는 내용의 정보

IV. 탐정과 「정보통신망법」과의 관계

탐정업을 수행하는 자는 정보통신서비스 제공자 등이 의뢰인의 개인 정보를 부당하게 이용하는 것을 감시하는 것은 가능하다. 따라서 정보통신서비스제공자로 인해 손해가 발생한 경우 탐정은 의뢰자의 요구에 따라 의뢰자를 대신하여 손해배상 청구도 가능하다.

제8절 부정경쟁방지 및 영업비밀보호에 관한 법률(「부정경쟁방지법」)

I. 목적

이 법은 국내에 널리 알려진 타인의 상표·상호 등을 부정하게 사용하는 등의 부정경쟁행위와 타인의 영업비밀을 침해하는 행위를 방지하여 건전한 거래질서를 유지함을 목적으로 한다.

II. 내용

「부정경쟁방지법」은 첨단 기술 유출에 따른 국내 기업의 재산권 피해를 막기 위한 것이다. 즉, 일명 '산업스파이' 범죄를 예방 및 처벌하고, 동시에 상호나 상표를 보호하기 위한 것 등이 주요 핵심내용이다.

1. 부정경쟁행위 등의 금지청구권 등(「부정경쟁방지법」 제4조)

부정경쟁행위 등으로 자신의 영업상의 이익이 침해되거나 침해될 우려가 있는 자는 부정경쟁행위 등을 하거나 하려는 자에 대하여 법원에 그 행위의 금지 또는 예방을 청구할 수 있다.

2. 부정경쟁행위 등에 대한 손해배상책임(동법 제5조)

고의 또는 과실에 의한 부정경쟁행위 등으로 타인의 영업상 이익을 침해하여 손해를 입힌 자는 그 손해를 배상할 책임을 진다.

Ⅲ. 탐정과 「부정경쟁방지법」의 관계

1. 부정경쟁 등의 행위 사전금지와 예방조치

탐정은 의뢰인의 요구에 의해 법원에 개인이나 법인(法人)에 의한 부정경쟁 등의 행위를 사전에 금지시키거나 예방하는 조치를 취할 수 있다.[34]

2. 손해배상 입증

탐정업자는 부정경쟁 등의 행위 등으로 인해 의뢰인이 영업상 이익을 침해당하여 손해를 입은 경우에 그 사실확인과 증거수집, 그리고 손해배상책임과 관련한 손해입증 업무를 수행하는 것이 가능하다. 따라서 동법을 이해하고 숙지해 둘 필요가 있다.

제9절 **유실물법**

Ⅰ. 서설

1. 유실물의 개념

유실물이란 점유자의 뜻에 의하지 않고, 타인에게서 절취된 것이 아니면서 어떤 우

---

34) 강동욱·윤현종, 위의 책, p. 34.

연한 사정으로 그 지배에서 벗어난 동산이나 준유실물[35]을 말한다. 반면, 습득물이란 타인이 유실한 물건을 습득하는 것을 말한다. 따라서 점유자의 의사에 의하여 버린 물건이나 도품은 유실물이 아니다.[36]

2. 법적 근거

유실물 처리에 대한 근거법규는 「유실물법」, 「형법」, 「민법」 등이 있다. 그러나 표류물과 침몰물[37]은 「유실물법」의 적용을 받지 않고 「수난구호법」의 적용을 받는다.

II. 습득물의 조치 및 보관방법

1. 습득물의 수리

타인이 유실한 물건을 습득한 자는 이를 즉시 유실자 또는 소유자 기타 물건회복의 청구권을 가진 자에게 반환하거나 당해 물건을 습득한 장소를 관할하는 경찰관서(지구대·파출소 포함) 또는 제주특별자치도의 자치경찰단 사무소에 제출하여야 한다. 그러나 법률에 의해 소유 또는 소지가 금지되거나(마약·위조통화·아편흡식기 등), 범행에 사용되었다고 인정되는 물건은 신속하게 경찰서 또는 자치경찰단에 제출하여야 한다.

1) 습득물은 신고서와 함께 당해 물건을 습득한 장소를 관할하는 지구대·파출소·출장소를 포함한 경찰서 또는 제주특별자치도의 자치경찰단 사무소에 제출하여야 한다. 다만, 특별한 사유가 있을 때에는 습득한 장소에서 가까운 경찰서 또는 자치경찰단에 제출할 수 있다.

2) 경찰서장 또는 제주특별자치도지사는 보관증을 당해 습득물의 제출자에게 교부하여야 하며, 보관증을 받은 자가 이를 분실하였을 때에는 즉시 그 일시·장소 및 경위를 보관증을 교부받은 경찰서 또는 자치경찰단에 신고하여야 한다.

---

35) 준유실물이라 함은 착오로 인하여 점유한 물건·타인이 놓고 간 물건·도주한 가축 등을 말한다.

36) 김형중, 「경찰학각론」, 서울: 청목출판사, 2015, p. 97.

37) 표류물은 점유를 이탈하여 해상 또는 하천에 떠 있거나 떠내려가고 있는 물건을 뜻하며, 침몰물이라 하면 점유를 이탈하여 해양 또는 하천에 가라앉은 물건을 말한다. 표류물의 습득자는 소유자로부터 하천에 표류하고 있는 재목인 때에는 그 가격의 15분의1, 기타 표류물인 때에는 10분의1, 침몰물일 때에는 3분의1에 상당한 금액 이내의 보상을 받을 수 있다. 표류물을 습득한 자가 이를 소유자나 구청장에게 인도하지 아니하고 횡령한 때에는 점유이탈물 횡령죄가 성립한다.

2. 습득물의 공고와 보관방법

　　습득물의 공고와 보관은 탐정업무와 직접적인 관련성이 없는 경찰관서의 업무이기 때문에 여기서는 생략하였다. 다만, 해당 경찰관서는 유실물에 관한 정보를 제공하는 인터넷사이트에 해당 습득물에 관한 정보를 게시해야 하고, 특히 귀중한 물건이라고 인정되는 것은 공고와 동시에 일간신문 또는 방송에 공고하도록 되어 있다. 탐정은 유실물 찾기와 관련된 의뢰가 있을 경우 이런 부분을 잘 활용하면 업무수행에 많은 참고가 될 것이다.

Ⅲ. 보상금의 협의와 습득물의 반환

1. 보상금의 협의

　　1) 경찰서장 또는 제주특별자치도지사는 물건의 반환을 요구받았을 때에는 청구권자에 대하여 그 성명과 주거를 확인할 수 있는 서류를 제출하게 하거나 또는 그 유실물에 관하여 필요한 질문을 하는 등 청구권자임이 틀림없다는 것을 확인한 후 기일을 지정하여 습득자와 보상금액을 협의하도록 하여야 한다.

　　2) 경찰서장 또는 제주특별자치도지사는 당해 청구권자의 성명과 주거를 습득자(점유자를 포함한다)에게 통지하여 청구권자의 보상금액에 관하여 협의하도록 하여야 한다. 다만, 습득에 관한 권리를 미리 포기하였거나 권리를 상실한 습득자에 대하여는 예외로 한다.

2. 습득물의 반환

　　1) 청구권자와 습득자간의 보상금에 관한 협의가 이루어지고 그 이행이 종료되면, 경찰서장 또는 제주특별자치도지사는 수령증을 받고 그 습득물을 청구권자에게 반환하여야 한다.

　　2) 물건의 반환을 받을 권리자가 그 권리를 포기하여 습득자가 그 소유권을 취득하는 경우에도 수령증을 받고 그 습득물을 청구권자에게 반환하여야 한다.

Ⅳ. 유실물에 관한 권리·의무[38)

1. 습득물을 취득할 권리(소유권 취득)

습득물을 공고하였음에도 불구하고 6개월 내에 그 소유자가 권리를 주장하지 아니하면 습득자가 그 물건의 소유권을 취득한다.

2. 보상금을 받을 권리

습득물 가액의 100분의 5이상 100분의 20의 범위 내에서 습득자에게 지급하여야 한다.

3. 권리포기 등

1) 습득자는 미리 신고하여 습득물에 관한 모든 권리를 포기하고 의무를 지지 아니할 수 있다.

2) 물건을 반환받을 자는 그 권리를 포기하고 비용과 보상금 지급의 의무를 지지 아니할 수 있다.

3) 법률에 따라 소유 또는 소지가 금지된 물건의 습득자는 소유권을 취득할 수 없다. 다만, 행정기관의 허가 또는 적법한 처분에 따라 그 소유 또는 소지가 예외적으로 허용되는 물건의 경우에는 그 습득자나 그 밖의 청구권자는 기간 내에 허가 또는 적법한 처분을 받아 소유하거나 소지할 수 있다.

4) 습득자가 권리를 포기하거나 소유권의 취득권리를 포기하고자 할 때 또는 청구권자 등이 물건반환청구권을 포기하고자 할 때에는 권리포기서를 경찰서장 또는 제주특별자치도지사에게 제출하여야 한다.

4. 습득자의 권리 상실

습득물이나 그 밖의 「유실물법」의 규정을 준용하는 물건을 횡령함으로써 처벌을 받은 자 및 습득일부터 7일 이내에 습득물의 조치 또는 장물제출의 절차를 밟지 아니한 자는 비용과 보상금을 받을 권리 및 습득물의 소유권을 취득할 권리를 상실한다.

---

38) 유실물법 제9조·유실물법시행령 제11조.

「점유이탈물 횡령죄」

① 점유이탈물의 의의

　　점유이탈물이라 함은 점유자의 의사에 의하지 아니하고 그 점유(사실상의 지배)를 떠났으나, 아직 누구의 점유에도 속하지 않은 물건을 말한다. 즉, 유실물·표류물·매장물·타인이 두고간 물건·도주한 가축·잘못 배달된 우편물·착오로 받은 돈이나 물건 등과 같이 우연하게 자기의 점유에 속하게 된 물건을 말한다.

② 점유이탈물횡령죄

　　유실물·표류물·매장물, 또는 타인의 점유를 이탈한 재물을 횡령하는 범죄를 말한다. 1년 이하의 징역이나 300만원 이하의 벌금 또는 과료에 처하며, 친족상도례가 적용된다.

③ 관련 판례

　　㉠ 점유이탈물 횡령죄 성립

　　　　대법원판례는 길가에 일시 방치되어 있는 물건(고장난 차·목재 등)·여관이나 호텔 등의 욕실 내에 있는 물건·택시나 비행기 내에 있는 승객의 유실물 등을 가져갈 경우, 절도죄가 아닌 점유물횡령죄로 본다. 예컨대, 승객이 내린 지하철의 선반위에 있는 물건을 가지고 갈 경우 점유이탈물횡령죄가 성립한다(대판 1999.11.26. 99도3693).

　　㉡ 절도죄 성립

　　　　택시기사가 손님이 내린 휴대폰을 손님이 찾을 수 없도록 즉시 전원을 꺼버리고 이를 휴대폰 장물업자에게 팔아넘긴 경우, 점유이탈물횡령죄가 아니라 절도죄가 성립한다.

V. 선박·차량·건축물 등에서의 습득

　　1. 관리자가 있는 선박·차량·건축물·그 밖에 일반인의 통행을 금지한 구내에서 타인의 물건을 습득한 자는 그 물건을 관리자에게 인계하여야 한다.

　　2. 제1항의 물건에 관하여는 선박·차량·건축물 등의 점유자를 습득자로 한다. 자기가 관리하는 장소에서 타인의 물건을 습득한 경우에도 또한 같다.

　　3. 관리자가 있는 선박·차량·건축물, 그 밖에 일반인의 통행을 금지한 구내에서 유

실물에 대한 보상금은 점유자와 실제로 물건을 습득한 자가 반씩 나누어야 한다(「유실물법」 제10조 제3항).

4. 소유권을 취득하는 경우에는 선박·차량·건축물 등의 점유자인 습득자와 사실상의 습득자는 반씩 나누어 그 소유권을 취득한다. 이 경우 습득물은 점유자인 습득자에게 인도한다(「민법」 제253조).

Ⅵ. 준유실물

착오로 점유한 물건·타인이 놓고 간 물건·잘못 배달된 물건·일실(逸失:잃어버리거나 놓침)한 가축에 관하여는 「유실물법」 및 「민법」 제253조를 준용한다. 다만, 착오로 점유한 물건에 대하여는 비용과 보상금을 청구할 수 없다.

Ⅶ. 매장물

1. 매장물(埋藏物)에 관하여는 선박·차량·건축물 등에서의 습득(동법 제10조)을 제외하고는 이 법(「유실물법」)을 준용한다.

2. 매장물이 학술·기예 또는 고고의 중요한 재료가 되는 물건인 경우 국가는 매장물을 발견한 자와 매장물이 발견된 토지의 소유자에게 통지하여 그 가액에 상당한 금액을 반으로 나누어 국고(國庫)에서 각자에게 지급하여야 한다. 다만, 매장물을 발견한 자와 매장물이 발견된 토지의 소유자가 같을 때에는 그 전액을 지급하여야 한다.

3. 매장물 보상금액에 불복하는 자는 그 통지를 받은 날부터 6개월 이내에 민사소송을 제기할 수 있다.

Ⅷ. 탐정업과 「유실물법」의 관계

탐정은 의뢰인의 요구가 있을 경우 유실물 등의 소재를 파악하고 이를 찾아주는 것도 가능하다. 따라서 「유실물법」에 관한 법률적인 지식과 절차적 과정을 숙지하여 두는 것이 필요하다.

제10절 주민등록법

Ⅰ. 목적

「주민등록법」은 시·군 또는 구의 주민을 등록하게 함으로써 주민의 거주관계 등 인구의 동태를 상시로 명확히 파악하여 주민생활의 편익을 증진시키고 행정사무의 적정한 처리를 도모함을 목적으로 한다.

1. 등록의 신고주의 원칙 등

주민의 등록 또는 그 등록사항의 정정이나 말소 또는 거주불명 등록은 주민의 신고에 의하여 이를 행한다.[39] 신고는 세대주 또는 그를 갈음하여 세대를 관리하는 자 또는 본인 및 세대주의 위임을 받은 자가 그 신고사유가 발생한 날로부터 14일 이내에 해야 하며,[40] 신고사항에 변동이 있는 때에는 변동이 있는 날로부터 14일 이내에 정정신고를 해야 한다.[41]

2. 신고사항

주민은 성명·성별·생년월일·세대주와의 관계·합숙하는 곳은 관리책임자가 해당 거주지를 관할하는 시장·군수 또는 구청장에게 신고하여야 한다.

3. 주민등록증의 제시요구[42]

주민등록증 제시요구는 사법경찰관리 등 법령에 의해 허용된 공인에 한해서 허용된다. 따라서 사인(私人)인 경우에는 어떠한 경우에도 그러한 권한이 인정되지 않는다.

---

39) 주민등록법 제8조
40) 동법 제11조
41) 동법 제13조
42) 동법 제26조

4. 벌칙[43]

1) 징역과 벌금

다음의 어느 하나에 해당하는 자는 3년 이하의 징역 또는 1천만원 이하의 벌금에 처한다.

(1) 주민등록증을 채무이행의 확보 등의 수단으로 제공한 자 또는 그 제공을 받은 자

(2) 거짓의 주민등록번호를 만드는 프로그램을 다른 사람에게 전달하거나 유포한 자

(3) 열람 또는 등·초본의 교부(제29조 제2항부터 제4항)의 규정을 위반하여 그 밖의 부정한 방법으로 다른 사람의 주민등록표를 열람하거나 그 등본 또는 초본을 교부받은 자

(4) 주민등록전산정보자료를 본래의 목적 외의 용도로 이용·활용한 자

(5) 다른 사람의 주민등록증을 부정하게 사용한 자

(6) 법률에 따르지 아니하고 영리의 목적으로 다른 사람의 주민등록번호에 관한 정보를 알려주는 자

(7) 다른 사람의 주민등록번호를 부정하게 사용한자. 다만, 직계혈족·배우자·동거친족 또는 그 배우자 간에는 피해자가 명시한 의사에 반하여 공소를 제기할 수 없다.

2) 과태료

(1) 주민등록번호를 변경하여(제7조의4 제1항) 입증자료를 거짓으로 제출한 사람에게는 1천만원 이하의 과태료를 부과한다.

(2) 정당한 사유 없이 사실조사를 거부 또는 기피한 자에게는 50만원 이하의 과태료를 부과한다.

(3) 정당한 사유 없이 신고 또는 신청을 기간 내에 하지 아니한 자에게는 5만원 이하의 과태료를 부과한다.

---

43) 동법 제37조

II. 탐정과 「주민등록법」의 관계

1. 주민등록증의 제시요구 및 신원이나 거주 관계 확인

　　1) 사법경찰관리는 범인을 체포하는 등 그 직무를 수행할 때에 17세 이상인 주민의 신원이나 거주 관계를 확인할 필요가 있으면 주민등록증의 제시를 요구할 수 있다. 그러나 그 직무를 수행하면서 직권을 남용하여 「주민등록법」상의 규정(제26조, 주민등록증의 제시요구)을 위반하면 「경찰관직무집행법」 제12조(벌칙)에 따라 1년 이하의 징역이나 금고에 처해진다.

　　2) 탐정은 사법경찰관리가 아니기 때문에, 어떠한 경우에도 타인에게 주민등록증의 제시요구나 신원이나 거주관계를 확인하는 것은 허용되지 않는다.

2. 탐정의 활동과 「주민등록법」

　　탐정업을 수행하는 경우 의뢰인으로부터 타인의 주민등록증과 관련된 사안들이 접수될 가능성이 농후하다. 따라서 탐정은 업무 수행과정에서 「주민등록법」상의 제반 규정에 위배되지 않도록 하여야 한다.

제11절　탐정업과 인접직역의 법률관계

I. 서설

　　탐정업의 업무범위나 영업활동은 기존의 변호사업·법무사업·행정사업 등과 직접적으로 상호 충돌할 가능성이 매우 높다. 따라서 유사직역(類似職域: 서로 비슷한 직업의 영역이나 범위)과의 제반 법률 등을 구체적으로 숙지하여 위법사례가 없도록 해야 한다.

II. 「변호사법」

1. 내용

1) 변호사의 사명(동법 제1조)

　　(1) 변호사는 기본적 인권을 옹호하고 사회정의를 실현함을 사명으로 한다.

(2) 변호사는 그 사명에 따라 성실히 직무를 수행하고 사회질서 유지와 법률제도개선에 노력하여야 한다.

2) 변호사의 직무(동법 제3조)

변호사는 당사자와 그 밖의 관계인의 위임이나 국가·지방자치단체와 그 밖의 공공기관이 위촉 등에 의하여 소송에 관한 행위 및 행정처분의 청구에 관한 대리행위와 일반법률 사무를 하는 것을 그 직무로 한다.

3) 변호사의 자격(동법 제4조)

다음 각 호의 어느 하나에 해당하는 자는 변호사의 자격이 있다.

(1) 사법시험에 합격하여 사법연수원의 과정을 마친 자

(2) 판사나 검사의 자격이 있는 자

(3) 변호사시험에 합격한 자

4) 변호사의 권리와 의무

변호사는 법률사무소를 개설할 수 있으며(「변호사법」 제21조), 법률사무소에 사무직원을 둘 수 있다. 다만, 사무직원의 경우 일정한 결격사유가 있는 자는 사무직원으로 채용할 수 없다(「변호사법」 제22조).

2. 벌칙

1) 변호사가 아닌 자의 행위(동법 제109조)

(1) 변호사가 아니면서 금품·향응 또는 그 밖의 이익을 받거나 받을 것을 약속하고 또는 제3자에게 이를 공여하게 하거나 공여하게 할 것을 약속하고 다음 각 사건에 대하여 감정·대리·중재·화해·청탁·법률상담 또는 법률 관계 문서 작성, "그 밖의 법률사무"를 취급하거나 이러한 행위를 알선한 자

① 소송 사건·비송 사건·가사 조정 또는 심판 사건

② 행정심판 또는 심사의 청구나 이의신청, 그 밖에 행정기관에 대한 불복신청 사건

③ 수사기관에서 취급 중인 수사 사건

④ 법령에 따라 설치된 조사기관에서 취급 중인 조사 사건

⑤ 그 밖에 일반의 법률사건

위의 어느 하나에 해당하는 자는 7년 이하의 징역 또는 5천만원 이하의 벌금에 처한다. 이 경우 벌금과 징역은 병과할 수 있다.

> ### 「그 밖의 법률사무」와 관련된 판례
> ★ 변호사가 아닌 사람이 금품·향응 또는 그 밖의 이익을 받거나 받을 것을 약속하고 법률 사무를 하는 행위에 대한 벌칙(동법 제109조 제1호)을 규정하고 있는데, 단순히 법률사무와 관련한 실비를 변상 받았을 때에는 위 조문상의 이익을 수수하였다고 볼 수 없다. 그러나 용역계약을 받은 자가 계속 중이던 소송 또는 진행 중이던 수사와 관련하여 관계자들을 찾아가 진술을 녹취하고 그 녹취내용에 대한 녹취록을 작성하는 등의 사실조사와 자료수집행위를 한 것은 변호사법에서 금지한 「그밖의 법률사무」에 해당한다(대판 2015.7.9. 2014도16204).

(2) 변호사가 아닌 자의 행위(동법 제112조)

변호사가 아니면서 변호사나 법률사무소를 표시 또는 기재하거나 이익을 얻을 목적으로 법률상담이나 "그 밖의 법률사무"를 취급하는 뜻을 표시 또는 기재한 자는 3년 이하의 징역 또는 2천만원 이하의 벌금에 처한다. 이 경우 벌금과 징역을 병과할 수 있다.

2) 「변호사법」위반죄

(1) 개념

공무원이 취급하는 사건 또는 사무에 관하여 청탁 또는 알선을 한다는 명목으로 금품·향응, 그 밖의 이익을 받거나 받을 것을 약속한 자 또는 제3자에게 이를 공여하게 하거나 공여하게 할 것을 약속한 자는 5년 이하의 징역 또는 1천 만원 이하의 벌금에 처한다.[44]

(2) 주체

주체에는 제한이 없으며 변호사와 공무원도 주체가 될 수 있다. 대법원은 '변호사

---

44) 변호사법 제111조

인 피고인이 취급하는 사건 또는 사무에 관하여 청탁 또는 알선한다는 명목으로 금품을 받은 이상 범죄는 성립하고 피고인에게 변호사의 자격이 있다 하여도 그 범죄성립에는 아무런 영향이 없다'고 판시한 바 있다(대판 1984.2.14. 81도3202).

(3) 공무원이 취급하는 사건 또는 사무

'공무원이 취급하는 사건 또는 사무'라 함은 자기 자신을 제외한 모든 자의 사건 또는 사무를 가리키는 것으로 해석함이 상당하다.

(4) 청탁 또는 알선을 한다는 명목

「관련 판례」

① 공무원이 취급하는 사건 또는 사무에 관하여 청탁 또는 알선을 한다는 명목으로 금품·향응 기타 이익을 받거나 받을 것을 약속하고 또 제3자에게 이를 공여하게 하거나 공여하게 할 것을 약속한 때에는 위와 같은 금품을 받거나 받을 것을 약속하는 것으로써 구 변호사법(2005.1.27. 법률 제7357호로 개정되기 전의 것. 이하 같다) 제111조 위반죄가 성립된다고 할 것이고, 위 금품의 수교부자가 실제로 청탁할 생각이 없었다 하더라도 위 금품을 교부받은 것이 자기의 이득을 취하기 위한 것이라면, 변호사법 위반의 성립에는 영향이 없다(대판 1986.3.25. 86도436).

② 공무원이 취급하는 사건 또는 사무에 관하여 청탁한다는 명목으로 금품을 받으면 그 즉시 위 조항 위반죄가 성립하는 것이고, 금품을 교부받은 사람이 실제로 청탁을 하였는지 여부는 죄의 성립에 영향을 미치지 않는다(대판 2006.11.24. 2005도5567).

---

(5) 이익

「변호사법」위반죄에서의 이익은 뇌물죄에서의 뇌물의 내용인 이익과 마찬가지로 금전·물품 기타의 재산적 이익뿐만 아니라, 사람의 수요·욕망을 충족시키기에 족한 일체의 유형·무형의 이익을 포함한다(대판 2006.11.24. 2005도7050).

「관련 판례」

★ 당사자를 특정 변호사에게 소개한 후 그 대가로 금품을 수수한 경우

법률사무의 수임에 관하여 당사자를 특정 변호사에게 소개한 후 그 대가로 금품

을 수수하면 변호사법 제109조 제2호(벌칙), 제34조 제1항(변호사가 아닌자 와의 동
업 금지)을 위반하는 죄가 성립하는바, 그 경우 소개의 대가로 금품을 받을 고의
를 가지고 변호사에게 소개를 하면 실행행위의 착수가 있다.

(6) 사기죄와의 관계

공무원이 취급하는 사건에 관하여 청탁 또는 알선을 할 의사와 능력이 없음에도 청
탁 또는 알선을 한다고 기망하고, 이에 속은 피해자로부터 금품을 받은 경우에는 사기
죄와 「변호사법」 제111조 제1항 위반죄가 각 성립하고, 양자는 상상적 경합의 관계[45]에
있다(대판 2006.4.7. 2005도9858 전원합의체).

「관련 판례」

★ 피고인A는 피해자 갑이 해외원정 사기도박 혐의로 부산지방경찰청 외사과 소속
경찰들로부터 내사를 받고 있다는 소식을 듣고, 피고인A는 피해자 갑으로부터
금원을 교부받더라도 이를 이용하여 경찰에 청탁하여 사건을 무마해줄 의사나
능력이 없었고, 실제로는 피해자로부터 교부받은 금원을 자신의 생활비 등 개인
적인 용도로 사용할 계획이었다. 그럼에도 불구하고 피고인A는 서울 동대무구에
있는 피해자 갑의 집에 전화하여 "내가 직접 부산에 내려가 외사과장을 만났다.
무혐의로 처리하는 것으로 이야기가 잘 되었으니 내일까지 1억원을 준비해달라"
고 하여 1,000만원권 자기앞 수표10장을 건네 받았고, 그후에도 부산지방경찰청
외사과 소속 경찰들의 회식비로 3,000만원, 부산지방경찰청 외사과 수사팀이 교
체로 다시 인사해야 한다고 1,000만원권 자기앞 수표2장을 받은 등 공무원이 취
급하는 사무에 관하여 청탁 또는 알선한다는 명목으로 금품을 수수함과 동시에
피해자를 기망하여 편취하였다. 피고인A는 사기죄와 변호사법 위반죄와의 상상
적 경합으로 실형1년6월과 받은 액수에 대한 추징을 선고받았다(서울북부지법
2019.5.14. 2019고단363).

---

45) 상상적 경합범은 1개의 행위가 수개의 죄에 해당하는 경우를 말한다. 예컨대, 한 발의 탄환으로 수인을 살
해하는 경우, 또는 한 발의 탄환으로 사람을 살해하고 동시에 타인의 재물을 손괴하는 경우 등을 말한다.
상상적 경합범은 실질적으로는 수죄이나 과형상 1죄로 취급한다. 따라서 가장 중한 죄에 정한 형으로 처벌
한다(흡수주의).

(7) 제3자뇌물취득죄와의 관계

자신의 이득을 취하기 위하여 공무원이 취급하는 사건 또는 사무에 관하여 청탁한다는 명목으로 금품 등을 교부받은 것이 아니고, 공무원이 취급하는 사무에 관한 청탁을 받고 청탁상대방인 공무원에게 제공할 금품을 받은 경우에는 제3자뇌물취득죄만이 성립하고, 「변호사법」 제111조 제1항 위반죄는 성립하지 않는다(대판 1997.6.27. 97도439).

3. 탐정(탐정업)과 「변호사법」의 관계

1) 변호사의 직무행위와 탐정(탐정업)의 업무영역

(1) 변호사의 직무

우리나라의 경우 민간인의 조사나 소송은 변호사에 의해서만 할 수 있도록 「변호사법」에서 규정하고 있다. 「변호사법」 제109조(벌칙) 제1항을 보면, 변호사가 아니면서 금품·향응 기타 이익을 받거나 받을 것을 약속하고 ① 소송사건·비송사건·가사조정, ② 심판사건·행정심판, ③ 심사청구나 이의신청 기타 행정기관에 의한 불복신청사건, ④ 수사기관에서 취급 중인 수사사건, ⑤ 법령에 의하여 설치된 조사기관에서 취급중인 조사사건, ⑥ 기타 일반 법률사건에 의하여 감정·대리·중재·화해·청탁·법률상담 또는 법률관계 문서작성 기타 법률사무를 취급하거나 이러한 행위를 알선한 자'는 7년 이하의 징역 또는 5천 만원 이하의 벌금에 처하거나 이를 병과할 수 있도록 규정 하고 있다. 따라서 변호사가 아닌 사람이 대가를 받고 법률사무를 하는 것은 위법이다.

(2) 범죄나 위법행위의 조사가 아닌 사안들, 예컨대 보수를 대가로 친자확인을 해주거나 재산상의 손실조사를 해주는 경우에도 변호사법 위반죄에 해당될 여지가 있다.[46] 따라서 탐정업의 업무와 변호사법의 변호사 직무와는 직·간접적으로 상호 충돌할 가능성이 매우 높다.

(3) 탐정업의 업무 영역의 한계

① 변호사의 수임에 의한 민·형사사건 증거수집

탐정업자(탐정)가 변호사에게 수임을 의뢰받은 경우에는 각종 민·형사상의 정황증거 자료수집 및 사실확인 업무가 가능하다.

---

46) 강영숙, 위의 책, p. 45.

② 탐정의 소송관련 자료수집의 가능성 여부

탐정업자(탐정)는 민·형사사건과 관련된 증거수집을 할 수 있는가? 이에 대하여 구체적인 검토가 필요하다. 첫째, 형사사건의 경우 '계속(係屬: 형사사건이 특정한 법원의 재판 대상으로 되어 있는 상태)중이던 소송 또는 진행중이던 수사'와 관련된 자료를 탐정 등 용역계약을 받은 자가 자료를 수집하였다면, 「변호사법」에서 금지한 "그 밖의 법률사무"에 해당한다고 대법원은 판시한 바 있다(대판 2005.7.9. 2014도16241). 이러한 대법원의 판례는 다음과 같은 법 해석상의 여지를 남겨두고 있다.

하나는 '계속(係屬)중이던 소송 또는 진행중이던 수사'와 관련된 자료가 아닌 형사소송 준비단계 및 수사개시 이전의 단계인 고소·고발을 위한 자료수집과 민사소송 자료수집활동에 대한 가벌성 여부는 위 판례에서 언급된 사실이 없고, 이와 관련된 판례 역시 현재까지 존재하지 않는다. 따라서 탐정의 업무영역 중 민·형사소송 관련 자료수집 등은 전연 불가능하다고 단정하는 것은 법해석상의 문제가 있다. 즉, 수사개시 이전 단계인 고소·고발을 위한 자료수집과 민사소송관련 자료수집활동이 「변호사법」위반인가 하는 부분은 논란의 소지가 많다. 따라서 탐정의 소송관련 자료수집활동에 대한 위법성 여부는 자료수집의 시기 등 구체적인 사안에 따라 따져보아야 할 것이다.

둘째, 탐정업자(탐정)의 소송 자료수집은 제109조(벌칙 제1호 변호사가 아닌자의 행위의 마) "그 밖에 일반의 법률사건"에 저촉되는 행위로 이해되고 있다. 그러나 「변호사법」제109조(벌칙 제1호의 마) "그 밖에 일반의 법률사건"의 용어의 뜻은 그 범위가 포괄적이면서도 아직까지 이에 대한 구체적인 예시가 적시되어 있지도 않고, 정형화되어 있지도 않다. 즉, "그 밖에 일반의 법률사건"의 범위가 어디까지인지 그 한계가 모호하다는데 문제가 있다. 따라서 탐정은 탐정업무를 수행시 어떤 행위가 "그 밖에 일반의 법률사건"에 저촉되는지 그때그때 사안별로 판단하거나 판례에 따르는 등 신중한 검토가 요구된다.

Ⅲ. 「법무사법」

1. 법무사의 의의

법무사란 위임인으로부터 소정의 보수를 받고 법원이나 검찰청 등에 제출하는 서류를 작성하는 일을 업으로 하는 사람 또는 그 직종을 말한다. 법무사는 「법무사법」에 따라 법무사시험에 합격하여야 한다.

2. 내용

1) 법무사의 업무(동법 제2조)

(1) 법무사의 업무는 다른 사람이 위임한 다음 각 호의 사무로 한다.

① 법원과 검찰청에 제출하는 서류의 작성

② 법원과 검찰청의 업무에 관련된 서류의 작성

③ 등기나 그 밖에 등록신청에 필요한 서류의 작성

④ 등기·공탁사건(供託事件) 신청의 대리(代理)

⑤ 「민사집행법」에 다른 경매사건과 「국세징수법」이나 그 밖의 법령에 따른 공매사건(公賣事件)에서의 재산취득에 관한 상담, 매수신청 또는 입찰신청의 대리

⑥ 「채무자 회생 및 파산에 관한 법률」에 따른 개인의 파산사건 및 개인회생사건 신청의 대리. 다만, 각종 기일에서의 진술의 대리는 제외한다.

⑦ 제①호부터 제③호까지의 규정에 따라 작성된 서류의 제출 대행(代行)

⑧ 제①호부터 제⑦호까지의 사무를 처리하기 위하여 필요한 상담·자문 등 부수되는 사무

(2) 법무사는 제1항 제①호부터 제③호까지의 서류라고 하더라도 다른 법률에 따라 제한되어 있는 것은 작성할 수 없다.

2) 법무사가 아닌 자에 대한 금지(동법 제3조)

(1) 법무사가 아닌 자는 제2조(법무사의 업무)에 따른 사무를 업(業)으로 하지 못한다.

(2) 법무사가 아닌 자는 법무사 또는 이와 비슷한 명칭을 사용하지 못한다.

3) 법무사의 보수(동법 제19조)

(1) 법무사는 그 업무에 관하여 위임인으로부터 소정의 보수(報酬)를 받는다.

(2) 법무사는 그 업무에 관하여 제1항에 따른 보수 외에는 어떠한 명목으로도 위임인으로부터 금품을 받지 못한다.

4) 위임에 따를 의무 등(동법 제20조)

(1) 법무사는 정당한 사유 없이 업무에 관한 위임을 거부할 수 없다.

(2) 법무사는 당사자 한쪽의 위임을 받아 취급한 사건에 관하여는 상대방을 위하여 서류를 작성하지 못한다. 다만, 당사자 양쪽의 동의가 있는 경우에는 그러하지 아니하다.

5) 업무범위 초과 행위 및 등록증 대여의 금지(동법 제21조)

(1) 법무사는 그 업무 범위를 초과하여 다른 사람의 소송이나 그 밖의 쟁의사건(爭議事件)에 관여하지 못한다.

(2) 법무사는 등록증을 다른 사람에게 빌려주지 못한다.

6) 법무사가 아닌 자의 행위(동법 제74조)

(1) 법무사가 아닌 자가 다음 각 호의 어느 하나에 해당하면 3년 이하의 징역 또는 500만원 이하의 벌금에 처한다.

① 제3조(법무사가 아닌 자에 대한 금지)를 위반하여 법무사의 사무를 업으로 하거나 법무사 또는 이와 비슷한 명칭을 사용한 경우

② 이익을 얻을 목적으로 문서·도화(圖畵)·시설물 등에 법무사 업무를 취급한다는 뜻을 표시하거나 기재한 경우

(2) 상습적으로 법무사가 아닌 자가 법무사의 사무를 업무로 하는 등의 죄를 범한 자는 5년 이하의 징역에 처한다.

3. 탐정(탐정업)과 법무사업의 관계

법무사는 업무 영역이 상당 부분 겹치는 변호사와 경쟁해야 하고, 경매와 공매 같은 업무는 공인중개사와 경쟁하는 위치에 있다. 탐정이 업무와 법무사의 업무는 유사한 점도 있지만, 한편으로는 현격한 차이가 있다. 따라서 탐정이 법무사 자격없이 수수료를 받고 행정기관(검찰청 등)에 제출하는 고소장을 작성하는 경우에는 「법무사법」위반으로 처벌받게 된다(대판 1989.4.28. 89도1661).

Ⅳ. 「행정사법(行政士法)」

1. 행정사의 의의

행정사는 남의 부탁에 의하여 보수를 받고 행정기관에 제출하는 서류나 주민의 권리·의무·사실증명에 관한 서류의 작성 및 대리제출 등을 업무로 하는 자를 말한다. 1961년 제정된 「행정서사법」에 따라 행정서사라고 부르다가, 1995년 이 법이 행정사법으로 전문 개정되면서 명칭도 바뀌었다. 행정사는 「행정사법」에 따라 행정사 자격시험에 합격하여야 한다.

2. 내용

1) 행정사의 업무(동법 제2조)

행정사는 다른 사람의 위임을 받아 다음의 업무를 수행한다. 다만, 다른 법률에 따라 제한된 업무는 할 수 없다.

(1) 행정기관에 제출하는 서류의 작성

(2) 권리·의무나 사실증명에 관한 서류의 작성

(3) 행정기관의 업무에 관련된 서류의 번역

(4) 제1호부터 제3호까지의 규정에 따라 작성된 서류의 제출 대행(代行)

(5) 인가·허가 및 면허 등을 받기 위하여 행정기관에 하는 신청·청구 및 신고 등의 대리(代理)

(6) 행정 관계 법령 및 행정에 대한 상담 또는 자문에 대한 응답

(7) 법령에 따라 위탁받은 사무의 사실 조사 및 확인[47]

---

47) 법령에 따라 위탁받은 사무의 사실조사 및 확인은 다음과 같이 해석할 수 있다. 위 법문 중 '법령에 따라'에서의 '법령'이란 행정사법이 아닌 다른 '개별법령'을 의미한다. 따라서 '법령에 따라 위탁받은 사무'란 행정사법에 따라 수임한 사무가 아닌 다른 개별법령에 따라 위탁받은 사무을 말한다. 현재 '법령에 따라 위탁받은 사무의 사무조사 및 확인'업무에 해당하는 것은 주민등록법 제29조(열람 또는 등·초본의 교본) 제2항 제6호에 따라 채권·채무관계 등 정당한 이해관계가 있는 사람이 타인의 주민등록 등·초본을 열람 또는 교부를 신청시 일반행정사가 이해관계 사실확인서를 발급해 주는 경우가 이에 해당한다(김종식 외 공편저, 「탐정학술편람」, 서울: 한국지식개발원, 2016, p. 332).

2) 행정사가 아닌 사람에 대한 금지사항(동법 제3조)

(1) 행정사가 아닌 사람은 다른 법률에 따라 허용되는 경우를 제외하고는 제2조(행정사의 업무)에 따른 업무를 업(業)으로 하지 못한다.

(2) 행정사가 아닌 사람은 행정사 또는 이와 비슷한 명칭을 사용하지 못한다.

3) 행정사의 종류(동법 제4조)

행정사는 소관 업무에 따라 일반행정사·기술행정사·외국어번역행정사로 구분하고, 종류별 업무의 범위와 내용은 대통령령으로 정한다.

4) 업무신고(동법 제10조)

행정사 자격이 있는 사람이 행정사로서 업무를 하려면 대통령령으로 정하는 바에 따라 주된 사무소의 소재지를 관할하는 특별자치도지사·시장·군수 또는 자치구의 구청장에게 대통령령으로 정하는 신고 기준을 갖추어 신고하여야 한다.

5) 신고확인증의 발급(동법 제12조)

(1) 시장등은 업무신고를 받은 때에는 그 내용을 확인한 후 행정안전부령으로 정하는 바에 따라 신고확인증을 행정사에게 발급하여야 한다.

(2) 제1항에 따라 신고확인증을 발급받은 사람은 신고확인증을 잃어버리거나 못쓰게 된 경우에는 행정안전부령으로 정하는 바에 따라 시장등에게 재발급을 신청할 수 있다.

6) 신고확인증의 대여 등의 금지(동법 제13조)

(1) 행정사는 다른 사람에게 신고확인증을 양도하거나 대여하여서는 아니 된다.

(2) 누구든지 다른 사람의 신고확인증을 양수하거나 대여받아 사용하여서는 아니 된다.

7) 사무소의 설치(동법 제14조)

(1) 행정사는 행정사 업무를 하기 위한 사무소를 하나만 설치할 수 있다.

(2) 행정사는 그 업무를 조직적이고 전문적으로 하기 위하여 3명 이상의 행정사로 구성된 합동사무소를 설치할 수 있으며, 소속 행정사의 수를 넘지 아니하는 범위에서 분사무소(分事務所)를 설치할 수 있다.

(3) 행정사가 사무소를 이전할 때에는 10일 이내에 이전 후의 사무소 소재지를 관할하는 시장등에게 신고하여야 한다.

8) 사무소의 명칭 등(동법 제15조)

(1) 행정사는 그 사무소의 종류별로 사무소의 명칭 중에 행정사사무소 또는 행정사합동사무소라 글자를 사용하고, 행정사합동사무소의 분사무소에는 그 분사무소임을 표시하여야 한다.

(2) 행정사가 아닌 사람은 행정사사무소 또는 이와 비슷한 명칭을 사용하지 못하며, 행정사합동사무소나 그 분사무소가 아니면 행정사합동사무소나 그 분사무소 또는 이와 비슷한 명칭을 사용하지 못한다.

9) 보수(동법 제19조)

(1) 행정사는 업무를 위임한 자로부터 보수를 받는다.

(2) 행정사와 그 사무직원은 업무에 관하여 제1항에 따른 보수 외에 어떠한 명목으로도 위임인으로부터 금전 또는 재산상의 이익이나 그밖의 반대급부(反對給付)를 받지 못한다.

10) 증명서의 발급(동법 제20조)

(1) 행정사는 업무에 관련된 사실의 확인증명서를 발급할 수 있다.

(2) 외국어번역행정사는 그가 번역한 번역문에 대하여 번역확인증명서를 발급할 수 있다.

11) 행정사의 의무와 책임(동법 제21조)

(1) 행정사는 위임받은 업무를 성실히 수행하여야 한다.

(2) 행정사가 업무를 수행하면서 고의 또는 과실로 위임인에게 재산상의 손해를 입힌 경우에는 그 손해를 배상할 책임이 있다.

12) 금지행위(동법 제22조)

행정사와 그 사무직원은 다음의 행위를 하여서는 아니 된다.

(1) 정당한 사유 없이 업무에 관한 위임을 거부하는 행위

(2) 당사자 중 어느 한 쪽의 위임을 받아 취급하는 업무에 관하여 이해관계를 달리하는 상대방으로부터 같은 업무를 위임받는 행위. 다만, 당사자 양쪽이 동의한 경우는 제외한다.

(3) 행정사의 업무 범위를 벗어나서 타인의 소송이나 그 밖의 권리관계분쟁 또는 민원사무처리과정에 개입하는 행위

(4) 행정사 업무의 알선을 업으로 하는 자를 이용하거나 그 밖의 부당한 방법으로 행정사 업무의 위임을 유치(誘致)하는 행위

13) 비밀엄수(동법 제23조)

행정사 또는 행정사이었던 사람(행정사의 사무직원 또는 사무직원이었던 사람을 포함한다)은 정당한 사유없이 직무상 알게 된 사실을 다른 사람에게 누설하여서는 아니 된다.

14) 벌칙(동법 제36조)

(1) 다음의 어느 하나에 해당하는 사람은 3년 이하의 징역 또는 3천만원 이하의 벌금에 처한다.

① 행정사가 아닌 사람이 금지사항을 위반하여 행정사의 업무를 업으로 한 사람

② 신고확인증의 대여금지를 위반하여 신고확인증을 다른 자에게 대여한 행정사, 행정사법인과 이를 대여 받은 자 또는 대여를 알선한 자.

(2) 다음의 어느 하나에 해당하는 사람은 1년 이하의 징역 또는 1천만원 이하의 벌금에 처한다.

① 업무신고를 하지 아니하고 행정사 업무를 한 사람

② 비밀엄수를 위반하여 업무상 알게 된 사실을 다른 사람에게 누설한 사람

③ 업무의 정지에 따른 업무정지처분을 받고 그 업무정지 기간에 행정사 업무를 한 사람

(3) 다음의 어느 하나에 해당하는 사람은 100만원 이하의 벌금에 처한다.

① 위임인으로부터 보수 외에 금전 또는 재산상 이익이나 그 밖의 반대급부를 받은 사람

② 정당한 사유 없이 업무에 관한 위임을 거부한 사람

③ 당사자 양쪽으로부터 같은 업무에 관한 위임을 받은 사람

④ 타인의 소송이나 그 밖의 권리관계분쟁 또는 민원사무처리과정에 개입한 사람

⑤ 알선을 업으로 하는 자를 이용하거나 그 밖의 부당한 방법으로 행정사 업무의 위임을 유치한 사람

(4) 양벌규정

행정사의 사용인 등 종업원이 행정사법의 벌칙 규정을 위반한 경우, 그 행위자를 처벌함은 물론 행정사에 대해서도 위반규정에 따른 벌금형을 부과한다.

「관련 판례」

★ 법무사 자격이 없는 사람이 친척 등의 부탁으로 위탁수수료나 보수 없이 고소장을 작성해 준 경우 「법무사법」위반으로 처벌받는지 여부?

법무사나 행정사의 자격이 없는 자가 행정기관에 제출하는 서류를 작성해준 경우 「법무사법」이나 「행정사법」에 위반되어 처벌되는 것은 보수나 수수료를 받고 위와 같은 행위를 업(業)으로 하는 경우이므로, 수수료나 보수 등 서류작성과 관련한 아무런 이익도 제공받지 않고 도와주는 입장에서 서류를 작성해주었다면 그 작성자가 법무사나 행정사의 자격이 없어도 「법무사법」이나 「행정사법」에 저촉되는 것은 아니라 할 것이다(대판 1987.9.22. 87도1293; 1989.11.28. 89도1661).

---

3. 탐정(탐정업)과 「행정사법」의 관계

1. 탐정은 행정사 자격없이 행정사 업무를 수행할 수 없다. 따라서 탐정(탐정업)은 「행정사법(行政士法)」의 벌칙 규정을 구체적으로 숙지하여 위법한 행위로 처벌받는 일이 없도록 해야 한다.

2. 탐정은 법률이 허용하는 범위에서 변호사·법무사·행정사와 연계하여 탐정사 업무가 원활히 수행할 수 있는 영역을 확보하는 것 또한 중요하다.

제**2**편

탐정학 실무편

제1장 · 탐정의 조사활동 개관

Ⅰ. 탐정조사의 진행과 절차

1. 탐정조사(민간조사)의 개념과 단계적 과정

1) 탐정조사의 개념

탐정조사는 민간인의 조사활동을 말하며, '민간조사'라는 용어와 동일한 개념으로 이해되어지고 있다. 여기서 '민간'의 개념은 관청이나 정부와 같은 공적인 기관에 속하지 않는 사인(私人)을 의미한다. 조사의 사전적 의미는 어떤 일이나 사실 또는 사물의 내용 따위를 명확하게 알기 위하여 자세히 살펴보거나 밝히는 것을 말한다. 즉, 어떠한 일이나 사실 및 사물에 관하여 탐문이나 관찰 등을 통해 그릇된 정보의 오류와 함정을 극복하는 사실관계를 파악하기 위한 활동으로 이해하는 것이 바람직할 것이다.

2) 탐정조사의 단계적 과정

탐정조사는 범죄수사과정과는 현격한 차이가 있다. 수사기관의 범죄수사는 내사 → 수사의 개시 → 수사의 실행 → 사건의 송치 → 송치후 수사 → 수사의 종결 등의 일련의 과정을 거친다. 반면, 탐정조사는 의뢰자(고객)와 상담 → 사건수임 → 사건조사실행 → 사건에 대한 결과보고 → 조사관련 자료의 보안조치 및 폐기 순으로 진행된다. 탐정조사의 전과정을 개괄적으로 기술하면 다음과 같다.

2. 의뢰자(고객)와 상담

1) 상담의 의의

상담이란 개념은 여러 분야에서 다양하게 정의가 내려지고 있기도 하지만, 탐정조사측면에서 볼 때 '상담이란 의뢰인이 처한 어떤 사건이나 상황에 대한 문제들을 상세하게 들은 후 그 해결책을 제시하여, 의뢰인으로 하여금 올바른 인식과 합리적 의사결정을 내릴 수 있도록 조력하는 활동'이라고 정의할 수 있겠다.

2) 상담의 특징과 유의사항

일반적으로 상담에는 여러 가지 특징들이 있는데, 이를 탐정 관련 특징으로 대체시켜 기술하면 다음과 같다.

(1) 상호존중

상담은 '서로 의논한다'는 면에서 볼 때 전문가의 의견을 듣는 자문과 비교되기도 한다. 따라서 탐정업무와 관련된 상담에는 상호존중하는 태도가 필요하지만, 의뢰인을 과소평가하거나 지나치게 과대평가 하지 말아야 한다.

(2) 정보의 적절성

탐정이 내놓는 전문적 지식과 경험은 의뢰인이 필요로 하는 것이어야 한다. 따라서 자신의 생각이나 경험만이 최상의 것인양 자만스러운 상담을 한다면,[1] 재상담이나 의뢰계약을 이루어질 수 없다는 점을 명심하여야 한다.

(3) 선택결정권 존중

상담은 자발적으로 공감하거나 변화할 수 있도록 정보를 제공하는 것이어야 하며, 의뢰인이 선택하고 결정할 권리를 존중하여야 한다.[2]

(4) 문제해결의 가능성 제시

의뢰인은 상담을 통해 문제해결의 가능성 여부를 판단하기 때문에, 문제해결에 대한 전문적 법률지식과 경험을 바탕으로 성실하게 답변하여 신뢰관계를 형성하는 것이 무엇보다 중요하다.

(5) 상담중의 태도

의뢰가 한번의 상담으로 즉석에서 결정되지 않는다는 사실을 염두에 두고 당일 또는 즉석에서 의뢰계약을 하도록 서두르거나 초조함을 보여서는 안된다. 따라서 상담 중 시종일관 겸양의 자세를 유지하되 의뢰(수임)를 애걸하는 듯한 언동은 바람직스럽지 않다.[3]

---

1) 김종식 외 편저, 「탐정실무총람」, 서울: 한국민간조사학술연구소, 2002, p. 183.

2) https://terms.naver.com/cntry.nhn?docld. 검색일 2020.12.29.

3) 김종식 편저, 앞의 책, p. 184.

3. 사건수임과 계약

1) 사건수임

(1) 의뢰자와 수임사항 등 협의

상담 후 의뢰인으로부터 사건이 수임되면, 향후 자료수집방법 등 활동계획과 목표 달성에 대한 제반 사항을 의뢰자와 협의하여 결정한다.

(2) 수임료 설명

수임료에 관한 고지사항은 세계 각국의 탐정협회윤리강령에서도 빠지지 않고 들어 가는 조항이다. 수임료에 관한 설명은 의뢰인(고객)과 탐정간의 신뢰관계를 형성하기 위 한 전제조건이 된다. 현재 탐정과 관련된 모법이 없기 때문에, 수임료에 관해서는 의뢰 자(고객)와 탐정간의 협의에 의해 결정하는 것이 합리적이다.

(3) 신원확인 등의 협조요구

의뢰인과 계약을 하기 위해서는 신원확인이 필수적이다. 따라서 의뢰인의 동의를 받아 주민등록증 또는 자동차면허증을 제시받거나 그 사본을 제출받아 신원을 확인하 여야 한다.

(4) 사건에 대한 수임 적정 여부 판단

수임여부와 관련하여 제일 먼저 판단해야 할 요소는 의뢰사건이 실정법이나 조리 에 위배되는가 하는 점이다.

① 실정법상 판단기준

현행 법률(개별법 포함)의 기준에 따라 탐정조사 사건에 대한 조사 및 정보수집에 있 어서 허용 및 금지된 사항인지를 확인하여야 한다.

② 「조리」상 판단 기준

「민법」 제1조에서 "민사에 관하여 법률에 규정이 없으면 「관습법」에 의하고 「관습 법」에 없으면 「조리」에 의한다"고 규정되어 있기 때문에, 「조리」는 최후의 보충 법원으 로 적용된다. 따라서 탐정조사에 있어서 형식적으로 적법하다는 판단이 있어도 「조리」 에 위반하게 되면, 이는 위헌 또는 위법의 문제가 발생한다는 점에 유념하여야 한다.

③ 기술상 판단 기준

㉠ 탐정조사는 의뢰자에게 사건에 대한 정보 및 자료를 제공하기 때문에, 간혹 의뢰자가 이를 악용하는 경우가 발생할 수 있다. 따라서 의뢰자가 악용하는

경우를 대비하기 위하여 주소 및 직업 등 개인정보를 확인하여야 한다.

ⓛ 의뢰자가 사건에 정보를 제공함에 있어서도 탐정은 이에 대하여 구체적으로 확인하여야 한다. 특히 의뢰자가 제공한 정보가 본인의 잘못된 판단으로 인해 거짓 및 허위사실일 수도 있으므로, 재확인이 필요하다.

ⓒ 가끔은 의뢰자의 지나친 욕심 및 욕망으로 인해 사건을 의뢰하는 경우도 발생할 수 있다. 따라서 탐정은 의뢰의 목적이 무엇인지 혹시 불법 및 부당한 요구인지, 본인을 위한 조사인지, 제3자 등에 관한 의뢰인지를 꼭 따져보아야 한다.

ⓔ 경찰 및 검찰 등 수사기관에서의 불기소 처분 등 종결사건과 미제사건은 탐정조사차원에서 검토할 수는 있지만, 수사가 진행 중인 경우에는 수사기관에 혼선을 줄 수 있으므로 신중하게 판단하여야 한다.

2) 계약

(1) 개요

① 계약의 의의

넓은 의미에서의 계약[4]은 사법(私法)상 일정한 법률효과를 목적으로 하는 당사자간의 의사표시 합치에 의한 법률행위를 말한다. 따라서 계약으로 인하여 당사자간에 일정한 법률효과(권리의무의 발생·변경·소멸)가 발생한다.

② 계약의 성립요건과 효력발생 요건

ⓐ 계약성립요건으로서의 합의

계약의 성립요건과 효력발생요건은 별개의 것이다. 계약의 성립요건은 당사자 사이의 의사표시 합치, 즉 합의가 있어야 한다.[5] 그러나 성립된 계약이 언제나 당사자가 원하는 대로의 효과를 발생하는 것은 아니며, 다시 여러 요건을 갖출 때 비로소 효과를 발생하게 된다.

ⓑ 계약의 효력발생 요건

계약의 효력을 발생하려면 일반적 요건으로서 당사자가 권리능력 및 행위능력을 갖고 있어야 하며, 의사표시의 의사와 표시가 일치하고 하자가 없어야

---

4) 계약이라는 용어는 넓은 의미와 좁은 의미의 두가지로 사용하는데, 좁은 의미로 계약이라고 하면 넓은 의미의 계약 가운데 채권계약만을 가리킨다(송덕수, 위의 책, p. 1039).

5) 송덕수, 앞의 책, p. 1062.

한다. 또한 그 내용이 가능·확정·적법하여야 하며, 사회적인 타당성이 있어야 한다.[6]

(2) 계약의 종류

① 전형계약·비전형계약

계약은 여러 가지 표준에 의하여 종류를 나눌 수 있으나, 여기서는 채권계약 중의 한 형태인 전형계약(典型契約)과 비전형계약(非典型契約)에 한정하여 기술하였다.

㉠ 전형계약(典型契約)

「민법전」에 규정되어 있는 계약을 전형계약 내지 유명계약(有名契約)[7]이라고 하며, 증여·매매·고용·도급·위임계약 등 14가지 유형의 계약[8]이 있다. 「민법」에는 ㉮ 재산의 이전에 관한 계약으로 증여·매매·교환, ㉯ 물건의 이용에 관한 계약으로서 소비대차·사용대차, ㉰ 노력의 이용에 관한 계약으로 고용·도급·위임, ㉱ 그 외의 계약으로서 현상광고·임차·조합·종신정기금·화해·여행계약의 14가지 전형(典型)을 규정하고 있다.

㉡ 비전형계약

「민법전」에 규정되어 있지 않은 그 밖의 계약을 비전형계약(非典型契約) 내지 무명계약(無名契約)이라고 한다. 비전형계약의 예로는 자동판매기 설치계약·은행계약·리스(시설대여)계약·연예인 출연전속계약 등을 들 수 있다.

(3) 계약자유의 원칙

계약자유의 원칙은 법의 제한에 부딪히지 않는 한 계약당사자의 원칙에 맡겨진다는 원칙을 말한다. 따라서 계약의 구체적 내용은 당사자의 합의에 의해 자유로이 정할 수 있다.

그러나 이와 같은 계약 내용은 천차만별·불완전·불명료하게 되어 있어 당사자간에 분쟁이 되기 쉽다. 따라서 「민법」은 공통점을 갖는 계약만을 모아서 형식화하고, 명칭를 붙이고, 계약 내용에서도 완전·명료를 목적으로 해서 일반적인 기준을 정하였다.

---

6) https://terms.naver.com/entry.nhn?docld:31693. 검색일 2020. 12.29.

7) 유명계약(有名契約)은 증여·매매·도급·위임 등과 같이 민법전(民法典)상 이름이 붙여져 있다고 하여 유명계약이라고 하며, 무명계약(無名契約)은 민법전에 규정되어 있지 않은 그 밖의 계약을 비전형계약 내지 무명계약이라고 한다.

8) 민법전에는 15가지 계약이 규정되어 있으나, 현상광고를 단독행위라고 보면 14가지 계약이 된다. 따라서 전형계약을 14가지 또는 15가지 유형으로 분류하기도 한다.

채권계약에 관한 「민법」의 규정들은 원칙적으로 임의규정에 지나지 않기 때문에, 계약 당사자가 「민법」 내의 전형계약과 그 명칭 및 내용을 달리하는 계약을 체결하는 것은 자유이다. 따라서 비전형계약도 계약으로서 유효하다.[9]

(4) 계약서

① 의의

　㉠ 계약은 당사자 사이의 의사표시 내용이 합치하여 발생하는 법률행위이다. 일반적으로 계약체결을 제안하면 상대방이 승낙하는 방식으로 이루어진다. 이때 양측이 합의한 내용을 바탕으로 당사자 사이에 발생하는 권리와 의무 등의 법률관계를 구체적으로 명시한 문서를 계약서라 한다.

　　계약은 계약서 없이 구두(口頭)합의만으로도 성립할 수 있다. 그럼에도 불구하고 계약서를 작성하는 이유는 향후 분쟁이 발생하였을 때, 사실관계 등을 증명하기 위한 목적 때문이다. 즉, 구두 계약으로는 계약체결 사실이나 구체적인 내용 등을 증명하기 어렵기 때문이다.

　㉡ 계약서를 작성할 때 당사자간 합의한 내용을 명확하게 확인할 수 있는 지가 중요하다. 따라서 양측이 한가지 뜻으로 해석할 수 있도록 어법에 맞는 말로 평이하고 간결하게 작성하면 된다. 계약서는 계약사실을 입증할 수 있는 증명자료이다. 따라서 권리자와 의무자의 관계나 권리행사의 방법 등이 명확하게 전달될 수 있어야 하며, 작성 후에는 보존·유지할 필요가 있다.

　㉢ 탐정업무와 계약서

　　㉮ 위임계약의 형태로 작성

　　　탐정업무 수임은 일반적으로 14가지 전형계약 중 위임계약형태로 이루어지는 것이 대부분이나, 도급계약으로 이루어지는 경우도 있다. 위임계약은 당사자의 일방이 위임인이 상대방에 대하여 사무의 처리를 위탁하는 계약이다. 즉, 위임은 고용·도급과 같이 노무공급계약의 일종으로, 의뢰자를 대신하여 일을 하는 '역할 대행'에 방점을 두는 계약이다.

　　　한편, 도급계약은 당사자의 일방이 어떤 일을 완성할 것을 약정하고, 상대방이 그 일의 결과에 대하여 보수를 지급할 것을 약정함으로써 성립하는 계약이다. 도급계약은 자료수집이 절박한 의뢰자나 비교적 경험이 풍

---

9) 김형배, 「민법학강의」, 서울: 신조사, 2006, p. 1010.

부한 탐정의 경우에는 '높은 수임료에 신속 정확한 업무'를 전제로 '도급계약'을 맺는 경우가 있다.[10]

㉯ 계약서 양식의 자유와 한계

계약서에는 정해진 형식이 없기 때문에, 자주 사용되는 계약의 경우 대부분 표준계약서를 작성해 활용하는 사례가 많다. 탐정업무와 관련된 의뢰와 수임료 문제는 현재까지 표준화된 양식이 없어 들쭉날쭉하기 때문에, 이에 대한 의뢰인의 불만 역시 상당하다. 따라서 탐정관련 모법 제정시 시행규칙 등에서 통일된 표준계약서 양식을 규정화하여 수임료로 인한 불법과 비리행위가 작동되지 않도록 하는 것이 무엇보다 필요하다 하겠다.

4. 사건의 조사실행(현장조사)

1) 조사실행의 범위와 한계

(1) 범죄현장조사의 범위와 한계

탐정의 조사활동은 공적인 수사기관과는 현저한 차이가 있다. 경찰 등 수사기관의 현장수사활동은 탐문수사·감별수사·알리바이수사·유류품수사·DNA수사·수법수사 등 모든 수사방법을 동원하여 범인검거에 주력하는 단계를 말한다.[11]

반면, 탐정은 사인(私人)에 불과하므로, 외국의 경우처럼 수사현장에 참여하거나 현장관찰을 할 수 있는 법적 자격을 가지고 있는 것도 아니다. 따라서 범죄현장보존과 현장관찰은 공적수사기관의 영역이기 때문에, 탐정의 활동할 수 있는 영역은 전무하다고 보아야 한다.

(2) 탐정의 조사활동

탐정의 조사활동은 공적기관의 수사기법을 활용할 수 있는 전문적 기술을 가지고 있지도 않을 뿐만 아니라, 실정법상으로도 적용할 수 없는 법적 한계가 있다. 따라서 탐정의 조사활동은 법률에 저촉되지 않는 범위내에서 정보수집(자료수집)·탐문·미행·감시 등 일정 영역에 한정하여 활동할 수밖에 없는 한계가 있다. 이에 대해서는 별도의 절(節)을 마련하여 구체적으로 기술하였다.

---

10) 김종식 외 공편저, 위의 책, p. 188.
11) 김형중·김양현, 위위 책, p. 29.

2) 탐정의 사건조사에 대한 태도

(1) 탐정은 법적인 테두리 안에서 직무를 수행하여야 한다. 따라서 평소에 탐정조사와 관련된 법을 항상 이해하고 숙지하고 있어야 한다.

(2) 탐정은 사건을 조사함에 있어서 누구나 이해하고 판단할 수 있는 객관적 사실을 토대로 조사를 착수하여야 한다.

(3) 탐정은 사건을 조사하다 보면 많은 자료와 정보를 수집하게 된다. 이러한 자료와 정보는 그 누구에게도 발설되지 않도록 보안을 유지하여야 한다.

(4) 탐정은 수집된 자료 및 정보가 법정에서 증거능력을 가지는지 여부를 판단하여 의뢰인에게 제공하여야 한다.

(5) 방대한 자료 및 정보수집은 의뢰인의 의뢰건을 해결할 수 있는 지름길이기 때문에 다른 탐정 및 유관기관과의 협조는 필수사항이다. 따라서 탐정은 항상 겸손한 자세와 더불어 협력한다는 마인드를 가져야 한다.

(6) 직업윤리는 모든 직업인에게 있어서 필요한 덕목이다. 특히 탐정은 의뢰인을 위해 자료 및 정보를 수집하는 경우에도 윤리 및 도덕이라는 덕목을 우선시 하여야 한다.

5. 사건에 대한 결과보고

1) 조사보고서 전달

보고서 전달은 사건의뢰에 대한 조사가 마무리된 후 의뢰인에게 적합한 형태와 내용을 갖추어서 제공하는 최종단계를 말한다.

2) 보고서는 간단명료하여야 하며, 보고는 의뢰자에게 서면으로 보고하는 것이 원칙이다. 이때 수임료 및 비용을 정산한다.

6. 조사완료 자료의 보완조치 및 폐기

1) 보안조치

사건을 조사함에 있어서 관련된 법정 보존자료는 절차에 따라 보관하는 등 보안조치를 철저히 하여야 한다.

2) 자료의 파기조치

(1) 의뢰인의 개인정보는 보유기간·개인정보의 처리목적 달성 등 의뢰인의 개인정보가 불필요 시는 지체없이(5일 이내) 그 개인정보를 파기하여야 한다.

(2) 의뢰인이 개인정보를 파기하는 경우 전자적 파일형태는 영구삭제하여야 하고, 기록물·인쇄물·서면 등은 파쇄 또는 소각시켜야 한다.

제2장　정보수집활동론

제1절　개설

Ⅰ. 정보의 개념

우리가 일상적으로 사용하고 있는 정보란 과연 무엇인가? 정보의 정의를 위한 시도는 그동안 많이 이루어져 왔으나, 정보의 포괄적 개념 정의에는 여전히 많은 어려움이 따른다. 그 이유는 일반사회에서 통상적으로 사용하는 의미와 학술적으로 사용하는 의미가 부분적으로 다르고, 또 학문 분야별로도 그 의미를 상이하게 사용하고 있기 때문이다.

1. 정보의 어원

일본에서는 메이지 시대에 독일에 유학 중이던 모리오가이가 최초로 독일어의 'inform'이라는 단어를 '정보'로 번역하였다. 그는 '정(情)'은 '사정이나 실정의 뜻'을, '보(報)'는 '보도 또는 보고'라는 뜻으로 파악하였다.[1] 즉, 실정을 정확히 파악하여 전달하는 방법이라는 뜻으로 '정보'라는 단어를 만들었다. 그 후 일제강점기에 한국에 들어와 문세영이 발행한 조선어사전(1938)에서 정보를 '사정의 통지'라는 의미로 수록한 것이 최초였다.[2] 따라서 현재 우리나라에서 사용하고 있는 '정보'라는 용어는 원래 군대에서 사용하던 전문용어인 '적국의 동정에 관하여 알림'이라는 의미로 사용되었으나, 현재는 군·경찰·국정원등 국가기관뿐만 아니라 언론사·대기업 등에서도 통상적인 용어로 정착화되어 사용되고 있다.

---

1) 경찰대학, 「경찰정보론」, 1998, p. 10.
2) 김형중 외, 「민간조사의 이론 및 실무」, 서울: 박영사, 2020, p. 307.

2. 정보의 의의

정보는 어떤 사물이나 사태에 대한 정황을 반영하고 있다. 영문으로 Intelligence 또는 Imformation으로 번역되기도 하며, 어떤 목적에 맞게 정리된 자료를 말하기도 한다. 정보라는 용어는 정보를 필요로 하는 분야에 따라 다음과 같이 다양한 의미로 정의되어지고 있다.

1) 일반적(통상적)으로 사용하는 의미의 정보

정보란 우리가 일련의 행위를 시작하기 전에 알아야 할 사전지식을 뜻하며, 그 본질에 있어서는 어떤 목적을 달성하기 위한 계획수립의 기본지식, 즉 문제해결에 필요한 지식(누구에나 가치가 있는 보편적인 내용)이라고 정의되어지고 있다. 이러한 의미의 정보활동은 일상적으로 이루어지고 있으나, 대부분의 사람들은 그것이 정보활동이라고 의식하지 못하는 경우가 대부분이다. 예컨대, 환자가 자신의 병을 치료하기 위하여 그 분야의 저명의사를 여러 경로를 통하여 알아보는 행위도 어떤 행동과정을 결정하기에 전에 행하는 일종의 정보활동이다.

2) 국가정보의 의의

국가정보는 국가라는 단위가 존재하는 한 국가정책의 최우선적 영역을 차지할 수밖에 없고, 국가 안보관리에 있어 가장 필수적인 투입변수라고 할 수 있다.[3]

'국가정보는 국가의 정책결정을 위하여 수집된 첩보를 평가·분석·종합 및 해석한 결과로 얻은 지식'으로 정의되어지고 있다. 따라서 여기에서의 정보는 국가정책이나 전략기획을 수립하거나 의사를 결정할 때, 사용자에게 도움을 주는 가치있고 유용한 지식을 의미하는 것이다.[4]

3) 경찰정보의 의의

경찰정보는 국가정보체계의 한 축으로서 국가정보의 하위체계라고 할 수 있다. 「경찰법」 제3조(국가경찰의 임무) 및 「경찰관직무집행법」 제2조(직무의 범위)에서는 '치안정보의 수집·작성'을 국가경찰의 임무 및 직무범위로 규정하고 있다. 여기서 '치안정보'란 치안의 목적을 위해서 사용되는 모든 정보를 뜻하는 것이다. 따라서 치안목적을 위해

---

3) 김윤덕, 「국가정보학」, 서울: 박영사, 2001, p. 8.
4) 권창기·김동제·강영숙, 위의 책, p. 278.

의도적으로 수집된 것이라면 평가·해석 등의 처리과정을 거치지 않은 첩보도 포함하는 넓은 개념으로 보아야 할 것이다.[5]

4) 탐정정보의 의의

탐정정보는 일반적(통상적)으로 사용되는 정보의 의미에 포함된다고 볼 수 있으나, 다만 그 주체·대상·목적 등에서 차이가 날 뿐이다. 탐정정보는 의뢰인이 요구에 의해 수집되는 한정된 정보를 뜻한다. 즉, 탐정정보란 생활주체와 외부의 객체간의 사정이나 정황(情況)에 관한 보고로서, 관찰이나 측정(測定: 헤아려서 결정함)을 통해 수집한 자료를 실제 문제해결에 도움이 될 수 있도록 정리한 지식, 또는 자료라고 정의되어지기도 한다.[6] 이런 맥락에서 본다면 탐정정보는 의뢰인의 문제해결을 위해 의도적으로 수집된 것이기 때문에, 일정한 형태의 처리과정(평가·해석)을 거치지 않은 첩보도 당연히 포함된다고 보아야 한다.

3. 개념의 구분

정보라는 개념을 정확히 이해하기 위해서는 출처·자료·첩보, 그리고 정보가 뜻하는 내용의 의미를 명확하게 구분해 이해할 필요가 있다.

1) 출처

사전적 의미의 출처는 사물이나 말 등이 생기거나 나온 곳을 말하며, 정보적 측면에서 출처라 함은 자료(data)나 첩보를 획득할 수 있는 원천을 말한다. 즉, 첩보가 입수되는 곳을 말한다. 모든 첩보의 수집에는 획득경로(입수경로)가 있는데, 이러한 획득경로(입수경로)를 정보원(情報源) 또는 첩보의 출처라고 한다. 첩보의 출처는 그 자료의 신뢰성을 평가하는 데 기초가 된다. 따라서 실제로 어디서 그 정보가 생성되었는가 하는 원천을 중요시 하기 때문에, 제보자나 전달경로는 그다지 문제되지 않는다. 실무상 첩보 출처의 종류를 다음과 같이 나눌 수 있다.

---

5) 강영숙, 「민간조사(탐정)실무」, 인천: 진영사, 2015, p. 58.

6) 강영숙, 앞의 책, p. 59.

(1) 근본적 출처(1차출처)와 부차적 출처(2차출처)

① 근본적 출처(1차출처)

근본적 출처(1차출처)란 첩보가 처음 시작되는 근원지를 말한다. 즉, 당해첩보가 발행하게 된 근본적 출처이다. 예컨대, 노인요양병원의 실태를 파악하기 위하여 그 병원의 Ⓐ원장을 Ⓑ기자가 인터뷰한 경우, Ⓐ와 Ⓑ는 근본적 출처(1차출처)이다.

② 부차적 출처(2차출처)

부차적 출처(2차출처)는 1차 출처를 근거로 하여 제2의 전달부서에 의하여 입수된 후 다시 나오는 출처를 말하며, 2차출처라고 한다. 예컨대, 정보분석자가 1차 출처에 근거를 두고 보고서를 작성하였다면 이 보고서가 2차 출처이다. 일반적으로 1차출처가 2차출처보다 신빙성이 있다고 보는 경향이 있으나, 꼭 그렇지만은 않다. 만약 1차출처에서 Ⓐ원장의 병원비리를 덮기 위하여 고의로 유리하게 사실을 오도하였다면, Ⓐ원장에게 유리한 보고서가 작성될 수도 있다.

(2) 공개출처와 비공개출처

출처는 보호의 필요성 유무에 따라 공개 또는 비공개출처로 구분된다.

① 공개출처

　　㉠ 의의

　　　　공개출처는 첩보의 존재상태가 일반에게 공개되어 있는 경우를 말한다. 예컨대, 풍문·평판·여론·신문·방송·각종 인쇄물(신문·잡지·단행본 등) 등의 공개적 자료는 아무런 통제를 받지 않고 있는 상태에서 언제든지 입수할 수 있다.

　　㉡ 공개출처와 탐정의 업무

　　　　미국의 경제학자 빌 프레드 파레토(Vilfredo Federico Damaso Tareto)는 "우리가 일상 생활에서 필요로 하는 정보의 80%는 주변에 이미 널려 있다"고 하였고, 또 미국의 저명한 정보전문가 랜슨(Ranson)은 "CIA를 비롯한 각국의 대표적인 정보기관이 막대한 예산을 들여 수집해 온 첩보를 자체 분석한 결과 수집된 첩보의 약 80% 이상이 이미 공개된 출처에서도 획득 가능한 것이었다"는 결론을 내리고 공개정보의 중요성을 강조하였다.[7] 따라서 공개정보를 정보의 요체로 삼아야 하는 탐정의 경우 첩보를 어떻게 수집했느냐 하는 비공개첩보

---

7) 강동욱·윤현종, 위의 책, p. 202.

의 중요성 못지않게, 어디에서 수집했느냐 하는 공개첩보의 중요성 또한 간과해서는 안 될 것이다.

ⓒ 공개출처의 장단점

공개정보수집(공개출처에 의한 첩보수집)은 시간과 비용이 절약되고 객관성과 신뢰성이 높으나, 반면 중요도가 떨어진다는 단점이 있다.[8]

② 비공개출처

㉠ 의의

비공개출처는 첩보의 존개가 비밀리에 보전되어 있는 경우를 말하며, 비공개출처는 특별한 공작을 통하여 입수하게 된다.

㉡ 비공개출처와 탐정의 업무

탐정의 업무는 '사실관계 파악'이 핵심이기 때문에, 다양한 형태로 존재하고 있는 공개된 정보의 발견과 취합을 통해서 어떻게 사실관계를 밝혀내야 할 것인가 하는 것이 관건이다. 탐정의 정보활동범위는 실정법을 통한 명시적 허용상태가 아니기 때문에, 수단상 합법성과 합리성이 보다 엄격히 요구된다. 그렇다고 해서 탐정이 비공개첩보를 수집하는 것이 불가능한 것만은 아니다. 탐정이 생각해야 할 것은 모든 사람이 정보를 갖고 있다는 사실이다. 유능한 탐정의 경우 첩보(정보)를 얻을 수 있는 다양한 인맥을 구축하고, 그러한 인맥등을 통하여 비공개정보를 수집하는 것은 얼마든지 가능하다.

㉢ 비공개출처의 장단점

비공개출처는 첩보원·공작 등에 의해 수집되기 때문에 조작되지 않은 첩보를 얻을 수 있는 장점이 있으나, 반면 보안성과 고도의 기술이 요구되며 공개될 시 법적 문제가 제기될 위험이 있다.[9]

(3) 정기출처와 우연출처

정기출처는 우연출처와 대립되는 개념으로, 첩보의 게재가 정기적 또는 주기적으로 공개되므로 이러한 출처에서 나오는 첩보는 정기적으로 입수가 가능하다. 반면, 우연출처란 우발적으로 발생하는 사항에 대하여 수시로 입수할 수 있는 사항의 출처를 말한다.

8) 김종식 외 공편저, 위의 책, p. 349.
9) 김종식 외 공편저, 위의 책, p. 352.

2) 자료(data)

자료는 생자료(raw data)라고도 하며, 처리되지 않은 자료를 말한다. 즉, 자료는 특정한 목적에 의해 평가되지 않은 여러 사실이나 기호(문자)[10]를 말한다. 자료는 우리들 주변에 무제한적으로 깔려 있으며, 여기에는 각종의 신문·서적·광고 등도 포함된다.

3) 첩보

(1) 첩보는 목적성을 가지고 의도적으로 수집한 자료(data)들로부터 추려낸 것으로, 아직 분석이나 정제(精製: 정밀하게 잘 만듦)되지 않은 정보자료를 말한다. 즉, 정보를 생산하기 위하여 사용하는 자료를 말하며, 이를 '1차정보' 또는 '첩보'라고도 한다. 일반적으로 정보활동을 전문으로 하는 정보기관에서는 '첩보'와 '정보'를 엄격하게 구분하여 사용하고 있으나(국정원·경찰 등), 일반사회나 기업체에서는 첩보와 정보의 용어를 구별하지 않고 혼용하여 사용하는 것이 일반적인 경향이다.

(2) 첩보는 사실의 발생에 관한 견문·풍문등의 통보 또는 중간단계에서 듣거나 본 사상에 대하여 단순한 안내 또는 소개적인 의미의 지식을 뜻한다. 따라서 첩보는 광범위한 자료(풍문·루머 등)를 통칭하는 것이므로, 정보 보다 그 범위가 훨씬 넓지만 정확성과 완전성이 떨어진다는 특성을 갖고 있다.

4) 정보

(1) 정보는 특정한 상황에서 가치가 평가되고 체계화된 지식으로서, '2차정보' 또는 '지식'이라고 할 수 있다. 정보는 반드시 '일정한 형태의 처리과정'을 거쳐야 한다. 정보는 필요한 사람이나 특정한 목적에 따라 일정한 처리과정을 통하여 처리·생산되어야 정보의 가치가 살아나며, 정보로서의 가치가 부여된다. 따라서 일정한 형태의 처리과정을 거치지 않은 정보는 자료나 첩보의 수준에 불과하다.

(2) 모든 정보는 첩보에서 도출되지만, 모든 첩보가 반드시 정보가 되는 것은 아니다.[11] 정보는 자료(생자료)나 1차 정보로부터 도출해 낸 핵심적인 내용으로서 특정한 상황에서 가장 적합한 행동을 선택할 수 있는 판단의 기준이 된다. 따라서 정확성·완전성·적시성·신뢰성이 매우 높다.

---

10) 기호(문자)란 일정한 의미를 가진 글자·숫자 또는 특수부호를 말한다.
11) Mark M. Lowental, Intelligence: From Secrets to Policy(Washington D.c: C & Tress, 2000). pp. 5~7.

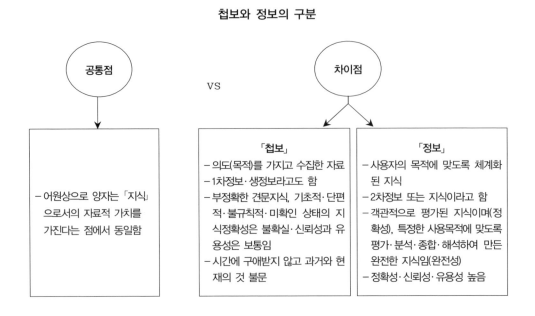

첩보와 정보의 구분

Ⅱ. 정보수집의 공통조건과 기준

　　정보수집(첩보수집)은 문제해결 과정의 모든 단계에서 이루어지지만, 문제인식 단계 이후에 집중적으로 이루어진다. 따라서 인식된 문제를 제대로 정의하려면 정보(첩보)수집이 반드시 이루어져야 한다. 그러기 때문에 정확한 정보를 효율적으로 수집하는 일은 아무리 강조해도 지나치지 않는다.[12] 정보수집은 공적정보이든 사적정보이든 간에 정확성(타당성)과 정밀성(신뢰성)을 반드시 확보해야 하며, 정보내용의 오류도 최소한으로 유지해야 한다.

1. 정확성(타당성)

　　정보수집방법은 정확해야 하고 타당해야 한다. 정확성은 정보의 중요한 조건중의 하나이다. 정확한 정보를 얻기 위해서는 정보활동을 위한 사전 준비가 철저해야 하며, 정보의 객관성에 대한 평가로 이루어져야 한다. 정확성을 기하기 위해서는 수집된 정보가 올바른 것이어야 하며, 정보를 다루는 사람들은 객관적인 자세와 공정성을 잃지 말아야 한다.[13] 따라서 정확성의 결여는 정보수집의 실패를 의미하며, 문제해결 과정에 치

---

12) https://blog.naver.com/PostPrint.nhn?blogld. 검색일 2020. 11. 10.

13) 김형중, 「경찰학 각론」, 서울: 청목출판사, 2017, p. 198.

명적인 흠집이 생기게 된다.

2. 정밀성(신뢰성)

정보수집 방법은 정밀하고 신뢰성이 있어야 한다. 따라서 가능한 한 신뢰성 있는 자료(data)를 수집해야 한다. 정보(첩보)는 정보(첩보)의 제보자보다 실제로 어디서 그 첩보가 생성되었는지 그 원천을 중요시하는데, 그 이유는 그 자료의 신뢰성을 평가하는데 기초가 되기 때문이다. 따라서 같은 정보라도 자료의 신뢰도가 높을수록 그 정보의 가치는 비교적 높다고 할 수 있다.[14]

3. 정보오류의 최소화

1) 완전성

수집된 정보에는 오류가 있기 마련이다. 완전성을 갖고 있는 정보란 존재하지 않는다. 완전성이란 정보는 절대적인 완전성을 요구하는 것은 아니고, 시간이 허용되는 한 최대로 완전한 지식이 되어야 하는 것을 의미한다. 정보는 가능한 주제와 관련된 사항을 모두 망라하여 작성되어야 하며, 부분적 단편적인 정보는 사용자가 의사결정을 하는데 도움을 주지 못한다.

2) 정보의 오류와 최소화

(1) 정보의 오류 중 하나가 우선 기록하면서 실수를 범하는 경우로써, 흔한 오류이자 전형적인 것이다. 또 하나는 단순한 실수라고 할 수 없는 오류들이다. 이 경우는 찾아내고자 하지 않는다면 간과할 수 있는 것으로서, 뭔가 잘못알고 저지른 일이다. 이런 유형의 오류들은 신뢰성이나 정확성을 현저하게 감소시킨다.

(2) 모든 정보 중 80%~95%는 공개된 출처에서 수집된다고 보고 있다. 따라서 누구나 접근이 용이한 정보공개 중에서는 혼란스럽거나 무가치한 것이 많이 섞여 있어 이를 어떻게 취사선택하고 판단할 것인지가 문제시된다. 따라서 정보의 오류를 최소화하는 방법으로는 정보의 신뢰성을 높일 수 있는 이중출처를 개척하거나(출처의 다원화), 사안에 따라 '그럴 수 있다'는 자세로 다각적이고 종합적인 통찰력이 요구된다. 예컨대, 영미등 일부 선진국에서는 정치·사회적 중요 쟁점이 있을 때 정보의 균형감각 견지를 위해 국가기

---

14) 김형중 외, 「민간조사의 이론 및 실무」, 서울: 박영사, 2020, p. 312.

관이 탐정에게 특정정보의 수집을 의뢰하여 정보기관이 수집한 정보와 비교하기도 한다.[15] 탐정에게 필요한 것은 정보의 양(量)이 아니라 질(質)이라는 것을 명심하여야 한다.

제2절 탐정의 정보수집 활동

I. 개설

1. 탐정정보와 국가정보

탐정정보는 의뢰인이 필요한 개인적인 목적에 따라 사적 사안에 대한 필요한 지식 또는 정리된 자료를 말한다. 반면, 국가정보는 정치·경제·군사상의 결정을 행함에 있어서 안될 권력유지의 중요한 요소로서, 국가안전보장이라는 의미까지 포함하는 광의적인 개념이다. 따라서 탐정의 정보활동은 국가기관의 정보활동(국가정보)과는 달리 주로 사익을 목적으로 한 영리성을 띠고 있다. 따라서 탐정 정보에서는 국가정보에서 필수적으로 요구되는 제반 활동의 절차 등(정보의 순화·정보의 배포)은 대부분 배제되고, 공통적인 일정 영역만이 적용된다고 볼 수 있다. 이하에서는 양자의 공통적인 영역에 한정하여 기술하였다.

2. 탐정의 정보수집과 정보활동범위

1) 임의적 수단에 의한 정보수집

탐정에게서 정보는 생명과 같으며, 탐정업무는 정보수집에서부터 시작된다. 탐정의 정보수집활동은 타인의 자유 또는 권리를 침해하는 권력적 작용이 아니라 임의적 수단에 의한 비권력작용이다. 따라서 탐정의 정보를 수집하는 목적은 오로지 의뢰인이 요구한 내용에 대하여 객관적이면서 사실과 일치되는 정확한 자료·지식을 필요한 시기에 제공하는 것이다.

2) 탐정의 정보수집영역의 확대

탐정은 법률이 허용하는 범위에서 공적수사기관을 대신하여 범죄예방과 피해구제

---

15) 김종식 외 공편저, 위의 책, p. 356.

의 단서 발견 등 광범위한 분야에서 정보수집활동이 가능하다. 따라서 시대적 변화와 역사적 흐름에 맞추어 탐정 정보의 역할이 증대·확대될 수밖에 없고, 이에 따라 탐정 개인의 역량에 따라 천차만별의 차이를 보일 수도 있다.

예컨대, 탐정＝정보원＝흥신소(불륜현장을 추적하는 흥신소 수준)＝심부름센터 같은 역할 수준에 머무를 수도 있고, 이스라엘 정보기관인 모사드의 전설적인 스파이 영웅 엘리코헨,[16) 그리고 미국의 '핀커튼' 회사의 첫 여성 탐정이자 미국 최초의 여성탐정인 케이트 와르네(Kate WArne, 1833－1868)[17)와 같은 명탐정이 될 수도 있는 것이다.

3. 탐정의 정보 마인드 양성 방법과 기본자세

탐정의 업무영역을 범죄수사와 관련해서 또는 경찰업무의 보조수단으로 여기는 것은 아주 피상적이며 단편적인 견해이다. 탐정은 다양한 분야에서의 각종 지식과 자료수집방법, 그리고 객관적으로 사물이나 상황을 정확히 파악할 수 있는 능력이 요구된다. 따라서 탐정은 분석적이고 논리적인 사고가 필요할 뿐만 아니라, 정보를 수집해야 하는 업무의 특성상 내성적이거나 소극적인 성격보다는 외향적인 성격이 보다 적합할 수 있다.

1) 정보 마인드(mind) 양성방법

탐정은 (1) 지속적인 문제의식, (2) 업무의 적극성, (3) 지식습득 노력, (4) 입체적 안목, (5) 다양한 인간관계 형성 등에 주력하여야 한다.

---

16) 엘리코헨(Eli cohen, 1924－1965)은 이스라엘의 대표적인 스파이로서, 6일 전쟁에서 이스라엘에게 승리를 안겨준 안 보이는 대표적인 인물이다. 1948년 5월15일 중동의 팔레스타인에 국가를 세운 이스라엘은 생존을 위해 주변국과 치열한 싸움을 벌였고, 그 중 대표적 전쟁 중 하나가 1967년 6월 5일부터 단 6일만에 승부가 결정된 '6일전쟁'이다. 당시 이스라엘군은 이집트 군 비행장과 조르단을 기습공격해 대승을 거뒀으며, 특히 난공불락의 시리아 요새 골란고원을 단 10시간 만에 완전히 함락했다. 병력 수에서 열세한 이스라엘이 대승을 거둠으로써 '6일전쟁'이라는 신화를 남겼다. 이에 이스라엘 국방장관인 외눈의 모세 다얀장군은 "엘리코헨"이 아니었다면 골란고원요새 점령은 영원히 불가능 했을지도 모른다고 말했다. 당시 엘리코헨이 입수한 정보에는 소련고문단이 작성한 이스라엘 공격계획, 소련이 시리아에 제공한 무기 사진, 골란고원의 시리아군 배치도 등이 포함되어 있는데, 특히 골란고원 시리아군 배치도는 6일전쟁 시 이스라엘군이 승리하는데 결정적으로 기여했다. 6일전쟁 승리의 신화는 우연히 이루어진 것이 아니다. 배반을 하더라도 전쟁에서 반드시 승리하라는 세계적 정보기관 모사드의 조직적 개입과 적지에 뛰어들어 목숨을 건 첩보활동을 통해 얻은 고급정보로 조국에 승리를 안겨 주고 자신은 적(시리아)에게 잡혀 교수형으로 숨진 '엘리코헨'의 살신성인이 이룬 합작품이었다.

17) https://en.WiKiPedia.org/wiki/Kate Warne. 검색일 2020.10.11. 게이트 와르네는 '핀커튼탐정회사'의 첫 여성 탐정으로, 링컨대통령 볼티모어 암살음모사건을 밝혀내는데, 큰 공을 세우기도 하였다.

2) 탐정의 눈(eye)

(1) 곤충의 눈

사물의 세밀한 부분에 주목해서 관찰하고 생각하는 자세가 필요하다. 곤충들의 눈은 수백·수천개의 작은 낱눈이 모여 '겹눈'을 이루고 있지만, '겹눈'으로는 물체가 뚜렷하게 보이지는 않는다. 그러나 주변의 작은 움직임을 쉽게 알아챌 수 있어서 위험을 피하는데 도움을 준다.

(2) 새의 눈

새는 대부분 날 수 있기에 활동공간이 3D[18]라서 대부분 시력이 매우 좋으며, 공간지각력이 뛰어나고 시야도 넓다. 빠른 속도로 비행하는 특성상 높은 하늘에서 먹이나 천적의 위치를 파악하고 장애물에 충돌하지 않도록 인지능력이 좋다. 탐정은 새가 하늘 높은 곳에서 세상을 조망하듯이, 매사에 사물을 거시적(전체적)으로 파악하는 태도가 필요하다.

(3) 물고기의 눈

물고기는 한 곳을 응시했을 때 볼 수 있는 각도 범위를 의미하는 시야각이 160도 이상으로 매우 넓은 범위를 한눈에 볼 수 있고, 10cm 이상이면 먼 거리까지 초점이 선명히 맺혀 거리와 상관없이 주변 모든 물체를 정확히 볼 수도 있다. 또 물고기 몸에는 수질이나 물줄기의 변화를 감지하는 센서(옆줄)가 있다. 탐정에게 물고기 눈을 강조하는 것은 보이지 않는 것을 보는 눈을 가지라는 말이다. 즉, 세계의 변화, 시대의 변화, 사람의 변화를 민감하게 감지할 때 필요한 것이 바로 물고기의 눈이다.

3) 정보맨의 기본자세

탐정(정보맨)이 정보수집과정에서 평상시 가져야 할 기본자세는 (1) 치밀성, (2) 호기심, (3) 진실성, (4) 강인한 의지, (5) 사교성, (6) 문제의식 등이다.

---

18) 3D는 다음과 같이 두가지 뜻을 지니고 있다. 하나는 3차원(Three D imensions)의 약자로서, 입체영상(stereoscopy)을 말한다. 3차원은 차원이 3인 것을 가리키며, 우리가 사는 공간이 3차원이다. 물리학에서는 시간을 포함하여 시공간 나타내는 일도 있다. 여기서의 3D는 3차원의 입체영상을 뜻한다. 또 하나의 3D는 기피업종을 말하는데, Dirty(더러움), Difficult(힘듦), Dangerous(위험함)을 의미한다.

Ⅱ. 정보의 순환과정(정보순환의 개념)

국가정보기관의 정보는 정보요구 → 첩보수집 → 정보생산 → 정보배포의 4단계의 과정을 끊임없이 순환하면서 이루어지는데, 이러한 연속적 과정을 정보의 순환 (deed-licacr)이라고 한다.[19] 국가정보기관은 정보사용자(통치권자나 정책입안자)의 요구가 없더라도 능동적으로 중요정보(첩보)를 수집·생산·배포해야 할 책무가 있다. 반면, 탐정 정보의 경우에는 국가정보의 순환처럼 구체적이고 계획적으로 일련의 과정을 진행시킨 다는 것은 불가능하다. 다만 정보순환과정은 국가정보기관·기업, 그리고 탐정업을 불문 하고 정도의 차이는 있지만, 정보의 요구 → 첩보수집 → 정보생산(정보분석) → 정보배포 의 4단계를 반드시 거쳐야 한다.

1. 정보의 요구(의뢰인의 요구)

정보의 요구란 정보의 사용자(의뢰인)가 필요한 첩보의 수집을 원하는 것으로, 이는 정보활동의 기초가 된다. 이 경우 탐정은 의뢰자의 요청내용을 정제(精製: 정밀하게 잘 만 듦)할 줄 알아야 한다.

2. 첩보수집

첩보는 우리들 주변에 무제한적으로 깔려 있는 자료(처리되지 않은 자료)를 어떤 목 적을 위하여 의도적으로 수집한 자료를 말하며, 이 첩보를 다시 '일정한 과정'을 거쳐 정리한 것을 정보라고 한다. 첩보수집시에는 이용 가능한 모든 공개정보원(公開情報源, 데이터베이스나 도서관 자료등 공개적으로 자료나 첩보를 획득할 수 있는 원천) 등으로부터 첩보 를 수집하는 것이 원칙이다.

3. 정보분석

공개정보를 분석하고, 주제에 관한 설득력 있는 예비보고서를 만든다.

4. 정보배포(보고서 작성 및 제출)

정보에서 빠진 것들을 확인하고 표적을 좁힌 은밀한 수집기술(비공개 정보수집)을 이

---

19) 김상호 외, 위의 책, p. 641.

용하여 그 빠진 것들을 채운 다음, 최종적인 보고서를 작성하고 정보사용자(의뢰자)에게 배포한다. 이것이 정보수집과 분석에 관한 가장 효율적이며 효과적인 접근방법이다.[20] 이는 미국 CIA와 그 밖의 첩보기관이 이용하고 있는 기술로 기업이 비즈니스 정보를 수집할 때도 잘 들어맞는 방법이다. 따라서 탐정의 경우에도 크게 이 범주를 벗어날 수는 없다.

Ⅲ. 정보의 단계적 순환과정

국가정보와 탐정정보의 단계별 순환과정을 비교하면 다음과 같다.

1. 정보의 요구과정

1) 국가정보기관

통치권자·정보입안자·상급기관 등의 요구나 또 정보생산자 자체의 판단에서 오는 수요 등을 들 수 있다. 정보의 요구 방법으로는 국가정보목표 우선순위(PIO)·정보의 기본요소(EEI)·특별첩보(SRI) 등이 있다.

(1) 국가 정보 목표 우선순위(PIO: Priority of Intelligence Objective)

국가안전보장이나 정책에 관련되는 국가정보로서 국가정보원에서 작성하며(예컨대, 국정지표 등), 국가의 모든 정보기관의 정책수립·세부 활동 계획의 수립 시에 가장 중요한 기본방침이 된다.[21]

(2) 첩보의 기본요소(EEI: Essential Elements of Information)

EEI는 정부 각 부처의 정책수행에 필요한 정보로서 계속적·반복적으로 수집되어야 할 사항들이며, 해당부서의 정보활동을 위한 일반적인 지침이다. EEI는 사전에 반드시 첩보수집계획서가 필요하다.

(3) 특별첩보요구(SRI: Special Requirement for Information)

특수사건이나 특정지역의 특별한 돌발사항에 대한 단기적 해결을 위해 필요한 범위 내에서 임시적이고 단편적인 첩보를 요구하는 것이다. SRI는 EEI처럼 사전의 수집계

---

20) 프레드 러스트만 지음·박제동 옮김, 「CIA 주식회사」, 서울: 수희재, 2004, p. 37.
21) 김형중, 「경찰학개론」, 서울: 청목출판사, 2014, p. 203.

획서가 필요하지 않으며, 수시로 단편적인 사항에 대하여 명령되는 것으로서 즉흥적인 첩보요구 방법이다.

2) 탐정업

고객의 의뢰에 의하여 탐정업자가 탐정에게 첩보의 수집을 지시하거나, 고객이 의뢰(요청)에 의하여 탐정이 직접 첩보를 수집하는 경우 등을 들 수 있다.

2. 첩보수집

첩보의 수집이란 정보생산에 필요한 자료를 획득하여 요구기관이나 사용자에게 전달하는 단계를 말한다. 국가기관의 정보수집활동은 첩보요구가 없더라도 의무적(정보요원)[22]·능동적으로 이루어진다. 반면 탐정은 고객의 의뢰에 따라 첩보수집이 이어진다. 따라서 탐정의 정보활동은 고객의 의뢰에 따라 첩보수집 계획에서 출발하여 첩보수집활동으로 이어지므로, 첩보수집계획과 첩보수집활동은 정보활동의 기본이 된다.

1) 첩보수집의 소순환 과정

첩보수집의 소순환 과정이란 의뢰인(고객)의 요구하는 사안에 대하여 첩보수집계획을 수립하고, 정보(공개·인간정보) 등을 활용하여 수집한 첩보를 전달하고 보고하는 과정이다.[23] 즉, 정보공정(工程 : 일이 진척되는 과정이나 정도)은 정보수집 요청으로부터 시작되는데, 탐정은 의뢰인이 원하는 것이 정확히 무엇인가 그 핵심을 짚을 줄 알아야 한다. 이는 공정에서 가장 중요한 단계다.

2) 첩보수집의 원칙

(1) 유용성

수집한 첩보는 사용자의 임무수행에 도움이 되는 가치 있는 정보가 많아야 한다, 첩보의 가치는 사용자(의뢰자)의 임무수행에 어느 정도 도움을 줄 수 있는가에 달려 있다.

---

22) 예컨대, 경찰의 경우 일반적으로 정보기능에 근무하는 정보 경찰이 주로 수집하지만, 그 외의 모든 경찰관들도 첩보를 수집하고 제출한다는 점에서 모든 경찰관이 첩보 수집 요원이다.

23) 강동욱·윤현종, 위의 책, p. 199.

(2) 첩보의 중요성

첩보의 수집은 중요도가 높은 것부터 우선적으로 수집해야 한다. 첩보의 중요성에 대한 우선순위는 개인의 주관에 의해 결정되어서는 안 되며, 의뢰자의 요구에 따라 객관적인 기준에 의해 이루어져야 한다. 그러나 실제에 있어서 첩보의 중요성을 구별하기란 쉽지 않으며, 가치가 없어 보이는 첩보라도 관점이나 상황변화에 따라 중요도가 달라지기도 한다.

(3) 수집 가능성

아무리 유용성과 중요성을 갖춘 정보일지라도 수집이 불가능하다면 아무런 의미가 없다. 따라서 필요한 첩보를 수집하기 위한 능력의 개발이 필요하다. 공개출처에서 첩보를 수집할 수 없는 경우에는 비공개출처에서 수집하되, 이에 대한 접근방법과 기술, 그리고 첩보입수로 인한 손상과 대응책 등에 대한 종합적인 검토가 요구된다.

(4) 출처의 신빙성

출처의 신빙성은 수집한 첩보의 신뢰성과 직접적인 관련성이 있다. 그러나 첩보에는 역정보와 허위정보가 많기 때문에, 과학적 장비를 이용하여 수집한 첩보라도 장비의 고장이나 조작의 착오가 있을 수 있다. 따라서 신빙성에 대한 평가가 반드시 이루어져야 한다.[24]

3) 첩보의 획득유형(정보원의 발굴)

모든 첩보 또는 정보의 수집에는 입수경로가 있는데, 이 입수경로를 정보원(情報源: 자료소재의 출처) 또는 첩보의 출처라고 한다. 즉, 출처의 넓은 의미는 입수자(탐정)에게 첩보나 자료를 주게 된 직접 또는 간접의 공급원을 뜻한다.[25]

(1) 공개정보

① 공개정보의 의의

첩보(정보)의 존재가 일반인에게 공개되어 공공연하게 입수할 수 있는 첩보(정보)를 의미한다.

---

24) 김충남, 「경찰학개론」 서울: 박영사, 2002, p. 531.
25) 강영숙, 위의 책, p. 62.

② 공개정보의 중요성

제임스 울시(R.James Woolesy Jr) 미국 전 CIA국장은 "모든 정보의 95%는 공개된 출처에서, 나머지 5%만이 비밀출처에서 나온다"고 하였고, 미 CIA는 "러시아연방 해체 관련 정보의 80%를 러시아에서 발행되는 신문·잡지 그리고 방송 등 공개정보에서 입수하였다"고 밝힌 바도 있다. 이처럼 지금 세계의 정보시장에서는 첩보를 어떻게 수집했느냐 하는 비공개첩보의 중요성 못지 않게 공개정보의 중요성에도 주목하고 있다. 공개정보원(수집원)은 다음과 같다.

③ 공개정보원(출처)의 유형

㉠ 공개정보는 공공연하게 입수할 수 있는 정보를 말하는데, 진정·투서·민원·소문(평판이나 풍문)[26]·인터넷[27]·TV나 라디오·신문·잡지나 단행본·각종 인쇄물 등을 통하여 입수할 수 있다.

㉡ 정보공개제도(정보제공과 정보공개)를 통한 정보수집
대법원은 "국민의 국가기관에 대하여 기밀에 관한 사항 등 특별한 경우 이외에는 국가기관이 보관하고 있는 문서의 열람 및 복사를 청구할 수 있다(대판 1989.10.24. 88누9312)"고 판시한 바 있다. 한편「정보공개법」에서는 국민의 알 권리를 보장하고, 또한 모든 국민은 정보의 공개를 청구할 권리를 가진다고 천명하고 있다. 따라서 탐정업을 수행하는 자는 이러한 정보공개 제도를 통하여 합법적이고 유용한 공개정보를 수집할 수 있는 능력을 갖추어야 한다.

㉮ 정보제공 활용
흔히 정보제공과 정보공개라는 용어는 혼용되어 사용되는 경우도 있으나, 공개원인이나 공개내용 등에서 상당한 차이가 있다. 정보제공은 정보를 필요로 하는 각각의 사용자들에게 필요한 정보를 제공하는 것이다. 정보제공(정보홍보나 공청회의 결정, 주민의 개별적 정보요구에 대한 일반정보 서비스 등)은 의무적인 것도 있으나, 행정청의 재량임으로 정보제공을 안 할 수도 있다.

---

26) 소문(평판·풍문)은 조사대상자에게 접근하거나 문제해결에 유용한 단서를 제공하기도 한다.
27) 인터넷은 정보를 획득할 수 있는 보고(寶庫)로 평가받고 있다. 탐정은 인터넷을 활용하여 각종 자료를 쉽게 획득할 수 있다.

⑭ 정보공개제도를 통한 정보수집

정보공개는 법령에 의해 의무적으로 공개하여 국민의 알권리를 보장하는 제도를 말한다. 따라서 탐정은 「정보공개법」・「행정절차법」・「개인정보보호법」 등의 법적 지식을 바탕으로 의뢰인을 대신하여 공공기관 등이 가지고 있는 관련 서류들을 열람하거나 정보공개청구권을 행사하여 합법적으로 자료를 수집할 수 있다. 다만 이 경우는 민간차원의 자료수집활동이기 때문에, 의뢰인과 관련된 내용(의뢰인・자료수집대상・조사내용) 일체를 비공개로 하여야 하며 고도의 보안성이 요구된다.

관련 법률에 의한 정보수집 비고

구 분	행정절차법	정보 공개법	개인 정보 보호법
입법목적	• 국민권리의 사전보장 • 행정참여 기회 확대	• 국민의 알권리 보장 • 국정운영의 투명성 확보	• 사생활의 비밀보호 • 사적 권익 침해방지
정보의 범위	특정된 정보	공공기관이 보유하는 모든 정보	개인 신상관련 정보
청구권자	상대방 및 이해관계인	모든 국민・일정한 요건하의 외국인	본인
전후관계	처분 전의 정보	처분 후의 정보	처분 전의 정보
관련조항	• 행정청은 불이익 처분이나 관계자의 권리이익에 영향을 미치는 사업 등에 관한 정보는 미리 당사자 등에게 통지하여야 한다(「행정절차법」 제19조・제20조・제21조)	• 「정보공개법」 제7조 (행정정보의 공표 등) 공공기관은 공개의 구체적 범위와 공개의 주기・시기 및 방법 등을 미리 정하여 공표하고, 이에 따라 정기적으로 공개하여야 한다. • 「정보공개법」 제5조(정보공개청구권자) 모든 국민은 정보의 공개를 청구할 권리를 가진다.	• 「개인정보법」 제17조 (개인정보의 제공) 개인정보 처리자는 정보주체의 동의를 받은 경우에는 정보주체의 개인정보를 제 3자에게 제공할 수 있다.

(2) 비공개정보

비밀정보와 비공개정보는 다르다. 비밀정보는 공개가 금지되는 정보이기 때문에 탐정이 들여다 볼 영역이나 몫이 아니다. 탐정은 대립관계에 있는 국가나 기업 등 일정한 조직체에 침투하여 기밀을 알아내는 스파이와는 그 존립근거나 추구하는 가치가 다르다. 따라서 탐정이 비밀정보에까지 접근하려는 시도는 탐정제도의 근간을 흔드는 행동임을 명심하여야 한다.

반면, 비공개정보는 공개되지 않아서 입수한 당사자밖에 모르는 정보를 의미하며, 비공개 정보 수집은 탐정개인의 역량에 따라 큰 차이가 있다.

① 비공개정보는 비밀정보를 의미하지 않는다. 「정보공개법」상 비공개대상정보는 공공기관이 공개를 거부할 수 있는 정보를 말하지만, 그렇다고 해서 공공기관이 자동적으로 공개를 거부할 수 있는 것은 아니다. 따라서 해당 정보의 공개로 달성될 수 있는 공익 및 사익과 비공개로 하여야 할 공익 및 사익을 이익형량하여 공개여부를 결정해야 한다는 것이 대법원의 일관된 입장이다(이익형량설).[28] 정보공개는 「헌법」상 청구권적 기본권이다. 따라서 탐정은 정보수집을 하는 과정에서 비공개정보가 필요한 경우에는 관련기관에 정보공개청구를 통하여 합법적으로 필요한 자료를 수집할 수도 있다는 점을 명심하여야 한다.

② 탐정은 공개정보에 관한 지식도 필요하지만, '비공개정보'수집 또한 탐정이 수집해야 할 정보이다. 인간정보(Humint, 휴민트)가 대표적인 비공개정보이다.

　　㉠ 그 어떠한 기계와 공학적 기술도 사람만한 것은 없다. 왜냐하면 인간정보원은 사실뿐 아니라 상대방의 의도까지 전해 주기 때문이다. 그러므로 휴민트라고 부르는 인간에 의한 정보수집은 가장 능률적이고, 경제적이며, 효과적인 정보 수집방법이다. 그러나 첩보수집이나 접촉과정의 어려움이 있고, 과장·왜곡·조작 등 첩보의 신뢰성 검증이 곤란하다는 단점을 가지고 있다.

　　㉡ 언어정보와 비언어정보
　　　언어정보란 문서화할 수 있는 정보를 말하며, 비언어정보란 말과 글이 아닌 의사나 감정을 표현하거나 전달하는 데 쓰이는 신체동작(예컨대, 몸짓·손짓·표정 따위) 등을 통하여 언어적 의사전달을 보완하거나 대체하여 의사전달이 이루어지는 것을 말한다. 타인에 대한 정보는 의사소통을 통해서 수집하는 경우가 많다. 의사소통이란 사람들 간에 생각이나 감정 등을 교환하는 총체적인 행위로서, 언어적인 정보와 비언어적인 정보가 통합되어 이루어진다. 비언어적 정보는 의미와 표현이라는 기호체계를 이루고 있는데, 비언어적 정보는 주로 신체의 동작을 통해 이루어진다.[29]

---

28) 대판 2009.12.10. 2009두 12785.

29) https://www.happycampus.com/report−doc/18836640/ , 검색일 2020. 11. 16.

㉮ 미국의 심리학자 앨버트 메라비언(Albert Mehrabian)에 따르면 "사람에 대한 인상이나 호감을 결정하는 요소는 언어정보가 7%, 목소리나 보디랭귀지(목소리 38%, 보디랭귀지 55%) 등 비언어정보가 93%를 차지하여, 효과적인 소통에 있어 말보다 말하는 사람의 복장이나 행동·목소리크기·소리의 질 등에 마음을 더 빼앗긴다."는 연구결과를 발표하였다. 일반적으로 비언어적 정보는 언어적 정보의 보조도구로 인식되었지만, 최근 연구를 통해 비언어적 정보의 중요성이 강조되고 있다.

㉯ 미국의 보디랭귀지의 최고전문가 조 내버로(Joe Navavrro)는 "보디랭귀지 왜 중요할까?" 이에 대하여 어떤 사람들은 그것이 "뭐가 중요해?"라고 말하겠지만, 남들이 모르는 경쟁력의 원천이 보디랭귀지이다. 사람들은 입으로 얼마든지 거짓말을 할 수 있다. 그렇지만 몸은 그렇지 않다. 실제 우리는 삶의 중요한 순간에 말보다 몸의 언어에 더 의지해야 할 때가 많다. 그런 측면에서 무의식적인 몸의 신호, 즉 비언어 커뮤니케이션(비언어적 의사소통)을 익히고 활용하는 것은, 대인관계에서 성공으로 가는 지름길이라고 조 내버로는 말한 바 있다.[30] 이런 맥락에서 본다면 첩보를 수집하는 과정에서 상대방에게 비언어 커뮤니케이션을 어떻게 전략적으로 활용할 것인가 하는 부분에 대해서도 진지한 고민을 한다면,[31] 탐정업무를 수행하는 과정에서 큰 도움이 되리라 생각되어진다.

㉰ 독일의 심리학자 헤르망 에빙하우스(H·Ebbinghaus)의 망각곡선(시간이 지남에 따라 기억이 감소되는 정도)[32]에 따르면, 인간의 기억력은 20분 후에 42%, 60분(1시간) 후에 56%, 24시간 후에 66%, 한달 후에 79%가 망각된다고 하였다. 탐정은 이런 이론에도 유의하여 사람(인간정보)으로부터의 정보수집 시 참고할 필요가 있다. 아래의 그래프는 에빙하우스의 망각곡선이다.

---

30) 조 내버로 외 지음·박정길 옮김, 「FBI 행동의 심리학」, 서울 : 리더스 북, 2010, p. 6.
31) 조 내버로의 「FBI 행동의 심리학」은 말보다 정직한 7가지 몸의 단서를 주제로 하여 설득과 소통의 시대에 경쟁력을 갖추는 법을 제공하고 있다. 일독을 권한다.
32) 19세기 후반에 에빙하우스가 기억 혹은 망각에 대해 연구하여 시간경과에 따라 나타나는 일반적인 망각 경향을 그래프로 제시하였는데, 이를 에빙하우스 망각곡선 또는 에빙하우스 곡선이라고 한다.

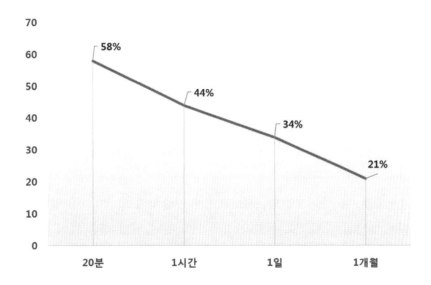

(3) 기술정보

기술출처로부터 수집되는 정보를 기술정보(Techint, 테킨트)라고 하는데, 기술정보는 영상정보(Imint, 이민트)와 신호정보(Sigint, 시킨트)로 구성된다. 기술정보는 고도의 기술과 전문성이 요구되는 비공개정보이기 때문에, 탐정이 이러한 영역과 관련된 첩보수집을 한다는 것은 현실적으로 거의 불가능에 가깝다고 볼 수 있다.

① **영상정보**(Imint, 이민트)

카메라·정찰기·인공위성(위성사진) 등 영상이나 사진 등을 통해 탐지한 첩보를 말한다. 예컨대, 걸프전 때 미국의 F-117 나이트호크 폭격기가 이라크의 미사일 기지·지휘통제소·통신시설·비행장 활주로·무기 공장, 그리고 그 밖의 군사거점을 매일 수 없이 폭격을 가한 것도 모두 영상정보를 바탕으로 한 것이다.

② **신호정보**(Sigint, 시킨트)

전파 및 전자적 신호 탐지를 통하여 획득한 첩보(정보)를 말한다. 즉, 통신정보(유무선 전화통신·모리스 전신·FAX 등)를 이용해서 취득하거나, 전자정보(전자감시)등으로 취득한 첩보(정보)이다.

(4) 사인(私人)의 비밀사진촬영

① 의의

사진촬영은 찍고자 하는 사물의 형상을 렌즈를 통해 필름에 옮겨 담는 일련의 작업을 말한다. 사진촬영과 녹음은 정보활동과 조사활동으로서의 성격을 동시에 지닌다.

② 법적 성질

피촬영자의 동의없이 촬영한 사진은 위법수집증거 여부가 문제된다.

㉠ 수사기관의 비밀촬영

수사기관이 수사방법으로서의 사진촬영이 허용되는가? 피촬영자의 동의 없는 사진촬영이 강제수사인가 그 법적 성격에 대해 견해의 대립이 있으나, 일정한 요건하에서는 당사자의 동의가 없더라도 영장없는 사진촬영이 허용된다는 제한적 허용설이 다수설이다. 대법원은 ㉮ 범죄혐의가 명백하고(현행범·준현행범), ㉯ 증거보전의 필요성 내지 긴급성이 있으며, ㉰ 일반적으로 허용되는 상당한 방법으로 촬영한 경우라면, 위 촬영이 영장 없이 이루어졌다 하여 이를 위법하다고 단정할 수 없다고 판시한 바 있다.[33]

> **「관련 판례」**
> ★ 무인장비에 의하여 영장없이 제한속도 위반차량의 차량번호 등을 촬영하였다 하여 이를 위법하다고 단정할 수 없다(대판 1999.9.3. 99도2317; 대판 1999.12.7. 98도3329). 즉, 대법원은 제한적 허용설에 입각하여 무인장비에 의한 사진촬영을 허용하여 증거능력을 인정하고 있다.

㉡ 사인의 비밀촬영

대법원은 사인이 비밀촬영한 현장사진에 대해서 공익과 사익의 비교형량에 의하여 증거로서의 허용 여부를 판단하는 입장을 취하고 있다(비교형량).

> **「관련 판례」**
> ★ 효과적인 형사소추 및 형사소송에서의 진실발견이라는 공익과 개인의 사생활의 보호이익을 비교형량하여 그 허용 여부를 결정하고, 적절한 증거조사의 방법을 선택함으로써 국민의 인간으로서의 존엄성에 대한 침해를 피할 수 있다고 보아야 할 것이다(대판 1997.9.30. 97도1230).

③ 비밀사진촬영과 초상권 문제

사진촬영은 초상권 침해 가능성이 농후하고 법률적 분쟁에 휘말릴 수 있는 문제성

---

33) 대판 1999.9.3. 99도2317; 대판 2013.1.26. 2013도2511.

을 내포하고 있기 때문에, 극히 제한적 범위내에서 활용하여야 한다. 최근(2020.8.15.) 광복절 집회에 참석한 사람들이 '위치정보'노출과 관련하여 관계당국에 손해배상청구 등을 요구하고 있어 사사하는 바가 크다.

ㄱ 초상권의 의의

초상권이라 함은 자신의 얼굴 기타 사회통념상 특정인임을 식별할 수 있는 신체적 특징에 관하여 함부로 촬영 또는 그림으로 묘사되거나 공표되지 않으며 영리적으로 이용당하지 않을 권리를 말한다. 초상권은 자신의 초상에 대하여 갖는 인격적·재산적 이익으로, 초상권은 촬영 및 작성 거절권,[34] 공표거절권,[35] 초상영리권[36] 등으로 나누어 볼 수 있다.

ㄴ 초상권 침해기준과 관련 판례

초상권은 한 개인의 인격이나 프라이버시를 보호하기 위해 설정된 권리이기 때문에, 초상권 침해시 그 기준을 어디에다 둘 것인가 하는 것이 문제시 된다. 초상권과 관련된 초상권 침해기준으로는 크게 '식별가능성', '영리목적사용', '계약범위를 넘어서는 수준으로 사용하였는지' 여부 등 3가지 기준이 제시되고 있다.

㉮ 식별가능성

사진·영상을 무작위로 찍은 경우에도 사람의 얼굴이 구별가능하고 그 사람이 누구인지 알아볼 수 있는 경우에, 설령 모자이크 처리나 스티커 등 일부분을 의도적으로 가렸다고 해도 누구라도 식별할 수 있는 정도라면, 초상권 침해기준에 저촉될 가능성이 높다.

㉯ 영리목적 사용

상대방의 허가를 받지 않고 상대방의 얼굴 등을 찍은 사진이나 동영상을 영리의 목적·상업의 목적으로 사용한 경우에는 초상권 침해에 연루될 위험성이 높다.

---

34) 촬영 및 작성거절권은 사람이 자기의 얼굴 기타 사회통념상 특정인임을 식별할 수 있는 신체적 특징에 관하여 함부로 촬영 또는 복제되지 아니할 권리를 말한다.

35) 공표거절권은 촬영된 사진 또는 작성된 초상이 함부로 공표·복제되지 아니할 권리이다.

36) 초상영리권은 초상이 함부로 영리목적에 이용되지 아니할 권리이다. 따라서 승낙에 의하여 촬영된 사진이라도 이를 함부로 공표하는 행위, 그리고 일단 공표된 사진이라도 다른 목적에 사용하는 행위는 모두 초상권의 침해에 해당한다.

㉘ 계약범위를 넘는 사용

사진이나 영상을 촬영하고 이를 배포하는 것까지 계약이 되어 있다 하더
라도, 그러한 계약의 내용을 넘어서는 수준으로 이를 사용했다면 초상권
침해문제로 법적인 분쟁을 겪을 수 있다.

「관련 판례」

① 초상권 침해의 기준

초상권 침해의 행위를 두고 서로 다른 두 방향의 이익이 충돌하는 경우에 그 사안
의 구체적 사정을 종합적으로 고려한 이익형량(利益衡量)을 통해 침해행위의 최종적
인 위법성을 판단한다(대판 2006.10.13. 2004다16280).

② 초상권 침해의 판단 고려요소

대법원은 초상권 침해를 판단하는 이익형량(利益衡量)요소로 첫째, 「침해행위의 영
역」과 관련하여 침해행위로 달성하려는 이익의 내용 및 그 중대성, 침해행위의 필요
성과 효과성, 침해행위의 보충성과 긴급성, 침해방법의 상당성 등을 제시하였고, 둘
째, 「피해이익의 영역」에 속하는 고려요소로서 피해법익의 내용과 중대성, 침해행위
로 인하여 피해자가 입는 피해의 정도, 피해이익의 보호가치 등을 들고 있다(대판
2006.10.13. 2004다16280).

③ 제3자가 공갈목적을 숨기고 '피고인'의 동의하에 나체사진을 찍은 경우, 피고인에 대한 간통죄에 있어 위법수집증거로서 증거능력이 배제되는지 여부?

국가기관이 아닌 사인에 의한 사진촬영이라 하더라도 상대방이 명시한 의사에 반
한 임의성 없는 촬영의 경우나 상대방이 범죄행위에 사용된다는 사실을 모르는 상
태에서 촬영된 경우에는 헌법상 보장된 인격권이나 초상권 등의 기본권을 중대하게
침해한 것이다.

위 공소외인(제3자)은 피고인으로부터 금원을 갈취하기 위한 목적으로 사진을 촬
영하였고, 피고인이 이를 모르고 촬영에 이용당한 것이므로 이 사건 사진의 촬영은
임의성이 배제된 상태에서 이루어진 것이다. 따라서 이러한 행위는 인격의 불가침의
핵심적인 부분을 침해한 것으로서 증거능력이 부정되어야 하고, 나아가 국가기관이
이를 형사소송 절차에서 증거로 사용하는 것은 피고인의 인격권과 초상권을 다시
한번 중대하게 침해하는 것이므로, 이 점에서도 증거능력이 없다고 할 것이다(대판
1997.9.30. 97도1230).

ⓒ 초상권 침해와 민사상 손해배상

　　초상권 침해기준에 저촉된 경우라도 「형법」상 별도의 처벌 규정은 존재하지 않는다. 다만 「정보통신망법」에[37] 의하여 처벌되는 것 이외에는 민사상 손해배상 문제가 발생할 수 있다.

민사상 손해배상

불법 행위에 대한 손해배상	재산 이외의 손해배상	합의를 통한 분쟁조절
고의 또는 과실로 인한 위법행위로 타인에게 손해를 가한 자는 그 손해를 배상할 책임이 있다. (「민법」 제750조)	타인의 신체·자유 또는 명예를 해하거나 기타 정신상 고통을 가한 자는 재산 이외의 손해에 대해서도 배상할 책임이 있다. (「민법」 제751조의 제1항)	초상권 관련 분쟁 발생시, 일반적으로 합의를 통해 분쟁을 조정한다. 다만 일방적으로 합의를 요구하다가 협박죄 등으로 형사처벌을 받을 가능성도 있다.

㉮ 초상권 침해로 보는 경우

일반적으로 초상권 침해로 보는 경우

- 공개된 장소에서의 촬영은 초상권 침해
- 피촬영자의 사진과 기사내용이 달리 전달되는 경우
- 피촬영자를 모욕·비방할 목적으로 순간 포착하여 사진을 찍는 경우
- 부모동의 없는 미성년자의 초상을 촬영한 경우(미성년자 촬영시 부모나 친권자의 허락을 받아야 함)

---

37) 정보통신망이용촉진 및 정보보호 등에 관한 법률(약칭: 정보통신망법) 제70조(벌칙) 사람은 비방할 목적으로 정보통신망을 통하여 공공연하게 사실을 드러내어 사람의 명예를 훼손한 자는 3년이하의 징역 또는 3천만원 이하의 벌금에 처한다.

「관련 판례」

★ 집회 또는 시위참가자가 자신의 얼굴 등이 촬영된 경우의 초상권 침해 여부?

서울중앙지방법원은 2009년 10월 "공공장소에서의 집회시위란 본질적으로 참가자들이 자신의 의사를 널리 일반에 알리기 위한 것"이기 때문에 "집회 내지 시위에 참가한 모습을 촬영해 보도했더라도 원칙적으로 초상권 침해가 되지 않는다." 그러나 "사진 등에 나타난 피촬영자의 영상 자체 또는 그 사진과 결부된 기사의 내용이 독자 또는 시청자에게 왜곡된 사실을 전달하는 결과를 가져왔거나, 결부된 기사가 부정적인 인상을 주는 것으로 피촬영자를 모욕하거나 비방할 목적으로 이루어진 경우 등에는 침해의 여지가 있다"고 판시하였다.[38]

㉯ 초상권 침해로 보지 않는 경우

일반적으로 초상권 침해로 보지 않는 경우	
	언론보도를 위해서(돈을 받고 촬영했거나, 명백하게 보도활동을 위한 것으로 판명되거나 또는 공익을 위한 경우)
	당사자의 승낙을 받고 촬영한 경우
	공인(公人)인 경우
	사건이나 집회·시위를 보도하는 경우 등

「관련 판례」

★ 불법행위를 구성하는 초상권 및 사생활의 비밀과 자유에 대한 침해가 공개된 장소에서 이루어졌다거나 민사소송의 증거를 수집할 목적으로 이루어졌다고 하여 정당화되는지 여부(소극)?

초상권 및 사생활의 비밀과 자유에 대한 부당한 침해는 불법행위를 구성하는데, 위 침해는 그것이 공개된 장소에서 이루어졌다거나 민사소송의 증거를 수집할 목적으로 이루어졌다는 사유만으로 정당화되지 아니한다(대판 2006.10.13. 2004다16280).

---

38) http://www.fnnews.com/news. 검색일 2020. 3. 12.

(5) 녹음·녹취

녹음·녹취문제는 이미 탐정조사관련 기본법(「형사소송법」)분야에서 기술한 바 있으나, 여기서 다시 한번 간략하게 강조하는 이유는 최근 관련판례 소개와 추가 내용을 보완함으로써, 정보수집과정에서 발생할 수 있는 위법행위를 미리 방지하기 위해서이다.

① 의의

녹음이라하면 테이프나 판 또는 영화필름따위에 소리를 기록한 것을 말하며, 녹취란 어떤 사건이나 상황을 재생할 수 있도록 녹음 또는 녹취한 것을 글로 옮겨 기록하는 것을 말한다. 녹취록은 녹음된 내용을 문서화한 것이다.

② 법적근거

녹음·녹취는 몰래 녹음하는 것이 아닌 정당한 사유가 있어야 허용이 된다. 「통신비밀보호법」은 공개되지 아니한 타인간의 대화를 녹음을 금하고 있고(「통신비밀보호법」 제14조), 이를 위반하면 1년 이상 10년 이하의 징역 또는 5년이하의 자격정지에 처하도록 규정하고 있다.

③ 녹음·녹취행위의 합법성과 불법성

녹음자 본인이 대화에 포함돼 있는지, 안 돼있는지에 따라 합법과 불법으로 구분되어 진다.

ⓖ 대화에 참여하여 녹음하면 합법

당사자가 상대방과 대화를 직접 나누면서 상대방에게 녹음사실을 알리지 않고 대화 당사자인 본인이 직접 녹음하였다면 '합법'이다. 따라서 대화 상대가 2명이든, 3명이든 간에 녹음자가 그 대화에 포함되어 음성이 들어가 있으면 그 녹음행위는 '합법'으로 간주된다.

ⓛ 대화 당사자가 아닌 제3자가 대화 녹음하면 불법

본인이 대화에 포함되지 않은 상태에서 다른 사람들의 대화를 녹음하는 것은 '불법'이다. 예컨대, 회사 식당에서 다른 사람들이 자신과 친한 동료에 대해서 안좋은 이야기를 하자, 그 사실을 친한 동료에게 알려주기 위해서 본인의 휴대폰으로 그들의 대화를 녹음하였다면, 그러한 행위는 불법도청에 해당한다. 따라서 아무리 증거수집의 목적을 가지고 한 행위라 할지라도 그것이 불법적인 절차로 취득된 증거라면 증거로 인정받지 못할 뿐 아니라 본인 자신이 가해자가 될 수 있다는 점을 명심하여야 한다.

「관련 판례」

① 처와 그 애인사이의 대화를 몰래 남편이 녹음한 것은(제3자 녹음) 공개되지 아니한 타인간의 대화를 녹음한 것이며, 대화 당사자들의 동의 없이 불법 감청한 것이다. 따라서 통신비밀보호법 제4조(불법검열에 의한 우편물의 내용과 불법감청에 의한 전기통신 내용의 증거사용금지) 제2항의 규정에 의하여 그 증거능력이 없다(대판 2001.10.9. 2001도3106).

② 통화를 마친 후 대화상대방이 실수로 휴대폰의 통화종료 버튼을 누르지 아니 한 채 이를 그대로 놓아 두는 바람에 그 상대방이 타인과 대화하는 내용이 들리는 경우, 상대방이 통화연결 상태에 있는 자신의 휴대폰 수신 및 녹음기능을 이용하여 그 상대방과 타인사이의 대화를 몰래 청취·녹음하였다면, 그 녹음자는 상대방과 타인의 대화에 원래부터 참여하지 아니한 제3자이다. 그러므로 통화연결 상태에 휴대폰을 이용하여 상대방과 타인의 대화를 청취·녹음하는 행위는 통신비밀보호법 제3조의 금지행위에 해당한다(대판 2016.5.12. 2013도15616). 따라서 이 경우에도 증거능력이 부인된다.

---

④ 탐정의 녹음·녹취행위

탐정이 의뢰인의 의뢰에 따라 원하는 결과를 얻기 위하여 불법녹음·녹취행위를 하였다면 형사처벌 대상이 될 뿐만 아니라, 이러한 녹음행위에 가담한 경우에도 징벌의 대상이 된다는 점에 유념하여야 한다.

(6) 지리정보

지리정보란 공간이나 지역에 관한 모든 지식과 정보를 가리킨다. 지리정보의 유형에는 공간정보·속성정보·관계정보가 있다. 지리정보들은 서로 밀접한 관련을 맺고 있다. 따라서 하나의 정보는 다른 정보를 이해하는 바탕이며, 다양한 정보를 종합하면 그 지역의 특성을 잘 이해할 수 있다. 이런 맥락에서 탐정은 정보수집시 지리정보를 유용하게 활용할 수 있어야 한다.

① 공간정보

공간정보는 어떤 장소의 위치나 형태 등에 관한 정보로 점·선·면 등의 형태로 표현된다. 예컨대, 행정구역에 따른 위치나 시(市)의 경계에 관한 정보가 이에 해당한다.

② 속성정보(屬性情報)

속성정보는 어떤 장소나 현상이 갖는 자연적 특성이나 인문적 특성(역사·문화·정치·경제·관광 등)을 나타내는 정보를 말한다. 속성정보로는 인구·면적·기온·강수량·생산물(특산물) 등을 들 수 있다.

③ 관계정보

관계정보는 다른 장소나 지역과의 상호 작용 및 관계를 나타내는 정보이다. 관계정보는 인접성·연결성·계층성 등으로 표현되며, 이를 통해 지역 간의 연관관계를 파악할 수 있다.

3. 정보분석

국가정보기관의 정보생산과정은 대체로 선택 → 기록 → 평가 → 분석 → 종합 → 해석 → 결론의 소순환과정으로 진행된다. 그러나 이러한 소순환과정은 항상 일정한 순서에 의하여 진행되는 것은 아니며, 거의 동시작용으로 이루어진다.[39]

반면, 탐정업의 경우, 국가정보기관처럼 전문적인 지식이나 부서가 없기 때문에 정보의 생산과정은 미흡할 수밖에 없다. 따라서 국가정보기관의 소순환과정을 그 기본틀로 하는 것은 당연하지만, 그 한계가 있을 수밖에 없다.

그러므로 이러한 한계를 극복하기 위해서는 획득한 첩보를 분석·종합·해석 할 수 있는 능력을 배양하는 것이 무엇보다 중요하다 하겠다. 이하에서는 정보생산의 소순환과정 중 탐정에게 가장 중요시 되는 정보분석에 한정하여 기술하였다.

1) 의의

정보분석은 첩보를 정보로 전환하는 정보순환단계의 한 과정이다(정보소순환 과정). 첩보 수집시 자료는 생정보로서 대부분이 단편적이며 정리되지 않은 자료수준에 지나지 않기 때문에, 의뢰자가 바로 사용하기에는 형식적·내용적으로 체계성이 부족하다. 따라서 평가된 첩보를 구성요소별로 세분화하고, 세분화 된 요소들의 인과성·패턴·경향·상관관계 등이 논리적으로 검토되어야 한다. 이것이 분석 단계이다.

---

39) 김형중, 「경찰학개론」, 서울: 청목출판사, 2012, pp. 641~643.

2) 정보분석의 중요성

미국 콜로라도주에서 캐나다까지 1400km 길이로 연결되어 있는 록키산맥의 가장 높은 봉우리 엘버트산(4.401m)[40]에서 1m 서쪽으로 떨어지는 빗방울은 태평양으로 흘러가고, 1m 동쪽으로 떨어지는 빗방울은 대서양으로 흘러간다. 불과 1m 상관이지만 그 결과는 엄청나다.

정보분석도 위와 같은 사례처럼 초기부터 상황논리·이론적용·역사적 상황과의 비교 등 다양한 정보를 분석하여 상호 연관된 내용을 서로 통합하고 재평가해야 한다.

3) 사회관계망 분석

정보분석에는 여러 분석기법들이 활용되지만, 최근에는 정보분석의 한 기법으로서 '사회관계망분석'이 각광을 받고 있다.

(1) 사회관계망(소셜 네트워크)의 개념

사회연결망 또는 소셜 네트워크(Social Network)는 사회학에서 개인·집단·사회의 관계를 네트워크로 파악하는 개념이다. 즉, 한 묶음의 단위를 전제로 하는 사회관계망은 여러 단위(개인·대규모 조직·공동체 또는 국가)의 상호관계나 결합형태를 지칭한다.

(2) 사회관계망 분석(Social Network Analysis)

① 의의

사회관계망 분석은 밀도·규모·상호접촉빈도 등 특성(관계)에 의한 분석을 의미한다.[41] 사회관계망 분석의 최대 장점은 미시(부분)와 거시(전체)연계의 내용을 밝힐 수 있고, 공식적 조직의 내부구조와는 일치하지 않더라도 비공식적으로 존재하는 위계적인 조직구조를 밝힐 수 있게 해 준다.

② 연혁

사회관계망 분석(소셜 네트워크)은 1950년대 사회인류학자들에 의해 발달 되었으나, 오랜 기간 동안 관심을 모으지 못하다가 1960년대 말부터 새로이 주목을 받기 시작한 사회관계에 관한 접근법이다. 최근 소셜 네트워크는 전통적인 학문 영역의 경계를 넘어 심리학·경영학·정보과학·통계학 등 여러 분야에 걸쳐 있으며, 서로 다른 여러 분야의

---

40) 엘버트산은 북아메리카 록키 산맥에서 가장 높은 산으로 높이는 4.401m이다. 콜로라도주에서 가장 높은 산이기도 하며, 미국 본토 48개 주 중에서는 휘트니산에 이어 두 번째로 높다.

41) 이원숙, 「사회적 망과 사회적 지지이론」, 서울: 홍의제, 2005, p. 54

융합이 이루어지면서 그 범위를 계속 확장시켜 가고 있다.

③ 사회관계망 분석의 중요성

코로나 19 사태가 21세기에 세계를 전염병의 공포로 몰아넣고 있다. 이런 경우 바이러스 자체에 대한 분석은 당연히 의학의 몫이겠지만, 사람들의 관계나 활동범주, 그리고 접촉과 전염의 관계되는 인물의 위치나 특성을 밝혀내는 일은 소셜 네트워크의 과제라고 할 수 있다. 실제로 사람의 연결에 대한 관찰과 분석은 전염병 확산 예측에 아주 중요한 자료가 된다. 사람들의 지리적 이동이나 접촉관계의 실태를 알 수 있다면 질병이나 소문 그리고 권력이 어떻게 이동되는지도 예측할 수 있기 때문에, 인간관계의 존재 방식을 밝히는 일은 그래서 중요하다. 이런 맥락에서 볼 때 앞으로 탐정학 분야에서도 사회관계망 분석 기법 등을 어떻게 도입하여 활용할 것인가라는 명제를 진지하게 고민할 필요가 있다.

4. 결론의 도출 및 보고서 작성

보고서 작성(결론의 도출)은 의뢰인의 의뢰내용에 대한 해답을 주는 가장 중요한 과정이다. 즉, 정보의 완성을 말한다. 결론은 간단명료해야 하며, 객관적인 증거를 가지고 증명이 가능해야 한다.

5. 정보의 배포(보고서 전달)

1) 보고서 전달

정보의 배포, 즉 보고서 제출은 탐정이 의뢰인에게 적합한 형태와 내용을 갖추어서 적당한 시기에 제공하는 과정이다. 아무리 중요하고 정확한 정보를 생산했다 하더라도 그 정보가 필요한 사람에게 적절히 전달되지 않는다면 정보의 가치는 상실되고 만다.

2) 보고서 전달방법

탐정의 정보는 보고서가 작성되는 것을 기점으로 탐정 조사는 완성된다. 보고서는 서면·문자메시지(Email·휴대폰 문자)·구두 등 다양한 방법에 의한 전달 방법이 있으나, 때로는 보고서가 아닌 현장의 정보를 그대로 의뢰인에게 전화[42]로 전달하는 상황이 발

---

42) 정보 배포 수단(보고서 전달 수단) 중 보안성이 가장 좋은 것은 구두에 의한 방법이고, 보안성이 가장 취약한 것은 전화이다.

생할 수 있다. 예컨대, 미아가출인 조사에서 가출인의 소재를 발견하였으나 현장으로부
터 사무실까지 돌아와 보고서를 작성할 여유가 없을 경우(가출인이 바로 다른 곳으로 이동
할 가능성이 높은 경우)에는 의뢰인에게 전화로 즉시 보고하거나 의뢰인을 현장에 오도록
하여야 한다.[43]

제3절 탐정의 정보수집 기법

탐정의 정보 수집은 의뢰인과 사건 수임이 체결되면 다양한 기법에 의하여 수집될
수 있으나, 그 중 관찰묘사와 면담을 통한 정보 수집 기술 등은 중요한 기술중의 하나
이다.

Ⅰ. 관찰묘사

1. 의의

묘사를 위해서는 관찰력을 길러야 한다. 관찰이란, 일반적으로 사물의 실태를 객관
적으로 파악하기 위하여 주의 깊게 살펴보는 것을 의미한다.

한편, 묘사란 관찰의 결과를 언어로 서술하거나 그림을 그려서 재생·표현하는 것
을 말한다. 따라서 관찰과 묘사는 한 사람에 의한 두뇌작용이므로, 통상 '관찰묘사'라는
하나의 단어로 사용하는 경우가 많다.

2. 중요성

탐정조사활동에 있어서 관찰묘사란 정보수집활동에 있어 중요한 기술 중의 하나이
다. 즉, 탐정은 사물의 현상(인물포함)과 어떤 사건내용을 면밀히 관찰하여 그것을 정확
히 묘사할 수 있어야 한다.

1) 모든 관찰활등은 감각작용에 의해 이루어지게 되는데, 이러한 감각작용은 관찰자의
교육·경험·직업·환경 등에 따라 그 관찰 결과가 달라질 수밖에 없다. 탐정의 업무는 정
보수집활동에서부터 시작되기 때문에, 의뢰된 임무와 목적을 염두에 두고 관련 사항에 대

---

43) 강영숙, 위의 책, p. 74.

하여는 사소한 것이라도 흥미와 주의력을 가지고 관찰하는 태도를 가져야 한다.

2) 관찰묘사 능력은 사람마다 차이가 있기 때문에, 똑같은 사실을 두 사람이 관찰하였다 하더라도 이것을 묘사한 두 사람의 내용은 서로 다르게 된다. 따라서 수집된 첩보의 가치도 크게 달라지게 된다.

3) 사람이나 사물 또는 그 특정상황을 한 번 보고 그 특징을 재생해 낸다는 것은 결코 쉬운 일이 아니다. 따라서 평소 관찰묘사에 대한 훈련을 받은 사람과 그렇지 못한 사람 간에는 많은 차이가 있다.

3. 관찰의 원칙

일반적으로 관찰의 원칙에 관해서는 통설적인 견해가 없기 때문에, 여러 가지 주장들이 제기되고 있기도 하다.

1) 6하원칙에 의한 관찰(일반적인 관찰원칙)

관찰은 단지 자연만을 그 대상으로 하는 게 아니라 사람·동물도 그 대상이 될 수 있기 때문에, 6하원칙에(누가·언제·어디서·무엇을·어떻게·왜) 따라 관찰하는 것이 기본적인 원칙이다.

2) 탐정조사업무시 관찰원칙

탐정의 경우 대체로 일반적인 관찰원칙을 바탕으로 다음과 같은 기준을 세우고 관찰하는 것이 바람직스럽다.

(1) 관심의 원칙

탐정은 일상생활에 있어서 모든 사물의 현상이나 변화에 항상 관심을 갖도록 노력하는 습관을 가져야 한다. 예컨대, 영국의 아이작 뉴튼은 사과가 떨어지는 현상을 보고 그것에 관심을 집중한 결과 만유인력이라는 위대한 이론을 창출한 것도, 평소 사물에 대한 관심의 결과였다.

(2) 분류의 원칙

어떤 사물을 한꺼번에 그 전부를 기억하고 묘사하는 것은 거의 불가능에 가깝다. 따라서 어떤 사물이나 상황에 대해 수량·종류·그룹·면적 등 '특징적 요소'를 기준하여 적절히 분류하면, 관찰의 신속성과 묘사를 위한 기억에 많은 도움을 준다. 예컨대, 차

종류(오토바이인가, 버스인가, 자가용인가), 바닷가(고기·배 등) 등과 같이 종류 또는 비슷한 개념의 유형을 찾아 분류하는 방법이다.

(3) 연상의 법칙

연상법은 관찰시에 완전히 상이한 두 개의 사항을 동시에 생각하여 결합시킴으로써 묘사에 있어 효과를 얻고자 하는 것이다. 연상은 일정한 패턴이 없기 때문에, 관찰자 자신이 가장 좋은 방법을 생각하여 결합시키면 꽤 오랫동안 남아 기억을 되살리기 쉽다. 예컨대, 전화번호 0182번을 기억하려 할 때, '아무 일도 발생하지 않게끔(0), 일 빨리(182)하라'고 불합리한 연상을 해 두면 쉽게 기억할 수 있다.

(4) 비교의 원칙

어떤 사물을 관찰할 때 자기가 이미 경험하여 잘 알고 있는 사실과 비교하여 기억하는 방법이다. 예컨대, 일상생활에서 사용하는 자기 소지품의 크기(길이·넓이·폭 등)를 사전에 미리 측정하여 숙지해두면, 다른 물건과 비교하여 관찰·묘사시 상당한 도움이 될 수 있다.

(5) 종합의 원칙

관찰의 모든 대상은 한 시점을 기준으로 하여 반드시 '종합·정리'되어야 한다.

4. 관찰묘사와 기억술

관찰묘사와 기억력은 정보수집활동에 있어서 불가분적 요소이다. 즉, 제한된 시간 내에 목표를 관찰하고 요점을 정리하는 데에는 각자의 기억력에 따라 많은 영향을 받게 된다.[44] 따라서 아무리 예리하고 정확한 관찰을 하였다 하더라도 묘사시에 기억을 상기시키지 못하면 정확한 정보를 생산하기가 불가능하다. 따라서 탐정은 평소에도 관찰묘사요령과 기억술 훈련에 보다 많은 노력을 기울일 필요가 있다.

1) 기억술

(1) 의의

기억술은 정보를 장기기억에 저장하는 의도적이고 계획적인 활동들로서 기억전략이라고도 하며, 정보를 장기기억에 저장할 때 사용화된 체제화된 방법을 말한다. 즉, 기

---

44) 권창기·김동제·강영숙 공저, 위의 책, p. 322.

억술은 학습내용에 존재하지 않는 연합들을 만들어 부호화하는 것을 의미한다.

(2) 기억술의 본질

모든 기억전략의 본질은 "어떻게 훨씬 쉽게 단기기억을 장기기억과 연결시킬 것인가?"이다. 이를 위해 관찰 → 변환[45] → 결합[46] → 반복과 조정 사이클의 과정을 반복하는 것이 기억술의 실체이다. 기억술은 선천적 암기 기억과 아무 상관이 없다. 따라서 멘사급 IQ에 달린 것이 아니라 강력한 심상(心象)[47]을 만들어 내는 상상력, 공간을 상상하는 공간지각, 그리고 이것을 활용할 수 있는 창의력을 가졌냐에 달렸다. 따라서 기억과 암기는 무턱대고 반복한다고 해서 잘되는 것은 아니며, 계획적으로 장기기억과 연합시키려고 노력할수록 기억이 더 잘된다.

(3) 기억술의 종류

① 장소법

장소법은 2500년 전 고대 그리스의 시인이자 철학자 시모니데스를 개조(開祖)로 한다. 이후 16세기에는 동양에까지 전파되었는데, 예수회 선교회 마테오 리치가 1596년 저술한 「기법」이라는 책에서 이 기억술을 소개하고 있다.[48]

장소법은 흔히 「기억의 궁전」[49]으로 잘 알려진 기억술로써, 기억하고자 하는 대상을 장소와 연합시켜 기억력을 향상시키는 방법이다.

어떤 목록을 암기하는 경우, 장소법을 사용하기 위해서는 자신이 친근하거나(자택이나 실제하는 장소, 혹은 가공의 장소도 상관없음), 또는 다녔던 장소 등 자신이 쉽게 회상할 수 있는 장소를 먼저 선택한 다음, 기억해야 할 내용들의 목록을 자신이 상상한 장소의

---

45) 변환이란 기억해야 할 대상을 더 기억에 잘 남는 형태로 바꾸어 생각하는 것을 말하는데(기억의 정교화), 연상법이라고도 불린다.

46) 청각과 시각은 단기 기억이 서로 다르기 때문에, 이를 결합하면 기억하는데 더 효율적이다. 예컨대, 자막과 함께 영화를 보는 경우가 이에 해당한다. 따라서 이미지(심상)와 음성을 결합해 기억하는 것이 좋다.

47) 심상은 이미지와 같은 말인데, 마음속에 그려지는 감각적인 모습이나 느낌을 말한다. 예컨대, 백두산을 머리에 그리는 경우, 정상 부분에 있는 천지호수가 떠오른다. 이것이 백두산의 심상이다.

48) 조너선 스펜서가 쓴 「마테오 리치, 기억의 궁전」이라는 책에서 나온다.

49) 「기억의 궁전」은 고대 그리스의 시인이자 철학자 시모니데스가 연회도중 한 시종이 시모니데스에게 밖에서 두 젊은이가 당신을 찾더라는 전갈을 전해서 시모니데스가 건물 밖으로 나왔지만 아무도 없었는데, 다시 들어가려는 순간 건물이 통째로 무너져 왕과 시모니데스를 제외한 모든 사람들이 형체를 알아볼 수 없는 처참한 몰골의 시체가 되었다. 이때 슬픔에 빠진 유족들이 누가 자기 가족인지 알아봐달라고 하자, 이때 그가 장소법을 통해 청중들이 앉아 있었던 자리를 정확히 기억해낼 수 있었다는 데서 '기억의 궁전'이 발견되었다는 전설이 전해진다.

특정위치와 연관시켜 배치하여 암기하면 된다. 예컨대, 송강호·김혜수·송혜교·마동석·김혜자·장동건 같은 유명한 배우들의 이름을 기억해야 한다면, 이 경우 자신이 집에 들어가서 움직이는 동선을 머릿속으로 상상하며, 그 동선에 맞는 장소와 외울 배우들을 배치시키고 그 장면을 상상해서 떠올리면 된다. 자신의 대문 앞에는 송강호가 고무신을 신고 서있고, 김혜수와 송혜교는 마루 소파에 앉아 수다를 떨고 있고, 마동석은 식탁에서 밥을 먹고 있으며, 김혜자는 침대에 있고, 장동건은 서재에서 책을 읽고 있다는 식이다. 이처럼 외워야 할 목록을 연관지어 기억하게 되면, 단기기억에서 장기기억으로 전환되면서 가장 효과적으로 기억할 수 있게 된다.

② 이야기법

외워야 하는 목록에 살을 붙여 이야기를 짜서 기억하고 싶은 대상을 등장시키는 방법이다. 기억하고 싶은 항목을 순서대로 결합시켜 기억하는 방법으로, 제1의 사물을 제2의 사물에 결합시키고, 제2의 사물을 제3의 사물에 결합시키는 방법이다. 예컨대, 이순신 장군의 3대 대첩(한산도 대첩·명량해전·노량해전)을 외울 때 '이순신이 말하기를 (한)(명)도 놓치지 말라'는 식으로 외우는 방법이다.

③ 머릿글자법

기억하고 싶은 대상의 머릿글자를 따서 기억하는 방법이다. 예컨대, 조선시대 임금의 이름을 "태정태세문단세예성연중인명선" 등으로 암기하는 방법이 대표적인 예이다. 이 방법은 단어의 목록을 외우거나, 서술 시험을 볼 때 써야 할 내용이나 이론의 첫 글자만 따서 외워서 용이하게 사용할 수 있는 방법이다.

5. 관찰묘사의 방법과 유의사항

관찰은 관찰 자체로서 끝나는 것이 아니라 묘사를 전제로 한다. 따라서 관찰의 최종 산물은 묘사가 되어야 한다. 관찰결과의 재생 방법으로는 사상(事象:관찰할 수 있는 사물과 현상)묘사방법과 인물묘사방법의 두 가지가 있다.[50] 여기서는 인물묘사에 한정하여 기술하였다.

1) 인물에 대한 관찰과 묘사

인물묘사에 있어서 가장 중요한 부분은 얼굴이다. 따라서 정보수집활동을 하는 사

---

50) 권창기·김동제·강영숙 공저, 위의 책, p. 327

람은 사람을 식별하여야 할 경우가 많으므로, 묘사의 정확한 방법을 알아야 하는 것은 기본적이고 필수적인 조건이다. 인물묘사방법에는 ① 기본묘사, ② 보통묘사, ③ 정밀묘사가 있다.[51]

인물묘사방법과 요령[52]

구분	인물관찰과 묘사시 요령
기본묘사	1) 인물식별을 위한 기초적인 판단자료를 말한다. 　(1) 성별·연령·인종·신장·체중·체격 등 　(2) 이때 성명·가명·출생지·배경 등을 알 수 있으면 많은 도움이 된다.
보통묘사	1) 통상 조사를 요하는 사람에 대한 구체적인 판단자료를 말한다. 2) 성명·생년월일·주소·인종·신장·체중·체격·성별·연고지·사진·지문 등이 포함된다.
정밀묘사	1) 사람을 식별하는 데 가장 중요하고 세밀하게 표현되는 방법 　(1) 일반적인 정보(특정한 사람을 구성하고 있는 행정적인 제요소와 객관적인 특징) 　　성명·별명·생년월일·주민등록번호·현주소·국적·지문·습관·음성·언어·질병·태도·오락 및 취미·가족사항·정당관계·직업·교육·군사 및 사회경력·범죄기록 등 　(2) 인물묘사 중에서 가장 어려운 것은 몽타주 작성인데, 최근에는 컴퓨터의 발달로 인하여 영상처리 기술 및 컴퓨터 그래픽 기술을 융합한 최첨단 몽타주 작성 시스템을 활용하고 있다. 2) 특수한 신체특징 및 기타사항 　(1) 체형 등 특수한 신체적 특징 　　① 관찰대상자의 얼굴 : 형(원형·타원형)·피부색깔·이목구비·특징(얼굴의 사마귀 등) 　　② 두발 : 흑백유무·염색유무(노란머리 등) 　　③ 이마 : 넓이·길이·특징(주름의 유무 등) 　　④ 코 : 형태(메부리코)·콧구멍·특징(딸기코 등) 　　⑤ 입 : 형태(메기입 등)·크기·특징 　　⑥ 턱 : 형태(주걱턱 등)·수염·특징 　　⑦ 귀 : 형태(부처귀·당나귀귀 등)·위치·특징 　　⑧ 어깨 : 넓이·경사(어깨의 기울기)·특징 　　⑨ 배 : 돌출여부(배가 튀어나온 정도) 　　⑩ 손가락 : 손가락의 특징(굵고 가늘고 짧은 정도)·반지 등의 착용여부 　　⑪ 다리 : 걸음걸이·형태(팔자형)·특징 등 　(2) 언어 : 관찰 대상자의 언어(서울·경상도·전라도·충청도), 말솜씨나 말투는 누구와 비슷한가 등 　(3) 착의 등 　　① 복장이 화려·수수하다 여부 　　② 옷색깔·브랜드·악세사리·향수 및 머릿기름 사용·안경·구두·모자·목도리 착

51) 강영숙, 위의 책, pp. 326~327.

52) 강영숙, 앞의 책, pp. 110~111 : 권창기·김동제·강영숙 공저, 위의 책, p. 327 : 김종식 외 공편저, 위의 책, p. 447을 참고하여 필자가 재작성 한 것임.

　　용여부
③ 관찰대상자의 제스처·눈깜박임 정도
④ 관찰대상자의 첫인상이나 풍모 등 전반적 이미지는 누구와 흡사한가(직장동료·
　이웃사람·연예인 등)

2) 관찰묘사시 유의사항

관찰묘사시에 유의사항은 다음과 같다.[53]

구분	내용
지속적 관찰유지와 세밀한 관찰	• 관찰 시에는 그 대상에 대하여 항상 의심을 가지고 관찰하여야만 세밀한 부분까지 포함하여 묘사할 수 있다.
묘사의 전제	• 관찰 후에는 반드시 그 결과로서 묘사를 해야 되기 때문에, 재표현할 것을 염두에 두어야 한다.
객관성의 유지	• 관찰 시에는 주관적인 편견이나 예상을 하는 것은 절대적 금물이며, 항상 객관성을 유지하는 자세를 견지하여야 한다. 왜냐하면 관찰자가 중요치 않다고 생각하는 것이 때로는 중요한 정보가 될 수도 있기 때문이다.
대상에 대한 사전지식	• 대상에 대한 사전정보는 관찰자로 하여금 시간·노력·효과 면에서 많은 도움이 되기 때문에, 대상자에 관한 내용 및 주변환경까지 사전에 조사하여 두는 것이 좋다.
가치판단	• 관찰대상이 많거나 광범위 할 때는 그 대상의 정보가치 여부를 판단한 후 관찰의 우선순위를 결정하고, 중요한 것부터 중점적으로 관찰하는 것이 좋다.

II. 면담을 통한 정보수집 기술

1. 개요

면담의 사전적 의미는 알고 싶은 내용을 알아보기 위하여 얼굴을 마주하고 이야기하는 것을 말한다. 면담은 정보를 얻는 여러 가지 방법 중에서 알고 싶은 내용을 자세하고 정확하게 알 수 있는 방법 중의 하나이다. 그러나 공적기관이나 기업 등 직장 내에서의 면담과 탐정이 행하는 면담과는 그 의미와 성격에서 상당한 차이가 있다.

공공기관·기업 등에서 면담이라 하면 특정한 문제나 개인적 고민을 해결하기 위해 상담하는 것을 말한다. 따라서 일상대화와는 달리 어느 정도 공적인 측면이 있다.

반면, 탐정이 행하는 면담은 일상적인 대인접촉에서 흔히 사용되는 기법이라고 할

53) 강기욱, 「정보아카데미」, 생산성본부, 1997, pp. 140~161 : 강동욱·윤현종, 위의 책, pp. 211~212 : 권창기·김동제·강영숙 공저, 위의 책, pp. 327~329.

수 있으며, 공식적인 성격을 지닌 것도 아니다.

2. 탐정의 면담과 정보유도(情報誘導)의 특징[54]

정보유도란 인간정보(출처)와의 대화 중에 상대방이 눈치를 채지 못한 가운데 정보가치가 있는 첩보를 알아내기 위한 기술이다.

1) 불완전·단편적인 내용

면담을 통해서 얻어지는 정보는 완전한 것이 아니고 대체로 단편적인 것이 많다. 따라서 정확성과 완전성이 떨어진다는 특성을 갖고 있다.

2) 비공개 정보의 수집

면담을 통한 정보유도는 주로 공개출처에서 수집하기 힘든 자료나 첩보를 획득하기 위해 이용되기 때문에, 공개출처에서 얻기 어려운 귀중하고도 광범위한 정보를 획득할 수 있다.

3) 정보유도시 유의사항

면담을 통하여 정보유도를 시도하다가 탐정의 의도가 탄로나는 경우에는 더 이상의 정보수집은 불가능하다. 따라서 면담을 통한 정보유도를 시도할 때에는 면접대상자로 하여금 탐정의 질문이 우연한 개인적인 관심사 이상이라는 의심을 절대로 유발시켜서는 안된다.

3. 면담대상의 성격파악과 면담요령

면담요령은 탐정의 탐문시 면담요령과 대동소이하다. 이에 관련된 내용은 '탐문조사기법'에서 구체적으로 기술하였기 때문에, 여기에서는 생략하였다. 다만, 면담을 통한 첩보유도 기술을 성공적으로 수행하기 위해서는 면담대상자에 대한 사전정보 및 배경지식이 필요하고, 특히 면담 대상자의 성격을 파악할 필요가 있다.

---

54) 강영숙, 위의 책, pp. 76~77 : 권창기·김동제·강영숙, 앞의 책, pp. 330~331.

유형별 상담 및 대화요령[55]

구분	특징	대화 및 주의사항
상대방의 이야기에 보조를 잘 맞추어 주는 사람	①충돌기피, ②동화 친화적, ③협조·지지적, ④보완·보충형, ⑤설득용이	①속단은 착각, ②경계대상자, ③유언비어 관련자, ④대화자체가 필요함
쉽게 타협하거나 자신의 의결을 곧 철회해 버리는 사람	①선갈등 후완화적, ②습관적인 반대, ③비타협적, ④이해관계상 타협, ⑤상사·강자에 약함, ⑥인간적으로 신뢰감 실추	①처음자세 중시할 것, ②속단금물, ③상대방에게 기회를 줄 것, ④신중하게 검토할 것
타인의 의견을 무조건 수용하는 사람	①개성이 없음, ②타인의 의견존중, ③비판적·객관적 자질 부족, ④부화뇌동·줏대 없음, ⑤무사안일형·자기방어적, ⑥신뢰성 결여, ⑦본분과 정체성 상실	①변신 및 통솔편리, ②보신주의, ③이기심에 호소, ④부동표의 주인공들, ⑤신중한 대처필요
절대로 속마음을 드러내지 않는 사람	①열등감, ②지나친 신중성, ③표현·표출억제, ④외면·무관심의 처세, ⑤겸손·겸양으로 위장, ⑥반대적인 동의와 찬성(떠보기식) ⑦탐색용 대화·관찰적 자세	①초점이 없는 대화, ②대화의 한계를 사전에 결정, ③대화효과 기대이하에서는 대화 중단 필요
타인의 말과 행동을 의심하는 사람	①불신, ②습성화된 의심, ③비판적인 태도, ④믿으려 하지 않고 경계심 강함	①소박한 표현과 사소한 배려, ②동조자를 구함, ③맹신적인 태도, ④다루기 힘든 사람
생각한 것을 모두 말해 버리는 사람	①개방적이라는 생각은 금물, ②경계심 결여(중얼거림), ③자신의 생각 쉽게 토로, ④성급함(직감적임), ⑤핵심소재 망각, ⑥참견·관여, ⑦다변(생리적 배설), ⑧신중성 결여(무책임성), ⑨감정적	①가볍고 느긋한자세, ②감정에 호소, ③실언해도 바로 시정하려고 하지 말 것
신중하게 생각하고 말하는 사람	①논리적·정확한 사람, ②주도 면밀한 계산, ③생각과 말의 거리감, ④시비대상 안 됨	①결단력의 결여, ②과단성과 용기 부족, ③필요이상의 공포·의심 조심, ④자기와 같은 사람의 유형 선호
대화가 비논리적이고 횡설수설하는 사람	①엉뚱한 말, ②대화도중 망각, ③좌충우돌식 대화, ④표현력 부족, ⑤사고력·조직력 결여, ⑥일관성 결여, ⑦그 화제에 자신감 부족	①대화곤란, ②질문화법 활용, ③무반응 자세, ④본론으로 유도
청산유수형으로 말하는 사람	①거리낌 없는 말, ②원맨쇼식의 대화, ③달변, ④화기애애한 분위기 조성, ⑤물 흐르듯 쏟아지는 구변, ⑥스피치의 제1인자	①경청, ②우회적 비판, ③질문형의 대화
과장해서 말하는 사람	①침소 붕대, ②과잉제스처, ③정색	①경청이나 수용금물, ②흑백사고(중용 배격), ③다변가는 아님, ④발언의 배경과 의도 파악할 것, ⑤말의 진실성 예의 주시할 것

55) http://blog.daum.net/coworker/5235954. 검색일 2020.11.22.

격한 억양과 어조로 말하는 사람	①감동·감격성, ②예민성(오해), ③격정·충동성, ④친근감 결여, ⑤말을 어렵게 함, ⑥거리감	①긍정적 태도를 보일 것, ②호감 표시
상대방에게 무조건 반대하는 사람	①열등감, ②우월의식, ③대결·투사의식, ④자존심, ⑤옹고집	①상대방의 의견을 존중할 것, ②질문형 대화
아첨과 아부를 잘하는 사람	①무조건 동조·미화, ②위장·사기술, ③처세술, ④일종의 술수(술책), ⑤관심유도책	①수준 높은 아첨꾼인가? ②아첨·아부의 목적은? ③경계심을 가지고 대화하고 거리감 유지가 필요함

4. 면담자가 갖추어야 할 자질

면담을 통한 정보유도는 매우 훌륭한 정보수집 수단이다. 따라서 정보유도자(정보수집자)는 다음과 같은 자질과 능력을 갖추는 것이 필요하다.

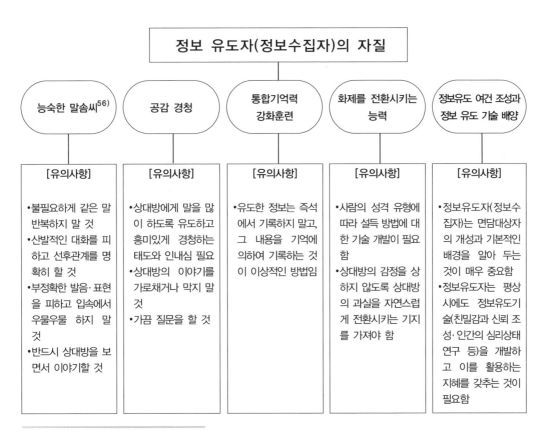

제3장 ┆ 탐문·감시기법

제1절 탐문조사기법과 인간심리의 이해

I. 탐문조사기법

1. 탐문조사의 의의

탐문조사란 알려지지 않은 사실이나 소식 따위를 알아내기 위하여 더듬어 찾아 묻는 방식의 조사를 말한다. 탐정은 경찰관이 아닌 일반인이기 때문에, 탐문수사권이 없다. 따라서 경찰인 것처럼 행세하면서 탐문하는 행위는 위법행위로서 형사처벌의 대상이 된다.

2. 탐문조사의 필요성

1) 경찰의 탐문수사

경찰의 탐문수사는 "탐문에서 시작하여 탐문으로 끝난다"고 말해지고 있는 것처럼, 탐문에서 얻어지는 수사자료는 수사기관이 스스로 관찰·체험에 의하여 얻는 것보다 훨씬 많고 수사자료의 수집상 매우 중요하다. 탐문수사는 일반인의 체험이나 지식 등의 모든 정보를 탐지하기 위한 전형적인 수사활동이다. 따라서 탐문수사는 범죄사건에 관한 지식이나 체험을 일반적으로 가장 신속하고도 정확하게 제공받을 수 있기 때문에, 수사자료의 수집상 매우 중요하고 효과적인 방법이다.[1]

2) 탐정의 탐문조사

경찰의 탐문수사와는 달리 민간영역에서도 탐문조사는 다양한 형태로 이루어지고 있다. 미국의 경우 최근에 감정평가업에서 탐문조사의 중요성이 언급된 바 있다. 주택

---

1) 김형중, 「범죄수사총론」, 서울: 청목출판사, 2012, p. 222.

감정평가사(주택감정을 평가하는 자)가 집주인 또는 중개인(공인중개사)들과의 대화를 중시하고 그들 사이에 오가는 내용 등을 꼼꼼하게 수집하는 것이 중요하다고 강조하고 있다. 집주인 또는 중개인과 대화를 나누는 것은 주택감정평가에 있어서 눈에 보이지 않는 중요한 정보를 얻을 수 있는데, 그것은 집주인만이 주택의 상태·신축비용·개량비용 등에 대해서 누구보다 더 잘 알고 있기 때문이다. 따라서 주택감정평가사의 탐문조사는 주택감정평가 결과의 신뢰에도 영향을 미친다는 것이다.[2] 미국의 주택감정평가사처럼 탐정의 탐문조사 역시 동일한 기능을 가진다고 보아야 한다. 탐정은 의뢰인의 요청에 따라 사실관계를 조사·확인하는 것이므로, 그 사실관계의 신뢰도를 높이기 위하여 직접 발로 찾아다니며 탐문조사를 해야 하며, 그러기 때문에 더 많은 시간투자가 필요하다.

3. 탐문조사의 성질

1) 탐정활동은 비권력적 행위

탐정활동은 경찰기관의 수사행위(탐문수사)와 같은 권력적 행위가 아니라 비권력적 행위이다. 따라서 탐정의 탐문조사 활동은 일반시민뿐만 아니라 당사자나 관계자에게 직접 조사할 권한도 없고, 단지 협력만을 바랄 뿐이다. 이러한 맥락에서 보면 탐정조사 활동(탐문조사)은 간접적으로 자료를 수집할 수밖에 없고, 그 수단도 타인의 권익을 침해하지 않은 범위 내에서 합당하게 수행되어야 한다. 이런 이유 등으로 비권력적인 탐정조사활동(탐문조사)은 사실관계나 관련정보를 수집하는데, 지극히 제한적일 수밖에 없는 한계성을 지니고 있다.

2) 객관성을 바탕으로 한 주관적 판단

탐문조사는 모든 조사의 기본이자 문제해결에 있어 그 단초를 제공한다. 20세기 초 프랑스의 법의학자이자 과학수사의 아버지라고 불리우는 에드몽 로카르는 "모든 범죄(접촉)는 흔적을 남긴다. 반드시"라는 명언을 남겼는데,[3] 어떤 사건이나 사고는 반드시 직접 또는 간접으로 유·무형의 흔적을 남기기 마련이다. 그럼에도 불구하고 이러한 흔적(접촉)을 대부분의 사람들은 자신과 직접적인 관련성이 없기 때문에 무관심할 수밖에 없다. 따라서 조사자는 사실관계·현장조사 등에 대한 자료수집시 사소한 것까지 꼼꼼

---

2) http://blog.naver.com/will84. 검색일. 2020. 2. 26.

3) 김형중, 위의 책, 2012, p. 398.

하게 수집해야 하며, 그 조사방법이나 내용면에 있어서 객관적이고 보편타당성이 있어야 한다. 이러한 맥락에서 보면 탐정의 탐문조사는 단순한 자료수집이 아니라, 고도의 전문적 기술을 요하는 활동이라고 보아야 할 것이다.

3) 경제성(저비용·효율성)과 유연성의 조사활동

탐정업의 탐문조사는 물리적 비용의 측면에서 볼 때 별도의 과학장비나 특별한 예산을 투입할 필요 없이 탐정을 활용하여 신속히 전개하거나 변경할 수 있는 가장 값싼 조사방법(경제성)이다. 탐문조사는 사람과의 접촉을 통해 문제해결의 실마리를 직접 얻을 수 있는 장점이 있기 때문에, 신뢰성·유연성 등의 측면에서 효용가치가 매우 높다고 할 수 있다.

4. 탐문조사의 준비

민간영역에서의 탐문조사는 경찰이 행하는 탐문수사와 거의 대동소이하다. 그 과정은 평소의 준비 → 탐문의 목적과 방향의 설정 → 탐문대상자의 선정과 분석 → 탐문계획의 수립 순으로 진행된다.

1) 평소의 준비

탐문조사를 하기 위해 가장 먼저 할 일은 평소에 탐문대상에 관한 기초자료(주변의 지리·지형·환경 등)를 준비하고, 협력자를 확보해 두어야 한다.

2) 탐문의 목적과 방향 등의 설정

탐정은 의뢰인이 요구하는 사건 등의 개요를 정리하여 어떠한 목적으로 탐문할 것인가를 확정하고, 그에 맞는 수단·방법 등의 탐문방향을 설정하여야 한다.[4]

3) 탐문대상자의 선정과 분석

탐문의 상대방은 직접 사건·사고를 체험하거나 관찰한 사람을 선정하고, 상대방에 대한 분석까지도 해두는 것이 좋다. 이 경우 공평하고 객관적 위치에 있는 사람을 우선적으로 탐문대상으로 한다.[5]

---

4) 민경묵, 「민경묵 수사」, 서울: book stealer, 2017, p. 61.

4) 계획 수립

탐문조사를 하기 위해서는 사전에 아래와 같은 사항을 구체적으로 수립하여 실행에 옮겨야 한다.

「사전계획 수립」

1) 탐문의 요점을 정할 것
2) 의뢰인이 요청한 사건·사고와 관련된 탐문대상자에 적합한 탐문요원을 선정하여, 탐문의 방법(예상질문과 답변) 등을 검토하도록 한다.
3) 탐문대상자에게 편리한 시간과 장소를 선택하도록 한다.

---

5. 탐문조사시 유의사항

1) 상대방을 읽는 관찰력과 판단력의 함양

상대자가 이야기할 때에 그 사람의 심리작용은 안색·표정 등에 나타나는 것이므로, 그것을 정확히 관찰하여 그 내용의 진위와 마음의 동요 등을 파악할 수 있는 판단력 함양에 노력하여야 한다.

2) 정보의 출처를 근거 있게 확인

탐문에 의하여 얻어지는 정보는 간접적인 경우가 많기 때문에, 직접 경험한 자를 찾아서 반드시 확인하여야 한다. 왜냐하면 매우 중요한 정보로 생각되었던 것이 확인해 보면 무가치하거나 뜬소문일 경우가 많기 때문이다.[6]

3) 연쇄적 탐문실시

탐문에서 얻어지는 하나의 사실을 토대로 하여 다음 단계의 탐문을 신속히 전개하여 시기를 놓치는 일이 없도록 연쇄적인 탐문활동을 하여야 한다.

4) 상대자의 사정을 이용한 탐문활동

이해관계에 있는 자를 1차 탐문대상으로 적극 물색하여 활용하되, 이 경우 고의로

---

5) 민경묵, 앞의 책, p. 61.
6) 김충남, 위의 책, p. 197.

허위의 정보를 제공하는 사례도 있으므로 다각적인 검토가 필요하다. 즉, 어떤 이해관계나 감정대립이 있을 경우에 상대자의 심리를 이용하는 것이 매우 효과적일 수도 있으나(예컨대, 사업 간의 경쟁·이성관계 등), 이 경우 정보의 신용성에 대하여는 구체적인 검토가 필요하다.

5) 탐문내용의 가치판단

탐문에 의하여 얻어진 정보는 정확한 내용도 있을 수 있으며, 착오·고의의 허위정보 또는 실제보다 가공된 사항도 있기 마련이다. 따라서 탐문내용의 정확도를 검증해서 적절한 판단을 하여야 한다.

6. 탐문의 유형

탐문조사에는 직접탐문과 간접탐문으로 나누어 볼 수 있다.

1) 직접탐문(공개탐문법)

직접탐문은 일반적으로 행하여지는 방법으로써, 조사자가 직접 상대자와 면접하여 탐문을 행하는 것을 말한다. 이 경우 탐정이라는 신분을 밝히고 협조를 구하는 방법과 신분을 밝히지 않고 탐문을 행하는 방법이 있다.

(1) 신분 명시 상태 하의 탐문활동

조사자가 자신의 근무지나 신분을 밝히고 조사내용의 전부 또는 일부를 공개하고 적극적으로 협조를 구하는 방법이다. 이 방법은 탐문대상자와 조사대상자가 통모하거나 증거를 인멸할 염려가 없는 경우, 또는 추후 사후조사에 영향이 없을 것이라고 판단될 때에 한하여 실시하여야 한다.[7]

(2) 신분을 숨기고 직접 탐문

조사자가 신분 등을 숨기거나 고객 등을 가장하여 탐문하는 방법이다. 이 방법은 조사대상자와 탐문대상자가 통모할 가능성이 있다고 판단되는 경우, 이해관계자를 대상으로 실시하는 방법이다. 이 경우에는 관명사칭 등으로 「경범죄처벌법」 등 관계법령에 저촉되지 않도록 주의하여야 한다.

---

7) 김형중, 「범죄수사총론」, 서울: 청목출판사, 2012, p. 223.

2) 간접탐문

조사자가 직접탐문을 하기가 어렵고, 또한 그 효과를 거두기가 어려울 때에 제3자의 협력을 얻어서 간접적으로 탐문을 행하는 방법이다. 간접탐문인 경우 협력자 선정을 잘못하면 조사대상자와 통모되고 오히려 조사에 장해가 되는 수도 있다. 반면 진실한 협력자로서 적합한 자를 구할 수 있을 때에는 매우 효과적으로 유력한 정보를 얻을 수 있다.

7. 탐문조사시 자세와 면담요령

1) 상대의 긴장완화 및 신뢰획득

탐문조사 시에는 탐문상대와의 '라포(rapport)의 형성'[8]으로 상대의 신뢰를 얻는 것이 중요하다. 따라서 상대자의 신뢰를 얻기 위해서는 1) 긴장감을 해소하고 친밀감을 유도할 것, 2) 첫인상에 주의하고 호감을 베풀 것, 3) 면접 중 약속을 하였다면 반드시 약속을 이행할 것, 4) give and take의 형성, 5) 공통화제의 개발 등[9]이 필요하다.

2) 자발적인 진술 및 협조를 유도할 것

탐문대상자의 입장에서 보면 조사자에 대한 협력이나 정보제공은 단 1회로 끝나는 것이 아니라, 2~3회에 걸쳐 실시될 수도 있다. 따라서 탐문대상자가 자발적으로 협조할 수 있는 여건을 조성하는 것이 필수적이며, 그 결과 조사자가 예견하지 못했던 사실 등을 발견할 수도 있다.

3) 상대자의 주의를 환기시킬 것

화제는 상대자의 주의를 끌 수 있는 것을 선택하는 것이 좋다. 예컨대, '유머'로 상대자를 웃김으로써 서로 마음을 통하게 하거나, 생활에 관계 깊은 문제 등 친근미를 느낄 수 있는 이야기 등으로 공감대를 형성하여야 한다.

---

8) '라포(rapport)의 형성'이란 조사요원과 상대자와의 신뢰관계를 쌓음으로써 협조가 이루어지며, 비로소 특정한 정보를 이끌어 낼 수 있다는데 착안한 기법이다(Rebecca Milne&Ray Bull, Investigative Interviewing, Wiley, 2001, p. 41).

9) 취미생활이나 경제문제, 아이교육 문제 등 일반관심사에 관해서 의견을 나누는 등 될 수 있는 한 공통의 화제를 개발하는 것이 좋다.

4) 설득의 기술을 발휘할 것

상대방의 비난이나 항의는 부드럽게 대처해야 하고, 사람의 성격유형에 따라 설득 방법에 대한 기술도 개발하는 것이 필요하다. 예컨대, 타산형 성격유형에 대해서는 구체적 사실을 들어 조사자에게 협력하는 것이 손해가 아니라는 사실을 설명해 주도록 하고, 감정형 성격에 대해서는 의리·인정에 호소하는 것이 가장 효과적이다. 반면 이성형의 성격유형에 대해서는 사전에 대화내용을 정리하여 체계적으로 정리하는 것이 좋다.[10]

5) 대화에서 얻은 자료는 통합 기억할 것

탐문 중에는 그 내용을 기억해 두고 그 후 기억에 의하여 기록하는 방법이 그의 이야기를 잘 듣는 이상적인 방법이다. 그러나 이 방법은 조사자의 주관에 흐르거나 잊어버린 부분을 기록하지 못하는 결점이 있다. 따라서 탐문 중 상대자에게 눈치 채이지 않도록 그 요점만을 신문지 등과 같은 곳에 낙서 비슷하게 기록해 두는 것도 좋은 방법이라고 할 수 있다.

8. 탐문시 청취방식[11]

1) 탐문의 목적을 설명한다.

탐문의 목적을 상세하게 알릴 필요는 없으나, 탐문대상자가 안도감을 가질 수 있을 정도로 탐문의 목적을 간단하게 알려 주어야 한다.

2) 질문의 용어는 상대자의 수준에 맞게 한다.

용어는 탐문대상자의 사회적 지위 또는 직업에 맞는 말을 사용하여야 하며, 상대자가 이해하기 어려운 전문용어의 사용과 상대자가 싫어하는 말은 삼가하는 것이 좋다.

3) 질문이 암시·유도가 되지 않도록 한다.

질문내용은 무엇을 암시하거나 유도하는 것이 되어서는 안 된다. 특히 피암시성의 경향이 높은 미성년자·정신박약자를 탐문의 대상으로 할 때에는 항상 조심을 하여야

---

10) 박노섭, 「강력범죄수사론」, 경찰대학, 2007, p. 113.
11) 김재민 외 편저, 「경찰수사론」, 경찰대학, 2007, pp. 266~267; 김충남, 위의 책, pp. 324~326; 이만종, 「경찰수사총론」, 서울: 청목출판사, 2007, pp. 204~209.

한다.

4) 상대자의 이야기를 끝까지 청취하라.

탐문수사 중 주의해야 할 점 중의 하나는 조사자 자신이 질문을 던지고 상대자의 이야기는 조금만 듣는 경우이다. 따라서 상대자로부터 새로운 사실을 탐문하고자 할 때에는 성급한 마음에 질문을 연발하거나 자기의 의견을 첨가하는 등의 방법은 피하고, 상대자의 이야기를 처음부터 끝까지 진지하게 듣는 태도를 가지는 것이 중요하다.

5) 질문방식의 다양성(질문법)[12]

조사자는 질문의 방법을 잘 선택하여야 한다. 질문방식에는 (1) 전체법과 일문일답법, (2) 자유응답법과 선택응답법, (3) 긍정문과 부정문 등 여러 가지가 있으나, 상대연령·탐문목적에 따라 한 가지 또는 두 가지 이상의 방식을 선택 또는 병용하여야 한다.

(1) 전체법과 일문일답법

① 전체법

전체법은 "무엇을 했습니까?" 등과 같이 약간 막연하게 묻는 방법이고, 상대자는 이에 대하여 자유롭게 대답하는 방식이다. 이러한 전체법의 방식은 질문자의 암시 또는 유도가 거의 없어 올바른 대답을 얻을 수 있는 장점이 있는 반면, 답변의 정리가 어렵다는 단점이 있다.

② 일문일답법

일문일답법은 "누구와 함께 있었습니까?"와 같이 조사자가 필요한 내용을 하나하나 묻는 방법이다. 이러한 인터뷰식 또는 신문식은 듣고 싶은 것을 하나하나 듣기 때문에 상황파악에 효과적인 장점은 있으나, 반면 질문 이외의 정보를 얻기가 어려울 뿐만 아니라 질문에 따라서는 암시·유도의 염려가 있다.

(2) 자유응답과 선택응답법

① 자유응답법

자유응답법은 대개 그 질문이 "그때가 몇 시쯤이었습니까?", "무엇을 보았습니까?" 등과 같이 언제·어디서·무엇을 등과 같이 의문부호가 붙는 질문에 대해서 자유로이 대답하게 하는 방법이다. 자유응답법은 암시·유도의 염려가 상대적으로 적으며, 내용의

---

12) 김형중 외, 「민간조사의 이론과 실무」, 서울: 박영사, 2020, pp. 351~352.

신빙도가 높다는 장점이 있다.

② 선택응답법

선택응답법은 다지선택법이라고도 부르며, 조사자가 미리 준비한 몇 개의 질문에 대해서 탐문대상자가 하나를 선택해서 답변하게 하는 방법이다. 예컨대, "그때가 저녁 8시쯤이었습니까?", "9시쯤이었습니까?", 또는 "옷의 색깔은 흑색이었습니까?", "청색이었습니까?" 등과 같은 질문으로 시작된다.

선택응답법은 일문일답법에 비하여 시간이 절약된다는 장점이 있는 반면, 질문이외의 정보를 얻기가 어렵고, 암시·유도의 염려가 있다는 단점이 있다.

(3) 부정문과 긍정문

① 부정문

부정문은 부정어를 가지고 질문하는 것을 말한다. 예컨대, "그날은 일요일이 아니었지요" 등과 같이 질문을 하고 상대방의 답변을 유도하는 방법이다.

② 긍정문

긍정문은 "그날은 일요일이었지요" 등과 같이 확인하는 방향의 질문방식을 말한다. 일반적으로 부정문과 긍정문식 질문은 조사상 시간을 절약하는 등 신속을 기할 수 있는 반면, 암시나 유도의 염려가 있어 숨겨진 진술을 듣기에는 한계가 있다.

6) 적절한 방식의 질문 진행

탐문을 함에 있어서는 탐문상대자는 소극적일 수밖에 없기 때문에, 적절한 방법으로 질문을 진행하여 다양한 자료를 입수하도록 하여야 한다. 질문을 할 시기에 대하여는 다음과 같은 사실에 주의를 기울여야 한다.

(1) 상대자의 이야기가 불충분하여, 대화 중 모호한 점을 확인할 때에는 "어떤 뜻입니까?", "그 점을 좀 더 상세히 말씀해 주십시오." 등으로 질문한다. 특히 탐문대상자가 표현에 고심할 때에는 "그래서요" 등으로 말을 이어주어 쉽게 표현하도록 한다.

(2) 탐문대상자가 이야기 중 공포감이나 불안감이 엿보일 때에는 그 원인을 빨리 파악하고 불안감이 해소되도록 하여 주어야 한다.

(3) 중요한 점을 확인할 경우에 있어서 탐문대상자의 답변이 부적합한 때에는 될 수 있는 한 상대방에게 눈치 채이지 않도록 하면서 "그 점을 다시 한번" 등으로 질문하여 확

인한다.

(4) 탐문목적에서 벗어나서 답변이 나오는 경우에는 시기를 봐서 듣고 싶은 점을 들을 수 있도록 적절한 용어를 사용하여 재차 질문을 한다.

7) 대화 도중 비평 등을 피하고, 다른 일에 정신을 팔지 말 것

탐문대상자의 이야기에 대하여 비평·비난을 가하거나 논쟁을 하는 것은 바람직스럽지 않다. 특히 면접 도중 함부로 자리를 뜨거나, 다른 사람과 이야기를 하거나, 다른 곳에 시선을 돌리는 일은 삼가야 한다. 왜냐하면 이와 같은 행동은 상대자에 대한 결례가 될 뿐만 아니라, 신뢰감을 잃게 되고 협력할 마음이 생기지 않는 경우가 발생하기 때문이다.

8) 대화를 통하여 얻은 자료는 반드시 기억해야 한다.

탐문대상자의 이야기는 조사에 귀중한 자료가 되는 것이므로, 상대가 진술한 중요한 내용은 반드시 기억하도록 해야 한다(예컨대, 줄거리요약·중요부분과 중요하지 않은 부분 선별·전체줄거리와 관련된 세부적인 사항 파악 등).

9) 탐문종결시 감사표시와 후일 약속

탐문이 종결되면 소기의 목적 달성여부와는 관계없이, 상대자에게 정신적 또는 시간적 부담 등의 폐를 끼쳤기 때문에 감사의 뜻을 표시하는 것이 예의이다. 그리고 후일 계속해서 탐문을 행할 필요성에 대비하여 미리 연락방법 등을 약속해 두는 것이 좋다.

9. 탐문조사 이후의 조치

1) 탐문수사와 탐문조사

(1) 수사관이 행하는 탐문수사는 범죄를 탐지하거나 또는 범죄수사를 행함에 있어서 범인 이외의 제3자로부터 범죄에 대하여 견문 또는 직접 체험한 사실을 탐지하기 위하여 행하는 수사활동을 말한다. 따라서 공권력행사로서의 탐문수사는 범죄수사에 있어서 가장 전형적인 방법이고 중요한 수사활동이다.

반면, 민간영역에서 행하는 '탐문조사'는 사실관계 등을 조사·확인하기 위한 활동을 말한다. 따라서 민간인 영역에서 행해지는 탐문조사는 비권력적 행위로서, 수사기관이 행하는 수사와는 달리 일정한 한계가 있다.

(2) 수사기관이 행하는 탐문수사 활동의 대부분은 민간영역에서 행해지는 탐문조사 활동의 기본 틀로서 작동한다. 다만 ① 의의(탐문수사와 탐문조사), ② 성질(권력적 행위와 비권력적 행위), ③ 탐문 이후의 조치 등에 대해서는 현격한 차이가 있다. 이하에서는 수사기관이 행하는 탐문수사와 민간영역에서 행하는 탐문조사와의 차이점에 한정하여 기술하였다.

2) 탐문수사 이후의 조치

(1) 수사관

① 탐문내용의 보고

탐문에 의해 얻어진 정보는 단편적인 것이라도 수사 간부에게 보고하여야 한다. 특히 현장부근 사람들의 움직임에 대해서는 자기 판단만으로 '사건에 관계없음'이라고 결정해서는 안 된다. 왜냐하면 사소한 것, 단편적인 것이라도 다른 수사관이 얻은 다른 자료와 정보를 종합해서 검토하게 되면 그것이 의외의 중요한 자료가 될 수 있기 때문이다.[13]

② 진술의 확보

탐문의 결과로 얻어진 정보나 수사자료를 수사진행 또는 공판에 있어서의 증거로 하기 위해서는 그것을 기록해 두어야 한다. 특히 참고인진술조서를 작성하거나, 필요한 때에는 검증을 실시하여 검증조서를 작성하여야 한다.

③ 정보제공자 보호

수사관은 탐문의 상대방에게 어떠한 불편을 끼치거나 생각지도 않은 피해를 당하게 해서는 절대로 안 된다(신고자 인적사항·신변안전조치 등).[14]

(2) 탐정

① 다각적인 검토와 검증을 통한 판단도출

탐정에 의해 수집된 자료는 다각적인 검토와 검증을 통하여 결론과 판단을 도출하게 된다.[15] 탐정의 탐문조사는 사실관계를 조사·확인하는 것이지, 범인을 검거하는 활

---

13) 김형중 외, 「민간조사의 이론과 실무」, 서울: 박영사, 2020, p. 355.
14) 특정범죄신고자등보호법 제8조(신고자 등의 인적사항에 대한 공개의 금지), 동법 제13조(신변안전조치).
15) 강동욱·윤현종, 위의 책, p. 164.

동은 아니다. 따라서 탐정에 의해 수집된 탐문내용을 자체적으로 분석·평가하는 것은 가능하나, 도출된 정보를 바탕으로 의뢰인에게 행동방침 등을 제시하는 것은 금물이다. 이 경우 자칫하면 「변호사법」 위반의 문제가 발생할 수 있다.[16]

② 증거자료로서의 활용

탐문으로 수집된 모든 자료와 협조자는 수사나 공소제기, 그리고 재판에서의 증거로 활용되는 경우를 제외하고는 절대보안을 유지하여야 한다.

③ 비밀엄수

탐정업자는 의뢰인이 요청한 특정 의뢰사항에 대해서만 보고하면 되고, 이외에 탐문하는 과정에서 취득한 기타정보는 그 가치의 유·무나 대·소를 막론하고 절대 비밀로 하여야 한다.[17]

④ 증거능력의 여부

탐정에 의해 수집된 정보나 자료는 사실관계로서의 가치를 지닐 뿐, 그 자체로 당연히 증거능력을 갖는 증거는 아니다. 따라서 탐정에 의해 수집된 정보나 자료의 평가 및 활용은 전적으로 의뢰자의 판단과 결정에 달려있고, 탐정업자나 탐정의 책임은 아니다.

Ⅱ. 탐정활동과 인간심리의 관찰

1. 개설

인간은 커뮤니케이션을 하지 않고는 살 수 없다. 모든 것이 커뮤니케이션이다. 의사소통은 언어에 의해 표출되기도 하고, 비언어적 요소인 몸짓이나 얼굴표정 등에 의해 표출되기도 한다. 인간은 입으로 얼마든지 거짓말을 할 수 있으나, 행동이나 표정 등은 그렇지 않다. 그러기 때문에 우리는 삶의 중요한 순간에 말보다 몸의 언어에 더 의지해야 할 때가 많다. 따라서 무의식적인 몸의 신호, 즉 비언어커뮤니케이션을 익히고 활용하는 것은 성공으로 가는 지름길이라고 볼 수 있다.

탐정은 그 누구보다도 상대방의 심리를 읽고 대처하는 데 능숙하여야 한다. 따라서 언어와 언어 이외의 행동으로 표출된 여러 가지 신체동작들을 종합하여 연속선상에서 상황을 파악하는 것이 무엇보다도 중요하다. 이하에서는 인간의 여러 가지 상황에 따른

---

16) 김종식 외 공편저, 위의 책, p. 436.
17) 강동욱·윤현종, 위의 책, p. 165; 김종식 외 공편저, 위의 책, p. 436.

의식적·무의식적으로 표출되는 행동 중에서 신체와 관련된 행동표출(얼굴표정·몸짓 등)에 한정하여 기술하였다.

2. 눈(시선)과 심리관찰

얼굴표정이나 몸짓은 선천적인 것으로 보이지만, 그것은 개인이 갖고 있는 고유의 심리적 의사가 무의식적으로 표출되는 형태라고 볼 수 있다. 인간의 감정들은 저마다 독특한 신호를 갖고 있는데, 가장 알아보기 쉬운 것이 얼굴과 목소리로 표현되는 신호다.[18] 그리고 인간의 얼굴 중 특히 눈(시선)은 인간관계에서 매우 중요한 의미를 갖는다.

1) 눈과 심리관찰

(1) 눈과 마음

흔히 '눈은 마음의 창'이라고 한다. 우리 마음은 눈에 가장 잘 나타나기 때문에 상대의 눈을 살펴보면 상대방의 마음을 읽을 수 있다. 그럼에도 불구하고 대부분의 사람들은 눈으로 보내는 중요한 신호를 알지 못한다. 예컨대, 대화 중에 상대방의 눈동자는 그 사람이 뭔가를 생각할 때마다 위 또는 아래, 왼쪽 또는 오른쪽으로 움직이거나 아니면 정면을 응시한다. 이러한 움직임의 방향은 그 사람이 어떤 사람인지 또는 그 사람이 지금 어떤 생각을 하고 있는지에 대한 아주 중요한 정보를 제공한다.[19]

따라서 탐정들은 의도된 언어보다 무의식적인 행동이 더 중요하다는 것을 알고 거기에 집중하는 기법을 습득할 필요가 있다.

(2) 시선과 심리관찰

① 시선이 주는 의미

시선은 인간관계에서 매우 중요한 의미를 갖는다. 일반적으로 시선을 마주치는 횟수가 많다면 상대는 호의를 갖고 있다는 뜻이다. 사람은 누구나 호감을 갖고 있는 사람에게는 의식적이든 무의식적이든 자꾸 쳐다보게 된다. 반면, 시선을 마주치는 횟수가 적다면 부정적인 감정을 갖고 있다. 따라서 적의를 갖고 공격할 경우에는 시선을 마주친다기 보다 굳은 표정으로 상대를 응시하거나 노려보게 된다.[20]

---

18) 폴 에크먼 지음·이민아 옮김, 「얼굴의 심리학」, 서울: 바다출판사, 2006, p. 10.
19) 조 내버로외 지음·박정길 옮김, 「FBI 행동의 심리학」, 서울: 리더스북, 2010, p. 6.
20) 최광선, 「몸짓을 읽으면 사람이 재미있다」, 서울: 얼빛, 1999, pp. 13~16.

② 시선만으로도 사람의 심리는 노출된다.

　㉠ 대화를 할 때 눈을 크게 뜨고 상대방을 바라보는 경우

　　만족과 긍정적 정서는 동공확장으로 나타나는데, 커진 눈은 긍정적 신호로서 상대에 대해서 강한 흥미를 느낀다는 뜻이다. 인간의 눈은 좋아하는 누군가를 보았을 때 또는 한동안 못보던 사람을 우연히 만나 놀랐을 때 동공이 확장되면서 커진다. 따라서 비즈니스(탐정의 탐문시 면담과정 등), 아니면 친구를 사귈 때도 이 긍정적 신호를 통해 상대방의 마음을 확인할 수 있다. 즉, 상대방의 눈이 커질수록 상황은 더 좋아진다.[21]

　㉡ 대화를 할 때 상대를 오래도록 주시하는 경우

　　일반적으로 일대일로 대화를 나눌 때 상대의 얼굴에 시선을 집중하는 시간은 대화 전체의 시간의 30~60% 정도라고 보고 있다. 이 평균치를 넘어서 상대를 계속 주시하는 것은 말의 내용보다 그 사람 자체에 관심있다는 뜻이다.[22]

　㉢ 상대방을 곁눈질로 쳐다보는 경우

　　㉮ 곁눈질을 하고 짧게 눈을 굴리면 머리도 함께 움직인다. 이러한 곁눈질하기는 주로 상대를 의심하거나, 그것을 정면으로 반박하지는 못하지만 못마땅하다든가 석연치 않다는 마음의 표시이다.

　　㉯ 한편, 곁눈질을 하는 사람은 경계해야 할 사람이다. 갑자기 이런 태도를 보이면 무언가에 쫓기고 있거나 상황이 잘 풀리지 않고 있다는 징조이다.

　㉣ 눈을 똑바로 뜨고 쳐다보는 경우

　　눈을 똑바로 뜨고 쳐다보는 사람은 두 가지 측면에서 판단하여야 한다.

　　첫째, 보통 다른 사람을 빤히 쳐다보는 것은 결례라고 생각하는 것이 일반적인 경향이다. 그럼에도 불구하고 남의 시선과 마주치면 좋은 적수를 만났다는 듯이 목을 곧추세우고 당당하게 쳐다보는 사람이 있는데, 이 경우는 상대방을 꼼짝 못하게 하거나 위협하고자 할 때 똑바로 쳐다보는 것이다. 이런 사람은 대체로 고집이 강하며, 어떤 때는 고집이 센 정도를 넘어서 아집을 부리기도 하고 상대를 무시하기도 한다. 이런 유형의 사람에게는 우회적인 화법보다는 정면대결로 약점을 꺾고 들어가는 것이 좋다.[23] 둘째, 흔히 좋아하는 마음이나

21) 조 내버로외 지음·박정길 옮김, 위의 책, p. 89.
22) 권창기·김동제·강영숙 공저, 위의 책, p. 371.

호기심이 있을 때, 이를 전달하기 위해 '강한 응시'를 이용한다. 사랑하는 연인들은 빈번하게 서로의 눈을 직접적으로 응시하는 경우가 이에 해당한다.

ⓜ 대화할 때 상대를 보지 않거나 시선을 금방 피하는 경우

㉮ 대화할 때 상대를 보지 않는 경우는 노출을 줄임으로써 스스로를 보호하기 위한 행동으로, 뭔가 숨기려는 마음이 있는 경우이다. 상대에게 시선을 던지는 시간이 30% 이하이면 그 사람은 무언가 감추고 있다. 따라서 이런 사람은 처음에는 접근하기가 어려워도 일단 가까워지면 인정에 치우치고, 의외로 마음이 약한 면도 있다.

㉯ 한편, 이런 경우와는 다르지만 학대당한 어린이의 경우에도 대화시 시선 접촉을 피하는 경우가 일반적이다. 이들은 마치 자신을 보이지 않게 하려는 듯 학대하는 부모와 어른 앞에서 팔을 몸통 옆에 붙이고 가만히 있으며, 상대방과의 시선이 정면으로 마주치면 금방 피한다. 무기력한 어린이가 이런 식으로 행동하는 것은 생존을 위한 반응이라고 할 수 있다.[24]

ⓗ 대화할 때 눈을 자주 깜박이거나, 또는 시선을 이리저리 불안정하게 돌리는 경우

㉮ 대화할 때 눈을 자주 깜빡이는 경우에는 두가지 측면에서 관찰하여야 한다. 첫째, 대화를 하다가 눈꺼풀이 떨리기 시작하면 그 주제가 논쟁의 여지가 있거나 받아들이기 힘든 것일 수 있으므로 주제를 바꿀 필요가 있다. 반면, 대화 중에 눈을 지그시 감거나 아래를 자꾸만 내려다 보는 사람은 지금 상대방의 말을 끊고 자신의 의사를 전달하고 싶다는 뜻이므로, 재빨리 상대방에게 기회를 주어야 한다. 둘째, 눈꺼풀 떨림이 갑자기 나타나면서 횟수가 증가하는 경우에는 상대방이 거짓말을 하고 있거나, 또는 스트레스를 받으면 눈깜박임의 빈도가 증가한다는 사실도 간과해서는 안 된다. 「FBI행동의 심리학」을 저술한 조 내버로는 "빌클린턴 대통령이 취임식 때 선서하는 동안 스트레스 영향을 받았는지, 그의 눈깜박임 횟수는 평소보다 다섯배나 증가했다"고 분석하고 있다. 따라서 눈깜박거리는 횟수가 증가했다는 이유만으로 누군가를 거짓말쟁이로 부를 수 없다고

---

23) 김승길, 「신세대 관상법」, 서울: 한마음사, 1994, pp. 156~158.
24) 조 내버로 외 지음·박정길 옮김, 위의 책, p. 48.

주장하고 있다.

㉯ 대화할 때 시선을 이리저리 불안정하게 돌리는 경우는 심리적으로 불안 정하고 마음속에 무엇인가를 감추고 있는 사람이다. 예컨대, 범죄를 저지 른 자가 자백을 하기 전에 눈동자를 이리저리 돌리면서 가능한 한 시선 이 마주치는 것을 피하는 행동은 실무수행 중 자주 볼 수 있는 현상 중의 하나이다. 이것은 심리적으로 안정되지 않고 떳떳하지 못하기 때문이다.

㉦ 대화를 할 때 눈썹이 처지고 실눈을 뜨는 경우

좋아하는 무언가를 보고 있을 때 동공은 팽창하고, 반면 그 반대의 경우에는 동공이 축소된다. 실눈을 뜨거나 동공수축을 통해 눈 크기가 줄어드는 것은 무의식적으로 차단하는 행동의 한 형태다. 따라서 동공수축과 실눈 뜨기는 상 대방을 관찰하는 데 유용한 단서를 제공한다. 눈썹이 처지고 실눈을 뜨는 경 우로는 ㉮ 공격적이거나 대립적일 때는 눈썹이 내려가고 실눈을 뜨며, ㉯ 위 험이나 위협에 대면했을 때도 마찬가지로 눈썹이 아래로 내려가고, ㉰ 귀찮거 나 화가 났을 때도 눈썹이 내려가고 실눈을 뜨며, ㉱ 실눈 뜨기는 아주 잠깐(8 분의 1초)일 수 있지만 부정적인 생각이나 정서를 즉각 반영한다. 따라서 탐정 은 비즈니스관계(탐문질문시나 면담의 경우)에서 상대방의 약점이나 강점을 알고 싶다면 눈썹과 실눈의 움직임을 관찰하는 것도 하나의 방법이다.

2) 인간의 표정과 심리관찰

얼굴표정은 세계 어디에서든 보편적인 언어 역할을 한다. 인간의 한 없이 다양한 표정을 만들어 낼 수 있는 구조(입·입술·눈·코·이마·턱 등)를 부여받았기 때문에, 만 가 지 이상의 다른 표정을 만들어 낼 수 있다고 한다. 이하에서는 주요한 몇 가지의 표정 상황과 신체의 특징에 한정하여 기술하였다.[25]

(1) 다양한 얼굴표정과 신체의 특징

① 행복할 때의 얼굴

㉠ 기쁘거나 행복할 때의 진짜 감정은 얼굴과 목에 나타난다. 이마에 팬 주름살 을 느슨하게 하고 입술이 완전히 퍼지게 한다. 따라서 입술 끝이 당겨 올라

---

25) 폴 에크먼 지음·이민아 옮김, 「얼굴의 심리학」, 서울: 바다출판사, 2006, pp. 150~284; 조 내버로 외 지음· 박정길 옮김, 위의 책, pp. 73~111; 최광선, 위의 책, pp. 13~16의 내용 중 일부를 발췌하여 필자가 재작 성하여 기술하였음을 밝혀둔다.

가서 이른바 스마일 모양이 된다.

ⓛ 아래 눈꺼풀 밑에 작은 주름과 눈꼬리에 작은 주름이 생긴다.

ⓒ 정말로 편안할 때는 얼굴 근육이 이완되고 머리는 약간 옆으로 기우는 경향이 있다. 머리 기울이기는 "나는 편안하다. 나는 받아들일 준비가 돼있다. 받아들인다. 나는 우호적이다"라고 말하는 강력한 방법이다.

② 슬플 때의 얼굴

㉠ 양 눈썹 사이가 가깝게 당겨지고 위로 올라가고, 위 눈꺼풀 안쪽 부분이 올라간다.

ⓛ 입술 끝이 내려오고 입술은 떨린다.

ⓒ 눈동자는 아래쪽을 바라보고 눈꺼풀은 아래로 처진다.

ⓔ 너무 슬프면 표정 근육을 움직일 힘조차 없어 무표정하고 생기 없는 표정이 된다.

③ 놀랄 때의 얼굴

㉠ 깜짝 놀랄 때의 얼굴

일반적으로 깜짝 놀라움과 놀라움은 동일한 뜻으로 사용되어지기도 하지만, 깜짝 놀라움은 놀라움 표정과 정반대이다. 놀라움은 감정이지만 깜짝 놀라움은 감정이 아니라 신체의 반사작용이다. 깜짝 놀라는 시간은 놀라움보다도 훨씬 짧다. 너무 빨리 지나가기 때문에 눈 한 번 깜짝했다가는 이 표정을 놓치고 만다. 따라서 깜짝 놀란 상태는 단순히 더 극단적인 놀라움의 상태가 아님을 의미한다.

ⓛ 놀랄 때의 얼굴표정

㉮ 눈썹이 구부러지면서 높이 올라가고, 눈을 커다랗게 뜬다.

㉯ 눈썹이 올라가고, 이마 전체에 주름이 생긴다.

㉰ 턱이 뚝 떨어지고, 입이 벌어진다.

④ 공포를 느낄 때의 얼굴표정

㉠ 눈썹이 올라가고, 눈썹은 가운데로 몰려서 일직선이 된다.

ⓛ 위쪽 눈꺼풀이 올라가서 안구 위에 흰자가 보인다.

ⓒ 이마 가운데 주름이 생기고, 입이 벌어진다.

⑤ 화날 때의 얼굴표정

인간이 가지고 있는 각각의 감정에는 각각의 감정이 주요한 역할을 차지하는 성격이 있다. 분노가 주요한 역할을 차지하는 것은 적대적 성격이다. 최근 연구에 따르면[26] 적대성의 징후들과 그것이 건강에 미치는 영향을 주제로 연구한 결과 가장 중요한 위험한 인자는 호전성으로 나타났다. 호전적인 사람은 화를 더 잘 낸다는 것이다.

㉠ 화를 참는 표정, 혹은 짜증나기 시작할 때의 표정은 턱이 앞으로 튀어나오고, 아래 눈꺼풀에 약간 힘이 들어가 있다.

㉡ 전형적인 분노의 표정(화날 때)의 경우

㉮ 노려보는 눈이 굳어져서 튀어나올 것처럼 보인다. 노려보는 눈빛일 때는 위쪽 눈꺼풀이 올라간다.

㉯ 눈썹이 갈고리 모양으로 구부러지고 눈썹과 눈썹사이에 주름이 생긴다.

㉰ 아랫 눈꺼풀이 긴장하고, 때로 올라가는 경우도 있다.

㉱ 입술은 한일자로 꽉 다물어지고, 고함지르는 모양으로 입을 벌리기도 하는데, 이때 입술은 뻣뻣하게 긴장된다.

㉲ 콧구멍이 넓어진다. 콧구멍이 벌어지는 것은 자극을 받았음을 의미하는 얼굴 단서다. 콧구멍의 팽창은 신체적으로 뭔가를 하려는 강력한 의도를 보여준다. 예컨대, 가파른 계단을 오르려 하거나 책장 등을 옮기려고 준비할 때, 또는 상대방이 타인을 공격할 가능성이 있다고 생각할 때 반드시 콧구멍이 팽창하는지 지켜볼 필요가 있다. 인간은 신체적으로 어떤 행동을 하기 전에 보통 호흡을 가다듬으면서 콧구멍을 벌렁거리게 된다.

⑥ 비웃음을 느낄 때의 얼굴표정

비웃음은 눈 굴리기와 마찬가지로 경멸할 때 드러나는 보편적인 행동이다.

비웃음은 순간적으로 경멸 또는 경시를 나타내며, 가망이 없는 관계를 나타내기도 한다. 그것은 "나는 당신의 생각에 신경쓰고 싶지 않습니다"라는 의미이다. 비웃을 때는 양 옆의 볼근(위 아래의 두 턱뼈에서 시작해 두 입술에 붙은 근육)이 입 꼬리를 귀쪽으로 향해 옆으로 끌어 당기고 볼에 비웃음의 보조개를 만들어 내기 위해 수축한다. 이런 표정은 비록 한순간 살짝 나타날지라도 뇌리에 깊게 남을 뿐더러 그 의미도 치명적이다.

---

26) Chesney, M. A., Ekman, P., Friesen, W. V., Black, G. W. & Hecker, M. H. L. 1990. Type A behavior pattern : Facial behavior and speech components. Psychosomatic Medicine 53호: pp. 19~307.

⑦ 역겨움(혐오감)을 느낄 때의 표정

역겨움은 약간 위로 올라간 입술이 단서가 된다. 아래 표정들은 전부 강한 역겨움을 느낄 때 나타나는 얼굴의 움직임이다.

　㉠ 윗입술이 최대한 올라가고, 아랫입술도 위로 올라가면서 약간 튀어나온다.

　㉡ 코에 주름이 잡히고, 뺨이 위로 올라가 볼록해진다. 싫어하는 감정이 드러날 때 콧잔등에 주름이 진다. 이것은 분명한 신호지만 금새 사라진다.

　㉢ 눈썹이 아래로 처지면서 눈초리에 주름이 생긴다.

(2) 몸짓의 의미

몸짓은 얼굴뿐 아니라 몸 전체에도 나타난다. 따라서 상대방의 감정을 읽으려면 얼굴표정의 변화와 아울러 몸 동작도 세심한 관찰을 기울여야 한다.

① 스트레스

스트레스를 느껴서 마음의 동요가 많을 때는 손짓·발짓 등의 몸의 움직임이 많아진다.

　㉠ 입술을 앙다물수록 자신감도 사라진다. 입술이 사라진 것처럼 보인다면 스트레스 때문인데, 스트레스를 받는 사람들은 무의식적으로 입술을 사라지게 만드는 경향이 있다. 즉, 어떤 심각한 문제에 열중하는 순간 입술은 사라지는데, 이것을 '입술압착'이라고 부른다.

　　이 경우 입술이 사라지고 입 양쪽 꼬리가 뒤집힌 U자 모양으로 내려갈 때 감정과 자신감 수준은 가장 낮은 지점에 있다.

　㉡ 내가 이야기할 때 상대방이 입술을 오므리는 경우는 의견이 일치하지 않거나 가능성 있는 대안을 생각하고 있을 때 입술을 오므리거나 주름지게 한다. 이러한 행동을 발견하면 의견을 주장하거나 대화를 지배하는 방법을 결정하는 데 도움이 된다.

　㉢ 손톱 물어뜯기

　　거래가 마무리되기를 기다리는 사람이 손톱을 물어뜯는다면 확신이 부족하다는 의미다. 손톱 물어뜯기는 스트레스와 불안 또는 불편함의 표시이므로, 거래 과정에서 손톱을 물어뜯는 것은 상대방에게 자신감이 부족하거나 약자의 위치라는 것을 은연중 보이는 것이다. 예컨대, 취업면접을 보는 사람이 손톱을 물어뜯는 것은 보기 흉할 뿐 아니라 "나는 불안해요"라고 말하는 것이나 다름없기 때문이다.

　㉣ 혀로 표현하는 감정

　　㉮ 스트레스를 받으면 입이 마르는데 이때 입술을 핥는 것은 정상이다. 스트레스와 관련된 입술깨물기·입에 손대기·입술 핥기 등과 같은 입과 관련된 행동은 불안함을 드러낸다. 입술을 핥는 것은 진정시키는 행동으로, 이러한 행동은 시험직전의 학생들에게서 많이 볼 수 있다.

　　㉯ 혀 내밀기는 해서는 안될 일을 들켰거나 긴장이 되거나 어떤 부담에서 벗어났을 때 잠깐 나타난다. 비즈니스관계에서 혀 내밀기는 보통 대화가 마무리 단계에 들어갈 무렵 두 가지 경우에 나타난다. 하나는 그 대화로 어떤 부담에서 해방된 사람에게, 다른 하나는 부담에서 벗어나는 데 실패한 사람에게서 볼 수 있다.

(3) 손을 통한 상대의 심리

인간의 손은 어떤 목적을 달성할 뿐 아니라 의사소통까지 해내는데, 이런 능력은 다른 종(種)에서는 찾아볼 수 없다. 따라서 인간은 말을 하든 안하든 손을 활용하면 자신의 생각을 효과적으로 전달할 수 있다.

① 테이블 밑에 손을 숨기지 말라

말하는 동안 손을 밑에 감추면 상대방이 의혹을 품게 된다. 손이 보이지 않거나 손의 표현이 부족하면 전달되는 정보가 지각되는 질이 낮아지고 정직성을 의심받게 된다. 따라서 다른 사람과 일대일 커뮤니케이션을 할 때는 반드시 손이 보이도록 하는 것이 좋다.

② 악수의 상태로 보는 성격파악[27]

악수는 보통 사람들이 처음 만나 하는 신체접촉이다. 악수의 강도·유지하는 시간, 그 밖에 다른 악수자세는 상대에게 자신을 인지시키는 데 영향을 준다.

　㉠ 악수할 때 세게 손을 잡는 사람

　　이런 사람은 악수를 단순한 인사차원을 넘어 자신의 우월성을 입증하는 데 이용하는데, 언제나 상대가 나보다 강한 사람인가를 먼저 살피는 습관이 있다. 따라서 이러한 악수자체는 친밀감이 있거나 인간미가 배어 있지 않기 때문에, 이런 사람을 만나면 조심스럽게 이야기하는 것이 좋다.

---

27) 김승길, 위의 책, pp. 138~140; 조 내버로 외 지음·박정길 옮김, 위의 책, p. 145.

ⓒ 상대방의 손가락 끝만 잡는 사람

이런 악수는 성의없이 상대방을 무시하는 느낌을 주며, 매사에 자신감이 없고 정서가 불안정한 사람이 습관적으로 이런 태도를 보이곤 한다. 반면, 이런 사람일수록 윗사람이나 직위가 높은 사람을 만나면 두손으로 마주 잡는 것도 모자라서 허리까지 구부려 가며 과잉액션을 취한다.

ⓓ 은근하게 적당한 힘으로 꼭 쥐면서 따뜻하게 악수하는 사람

성실한 성격으로 언제 어디서나 믿음을 주는 사람이다. 이런 사람은 아랫사람을 잘 다스리면서도 윗사람에게는 약간 반항기질을 갖고 있기 때문에, 이런 사람을 아랫사람으로 두는 경우에는 항상 인정해 주고 매사에 사리가 분명하게 대해 주어야 한다.

ⓔ 두손으로 잡거나 허리를 굽히는 등 과잉제스처로 악수하는 사람

㉮ 두손을 잡고 악수하는 것은 각국의 문화권마다 차이가 있다. 미국의 경우 악수하는 것은 별다른 문제가 없지만, 서로 두손을 잡는 것은 불편해 한다. 반면, 우리나라의 경우 악수하는 동안 상대의 손등을 왼손으로 감싸며 친밀감을 표시하는데(흔히 정치가 악수), 미국의 경우 이런식의 악수는 상대를 멀어지게 한다.

㉯ 두손을 잡거나 허리를 굽히는 자세로 악수하는 사람은 윗사람에게는 아부를 잘하면서도 아랫사람에게는 군림하려 하는 성격이다. 이런 사람일수록 자기보다 못한 사람은 무시하고 강한 사람에게는 어떤 수단을 써서라도 자기 이익을 챙기려는 사람이다.

ⓕ 손을 잡고 계속 흔들며 손을 잘 놓지 않는 사람

위선에 가득 차 있거나 항상 자기 위주로 생각하는 사람이다. 이런 사람은 처음부터 냉정하게 대하는 것이 좋으며, 잘못하다가는 오히려 얕잡혀 기선을 회복하기 어렵다.

ⓖ 남성처럼 대담하게 악수하는 여성

이런 스타일의 여성은 매우 적극적이며 활동적인 사람이다. 여성적인 멋은 조금 적지만 오히려 남성들과 잘 어울리며, 주로 남성들이 하는 일에 관심을 가지고 도전하는 진취적인 여성이다.

③ 손가락으로 가리키지 말라

세계적으로 손가락질은 사람이 표현할 수 있는 가장 무례한 행동으로 인식되고 있으며, 누구에게나 불쾌감을 자아낸다. 미국의 한 연구에 따르면 검사가 피고를 검지로 가리키는 것을 보고 배심원들은 그런 행동을 좋아하지 않는다는 결과를 발표했다. 그것은 아직 유죄판결이 나지 않은 상태에서 검사에게 그럴 권리가 없다고 생각했기 때문이다. 따라서 손가락질보다 손바닥을 위로 하고 가리키는 행동이 훨씬 낫다는 점을 명심하여야 한다.

(4) 다리와 사람의 성격

사람의 몸에서 가장 정직한 부분은 바로 발이다. 얼굴은 진실한 감정을 가장 자주 숨기고 속이는 신체의 한 부분이기도 하지만, 발은 사람의 진실한 의도를 가장 잘 드러내는 곳이기도 하다.

① 얼굴보다 발은 더 진실을 말한다.

　㉠ 얼굴은 다양한 이유로 억제되었거나 감춰질 수 있기 때문에, 발견하기가 매우 어렵다. 예컨대, 포커게임이나 화투판에서 좋은 패를 쥐었을 경우 기쁜 표정을 절대로 드러내지 않는다. 그것은 자신의 행운을 드러내는 것이 현명치 않다고 판단하고 기쁨이나 흥분을 감추는 것이다. 그때 발을 본다면 추가적으로 확증해 주는 증거를 잡을 수 있다. 카드놀이든 비즈니스든 '행복한 발'은 뇌가 진심으로 "나는 아주 행복하다"고 소리쳐 말하는 가장 정직한 방식이다.

　㉡ 행복한 발을 발견하기 위해 테이블 아래를 볼 필요는 없다. 그냥 셔츠나 어깨를 보면 알 수 있다. 만약 발이 좌우 또는 상하로 흔들리고 있다면 셔츠나 어깨가 진동하고 아래위로 움직인다. 이러한 움직임은 좀 미묘하긴 해도 주의 깊게 관찰하다보면 눈에 띄기 마련이다. 이런 경우 테이블 위의 태도는 침착하고 표정도 냉정하지만, 그 아래에서는 기쁨에 들떠 다리가 상하로 좌우로 움직이며 난리가 난다. 반면, 발과 다리의 움직임은 단순히 조바심으로 나타나기도 한다. 조바심이 나거나 일이 빨리 진전되길 바랄 때 발은 자주 흔들리거나 움직인다. 따라서 발의 움직임을 관찰할 때는 이런 점에 유의해야 한다.

② 다리를 꼬거나 겹치는 경우

　㉠ 범행과 관련된 조사를 받는 사람들은 보통 자신의 다리를 꼬거나 의자다리

에 걸쳐 안전한 위치에 고정시킨다(의자 다리 뒤에서 두 다리를 교차시킴). 이런 행동은 그가 거짓말을 하고 있을 수도 있고 그렇지 않을 수도 있기 때문에, 그 사람에게 뭔가 문제가 있음을 의미한다.

ⓒ 갑자기 다리를 꼬거나 겹치는 것은 불편함이나 불안을 암시한다. 편안한 느낌이 들면 겹쳤던 발목을 푸는 경향이 있다.

③ 대화 중 상대방이 떠나고 싶을 때의 의도된 발의 신호

대화 중 상대방이 양손을 두 무릎 위에 얹어 무릎을 감싸 쥐고 발쪽으로 몸의 무게를 옮기는 것은 떠나고 싶다는 단서다. 상대방이 이러한 행동을 보일 때 서둘러 대화를 마무리 하는 것이 좋다.

제2절 감시기법(미행·잠복)

Ⅰ. 탐정조사의 감시기법

미행과 잠복도 일종의 감시다. 따라서 미행·잠복·감시의 3가지 단어는 모두 '감시'의 '합집합'이라고 볼 수 있다. 감시란 지켜보는 것으로, '감시'라는 표현 자체에 '숨어서'라는 의미는 내포되어 있지 않다. 즉, 숨어서 지켜보든 대놓고 지켜보든 일거수일투족을 관찰하는 행위의 총칭이 바로 '감시'이다. 미행은 '감시'하기 위해 거리를 두고 몰래 뒤를 밟는 것이고, 잠복은 숨어서 감시한다는 뜻이다. 따라서 미행은 미행을 당하는 자의 행선지 및 행동을 감시하는 것이고, 잠복은 감시당하는 당사자의 출현 예상지역에 숨어서 나타나길 기다리는 것이라는 점에서 차이가 있을 뿐이다.

1. 감시의 의의

감시라함은 범죄용의자나 조사대상자, 감시대상 및 특정장소를 계속하여 지켜보는 것을 말한다. 수사기관의 감시는 주로 범죄와 관련된 일체의 사항 등을 대상으로 하는 반면, 탐정의 감시는 주로 개인들의 활동이나 신원에 관한 정보를 얻기 위해 공개적 혹은 비공개적으로 특정사람·차량·장소·물품 등을 대상으로 한다. 일반적으로 감시라는 용어는 단독으로 사용되기도 하지만, 수사상 미행·잠복과 결합하여 미행감시 또는 잠복감시 등으로 흔히 사용되기도 한다.

2. 감시의 목적[28]

탐정의 감시는 주로 아래의 목적을 달성하기 위해서 행하여진다.

1) 범죄나 인가받지 않은 활동에 대한 증거의 확보
2) 감시대상의 활동에 대한 상세한 정보의 확인
3) 다른 출처로부터 얻은 단서와 정보의 확인
4) 사람 및 개인의 소재파악
5) 정보원·목격자·정보제공자가 제시한 정보의 신빙성 입증
6) 추후에 있을 신문(訊問)에서 사용될 정보의 확보
7) 감시대상과 관련한 사람들의 소재파악
8) 수사절차나 소송 등 법정에서 사용될 증거의 확보
9) 숨겨진 자산 또는 은닉물품 등의 발견 등

3. 감시의 계획과 준비[29]

의뢰인으로부터 특정 사안에 대하여 요청을 받았을 경우에는 의뢰인으로부터 가능한 한 많은 정보를 얻어내어 사전에 상세한 계획과 준비가 선행되어야 하고, 특히 대상자에 대하여는 다음의 정보를 사전에 확보해 두어야 한다.

1) 이름·별명·가명
2) 집 주소 그리고 조사대상과 관련된 주소
3) 전화번호
4) 신체적 특징
5) 대상자의 사진이나 비디오
6) 교통수단 및 차량에 관한 정보
7) 가족신상과 집안에 관한 정보
8) 직업상태
9) 습관이나 취미 및 하루일과 등에 관한 정보 등

---

28) 강영숙, 위의 책, pp. 119~120; 권창기·김동제·강영숙 공저, 위의 책, pp. 383~384; 강동욱·윤현종, 위의 책, pp. 141~142.
29) 권창기·김동제·강영숙 공저, 위의 책, pp. 383~384.

4. 감시보고서의 작성

1) 감시보고서의 의의와 중요성

(1) 감시보고서란 조사대상자에 대한 감시일정을 포함하여 감시활동의 과정 및 결과를 기록으로 작성한 보고서를 말하는데, 감시한 후에는 항상 감시보고서를 작성하여야 한다. 감시보고서 작성시 그 당시 상황에 대한 녹음이나 사진촬영 자료를 첨부하게 되면 보고서의 완성도와 신뢰도를 높일 수 있다.[30]

(2) 탐정이 작성한 감시보고서는 의뢰인에게 제출된 최종서면으로서 의뢰인에게 의뢰업무의 수행과정과 결과에 대한 신뢰도를 높일 수 있는 매우 중요한 자료이다. 뿐만 아니라 그 객관성이 담보될 경우 추후 수사절차나 각종 소송자료에서 유용한 증거자료도 활용될 수 있다.

2) 감시보고서의 작성요령[31]

감시보고서 작성시에는 그날그날의 감시활동과 결과를 모두 요약·정리하여 아래와 같은 내용으로 구체적으로 기술해 두는 것이 바람직하다.

(1) 기록은 정확하고 세밀하며 완전하여야 한다. 탐정의 이름·작성일시·시간·제목 등 미세한 부분까지 기록하여야 한다.

(2) 대상자의 인상착의·차량의 종류·색상 등 모든 사항을 기록하여야 한다.

(3) 기록은 매일매일 감시활동의 시작부터 종료시까지, 일정한 시간단위로 특이한 상황에 대하여 세밀하게 기록하여야 한다.

(4) 보고서에는 임무수행 중 취득한 사진 및 자료 등을 첨부하여야 하며, 적절한 형식과 서류파일을 만들어야 한다.

(5) 녹음 및 사진촬영 자료를 첨부하는 경우에는 다음의 사항에 유의하여야 한다.

① 사진의 경우에는 피사체가 너무 멀거나 촬영된 각도가 맞지 않아 동일인물인지 여부가 확인하기 어려우면 아니 된다. 녹음의 경우에도 소리가 너무 작거나 음질불량 및 주위의 소음 등으로 인해 판별하기 어려우면 아니 된다.

② 증거보전이 이루어진 장소와 일자가 표시되도록 하기 위하여 사진에는 날짜가

---

30) 강동욱·윤현종, 위의 책, p. 143.
31) 강동욱·윤현종, 위의 책, p. 144.

자동적으로 입력되도록 하며, 해당 장소를 알 수 있도록 주변의 풍경을 담도록 한다. 녹음의 경우에는 자신의 음성으로 날짜와 장소를 입력하고 내용을 녹음하도록 한다.

Ⅱ. 감시의 중요성

미행과 잠복은 수사기관뿐만 아니라 탐정조사업무 수행에도 가장 기초가 되는 조사기법이라고 할 수 있다. 미행은 동적(動的)이고, 잠복은 정적(靜的)의 형태로, 대부분의 조사과정에서 이 두 가지가 합쳐져서 동시에 행해진다.[32] 조사는 일반적으로 잠복을 한 후에 미행으로 진행되기도 하고, 미행으로 진행되다가 잠복으로 전환되기도 한다. 예컨대, 조사대상자가 자택이나 어떤 장소에 있으면 잠복이고, 그 대상자가 밖으로 나가면 미행이다.

1. 수사기관

감시(미행과 잠복감시)는 용의자의 발견·범인의 체포·현행범인의 검거를 최종목적으로 하고 있다. 따라서 범죄의 양상이나 수법이 다양한 현대의 범죄환경에서는 확실한 증거 및 자료수집을 위한 가장 합리적이고 신빙성 있는 수사기법이 미행과 잠복감시이다. 특히 범행을 숨기는 데 익숙하거나 범행이 발견되었다 해도 부인을 잘하는 범법자를 상대하려면 범인에 대한 미행 및 잠복감시가 필요하다.[33]

2. 탐정업

감시(미행과 잠복)는 탐정업의 조사방법 중에서 가장 기초가 되는 기법이며, 미행과 잠복이 확실히 되지 않으면 탐정조사업무는 성공할 수 없다. 이처럼 미행과 잠복은 탐정조사업무의 대부분이 이 두 가지에 집약되어 있다고 해도 과언이 아니며, 탐정조사에 있어 가시적 성과는 미행과 잠복과정에서 나온다.

미행과 잠복은 의뢰인으로부터 의뢰받은 내용을 확보하기 위한 하나의 방법이다. 따라서 미행·잠복하며 얻은 정보는 확인정보에 가깝고 확실성이 높은 반면, 탐문조사로부터 얻은 정보는 미확인정보로 확실성은 낮다고 볼 수 있다.

---

32) 강영숙, 「탐정(민간조사)실무」, 인천: 진영사, 2015, p. 124.
33) Weston, Paul B. and Kenneth M. Wells, Criminal Investigation(prentice Hall, 1986), p. 147.

Ⅲ. 미행기법

1. 미행의 의의

1) 수사기관의 미행감시

　　미행이라 함은 범죄증거 및 수사자료의 수집, 범인의 발견과 체포를 위하여 범인·용의자·죄를 범할 우려가 있는 자·기타 관계자 등 상대자로부터 감지 당하지 않도록 추적·감시하는 방법을 말한다. 미행이나 잠복감시는 범죄수사의 기본이며, 수사과정에서 다른 수사기법들과 병행하여 실시하는 경우가 많다.

2) 탐정의 미행감시

　　탐정업에서 말하는 미행이란 이동감시의 한 유형으로, 증거자료·조사자료의 수집·조사대상자의 소재지·기타 여러 가지 조사에서 필요한 내용을 확보하기 위하여 대상자를 추적·감시하는 기법을 말한다.

2. 미행의 종류와 준비

1) 미행의 종류

　　미행은 대상자의 행동에 대응하여 도보미행과 자동차 미행으로 구별하며, 미행원의 수에 따라 단독미행과 2명 이상이 하는 공동미행으로 구별할 수 있다.

2) 미행감시의 준비[34]

(1) 미행감시에 당하는 탐정의 자세

　　미행 및 잠복감시에는 엄청난 정신적·육체적 고통이 따르고 다양한 기술이 요구된다. 따라서 수사관이나 탐정은 강인한 인내력·뛰어난 판단력·세심한 주의력 등이 필요하다.

(2) 대상인물 및 가옥조사

　　대상인물의 특징을 확실히 파악하는 데 주의를 기울여야 하고, 여러 개의 사진을 입수해 두면 미행감시 등에 매우 유리하다. 예컨대, 미행 시에는 대상인물의 성격·경력·교우관계·배회처 등을 철저하게 조사해 두어야 한다.

---

34) 김형중 외, 「민간조사의 이론과 실무」, 서울: 박영사, 2020, p. 375.

3) 적절한 변장

대상자에게 감지당하지 않도록 적절한 복장과 변장에 신중을 기해야 한다. 특히 잠복감시 중 상황이 변경되어 미행으로 전환할 경우에는 세심한 주의가 필요하며, 다음과 같은 사항에 주의를 기울여야 한다. 변장은 수사요원이나 탐정 양자 모두에게 적용되는 공통된 기법이다.

(1) 변장은 장소와 환경에 따라 자연스럽게 어울려야 한다. 따라서 의복에 의한 변장·모발변장·안경에 의한 변장 등을 수시로 하여 가능한 한 본래의 인상과는 매우 달라져 보이게 하여야 한다.

(2) 의복에 의한 변장은 현장상황과 어울리도록 하여 눈에 잘 띄지 않아야 한다. 예컨대, 수사관이나 탐정은 현장상황과 어울리게 오늘은 깔끔한 신사차림을 하다가도, 내일은 노동복을 입고 전형적인 노동자로도 변신할 수 있어야 한다.

(3) 모자·안경의 착용 등 사소한 변장이라도 잘 활용하여야 하며, 변장에 알맞은 언어와 동작을 평소 훈련해 두어야 한다.

① 모자는 여러 환경에 두루 쓰일 수 있는 안팎 양면용의 리버서블(reversible: 양면으로 다 입을 수 있도록 만든 옷을 통틀어 이르는 말)타입으로 모자와 챙이 없는 것이 좋으며, 안경은 검은테가 좋다. 검은테 안경은 안경을 썼을 때와 벗었을 때 의외로 인상이 매우 달라져 보이기 때문이다.[35]

② 모자만 쓰거나 혹은 안경만 쓰는 경우에는 그다지 효과가 없기 때문에, 모자와 안경 그리고 상의와 함께 한 세트로 착용하거나 벗는 것이 훨씬 효과적일 때도 있다. 즉, 평소에 상의를 입고 있었다면, 변장시에는 상의를 벗고 모자와 안경을 써도 모습이 많이 바뀌어진다.

(4) 기타장비

그 이외에 메모용지의 준비, 대상자에게 감지 당했을 때를 대비한 태도 및 응답준비 등을 평시에 연구해 두는 것이 필요하다.

3. 미행감시의 방법

미행에는 도보미행과 자동차 미행으로 대별해 볼 수 있다.

---

35) 강동욱·윤현종, 위의 책, pp. 168-169.

1) 도보미행의 방법[36]

(1) 기본적인 방법

미행은 대상자의 성질·도로의 교통량·미행원의 수·미행의 구체적인 목적 등에 의하여 그 방법도 달라진다.

① 단독미행

단독미행은 1인의 미행자가 대상자를 감시하며 그 뒤를 쫓아가는 것인데, 미행위치에 변화를 갖게 하여 대상자에게 발견되지 않도록 하여야 한다. 또한 대상자가 눈치채지 않도록 하기 위해서 도로의 상황에 따라 맞은편의 도로를 걷는 등 미행위치에 변화를 갖게 하는 것이 필요하다.

② 공동미행

2명 이상이 하는 공동미행은 1명은 길모퉁이 등을 이용해서 미행을 감지 당하지 않도록 하고, 1명은 맞은쪽의 보도를 걷는 등 미행위치를 변경하여 미행하는 것이 필요하다.

(2) 적당한 거리유지

도보미행을 할 경우 교통량·투시·명암(밝고 어두움)의 상황 등에 따라 달라져야 하며, 그 장소의 상황에 대응하여 '대상자를 놓치지 않을 정도의 거리'를 유지하는 것이 필요하다. 일반적으로 대상자와의 거리는 20미터 내지 50미터 가량 후방이 좋다.

(3) 보행속도는 대상자와 동일

보행속도는 대상자와 같은 정도가 좋으나 너무 똑같은 보행속도 유지는 제3자가 보아도 부자연스럽다. 또한 미행의 유무를 확인하기 위하여 대상자가 갑자기 멈춰서는 경우에도 미행자는 멈춰서서는 안 된다. 예컨대, 구두끈을 고쳐 매거나, 가까운 가게에 들어가 물건을 고르는 등 자연스러운 동작으로 대상자를 앞으로 일단 보내는 것이 필요하다.

(4) 시선의 방향

미행 중 대상자가 갑자기 뒤를 돌아보더라도 시선이 마주치지 않도록 대상자의 눈의 위치보다 낮은 곳에 시선을 두도록 유의해야 한다. 예컨대, 시선이 마주치는 경우

---

36) 김충남, 위의 책, pp. 334~341; 이만종, 위의 책, pp. 270~275; 김재민 외, 위의 책, pp. 327~335; 전대양, 「범죄수사」, 서울: 21세기사, 2009, pp. 515~521.

'담뱃불을 붙이거나 동행인에게 대화를 청하거나, 상점에서 물건을 사는 척' 위장하여 시간적 여유를 가지고 자연스럽게 피해야 한다.

(5) 지형·지물의 이용

예컨대, 대상자와의 사이에 있는 입간판이나 전신주 등 지형·지물을 효과적으로 이용하는 것이 필요하다.

(6) 건물의 모퉁이 길을 도는 요령

대상자가 건물의 모퉁이 길을 돌아갈 때에는 돌아간 모퉁이에 대상자가 숨어 있을 것을 고려하여 보폭을 넓혀서 신중히 접근하여야 한다. 따라서 대상자와의 거리가 멀어지게 되면 대상자를 놓칠지 모른다고 생각하여 황급히 뛰어가는 것은 매우 위험하다.

(7) 열차·버스 등을 이용할 경우

미행의 대상자가 열차·버스 등에 승차시 미행원도 뒤따라 승차해야 하며 다음과 같은 사항에 유의해야 한다.

① 대상자가 승하차 한 것을 확인 후 행동한다. 미행자는 일반적으로 대상자의 뒤에서 거리를 두고 승하차할 필요가 있다. 왜냐하면 대상자가 승차하지 않거나 급하게 하차하게 되는 경우에는 미행자가 급하게 하차하게 되어 부자연스러운 행동이 노출되거나, 미행자가 미처 하차하지 못하여 대상자를 잃어버릴 염려가 있다.

② 승차시간에 늦지 않도록 유의한다. 출발시간에 늦지 않도록 여유 있게 시간을 배려해야 한다. 따라서 시간이 늦어 승차할 수 없는 경우에 무리하게 승차하면 대상자에게 감지당할 염려가 있다.

③ 승차 후에는 차내를 주의 깊게 살피지 않는다. 예컨대, 승차 후에는 대상자를 직접 보지 말고 대상자와 같은 편이나 뒷자석에 앉아 그 자의 손이나 발의 부분을 보든지 또는 차유리에 반사되는 영상을 보면서 감지해야 한다.

④ 승차 중에는 끊임없이 대상자를 감시한다. 대상자의 행선지가 명백히 파악되었다 하더라도 승차 중에는 끊임없이 감시를 해야 하며, 특히 발차하는 순간 갑자기 하차하여 다른 차를 바꿔 타는 경우도 있다는 점에 유의해야 한다.

(8) 택시를 이용하는 경우

택시를 이용하여 미행하는 경우, 택시운전자에게 미행사실을 알려 협조를 구하여야 한다. 그러나 무리한 운전을 요구하여 교통위반 또는 교통사고를 일으키는 일이 없도록 특히 주의하여야 한다.

(9) 엘리베이터를 이용한 경우

대상자가 엘리베이터를 이용하려고 대기 중에 있을 때에는 대상자의 뒤쪽에 끼어 있는 것도 좋으나, 다른 대기자가 없을 때에는 가까운 곳에서 물건 등을 구경하는 척하며 감시한다. 특히 공동미행의 경우 미행자 전원이 타면 감지당할 염려가 있으므로, 상황에 따라 교대하면서 단독미행을 하는 것이 효과적이다.

(10) 극장에 입장할 경우

극장은 대상자들이 모여 연락하기 편리한 곳이다. 극장에 입장할 때에는 대상자보다 먼저 들어가 적당한 위치를 선점하여 감시하거나, 대상자와 적당한 간격을 두고 입장하여 대상자를 놓치지 않도록 해야 한다. 좌석의 위치 등은 대상자의 뒤쪽이나 앞쪽 등 감시하기 쉬운 자리를 택하는 것이 좋다. 관람이 끝난 뒤에는 대개 혼잡하므로, 근접미행을 하여 대상자를 놓치는 일이 없도록 해야 한다.

(11) 상점 등에 들어갔을 경우

대상자가 음식점·상점·백화점 등 혼잡한 곳에 들어갔을 때에는 접근하여 행동하여야 하며, 미행하지 않으면 놓칠 염려가 있으므로 상황에 따라서는 대담하게 행동할 필요가 있다. 만약 대상자가 음식을 주문하면 미행자도 자연스럽게 음식을 주문하여 같이 식사를 하여야 한다.

(12) 미행 중 대상자가 시비를 걸어 올 경우

미행 중 갑자기 대상자가 "왜 내 뒤를 따라오느냐"고 따져 물을 때에는 사전에 대비해 둔 응답요령에 따라 자연스럽게 응대해야 한다. 만약 이 같은 질문을 대상자가 미행원에게 하였다면 감시활동이 감지되었다고 판단하고, 동일 미행원에 의한 그 후의 미행은 중지하고 미행원을 교체시켜야 한다. 공동미행의 경우에는 한명은 교체하더라도 다른 미행원은 계속하여 미행해야 한다.

2) 자동차 미행의 방법[37]

대상자가 차량을 이용하는 경우에는 미행원도 차량을 당연히 이용해야 한다. 자동차 미행은 일반적으로 가장 많이 하는 방법이지만, 차량미행에는 고도의 기술과 치밀한 계획이 필요하다.

---

37) 김형중, 「범죄수사총론」, 서울: 청목출판사, 2012, pp. 238~241.

(1) 일반적인 방법

① 자동차 미행에 대한 일반적인 방법은 공적 수사기관(경찰 등)요원에게 해당되는 기법이기 때문에, 탐정의 경우에는 탐정조사 업무수행에 필요한 해당 기법만을 발췌하여 활용하는 것이 바람직스럽다.

② 교통량이 적은 한적한 장소

교통량이 적은 교외나 한적한 농촌 등에서는 대상차량과의 충분한 거리를 유지하여 미행을 눈치 채지 못하게 하여야 한다. 그러나 시가지에 접근하거나 커브 지점에서는 될 수 있는 한 거리를 좁혀서 미행하여 대상자를 놓치는 일이 없도록 하여야 한다.

③ 교통량이 복잡한 장소

교통량이 많은 도심지 등에서는 될 수 있는 대로 근접하여 미행하는 것이 좋다. 왜냐하면 교통량이 많은 도로나 시가지 중심부에서는 교차로 신호기가 많으므로, 자칫하면 미행중인 대상차량을 놓치거나 다른 차량의 방해로 미행에 실패할 수 있기 때문이다.

(2) 미행시 유의사항

① 수사기관의 미행차량 운전자는 경험이 풍부하고 운전기술이 우수한 자를 선정하고, 미행원은 차량 1대당 3명(1명 운전자, 2명은 감시역할)으로 전원 운전면허 취득자로 한다. 다만, 탐정업의 경우에는 수사기관과는 달리 인적·물적 측면에서 취약하기 때문에, 미행과 잠복은 대개 혼자서 한다. 그 이유는 한 사람을 조사하기 위해 여러 명의 인원을 확보하고, 자동차 등 이동수단을 여러 대 준비하는 것은 비용도 많이 들어갈 뿐만 아니라 현실적으로 어려움이 따르기 때문이다.

② 특별한 경우를 제외하고는 교통위반을 하지 않아야 하며, 교통사고가 발생하지 않도록 유의하여야 한다.

③ 미행하기 전에 대상 자동차의 종류·연대·차량번호·기타 특징을 파악해 두고 기타 돌발사고에 대비하여야 한다.

④ 대상자동차를 따라가지만 말고, 차안에 있는 대상자의 거동도 항상 감시해야 한다.

⑤ 대상자의 행선지를 알고 있거나 고속도로상의 경우, 대상자동차보다 선행하여 후사경을 이용 감시하는 방법도 필요하다. 따라서 대상자동차의 눈에 띄지 않도록 항상 후미에서 미행한다는 사고방식은 버려야 한다.

⑥ 대상자가 미행당하고 있는지 확인하기 위해 오히려 미행자를 미행하는 경우가 발생하므로, 후사경을 이용하여 역미행 당하지 않도록 유의하여야 한다.

⑦ 대상차량이 미행유무를 확인하기 위하여 고갯길이나 커브길에서 속력가감을 하는 경우가 있는데, 이때에는 대상차량에 끌려 다니지 말고 종전과 같은 속도를 유지해야 한다.

⑧ 미행 중 대상자동차가 U자형으로 회전하는 경우에는 미행자도 그와 같이 회전해서는 안 된다. 이 같은 경우에는 그대로 진행하여 대상자동차를 바로 따르지 말고 적당한 장소에서 U자형으로 회전하거나 또는 좌회전이나 우회전한다.

⑨ 대상자동차가 주차하였을 때에는 약간 떨어진 위치에 주정차하고 그 행동을 감시한다. 주·정차의 위치는 대상차량의 전방이나 후방도 상관이 없으나, 대상차량이 출발할 경우를 대비하여 주·정차의 방향을 결정해야 한다.

⑩ 대상자동차가 시계에서 완전히 사라졌을 때에는 약간 속력을 내도 좋으나, 이 경우에는 대상자동차가 도중에서 정차하거나 옆길에 정차 은신하고 있을 것을 고려하여 주위에 대한 경계를 충분히 해야 한다.

⑪ 대상자가 자동차에서 하차하여 행동한 경우에는 미행원도 즉시 하차하여 도보 미행을 해야 한다. 이 경우에 대상자의 일부가 대상자동차에 남아 있을 때에는 미행원도 한 사람이 남아서 감시하는 것이 필요하다.

Ⅳ. 잠복감시기법

1. 잠복감시의 의의

1) 수사기관의 잠복감시

수사기관의 잠복감시란 범죄증거 및 수사자료의 수집·범인의 발견 및 체포, 그리고 용의자 등의 발견을 위해서 배회처·일정한 장소 또는 특정지역에서 계속적으로 은신하여 비밀리에 감시하는 방법을 말한다.[38]

2) 탐정업의 잠복감시

잠복이란 탐정이 고정된 장소나 근무지역에 고정되어 감시대상자를 감시하는 기법

---

38) 손상철, 「민간조사학개론」, 서울: 백산출판사, 2005, p. 225.

으로서, 고정감시의 한 형태이다.

2. 잠복감시의 종류와 준비

1) 잠복감시의 종류

잠복감시는 일정한 장소에 고정하여 혐의자를 감시하는 것을 말하는데, 흔히 고정감시, 말뚝감시(Stakeout), 나무심기(plant)라고도 한다.[39] 잠복은 외부잠복·내부잠복·유인잠복감시로 구분된다.

(1) 외부잠복감시

외부잠복감시는 대상자가 배회할 가능성이 높은 주택 또는 시설의 외부에서 실시하는 것이다. 대상과의 거리에 따라 근거리잠복감시와 원거리잠복감시로 나뉘고, 잠복장소의 고정 여부에 따라 고정감시와 이동감시로 구별된다.

(2) 내부잠복감시

내부잠복감시는 거주잠복감시와 유인잠복감시로 나누어볼 수 있다.

① 거주잠복감시

대상자가 배회할 가능성이 높은 주택 또는 시설의 내부에 직접 침입하여 실시하는 것을 '거주감시'라고 한다. 거주감시는 범인을 체포하는 경우 등에 한해서만 실시하는 것이 원칙이며, 이 방법은 탐정의 업무와는 관련성이 없다.

② 유인잠복감시

범인을 체포하기 위하여 가족이나 개인 등의 협력을 얻어 대상자를 잠복감시 장소로 유인하는 경우를 '유인잠복감시'라고 하는데, 이 방법 역시 탐정의 업무영역이 아니다.

2) 잠복감시의 준비

잠복감시의 준비는 미행감시의 경우와 대동소이하다. 따라서 1) 평소의 준비(필요한 기술의 습득 및 향상), 2) 출입구의 상황파악(잠복감시 장소의 선정에 관련됨), 3) 적절한 복장 및 변장실시, 4) 기타(메모용지 준비, 대상자에게 감지 당했을 경우를 대비한 변명의 준비) 등을 사전에 미리 준비해 두어야 한다.

---

39) Ashely Keith, The Private Investigator's Handbook(sydney: Bay Island Group LTD, 1996), p. 43.

3. 잠복감시방법

1) 외부잠복감시

잠복은 일반적으로 외부 잠복감시를 의미하며, 내부잠복감시는 특별한 경우에 실시한다. 외부잠복감시는 적당한 건물이나 장소를 선택하고 잠복하여야 한다. 잠복이 장시간을 요할 때에는 인근 건물의 3층 같은 곳을 빌려서 이용하는 것이 이상적인 방법이며, 이 경우 망원경이나 카메라 등을 이용하면 더 큰 성과를 거둘 수 있다.

(1) 장소의 선정

① 외부잠복감시는 적절한 잠복감시장소[40]를 선정하는 것이 무엇보다 중요하다. 특히 긴급을 요하여 시간적인 여유가 없는 경우를 제외하고는 반드시 사전에 현지를 답사하여 보다 유효적절한 장소를 선정하지 않으면 안 된다.

② 외부잠복 감시장소의 선정기준으로 가장 중요한 것은 출입구의 상황이라고 볼 수 있다. 감시대상 가옥 내 출입구가 여러 곳 있을 때에는 각 출입구마다 잠복하는 것이 원칙이며, 대상가옥의 맞은 편 상점이나 인근주택을 빌리는 것 등도 한 방법이다.

(2) 위장·변장상의 주의사항

잠복근무자가 신분을 위장하거나 변장하였을 경우에는 다음 사항에 주의해야 한다.

① 카메라·망원경·무전기 등의 기재는 외부에 감지되지 않도록 위장한다.

② 잠복감시는 장시간 일정한 장소에 머무르는 일이 많으므로, 변장뿐만 아니라 행동위장에도 유의한다.

③ 적당한 잠복감시 장소가 없을 때에는 그 지역에 알맞은 직업인, 즉, 회사원·수금원·노무자 등으로 변장한 후 용무를 위장하여 감시한다.

④ 잠복기간이 짧은 경우에는 신문이나 잡지를 읽는 척하면서 감시하는 것도 하나의 방법이다.

(3) 연속적인 감시

부득이한 경우를 제외하고는 반드시 1개소에 2명 이상의 감시원을 배치해서 감시에 간격이 생기지 않도록 한다. 특히 장기간의 잠복에는 교대근무 계획을 세워두는 것이 필요하다.

---

40) 외부잠복의 장소로 적절한 곳은 (1) 대상자에게 감지당하지 않으며, 출입상황과 행동을 감시할 수 있는 장소, (2) 대상자가 통과하여야만 하는 장소(길목·역 등), (3) 즉시 추적이 편리한 장소, (4) 감시가 용이하며, 보고와 연락이 용이한 장소 등이다.

(4) 잠복감시의 주의사항

① 주간 잠복감시

㉠ 외부감시의 경우에는 주·야간을 막론하고 대상자의 거동에 주의해야 하며, 필요하다면 대상자를 미행하여야 한다.

㉡ 주간잠복시의 기본은 항상 빛을 등지고 잠복하는 것이 원칙이다. 즉, 역광의 중심에 자신을 두어 자신의 얼굴이 주변에서 잘 보이지 않도록 하고, 반대로 주변의 사물이 눈이 부셔 볼 수 없는 상황은 스스로 피하여야 한다.

㉢ 주간잠복은 시야가 밝고 확실하기 때문에 관찰하기가 쉬운 반면, 탐정 자신도 주변 사람들에게 쉽게 보일 수 있어 의심받을 확률이 높다.[41] 따라서 시야가 넓은 장소에서 먼 거리 대상을 잠복감시 할 때는 특히 이 점에 유의하여야 한다.

② 야간 잠복감시

야간의 잠복감시는 어두운 곳을 이용하여 은밀하게 감시할 수 있는 장점이 있는 반면, 대상자의 행동을 감시하는데 어려운 점이 또한 있다.

㉠ 가능한 한 대상자의 감시가 쉬운 위치를 선택하는 것이 가장 중요하다. 따라서 하천·도랑·쓰레기통 등이 놓여 있는 조건이 나쁜 장소라도 가리지 않고 잠복장소로 이용할 수 있어야 한다.[42]

㉡ 야간잠복의 경우에는 감시대상자 가까이서 잠복하는 것이 가장 좋다. 이때에는 가로등이나 자동차의 헤드라이트 등과 같은 불빛을 등지고 감시하는 것이 바람직하다. 특히 어둠 속에서의 담배는 금물이다.

㉢ 눈에 띄기 쉬운 밝은 복장은 착용하지 않으며, 소리가 나지 않는 간편한 신발을 신는 것이 좋다.

㉣ 감시장소에서 철수할 때에는 잠복의 흔적(예컨대, 휴지·담배꽁초)을 절대로 남기지 않도록 주의해야 한다.

2) 탐정의 내부잠복 감시

내부잠복감시는 대상자와 직·간접으로 관계있는 자의 주택 등에 들어가서 대상자의 동태 및 상황을 감시하는 것이다. 탐정의 내부잠복감시는 공적인 수사요원이 행하는

---

41) 강동욱·윤현종, 위의 책, p. 149.
42) 김형중·김양현, 「수사학총론」, 서울: 형지사, 2020, p. 205.

내부잠복감시와는 그 목적[43]이나 과정면에서 현격한 차이가 있다.

(1) 의의

탐정의 내부잠복이란 공적인 수사요원과는 달리 대상자 주변 집 근처의 개인집·회사, 그리고 주위를 살필 수 있는 일정한 공간에서 주변의 양해를 얻어 잠복을 하는 방법이다.

(2) 내부잠복시 유의사항

① 공개되지 않는 가옥·사무실 등

수사요원이라도 가옥 내부잠복은 예외적인 법적근거가 있는 경우를 제외하고는 가옥 내부에서 잠복하는 행위는 용인되지 않는다. 더군다나 탐정의 경우는 공적업무가 아니기 때문에 가옥이나 사무실 등 공개되지 않은 장소에서의 잠복은 주거침입죄 등의 문제가 발생할 수 있다는 점을 유념하여야 한다. 따라서 탐정은 필요한 경우 건물의 관리인·집주인·경비원 등에게 사안을 충분히 설명하고 진정한 협조를 얻어 감시임무를 수행하여야 한다.

② 차량내 잠복의 경우

㉠ 주택가에서 차량을 이용한 잠복감시는 신중을 기해 주차장소를 선택하여야 한다. 신중하지 못한 노상주차는 주차위반으로 동네 주민들에 의하여 신고될 우려가 있다.

㉡ 탐정은 일반적으로 혼자서 잠복하는 것이 기본이다. 그러나 혼자서 할 방법이 없다면 2명으로 팀을 이루어 운영하되, 1명은 차안에서 다른 한 명은 외부에서 임무를 수행한다.

㉢ 대상자의 차에 가까이 주차하여 며칠 동안 계속적으로 잠복하는 경우에는 차종 등을 교체하여야 하고, 이때 밝은 색상·소음이 큰 배기장치 등 눈에 띄는 장치가 장착된 차량은 피하여야 한다.[44]

㉣ 차내에서 혼자 기다릴 때는 운전석은 피하고, 조수석에 앉아 운전자를 기다릴 것 같은 모습으로 가장한다.

㉤ 차량 안에서의 잠복은 어디까지나 최후의 수단으로 하는 것이 좋으며, 차안

---

43) 수사기관의 내부잠복감시는 수사상 꼭 필요한 경우, 예컨대 범인을 체포하는 경우 등에 한해서 극히 제한적으로 실시하고 있다.

44) 강영숙, 위의 책, p. 133; 강동욱·윤현종, 위의 책, p. 147.

에 탐정의 신원을 나타낼 수 있는 흔적은 일체 남겨두지 않아야 한다.[45]

4. 감시와 관련된 법적 검토

1) 감시 등에 대한 처벌 가능성 여부

(1) 형사처벌 여부

탐정이 의뢰인으로부터 의뢰를 받은 후, 도로·지하철·백화점 등 개방된 장소에서 특정인을 미행하거나 특정인이 자주 가는 곳에 잠복하면서 사진촬영을 하였을 경우, 사안별로 그 위법성 여부를 따져 보아야 한다.

① 단순히 미행만 한 행위

단순히 미행을 한 사실만으로는 형사처벌을 할 법적 근거가 마땅히 없기 때문에, 처벌이 어렵다는 것이 일반적인 견해이다.

② 미행·잠복을 위해 타인의 주거에 침입했거나, 미행 중에 있는 특정인에게 해악을 고지한 행위

탐정이 미행·잠복을 위해 타인의 주거에 침입했다면 주거침입죄가 성립하고, 미행 중 미행당하는 사람에게 해악(害惡)을 고지(告知)하는 행위가 있었다면 협박죄가 성립될 수도 있다.

③ 불안감 조성이나 지속적으로 괴롭힘을 주는 행위

타인에게 불안감을 조성하거나 타인을 지속적으로 괴롭히는 행위로 신고를 당했을 경우, 경범죄로 처벌받을 수도 있다.

ㄱ 불안감조성(「경범죄처벌법」 제3조 제19호)

정당한 이유 없이 길을 막거나 시비를 걸거나 주위에 모여들거나 뒤따르거나 몹시 거칠게 겁을 주는 말이나 행동으로 다른 사람을 불안하게 하거나 귀찮고 불쾌하게 한 사람 또는 여러 사람이 이용하거나 다니는 도로·공원 등 공공장소에서 고의로 험악한 문신을 드러내어 다른 사람에게 혐오감을 준 사람은 10만원 이하의 벌금, 구류 또는 과료의 형으로 처벌한다. 그리고 이와 같은 죄를 짓도록 시키거나 도와준 사람(교사·방조)은 죄를 지은 사람에 준하여 처벌한다(동법 제4조).

---

45) 권창기·김동제·강영숙 공저, 위의 책, p. 393.

ⓒ 지속적 괴롭힘(동법 제3조 제41호)

상대방의 명시적 의사에 반하여 지속적으로 접근을 시도하며 면회 또는 교
제를 요구하거나 지켜보기, 따라다니기, 잠복하여 기다리기 등의 행위를 반
복하는 사람은 10만원 이하의 벌금, 구류 또는 과료의 형으로 처벌한다. 또
한 이를 교사·방조한 행위도 죄를 지은 사람에 준하여 처벌한다(동법 제4조).

(2) 민사관련 법적 검토

탐정이 특정인의 약점을 잡기 위한 목적(증거자료를 수집할 목적)으로 사진을 촬영하
거나, 특정의 목적을 가지고 의도적·계속적으로 미행하면서 특정인에 관한 정보를 임
의로 수집한 경우

① 불법행위를 구성함

대법원은 "미행과 사진촬영이 비록 공개된 장소에서 민사소송의 증거를 수집할 목
적으로 이루어졌다고 하더라도, 이는 초상권 및 사생활의 비밀과 자유의 보호영역을 침
범한 것이기 때문에, 불법행위를 구성한다"고 판시하였다(대판 2006.10.13. 고2004다16280).

② 손해배상책임과 위자료 청구

ⓐ 손해배상책임

㉮ 「헌법」 제10조는 "모든 국민은 인간으로서의 존엄과 가치를 가지며, 행복
을 추구할 권리를 가진다. 국가는 개인이 가지는 불가침의 기본적 인권을
확인하고 이를 보장할 의무를 진다"라고 규정하고 있고, 같은 법 제17조
는 "모든 국민은 사생활의 비밀과 자유를 침해받지 아니한다"라고 규정하
고 있다.

㉯ 한편, 「민법」 제750조는 "고의 또는 과실로 인한 위법행위로 타인에게 손
해를 가한 자는 그 손해를 배상할 책임이 있다"고 규정하고 있다. 따라서
탐정의 행위가 불법행위를 구성한다면 손해배상 책임을 벗어날 수가 없
다.

ⓑ 위자료 청구

탐정의 미행 및 촬영행위는 초상권 및 사생활의 비밀과 자유의 보호영역을
침범한 불법행위이기 때문에, 탐정업자는 사용자책임을 질 수도 있다(「민법」
제756조). 따라서 피해를 입은 특정인은 탐정업자나 탐정을 상대로 위자료청
구도 가능하다.

제4장 ··· 아동 및 가출인 등 실종자 찾기 기법

제1절 실종아동 및 가출인 발생원인과 조치

Ⅰ. 실종 및 가출의 개념

1. 실종자의 정의

어원상의 실종(失踪)은 종래의 주소 또는 거소를 떠나 쉽사리 돌아올 가망이 없는 부재자(不在者)가 생사불명의 상태에 있는 경우를 말한다. 반면, 가출(家出)은 가정생활에 불만을 갖거나 외부의 유혹에 끌려 가정에서 안정된 생활을 하지 못하고 집을 나가는 행위[1]를 말한다.

2. 법규상의 정의

1)「실종아동 등의 보호 및 지원에 관한 법률」

(1) '아동 등'이라 함은 실종당시 18세 미만 아동,「장애인복지법」제2조의 장애인 중 지적장애인·자폐성장애인 또는 정신장애인,「치매관리법」제2조 제2호의 치매환자를 말한다.

(2) '실종 아동 등'이란 약취·유인 또는 유기되거나 사고를 당하거나 길을 잃는 등의 사유로 인하여 보호자로부터 이탈된 아동 등을 말한다.

---

1) 용어 자체의 의미로 볼 때 실종(失踪, disappearance, missing)은 보호자 입장에서 가족이 없어진 상태에 중점을 둔 개념이고, 가출(家出, leaving home, run away from home)은 가출인의 입장에서 스스로 집을 떠난다는 행위에 중점을 둔 개념이다. http://www.doopedia.co.kr (2020.2.14.검색)

2) 실종아동등 가출인 업무처리 규칙[2]

(1) '실종아동'은 「실종아동 등의 보호 및 지원 법률」에 근거하여 실종 당시 18세 미만의 아동 또는 장애인복지법에 의한 정신지체인·발달장애인·정신장애인·치매환자를 말한다.

(2) '가출인'이라 함은 신고 당시 보호자로부터 이탈된 18세 이상의 자로, 20세 미만의 자를 '가출청소년', 20세 이상의 자를 '가출성인'이라고 한다.

3) 「민법」

(1) 수사실무상 용어로서의 실종자 개념과 「민법」상 실종자 개념은 구분되어야 한다. 「민법」상의 실종자는 생사가 일정기간(5년간) 불명한 때로서 이해관계인이나 검사의 청구에 의하여 법원으로부터 실종의 선고를 받은 경우를 말한다(「민법」 제27조 제1항). 다만, 전지에 임한 자, 침몰한 선박 중에 있던 자, 추락한 항공기 중에 있던 자, 기타 사망의 원인이 될 위난을 당한 자의 생사가 전쟁종지 후 또는 선박의 침몰, 항공기의 추락 기타 위난이 종료한 후에는 1년간 분명하지 아니한 때에도 제1항과 같다(제27조 제2항). 실종선고를 받은 자는 일정기간이 만료한 때에 사망한 것으로 본다.

(2) 실종선고의 신고는 그 선고를 청구한 사람이 재판확정일로부터 1개월 이내에 재판서의 등본 및 확정증명서를 첨부하여야 한다.[3] 이후 실종자의 잔존 재산을 상속하거나 잔존배우자가 다시 혼인을 할 수 있게 된다. 하지만 군인의 경우는 행방불명자가 기간이 지나도 그 생사가 분명하지 아니할 때에는 장교·준사관 및 부사관은 제적하고, 병은 병적에서 제외한다.[4]

Ⅱ. 실종자 및 가출인의 발생원인

1. 실종자의 발생원인

실종 원인으로는 1) 아동의 실종, 2) 청소년의 실종, 3) 노인·치매환자 등의 실종

---

2) 실종아동등 및 가출인 업무처리 규칙(경찰청 예규533호, 2018.1.30)
3) 가족관계의 등록 등에 관한 법률 제92조 제1항
4) 군인사법시행규칙 제73조 : (ⅰ) 전투 중 행방불명인 경우에는 해당 전투가 끝난날부터 1년, (ⅱ) 재해 중 행방불명자는 행방불명된 날부터 1년, (ⅲ) 일반 행방불명자는 행방불명된 날부터 2년.

등으로 크게 나눌 수 있다.

1) 아동

아동의 실종 원인으로는 (1) 길을 잃은 경우, (2) 미혼부모나 가정불화로 유기한 경우, (3) 양육목적으로 약취한 경우, (4) 이식수술용 장기 등의 매매를 위한 범죄, (5) 금품갈취를 위한 유괴, (6) 앵벌이 등 강제노역을 시키기 위한 약취유인(지적장애인 등), (7) 성폭행 등 범죄후 살인한 경우 등을 들 수 있다.

2) 청소년

청소년의 실종원인으로는 (1) 가출하는 경우, (2) 청소년을 유흥업소에 팔아넘긴 경우, (3) 인신매매(성매매 강요) 등으로 인한 경우 등을 들 수 있다.

3) 노인 · 치매환자

(1) '치매질환자'라 함은 기억장애 등 만성 진행성 정신퇴행질환 증상으로 인해 정상적인 정신능력과 사회적 활동을 할 수 있는 능력이 소실된 자를 말한다. 치매질환자는 연령에 관계없이 실종아동 등에 준하여 처리한다.[5]

(2) 노인이나 치매환자 등의 실종원인으로 ① 길을 잃은 경우, ② 자살에 의한 경우, ③ 정신보건시설이나 정신의료기관에 의한 강제 감금, ④ 노후연금이나 보험사기 악용 등의 목적으로 인한 약취 · 유인, ⑤ 가출이나 가족에 의한 방임 등이 있다.

4) 기타 장기실종자

이외에 장기실종자로는 (1) 부모의 사망이나 이혼으로 인해 시설 등으로 보내진 경우, (2) 미혼 부모의 친권포기로 인한 타인에게 입양된 자녀, (3) 60~70년대 경제적 어려움으로 자녀를 남의 집에 식모나 일꾼으로 보내면서 생사를 알 수 없게 된 경우, (4) 남북이산가족이나 라이따이한, (5) 코피노 · 난민 등으로 인한 무국적자 등과 같이 범죄와 관련 없이 발생된 경우도 있다.

---

5) 실종아동등 및 가출인 업무처리 규칙(경찰청 예규533호, 2018.1.30). 치매환자는 연령에 관계없이 실종아동 등에 준하여 처리한다. 따라서 치매환자(치매진단서 필요)도 위치추적 대상에 포함된다.

Ⅲ. 실종자 및 가출인의 유형

수사실무상 실종자란 넓은 의미로 가출·유기·변고·약취유인·길을 잃는 등의 사유로 '간 곳이나 생사를 알 수 없게 된 사람'을 포괄적으로 일컫는 말이다. 탐정업무에서 말하는 실종자의 개념은 여기에 해당한다. 수사 실무에서는 실종자의 종류를 일반적으로 다음과 같은 요소와 기준으로 판단한다.

1. 수사기관의 판단요령과 탐정의 조치

1) 수사기관의 판단요령

유아인가 또는 정박아인가(미아가능성), 가출전력이 있는가(가출의 가능성), 교통사고의 가능성은 없는가(변고일 가능성), 유괴인 경우에는 돈이 많은가·사회적 지위는 어떠한가, 상거래 원한 등은 없는가 등의 내용을 면밀히 검토하여 비범죄성 실종인지 또는 범죄와 관련된 실종인지를 판단한다. 그러나 사람이 실종 되었을 경우 처음부터 비범죄성 실종인지 또는 범죄성 실종인지 판단하기란 그리 쉬운 일이 아니다.

(1) 단순 미아의 가능성[6] 판단자료로는

① 유아등 연령적 측면에서 미아가 될 가능성

② 이사 등으로 인한 지리부지(地理不知)에서 발생할 가능성

③ 원거리 여행 등에서 일어날 가능성

④ 정박아 등 지능이 낮은 경우의 가능성

⑤ 백화점·행사장·관광지 등 다중혼잡으로 인하여 발생할 가능성

⑥ 성격상 겁이 없어 주변 빌딩 승강기나 지하층 등 오르내리기를 즐기는 행동이 있는지 여부 판단

⑦ 혼자 놀기를 좋아 하거나 홀로 군것질을 하러 다니는 등 습성 유무 판단

⑧ 실종 직전에 누구와 함께 있었으며, 동행자가 무엇을 하는 사이에 사라졌는지의 가능성 여부 등을 들 수 있다. 단순미아로 판단된 경우에는 즉시 해당 관할 경찰서 수배 및 필요에 따라서 인접서에 대해 수배를 실시한다.

(2) 가출의 가능성 판단자료로는

① 가출 전력(일회성·습관성 여부)이 있는가 여부

---

6) 이만종, 위의 책, pp. 70~71 ; 민경묵, 위의 책, p. 264.

② 가출인의 병력 판단(정신지체·발달장애·정신장애·치매 환자 등)

③ 비행소년 전력 판단(범죄소년·촉법소년·우범소년)

④ 여자(결혼 또는 이혼)나 금전문제와 관련 도피 가능성

⑤ 가정해체위기 및 가족 간 불화 등 가정환경 판단

⑥ 실종자가 집에서 가지고 나간 물건(예금통장·인감도장·주민등록증·신용카드 등) 등 자료 판단

⑦ 생활고나 처지비관에 따른 현실도피 가능성 등을 들 수 있다.[7] 가출로 판단되는 경우에는 예상되는 배회지에 대한 수배와 본인의 행동에 대한 탐문을 실시한다.

(3) 사고의 가능성 판단자료로는

① 교통사고 가능성

② 자살 가능성

③ 위험개소(공사장·매립지·하천·연못 등)

④ 음주 후 동사 가능성

⑤ 보험금 목적 사고 위장 가능성

⑥ 휴대폰의 최종 통화위치·내용·최종 목적지 등을 파악하여야 한다. 사고의 가능성이 있는 경우 119에 의한 구급차 출동여부와 구급병원의 취급 여부, 관내와 인접서의 교통사고 피해자 확인, 그리고 위험개소(하천·연못 등)에 대해서도 수색을 철저히 하여야 한다.

(4) 유괴의 가능성

일반적으로 어린이는 유괴,[8] 성인은 납치등으로 표현되고 있다. 판단자료로는

① 가족관계자의 생활정도·자산의 유무·사회적 지위 등 판단

② 저명인사 등의 사회적 지명도

③ 상거래의 분쟁 등 원한을 받은 사실의 유무

④ 재혼 등의 경우 어린이의 양육 상황 등 종합적 판단

⑤ 친인척 및 주변인물 중 최근 실직 등으로 금전 관련 위기에 처한 자 등에 대한 동향 등의 자료가 유괴판단의 근거가 된다.

---

7) 김종식 외 공편저, 위의 책, p. 507.

8) 통상 실무적으로 '유괴'사건이라 함은 미성년자를 대상으로 한 인질강도죄(형법 제336조)를 의미한다. 그러나 '유괴'의 의미를 본인의 의사에 반하여 타인의 실질적인 지배하에 둠으로써 개인의 자유로운 생활관계를 침해하는 관점에서 본다면, 형법상의 '약취유인의죄'를 포괄한다고 보아야 한다.

2) 탐정의 조치

(1) 탐정은 수사기관(경찰)처럼 다양한 판단자료 등에 의거하여 전방위적 가능성을 판단을 한다는 것은 거의 불가능하다고 보아야 한다. 다만, 18세 미만의 사람에 대하여는 의뢰인의 의뢰에 의하여 추적·소재를 알아내어 보호자에게 알리는 것은 가능하다.

(2) 약취유인·매매되었을 가능성이 있는 실종자를 찾아 신고하는 경우에는 2,000만원 이하의 보상금이 지급된다.[9]

Ⅳ.「실종아동 등의 보호 및 지원에 관한 관련 법규」

1.「실종아동 등의 보호 및 지원에 관한 법률(실종아동법)」

1) 국가의 책무

「실종아동 등의 보호 및 지원에 관한 법률(실종아동법)」은 실종아동 등의 발생을 예방하고 조속한 발견과 복귀를 도모하며 복귀후의 사회적응을 지원함으로써 실종아동 등과 가정의 복지 증진에 이바지하는 것을 목적으로 하고 있다. 따라서 이러한 목적을 달성하기 위하여 보건복지부장관은 실종아동 등과 관련된 정책수립·발생예방을 위한 연구·교육 및 홍보 등 제반 관련 업무를, 경찰청장의 경우에는 신고체제의 구축 및 운영·실종아동 등의 발견을 위한 수색 및 수사 등의 업무를 의무화하여 '국가책무'로 규정하고 있다.

2) 대상

'실종아동 등'이라 함은 약취·유인 또는 유기·사고·가출·길을 잃는 등의 사유로 인하여 보호자로부터 이탈된 (1) 실종 당시 18세 미만의 아동, (2)「장애인복지법」제2조의 장애인 중 지적장애인·자폐성장애인 또는 정신장애인, (3)「치매관리법」제2조의 치매환자를 말한다.

3) 미신고 보호행위의 금지

누구든지 정당한 사유없이 실종아동 등을 경찰관서의 장에게 신고하지 아니하고 보호할 수 없다(동법 제7조).

---

9) 범죄신고자등 보호 및 보상에 관한 규칙(경찰청훈령 제478호. 2009.8.25).

4) 신고의무 등(동법 제6조)

'실종아동' 등을 찾는 것은 국가의 책무로써 법규상 보호대상자이다. 따라서 국민 누구나 그 소재를 추적·수색·확인하거나, 경찰이나 보호자 등에게 알릴 수 있다. 그러나 '실종아동' 등에 대한 신고의무는 규정되어 있지 않고, '실종아동 등' 찾기에 대한 처벌 규정 역시 존재하지 않는다. 다만, 아래에 해당하는 자는 반드시 신고해야 할 의무가 있다.

실종아동 등의 신고의무자는 (1) 보호시설의 장, (2) 아동복지전담공무원, (3) 청소년 보호·재활센터의 장 또는 그 종사자, (4) 사회복지전담공무원, (5) 의료기관의 장 또는 의료인, (6) 업무·고용 등의 관계로 사실상 아동 등을 보호·감독하는 사람 등이다.

5) 벌칙

제7조(미신고보호행위의 금지·지문 등 정보의 목적외 이용제한)를 위반하여 정당한 사유 없이 실종아동 등을 보호한 자 및 제9조 제4항을 위반하여 개인위치정보를 실종아동 찾기 목적 외의 용도로 이용한 자는 5년 이하의 징역 또는 5천만원 이하의 벌금에 처한다.

V. 실종아동 등 가출인 업무처리 규칙

'실종아동 등' 사람을 찾는데 가장 중추적인 역할을 하는 국가기관은 경찰이다. 국가기관 중 '실종아동 등'과 관련된 범죄예방과 조속한 발견·복귀는 경찰청장의 책무로, 복귀 후 사회적 적응지원 등 제반 복지지원 관련 업무는 보건복지부장관의 책임으로 규정하고 있다(「실종아동법」 제3조). 이에 따라 경찰은 「실종아동법」을 구체적으로 시행하기 위하여 「실종아동 등 가출인 업무처리 규칙」을 제정하여 실무적으로 운영하고 있다. 이하에서는 핵심적인 내용만 발췌하여 기술하였다.

1. 용어의 정의

1) 실종아동

'실종아동 등'은 실종아동 등의 보호 및 지원 법률에 근거하여 실종신고 당시 18세 미만의 아동 또는 「장애인복지법」에 의한 정신지체인·발달장애인·정신장애인·치매환자를 말한다.

2) '찾는 실종아동 등'이라 함은 실종아동 등 보호자가 찾고 있는 자를 말한다.

3) '장기실종아동 등'은 보호자로부터 신고를 접수한 지 48시간이 경과하도록 발견하지 못한 실종아동 등을 말한다.

4) '행불자'라 함은 실종아동 등, 가출인 중 합동심의결과 범죄와 관련되어 수사에 착수할 대상자를 말한다.

2. 실종아동 및 가출인 신고에 따른 실무상 처리 절차

1) 경찰관서의 처리절차

경찰의 실종아동 등에 대한 처리 절차는 신고접수(실종아동찾기센타 24시간 전화 접수 가능) → 경찰청 프로파일링 시스템 입력(전산 수배) → 발생지 경찰관서에 통보 → 지구대·파출소·여성청소년계 실종업무 담당 등 경찰서장이 지정하는 자의 합동 탐문수색 → 신고자·목격자·탐문 및 발생지 주변 수색 → 발견 또는 신원 확인시까지 수색 및 전산 수배 → 발견시 인계 및 수배해제 순으로 진행된다.

(1) 실종아동 등 신고방법

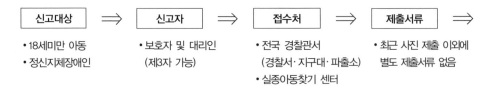

신고대상	⇒	신고자	⇒	접수처	⇒	제출서류	⇒
• 18세미만 아동 • 정신지체장애인		• 보호자 및 대리인 (제3자 가능)		• 전국 경찰관서 (경찰서·지구대·파출소) • 실종아동찾기 센터		• 최근 사진 제출 이외에 별도 제출서류 없음	

접수방법

• 방문 : 전국 경찰관서
• 인터넷 : 안전 Dream
(safe182.go.kr)
• 전화 : 경찰청 실종아동 찾기센터

(2) 실종아동 등 신고 취소 방법

① 취소대상

    ㉠ 실종아동 등 발견 및 소재확인이 된 경우

    ㉡ 보호자가 해제를 요청한 경우

② 신고 취소자

    신고자(보호자) 또는 가출인

③ 구비서류 : 별도 서류 없음

④ 취소방법 : 방문, 가능하면 신고자 또는 보호자가 직접 방문하여 취소하는 것이 바람직스럽다

⑤ 처리절차

    취소접수 → 진위 여부 확인 → 프로파일링 시스템상 발견으로 등록 → 수배해제 순으로 진행된다.

(3) 실종·가출 의심자 발견시 처리 방법

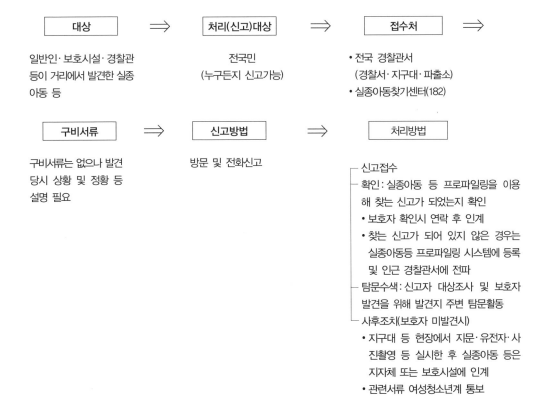

(4) 실종아동 등 발견시 통보조치

통보방법	⟹	구비서류 및 처리기간
• 보호자 확인 가능시 발견즉시 보호자에게 인계 • 보호자 확인 불가시 관할 지방자치단체의 장에게 인계		• 구비서류 : 별도 서류 없음 • 처리기한 : 발견 즉시

3. 탐정의 사람찾기 영역

탐정의 업무 중 경찰력의 한계를 보완하고 법적 구속력을 그다지 받지 않고 수행할 수 있는 것은 바로 사람찾기영역이다. 그러나 탐정의 사람찾기 활동에는 연령별로 일정한 법적 제약이 따르기 때문에, 사안별로 그 위법성 및 가벌성 여부를 구체적으로 검토해 보아야 한다.

1) 연령별 사람찾기 가능성 여부

(1) 18세 미만의 실종아동 등

「신용정보법」개정 전후를 불문하고 실종 당시 18세 미만의 아동은 「실종아동 등의 보호 및 지원에 관한 법률」상 보호의 대상이기 때문에, 누구나 추적·소재를 알아내어 보호자에게 알릴 수 있다. 따라서 탐정이 18세 미만의 실종아동 등을 찾는 데에는 어떠한 법적제제도 따르지 않는다.

(2) 성인(18세 이상) 가출인 찾기 가능성 및 가별성 여부

개정된 「신용정보법」에 의하면 탐정은 성인가출인에 대한 소재파악도 가능해졌으나, 여기에는 일정한 한계가 있다. 즉, 의뢰인이 의뢰가 있는 때 소재를 파악한 후 생사 여부만 알리는 경우, 그리고 소재파악 후 성인 가출인의 동의 없이 그 소재지까지 통보하는 경우의 위법성 여부 문제이다.

① 탐정이 성인 가출인의 소재를 파악한 후 생사 여부만 알리는 경우

성인 가출인의 소재파악을 의뢰받은 경찰이나 탐정이 소재를 파악한 후 의뢰자에게 '소재'가 아닌 '생사 여부'만을 알리는 일은 가벌성이 없다고 보아야 한다. 왜냐하면 '생사 여부'만 알리는 일은 성인 가출인의 권리·이익 등 법익에 직접 피해를 주는 일이

아니기 때문이다. 「실종아동 등 가출인 업무처리규칙」(경찰청 예규 제588호, 2021.06.14.) 제15조 제4항을 보면, "경찰서장은 가출인을 발견한 경우에는 가출신고가 되어 있음을 고지하고 보호자에게 통보한다. 다만, 가출인이 거부하는 때에는 가출인의 소재를 알 수 있는 사항을 통보하여서는 아니 된다"고 규정하고 있다. 따라서 의뢰인에게 소재지 가 아닌 '생사여부'만을 알리는 일은 무방하며, 현재 경찰은 이 규정에 의하여 사람찾기 업무에 널리 적용시키고 있기도 하다.

② 성인 가출인의 소재를 본인의 동의 없이 보호자에게 알리는 경우

성인 가출인의 '소재'를 본인의 동의없이 보호자에게 알리는 일은 사생활침해를 사 유로 하는 「개인정보보호법」위반에 해당할 수 있으며, 민사상 손해배상문제가 발생할 수도 있다는 점에 유념하여야 한다. 따라서 탐정이 성인 가출인의 소재를 보호자 등에 게 알리려는 경우 다음과 같은 요령등에 의해 처리하는 것이 바람직스럽다.

　㉠ 성인 가출인에게 '가족으로부터 가출인의 생사 여부와 소재, 귀가 의사등을 알아봐 달라는 의뢰를 받았다는 점을 고지하고, 가족에게 알려도 좋은지 묻 는 '동의절차'를 갖추어야 한다.

　㉡ 이때 성인 가출인의 귀가 의사가 분명하면 그 소재지를 보호자에게 알려주 는 행위는 법적으로 문제될 것이 없다. 그러나 귀가를 하지 않겠다는 명시적 의사가 있는 경우, 성인 가출인의 소재를 보호자에게 알리는 일은 위법의 문 제가 발생한다. 즉, 탐정이 성인 가출인의 '소재'를 본인의 동의 없이 알리는 일은 「개인정보법」 제70조 제2호(소재를 알아내기 위하여 거짓이나 그 밖의 부정한 수단이나 방법으로 다른 사람의 처리하고 있는 개인정보를 취득한 경우)와 '개인정보 처리자나 개인정보를 처리하였던 자'로부터 취득한 정보(제71조 제5호)를 활 용하여 소재를 파악한 경우에 해당한다.

2) 유형별 사람찾기

원칙적으로 18세 이상의 특정인에 대한 소재나 연락처를 알아내는 일은 사생활침 해에 해당됨으로 불가하나, 이산가족찾기·은사·은인·옛친구·옛전우 등의 사람찾기는 '선의의 사람찾기'인 점에서 「조리」상 용인되는 행위로, 가벌성이 없다고 보아야 할 것이 다.

| 제2절 | 실종자의 소재확인 방법론 |

Ⅰ. 실종자의 소재확인 방법

1. 관계기관·단체와의 협조관계 유지

탐정이 실종자를 찾을 수 있는 실효적 수단은 실종자 프로파일[10]을 토대로 펼치는 탐문과 현지 탐색이며, 나머지는 경찰 등 유관기관·단체·시민 등과의 정보교환 등 협업에 의해 이루어진다. 보건복지부가 운영하는 '어린이재단 실종아동전문기관'이나 시·군·구·읍·면·동의 '사회복지과', 그 외 '전국미아·실종가족찾기시민모임' 등 공·사 기관과의 유기적 협조관계를 형성하여 관련 정보를 수시로 교환하면 업무를 효과적으로 수행할 수 있다.

2. 보호시설에의 수용 여부 확인

실종아동·정신지체인·발달장애인·정신장애인·치매환자 등의 경우 보호자가 확인되지 않을 경우에는 무연고로 처리되어 장애인거주시설·노인의료복지시설·아동복지시설 및 통합시설·정신요양시설·정신재활시설·노숙인재활시설 및 노숙인요양시설 등에 수용되어 있을 가능성이 높다.[11]

하지만 이들 시설관리자들은 대부분 수용된 자들의 인권 및 사생활 보호를 이유로[12], 외부인에게 (심지어 내부인들 간에도) 수용자를 보여주거나 수용자에 관한 정보를 알려주지 않으려고 하는 것이 일반적인 경향이다. 따라서 관계기관과 시설장에 의한 특단의 협조와 노력 없이는 실종자의 추적이 매우 어렵다. 이러한 경우 탐정은 충분한 정보를 획득하여 이를 바탕으로 경찰의 협조를 받는 것이 효과적일 것이다.

---

10) 실종아동법 제8조, 제8조의2 : 실종아동등의 신상정보를 활용할 수 있도록 정보연계시스템을 구축운영하며, 프로파일링 시스템에서 신고자·접수자의 기본정보, 실종자의 개인정보, 신체특징정보, 착의 등의 정보를 입력한다. 여기서 Profile은 어떤 기능을 수행하기 위해 적용 가능한 형태로 모은 기본 표준 집합을 말한다(실종·아동안전 업무 매뉴얼, 2016, 경찰청).

11) 국민기초생활보장법 제32조: "보장시설"이란 제7조에 규정된 급여를 실시하는 사회복지사업법에 따른 노인거주시설, 노인의료복지시설, 아동복지시설 및 통합 시설, 정신요양시설, 정신재활시설, 노숙인재활시설 및 노숙인요양시설, 가정폭력피해자 보호시설, 성매매피해자 등을 위한 지원시설, 성폭력피해자보호시설, 한부모가족복지시설, 결핵 및 한센병요양시설 등이 있다.

12) 정신보건법 제2조 및 제42조.

3. 입양기관의 확인

장기실종 아동의 경우 양육목적으로 해외에 입양되거나 무자녀가정에 입양되어 있을 가능성이 매우 크다. 장기실종아동의 소재 및 생사 확인을 위해서는 입양기관의 가족관계등록, 그리고 관계 행정기관의 협조를 받아 최근 5~10년 이내에 입양된 사람에 대한 인적사항의 흐름을 추적·검색해 보면 성과를 얻을 수 있다.

4. 원점에서부터 실종 용의지역 탐색의 강화

1) 실종자의 소재파악은 실종자가 최종 위치했던 것으로 파악된 장소를 원점으로 하여 시작하는 것이 중요하다. 즉 원점의 선정은 최종적으로 목격된 장소이다.[13]

실종자 탐색작업은 원점에서부터 배회·이동·잠적이 가능한 모든 용의지역 내, 즉, 직업소개소·중개업소·유흥접객업소·찜질방·고시원·식당·공사현장·숙박업소·노점상·주점·오락실·친인척·친구집 등을 중심으로 탐문과 잠복 등을 반복적으로 행하는 경우 단서를 발견할 가능성이 높다.

2) 실종자 업무처리는 최종 목격지의 경찰관서, 실종전 최종 주거지의 담당 경찰관서에서 담당하고, 외국인의 경우에는 실거주지, 그리고 등록체류지가 모호할 때에는 실제 활동장소(학교·학원·직장 등)를 주거지로 간주하여 해당 경찰관서에서 담당한다. 그러나 이마저도 불분명하면 최종 목격 추정장소인 관할 경찰관서에서 담당한다.[14] 이때 원점에서 부터 탐색 중 범죄혐의 발견시는 발견 즉시 경찰관에게 신고하여야 한다.

5. 범정부적 협력체계 구축

장기 실종자가 금융기관 등으로부터 신규카드를 발급받아 사용하거나 신규통장을 개설하는 경우, 또는 어느 병원에서 치료를 받은 적이 있다면 그 기록이 남아 있고, 그리고 어느 지역에서든지 고용보험이나 산재보험 기록이 존재할 가능성이 크다. 따라서 금융기관·의료기관·공단 등 관련기관들의 협조를 받을 경우, 관련기관이 보유한 실종자 정보를 토대로 소재나 행방을 쉽게 파악할 수 있다. 그러나 이를 위해서는 법(「실종자법」) 제도적 개선 및 범정부적 협력체제 구축이 필요하다.

---

13) 실종·수사 업무 매뉴얼, 2020, 경찰청
14) 실종·수사 업무 매뉴얼, 2020, 경찰청

6. 인터넷 IP 주소 등 확인

실종자 찾기의 골든타임은 일반적으로 3일 이내로 보고 있다. 그 이상 시간이 지체하게 되면 실종자가 스스로 환경변화에 적응하기 때문에, 소재를 파악하기 어려워진다. 휴대전화가 꺼져있거나 휴대전화의 전화번호가 바뀐 경우에는 실종자가 자주 이용하였던 컴퓨터를 통해 소셜네트워크(SNS)·게임사이트·취업사이트 등에 접속한 IP 주소를 확인해 본다면, 생존 여부 및 소재확인이 가능하기도 한다. 외국인의 경우에는 대부분 집단촌을 형성하거나, 자국의 SNS에 의존하는 경향이 특히 강하다. 다만 현재 IP 주소 추적을 위해서는 법원의 영장이 필요하므로, 경찰의 도움을 받아서 진행하여야 한다는 점을 명심해야 할 것이다.

「관련 판례」

「염전노예 사건」실종아동 등 또는 이에 준하는 인지능력을 갖춘 甲 등이 섬에서 염전 근로자로 일하면서 임금을 받지 못한 채 매우 좋지 않은 주거와 위생상태에서 가혹행위 및 강제노동에 시달리는 등 염전 주인에게서 받았던 피해와 관련하여, 소속 공무원의 부작위로 인한 국가와 乙 지방자치단체의 국가배상책임 인정한 사례

사건경위

2014년 2월에 전라남도 신안군 신의도에 있는 염전에서 지적장애인을 약취 유괴하여 감금하고 강제 노동을 시키는 등 혹사시켰고, 그 과정에서 강제노동에 시달리던 장애인 2명이 구출된 사건이다.

판결요지

경제적 자립능력이 없는 甲 등은 각별한 관심과 보호가 필요한 정신장애인 또는 이에 준하는 인지능력만을 갖춘 사회적 약자이고, 가족과 사회의 도움을 기대할 수도 없었으며, 외딴 섬에서 때로는 가혹행위와 인격적인 수모를 감수하면서 대가 없이 장기간 중노동을 감당해야 했던 점에서 당시 생명·신체·재산 등에 대하여 절박하고 중대한 위험상태에 있었다고 볼 수 있는데, 해당 지역을 관할하는 경찰공무원 또는 근로감독관은 甲 등이 강제노동에 시달린다는 정황을 알았거나 충분히 알 수 있었음에도 필요한 보호조치를 취하지 아니하는 등 객관적 정당성이 결여되었다고 평가할 수 있을 정도로 법령에서 정한 작위의무를 이행하지 않았고, 그 과정에서 이들에

게 과실이 있었던 것도 인정되며, 위와 같은 공무원의 위법한 부작위는 甲 등에 대한 구호가 이루어진 때까지 계속되었고, 甲 등의 정신적 고통 역시 계속되었으므로, 국가는 甲 등에 대하여 불법행위로 인한 위자료 지급책임을 부담하고, 한편 사회복지를 담당하는 乙 지방자치단체의 공무원이 甲에 대한 실태 확인 이후 신속한 구호가 필요한 상황임을 인식하였는데도 필요한 조치를 취하지 않았고, 이는 객관적인 정당성이 결여되었다고 평가할 수 있을 정도로 의무 위반 정도가 중하고, 그 과정에서 담당 공무원에게 과실이 있었던 것도 인정되므로, 사회복지 담당 공무원의 위와 같은 부작위는 불법행위를 구성하고, 이에 乙 지방자치단체는 국가와 공동하여 甲에 대한 위자료 지급책임을 부담한다[서울고법 2018. 11. 23., 선고, 2017나2061141, 판결 : 상고].

Ⅱ. 실종아동 등 조기발견을 위한 중점 시스템

1. 디엔에이(DNA) 등록제

1) 유전자 지문(DNA Fingerprint)

법과학자들은 오래전부터 혈액·정액·모발·조직 등의 생체증거물이 누구의 몸에서 나온 것인지를 확실하게 밝혀내려고 노력을 기울여 왔다. 이를 처음 발견한 것은 1984년 영국의 생물학자인 알렉 제퍼리스 교수(A. J. Jeffreys)와 그의 동료들이 레스터(Leicester) 대학에서 DNA의 단편인 미니새터라이트(minisatellite) DNA라고 부르는 부위를 발견하였다.[15] 이 부위는 수십 수백 염기쌍이 수만 회 혹은 그 이상의 같은 방향으로 반복된 구조를 갖는 것이 특징이다. 또한 극도로 개인차가 심하여 모든 개체에서 검출된 패턴이 완전히 다르며, 다만 일란성 쌍둥이만이 동일하다. 이러한 DNA지문의 활용은 1986년 영국에서 성폭행 피해자의 몸에 남아 있던 정액 DNA와 피의자의 DNA지문이 일치하자, 이를 증거로 처음으로 법정에서 피의자에게 유죄가 인정되면서부터였다.[16]

---

15) A. J. Jeffreys 와 P.G Werrete 등은 유전자가 성범죄 발생 시 강간범 확증에 유력한 증거가 된다는 사실을 주장하였고, 1985년에 이를 확인하여 'Nature'지에 게제하였다(A. J Jeffreys, V Wilson and S. L.Thein: Hypervariable minisatellite regions in DNA. Nature,314.1985. pp. 67~73.

16) 1983년 영국의 한 시골에서 15세 소녀가 성폭행 당한 변사체로 발견되었으나 사건은 오리무중인 가운데 3년 후 같은 마을에서 15세 소녀가 같은 식으로 살해됐다. 얼마 뒤 경찰은 17세 소년을 체포했고 범행일체를 자백받았다고 발표했다. 경찰은 17세 소년이 첫 번째 사건도 범인일 가능성이 있다며 유전학자 A. J. Jeffreys에게 같은 유전자 감식을 요청했다. 그 결과 제프리스는 두 피살자의 몸에서 발견된 정액에서 범인

그 후 DNA지문은 법의학의 표준도구가 되었고, 많은 사건해결에 이용되었다. 이러한 유전자정보 데이터베이스를 활용하여 경찰청에서는 유전자의 상호 대조를 통한 동일성 여부의 확인과 같은 '유전자 활용 실종아동찾기 사업'을 운영하고 있다.

2) DNA 사전등록제
(1) 의의

디엔에이(DNA) 사전등록제란 보호자가 확인되지 않은 보호시설 수용 아동과 실종 아동 가족에 대해 유전자검사를 미리 해 두게 하여 서로 일치하는 사람을 찾을 수 있도록 유전자정보 데이터베이스를 구축한 제도이다.[17]

(2) 내용

① 사람 신체의 모든 부분에서 DNA가 나타나며, 극소량의 세포에서도 DNA를 추출해 낼 수 있다. DNA는 절대 변하지 않으므로 DNA 검사를 통해 실종자를 찾아낼 수 있다. 그러므로 각종 보호시설 및 정신병원 등 수용자에 대하여 DNA 검사 및 결과를 보관 할 필요성이 있다.

② 「실종아동 등의 보호 및 지원에 관한 법률」에 의거, 경찰청장은 실종아동 등의 발견을 위하여

　　　㉠ 보호시설의 입소자나 「정신건강증진 및 정신질환자 복지서비스 지원에 관한 법률」 제3조 제5호에 따른 정신의료기관의 입원환자 중 보호자가 확인되지 아니한 아동 등,

　　　㉡ 실종아동 등을 찾고자 하는 가족,

　　　㉢ 그 밖에 보호시설의 입소자였던 무연고 아동에 대하여 유전자검사대상물을 채취할 수 있도록 하고 있다.[18] 그리고 유전정보 데이트베이스를 구축·운영하는 경우, 유전정보는 검사기관(국립과학수사연구소)의 장이, 신상정보는 실종아동 전문기관 및 법인·단체의 장이 각각 구분하여 관리 하도록

의 DNA지문을 찾아냈으며, 두 사건은 동일범의 소행이며 소년은 범인이 아닌 것으로 판명됐다. 경찰은 그 동네 모든 젊은이의 DNA지문을 검사해 25세의 진범을 체포했는데, 이는 DNA지문으로 잡은 최초의 범인이다(Forensic Science Timelie: http://www.Forenssictimelune.htm; 김형중, 위의 책, p. 345).

17) 실종아동 등의 보호 및 지원에 관한 법률 제11조(실종아동등의 발견 및 유전자검사 등에 관한 규칙(약칭: 실종아동발견규칙)[시행 2018. 4. 25.] 행정안전부령 제55호, 2018. 4. 25., 일부개정

18) 실종아동 등의 보호 및 지원에 관한 법률 제11조 제1항

하고 있다.[19]

③ 벌칙

목적외 유전자 채취·유전자 정보의 목적외 이용·대상물 또는 유전정보의 외부 유출·신상정보의 목적외 이용한 자는 2년 이하의 징역 또는 2천만원 이하의 벌금에 처한다.

2. 지문 등 사전등록제

1) 지문의 특징과 효용

범죄수사가 시작되면서 경찰관은 사람의 신원을 확인할 수 있는 체계적인 방법을 찾게 되었다. 이러한 체계적인 방법은 1893년에 프랑스 경찰관인 알퐁 버틸론(Alphonse Bertillon)에 의해 처음으로 소개 되었다. 버틸론의 방법은 신체 각 부분을 정밀측정하는 인체측정학 방법을 이용하는 것이었다.[20] 그러나 19세기 초에 이르러 버틸론이 제안한 계측법은 오차가 개입될 개연성이 높고 특히 충분히 훈련되지 않은 사람이 계획한 경우에는 오차가 개입될 가능성이 더욱 높다는 것이 밝혀지면서 사람들이 거의 사용하지 않게 되었다. 그 후 영국의 프렌시스 골턴이 「지문」이라는 최초의 책을 출판하였고, 다음으로 아르헨티나의 경찰관인 후안 푸세타치 박사에 의해 실제로 실행될 수 있는 지문분류 시스템이 개발되어 오늘날 스페인어를 사용하는 나라에서 널리 사용되고 있다. 반면, 1897년에 이르러 영국의 에드워드 리처드 헨리경이 새로운 분류법을 제안하였는데, 오늘날 미국을 포함한 영어권 대부분의 나라에서는 헨리식 분류법을 사용하고 있다. 그러나 우리나라 지문분류 체계는 독일의 함부르크(Hamburg) 경찰청에 근무하던 테오도어 로셔(Theoder Rosher)가 창안한 함부르크식 분류법을 기본으로, 우리 실정에 맞도록

---

19) 실종아동 등의 보호 및 지원에 관한 법률 제11조 제5항

20) 버틸론의 인체측정학을 사용하는 전제조건은 사람의 골격 시스템은 20세부터 죽을 때까지 변하지 않고, 골격 크기는 사람마다 다르기 때문에 골격 크기가 같은 사람이 있을 수 없다는 것이다. 버틸론은 해부학적으로 신장, 팔길이, 두개골 직경, 왼쪽발의 길이 등 11가지를 측정할 것을 제시하였다. 그 후 약 20년간 이 방법은 사람을 확인하는 가장 정확한 방법으로 여겨졌으나, 1901년에서야 경찰은 지문이라고 불리는 손가락에 있는 굴곡 형상의 진가를 알게 되었고 이를 개인식별에 이용하게 되었다. 지문을 체계적으로 연구하여 지문분류법을 처음으로 제안한 사람은 영국의 프렌시스 골턴(Francis Galton)이다. 골턴은 1892년에 「지문」이라는 책을 출간하여 통계적인 방법으로 지문은 사람마다 모두 다르다는 것을 증명하였는데, 이와 같은 그의 업적은 오늘날 지문확인 체계의 근간이 되었다(Richard Saferstein 저, 박성우·홍성욱 역, 「수사와 과학」, 서울: 한림원, 1988, p. 3; 김형중·김양현, 「수사학총론」, 서울: 형지사, 2020, pp. 293~294).

세부적인 것은 수정·보완하여 사용하고 있다.

2) 지문의 의의

(1) 협의의 지문

지문(Fingerprint)이라 함은 손가락 끝마디(지두: 指頭)의 안쪽면(지두내면: 指頭內面) 피부에 융기한 선 또는 점으로 이루어진 문형을 말하는데, 이 융기한 선을 줄여 융선이라고 한다. 지문이라고 할 때는 '융선'을 보통 협의의 지문이라고 말한다. 실무상으로는 지문이라 할 때는 손가락 끝마디의 안쪽 면 피부에 융기한 선 또는 점으로써, 물체 접촉 시 남겨 놓은 각종 문형(紋形) 및 종이나 기타의 물건에 인상(印象)된 것도 널리 지문이라고 호칭하고 있다.[21]

(2) 광의의 지문

지문은 사람의 손가락 끝마디 안쪽부분 뿐만 아니라 손가락의 중절문(중간마디)·기절문(시작마디)·장측면(손바닥의 옆면)·수장면(손바닥) 및 족지(발가락) 안쪽과 족장측(발바닥 옆면) 그리고 족장(발바닥)에도 지문과 유사한 문형들이 있다. 광의의 지문은 위의 신체 각 부위에 있는 융선에 의해 만들어진 모든 흔적을 의미한다.

3) 지문의 특징

지문은 인간에게만 있는 것이 아니라 원숭이나 침팬지 등도 갖고 있다.[22] 인간이 동일한 지문을 가질 확률은 '1백억분의 1'이다. 따라서 완전히 동일한 지문을 가진 사람은 없다고 보아야 한다. 지문은 일상을 통하여 절대로 변화하지 않는다는 두가지의 특성을 가지고 있다.

(1) 만인부동(萬人不同)

지문의 기본원칙 중 제1의 원칙은 '모든 손가락의 융선 형상은 사람마다 모두 다르다는 만인부동'의 원칙이다.

융선의 문형(紋形)[23] 에는 끊어지거나(중단), 갈라지거나(분기), 맞붙어 있는(접합) 것

---

21) 김형중·김양현, 「수사학총론」, 서울: 형지사, 2020, p. 294
22) 지문은 인간만의 고유한 것이 아니며, 원숭이나 침팬지와 같은 동물의 발에서도 사람의 지문과 유사한 융선이 발견되며, 어떤 것은 사람의 지문과 구별하기 어려울 정도로 흡사한 것도 있다.
23) 융선이 문형을 이루는 것은 둥근 것, 곧은 것, 긴 것, 짧은 것 등 여러 가지 융선의 집합에 의한 것으로 융선의 문형에는 중단, 분기, 접합 등을 포함하게 된다.

등을 포함하게 되는 데, 문형에 포함된 이러한 것들이 그 문형의 고유의 특징이 된다. 따라서 이러한 문형의 고유한 특성 전부가 일치하는 동일한 문형은 거의 존재하지 않는다. 예컨대, 일란성 쌍둥이의 경우에도 DNA지문은 동일하나 지문은 다르며, 설령 네쌍둥이의 경우일지라도 모두 다르다. 이러한 지문의 특성 때문에 개인식별방법 및 범죄수사에 지문이 활용된다.

(2) 종생불변(終生不變)

지문의 기본원칙 중 제2의 원칙은 '지문은 평생 변하지 않는다는 종생불변의 원칙'이다. 즉, 지문의 융선은 사람이 태어나서 사망할 때까지 그 사람의 일생을 통하여 변하지 않는다. 따라서 지문이 직업적인 원인에 의하여 마멸되거나 부상 등에 의해 일시적으로 손상되는 경우라도 회복과 동시에 부상전과 똑같이 재현된다.

4) 지문의 효용

지문은 자기를 정확하게 증명할 수 있기 때문에, 사용방법 여하에 따라 그 활용도는 매우 다양하다.

(1) 지문은 피의자의 신원확인(예컨대, 불심검문 대상자 등이 다른 사람의 인적사항을 도용하는 경우),

(2) 피의자의 범죄경력 확인(예컨대, 재범자가 누범가중처벌요건에 해당되어 이전의 범죄경력 등을 은폐하려고 허위의 범죄경력을 진술하는 경우 등),

(3) 변사자의 신원확인(예컨대, 신원불상의 변사자 발생시 십지지문을 채취하여 신원확인 가능),

(4) 현장지문에 의한 범인의 신원판명(예컨대, 범죄현장 또는 범인의 침입로 등에서 채취된 유류지문과 용의자 지문과 대조하여 범인의 신원 판명),

(5) 인감이나 싸인 대신에 무인 날인함으로써 자기 권리주장 등에 두루 활용된다.

5) 사전(事前)지문등록제

지문등사전등록제는 보호자가 사전에 아동의 사진, 연락처를 경찰에 등록해 두면 자녀 실종시 해당 자료를 통해 실종 아동을 찾을 수 있게 하는 제도이다. 경찰청장은 실종아동 등의 조속한 발견과 복귀를 위하여 아동 등의 지문 및 얼굴 등에 관한 정보를 등록하고 아동 등의 보호자에게 사전신고증을 발급할 수 있다.[24] 문제는 주민등록증이 발급되기 이전의 아동의 경우 지문이 데이터베이스화되어 있지 않기 때문에, 실종되면 신원확인에 결정적 단서가 될 수 있는 지문에 의한 신원확인은 사실상 불가능하게 된다. 따라서 아동 등의 지문을 평소에 자신의 가정에서라도 채취하여 보존해 두면 미아나 가출 등 실종이 되었을 때, 또는 주민등록증 발급 연령이 되었을 때 발견이 용이해진다. 아동 지문을 등록해 두지 않았다면 아동이 평소 장난감 등에 남긴 잠재지문을 채취하여 지문대조 및 수배에 적극 활용하도록 한다. 하지만 정당한 사유 없이 지문 등 정보를 실종아동 등을 찾기 위한 목적 외로 이용하여서는 아니 된다.

6) 벌칙

지문등 정보를 실종아동 등을 찾기 위한 목적 외로 이용한 자는 2년 이하의 징역 또는 2천만 원 이하의 벌금에 처한다.

3. 코드 아담(Code Adam)

1) 실종예방지침(코드 아담)

(1) 코드 아담(Code Adam)은 대형매장·놀이공원 등 시설 운영자가 경찰보다 먼저 실종발생 초기 단계(한계시간, dead time)에 모든 역량을 집중해 조속한 발견을 위해 노력할 것을 의무화한 제도이다.

보건복지부장관은 불특정 다수인이 이용하는 시설에서 실종아동 등을 빨리 발견하기 위하여 아래 사항을 포함한 실종아동 등 발생예방 및 조기발견을 위한 지침을 마련하여 고시하여야 한다. 그 규정을 보면

① 보호자의 신고에 관한 사항,
② 실종아동 등 발생 상황 전파와 경보발령 절차,
③ 출입구 감시 및 수색 절차,
④ 실종아동 등 미발견 시 경찰 신고 절차,
⑤ 경찰 도착 후 경보발령 해제에 관한 사항 등이다.[25]

(2) 미국의 예방교육전문가 켄 우든(Ken Wooden) 교수는 '아이가 눈 앞에서 사라지

---

24) 실종아동 등의 보호 및 지원에 관한 법률 제7조의2 (실종아동 등의 발견 및 유전자 검사등에 관한 규칙, 행정자치부령 제2호, 2014.11.19.)
25) 실종아동 등의 보호 및 지원에 관한 법률 제9조의3 제1항 (실종아동등 조기발견지침, 보건복지부고시 제2014-118호, 2014.7.29. 제정)

는 데는 단 35초밖에 걸리지 않는다'고 지적하였다. 따라서 '미아는 현장에서 찾지 못하거나 대개 48시간이 지나면 미궁에 빠지는 경우가 많으므로, 한계 시간 내의 발견 노력이 무엇보다 중요하다'고 하였다.

2) 과태료

실종예방지침(코드아담) 준수 의무를 위반한 경우 1회 위반 200만원, 2회 위반 300만원, 3회 위반 400만원의 과태료가 부과된다.

4. 앰버경보

1) 앰버경보(amber alert)는 납치·실종된 어린이의 인상착의 등 관련 정보를 매체·역·터미널 등의 전광판 등에 '실종정보를 대중에게 신속히 공개'하여 신고와 제보를 독려하는 시스템이다. 따라서 대통령령으로 정하는 규모의 시설, 장소의 소유자, 점유자 또는 관리자는 실종아동 등이 신고되는 경우 실종아동 등 조기발견 지침에 따라 즉시 경보를 발령하고 수색, 출입구 감시등의 조치를 하여야 한다.[26]

2) 앰버경보는 1996년 미국 텍사스 주 앨링턴에서 납치·살해된 소녀(당시 9세) 앰버 해거먼(Amber Hagerman)사건 이후 미국에서 구축한 비상경보체제로 '미국의 실종사건(방송의 비상 대응: America's Missing: Broadcast Emergency Response)'의 약자이기도 하다. 이 시스템은 아동이 실종되면 도로 전광판과 방송을 통해 실종아동이나 용의자의 인상착의를 널리 알려 신고를 유도하거나, 범인을 압박하여 범행을 포기하도록 하는 것을 목적으로 하고 있다. 현재 미국의 49개 주에서 채택하고 있다.

3) 우리나라에서는 2007년 4월 9일(경찰청 주관) 만 14세 미만의 유괴실종아동이 발생하였을 경우, 전국 고속도로 및 국도·서울시 고속화도로·지하철 전광판 등 총 4천 2백 개소의 전광판과 교통방송 라디오를 통해 관련 정보를 신속 광범위하게 전파하는 앰버경보시스템을 아시아 최초로 시행하였다.

5. 얼굴변환(Age-progression) 프로그램의 활용

1) 최근 들어 장기 실종자를 찾는 방법의 하나로 인공지능을 활용해 가족을 찾아내

---

26) 실종아동 등의 보호 및 지원에 관한 법률 제9조의3 제2항

는 방법을 활용하고 있다. 얼굴변환 프로그램이라 함은 첨단컴퓨터를 활용하여 어떤 특정한 사람의 얼굴사진을 가지고 시간이 지남에 따라 나이를 먹고 성장하고 늙어가면서 변화하는 모습을 추정해서 그려내는 과학수사 프로그램을 말한다.[27]

2) 미국의 '국가 실종 및 착취당하는 아동을 위한 센터(NCMEC)'에서는 실종인의 얼굴변환 및 변사체의 얼굴복원만을 작업하는 전문팀이 구성되어 있다. 전문가는 기본적으로 포토샵 기술뿐만 아니라 해부학·미술학·메이크업에 대한 지식까지 폭넓게 갖추고, 다양한 측면에서 실제 얼굴과 근접한 얼굴을 추정하여 활용하고 있다. 최근 경찰은 미국의 얼굴변환 프로그램을 벤치마킹해 장기 실종 아동의 현재 모습을 재구성하여 실종아동을 찾고 있거나, 또는 부모가 동의한 장기 실종 아동의 수배 전단을 전국 경찰관서와 유관단체에 배포하고 있다.

6. 실종아동 등을 찾기 위한 위치추적 활용

1) 위치정보 추적 활용

(1) 실종아동 등 위치추적이란 아동 등의 실종시 보호자의 동의를 받아 경찰이 이동통신사에 휴대폰위치정보를 요청하고,[28] 수집된 위치정보를 토대로 수색에 활용하여 신속하게 아동 등을 발견, 보호자에 인계하는 제도이다. 그러나 이 제도는 「실종아동법」상 아동 등에 해당하는 경우에만 가능하며, 범죄 관련성이 있는 경우에는 사법적 통제를 받아야 한다.[29] 따라서 실종아동 등이 발생한 경우에는 경찰관서의 협조를 받는 것이 조기 발견에 용이하다.

(2) 이러한 위치추적 제도는 실종아동 등의 현재 위치 또는 마지막 신호의 수신 위치를 확인할 수 있기 때문에, 기존의 기지국에 의한 위치추적 뿐만 아니라 GPS·와이파이·앱(App) 등을 통한 추적도 가능하다. 그 결과 수색 범위를 더욱 축소하는 데 용이하다.

---

27) 얼굴변환 프로그램(Age-progression Program)은 미국의 비영리 민간단체기관인 '국가 실종 및 착취당하는 아동을 위한 센터(National Center for Missing & Exploited Children, NCMEC)'에서 장기 실종아동 수사를 위하여 만든 인공지능의 대표적인 프로그램이다. 실종된 아동을 대상으로 성장 후의 모습을 추정하는 것으로, 추정 얼굴은 실종 아동의 외형적 특징을 반영하고 실종 아동과 많이 닮은 부모, 형제자매의 과거와 현재 사진을 비교 추정한다.

28) 위치정보의 보호 및 이용등에 관한 법률(약칭: 위치정보법, 2019.6.25. 시행)

29) 실종아동 등의 보호 및 지원에 관한 법률 제9조

2) 벌칙

실종아동 등을 찾기 위한 목적으로 제공 받은 개인위치정보를 목적 외의 용도로 이용한 자는 5년 이하의 징역 또는 5천만 원 이하의 벌금에 처한다.

7. 실종아동 등의 탐문 및 발견 후 조치사항

1) 탐문

(1) 의의

탐문은 수사기관에서 행하는 탐문과는 달리 탐정이 의뢰인으로 부터 의뢰를 받아 알려지지 않은 사실이나 소식 따위를 알아내기 위하여 더듬어 찾아가서 듣는 기법을 말한다. 탐문은 사건판단에 필요한 정보를 수집하고, 그동안 수집한 정보의 진실성을 확인할 수 있다.

(2) 대상

탐문의 대상으로는 방문지(또는 목적지) 관련자, 지인이나 학교친구, 최종 '행적' 부근에 대한 탐문으로 목격자 발견, 교통수단 관련 탐문, 그 외 관계기관 등에 대한 탐문, 구급차·병원·아동복지시설 등을 상대로 환자 및 미아 등 취급사실에 대한 조회, 은신처 등에 대한 탐문(여관·호텔·모텔·고시원 등의 숙박시설·PC방·찜질방·공원이나 유원지·산장·빈 별장·창고·폐가), 이동에 필요한 차량을 주차하고 있을 가능성이 있는 장소(수림도로·이면도로·고속도로·유료도로·항만·공원·운동장·골프장·하천·조성지 등 사람 눈에 띄지 않는 주차 가능 장소) 등을 들 수 있다.

2) 실종아동 등 및 가출인 발견

(1) 실종아동 등의 발견

실종아동 등의 발견시는 실종아동 등의 신원 파악 후 보호자를 확인하여 즉시 인계한다. 단, ① 실종아동 등이 보호자의 학대 등을 이유로 복귀를 거부하는 경우, ② 보호자가 실종아동 등을 학대하였거나 학대를 한 것으로 볼만한 사유가 있는 경우, ③ 보호자가 마약류·알콜중독·전염성 질환 그 밖의 정신질환이 있는 경우, ④ 그 밖에 보호자가 실종이전에 아동 등의 의식주를 포함한 기본적 보호·양육 및 치료 의무를 태만히 한 사실이 있는 경우에는 보호자에 대한 인계를 거부할 수 있다.

(2) 가출인 발견

① 가출인 발견시는 안전한 장소에 인계하여 가출인을 세밀하게 관찰하고 신체적 정서적으로 당장 필요한 것이 있는지, 가출이유는 무엇인지, 가출기간 동안 머물렀던 장소와 주변 환경은 어떠 했는지 등을 확인할 필요가 있다.

② 또한 가출인 대상으로 가출신고가 되어 있음을 고지하고, 신고자(보호자·법정대리인 등)에게 통보하여야 한다. 다만, 성년가출인이 소재의 통보를 거부하는 경우에는 가출인의 소재(所在)를 알 수 있는 사항을 통보하여서는 아니된다.[30]

③ 가출인의 보호는 당사자의 동의가 전제된 임의사항이다. 따라서 강제 보호하는 것은 근거 없는 강제처분에 해당하기 때문에, 당사자의 동의 없는 강제보호는 절대 하여서는 안된다.

제3절 출입국관리사범 및 해외도피사범의 조치 등에 관한 일반론

Ⅰ. 외국인 출·입국 등 이론적 개념

1. 외국인의 개념

외국인이란 우리나라의 국적을 갖지 않은 사람으로 법률상의 지위는 원칙적으로 한국인과 동일하지만, 참정권·광업 소유권·출입국 따위와 관련된 법적 권리에서는 제한을 받는다.[31]

2. 출입국관리사범의 이해

1) 출입국관리의 개념

출입국관리란 내·외국인의 출입국 및 외국인의 국내 체류를 적절히 심사 관리하여, 국가 이익과 안전을 도모하려는 것을 목적으로 한다. 외국인의 입국허가나 강제퇴거 여부의 결정은 국가의 전형적인 주권행사의 하나이다. 따라서 출입국관리 업무를 어

---

30) 실종아동등 및 가출인 업무처리 규칙 제16조 제4항(경찰청예규 506호, 2016. 2. 25, 일부개정)
31) 출입국관리법 제2조 제2항

느 부서에서 전담하는지 여부는 오로지 그 나라의 재량에 속한다. 외국의 경우 경찰이 출입국관리를 전담하는 경우가 많지만,[32] 우리나라에서는 법무부산하 출입국 외국인청에서 출입국 관리사무를 주관한다.

2) 외국인 출입국관리사범에 대한 조치

(1) 출입국관리사범에 대한 일반적 조치(외국인 이탈 등)

① 외국인은 그 체류자격과 체류기간의 범위에서 대한민국에 체류할 수 있다. 그러나 체류자격에 해당하는 활동과 함께 다른 체류자격에 해당하는 활동을 하려면 체류자격 외 활동허가를 받아야 한다.[33]

② 출입국관리사범의 외국인에 대한 일반적인 조치로는 입국금지·출국정지·강제퇴거·보호 및 일시보호·출국권고·출국명령·고발조치·통고처분 등이 있다.[34]

③ 출입국사범에 관한 사건은 지방출입국·외국인관서의 장의 고발이 없으면 공소(公訴)를 제기할 수 없다.

(2) 강제퇴거

① 의의

외국인의 강제퇴거란 외국인이 우리나라에 불법입국 하였거나 합법적 절차에 의해 입국한 경우라도 체류기간 중 체류자격·기간·신고의무사항 등을 위반하거나 기타 국익에 위배되는 범법행위를 하였을 경우, 해당 외국인을 대한민국의 영역 밖으로 추방하는 행정처분을 말한다.[35]

② 강제퇴거 대상자

외국인의 강제퇴거 대상자로는 ㉠ 유효한 여권과 사증없이 입국한자, ㉡ 허위초청 등의 행위로 입국한 자, ㉢ 입국금지 사유가 입국 후에 발견되거나 발생한 사람, ㉣ 입출국심사규정에 위반한 자, ㉤ 상륙허가를 받지 아니하고 상륙하였거나 상륙허가조건을 위반한 자, ㉥ 체류자격 외의 활동을 하거나 체류기간 연장허가를 받지 않은 자, ㉦ 허

---

32) 프랑스(France)의 경우 출입국관리업무를 경찰이 담당하고 있다(김형중, 「경찰학총론」, 서울 : 형지사, 2015, p. 90.).

33) 출입국관리법 제17조, 제20조

34) 출입국관리법 제11조 외 [법률 제16344호, 2019. 4. 23., 일부개정]

35) 출입국관리법 제46조

가를 받지 아니하고 근무처를 변경 및 추가하거나 외국인을 고용 또는 알선한 자, ◎ 외국인 등록 및 거소 또는 활동범위의 제한이나 그 밖의 준수사항을 위반한 자, ㉛ 허가신청 관련 허위서류 제출한 자, ㉜ 외국인등록증 등을 채무이행의 확보수단으로 제공한 자, ㉠ 금고 이상의 형을 선고받고 석방된 자 등이 있다.

(3) 출입국 사범에 대한 신고

누구든지 이 법을 위반하였다고 의심되는 사람을 발견하면 출입국 관리 공무원에게 신고할 수 있다(동법 제83조).

3. 국민의 출·입국과 해외도피사범 등

1) 출입국 심사의 원칙

대한민국에서 대한민국 밖의 지역으로 출국하려는 국민은 공항이나 출입국항에서 출입국관리공무원의 출국심사를 받아야 한다.[36] 오늘날 세계화에 따른 인적교류의 증가로 국내에서 범죄를 저지르고 외국으로 도피하는 해외도피사범이 증가하고 있다. 하지만 해당국에서의 검거 및 송환이 쉽지 않아, 자칫하면 범죄를 저지르고 해외로 도피하면 그만이라는 잘못된 인식의 만연될 수 있으므로, 이에 대한 적극적인 대책이 요구된다.

2) 범죄 후 해외도피

범죄 후 소재불명된 자가 공항이나 출입국 항을 통하여 출국을 시도하려는 경우, 내국인에 대해서는 출국금지를, 반면 외국인에 대해서는 출국정지를 요청할 수 있다. 국내에서 범죄 후 이미 해외로 출국하여 해외 도피중인 경우에는 인터폴[37]·「국제형사사법공조법」[38]·「범죄인인도법」[39]·외교경로 절차를 통한 경찰공조수사방법 등을 통해 국내로 송환을 추진한다. 또한 친척·친지 및 탐정을 통하여 해당국 연고지에 지명수

---

36) 출입국관리법 제3조

37) 인터폴(Interpol)은 국제화에 따른 '범죄의 무국경화'에 대응하기 위해 가맹 각국의 경찰이 상호 간 주권을 존중하면서 국제범죄의 방지·진압에 협력하기 위해 설립한 조직으로, 정식명칭은 '국제형사경찰기구(ICPO)'다. 인터폴은 회원국간의 협력기구이지 국제수사기관이 아니다. 우리나라는 1964년 제33차 베네수엘라 총회시 인터폴에 가입하였다.

38) 국제형사사법공조법은 형사사건의 수사 또는 재판과 관련한 외국과의 공조에 대하여 규정한 법률을 말한다(1991. 3. 8, 법률 4343호).

39) 범죄인인도법은 범죄진압을 위한 국제적인 협력을 증진하기 위하여 제정된 법률이다(1988.8.5. 법률 4015호).

배[40]된 자가 소재확인이 된 경우에는 경찰에 검거·송환요청 등의 적절한 조치를 취할 수 있다.

3) 해외 재산도피·은닉 등의 국부유출

　(1) 불법 해외재산 도피·은닉 등의 국부유출 행위는 국내외에 걸쳐 광범위하게 퍼져 있고, 또 전문가의 조력을 받아 치밀하게 행해지기 때문에, 국내에서의 개별적인 대응만으로 한계가 있다.[41] 따라서 역외 탈세범을 비롯한 해외 재산도피·은닉의 국부유출의 차단을 위해서는 각 국가간의 정보 교환 및 제도 강화의 공조가 더욱 필요하다. 하지만 국부유출범죄는 국제조약·협정·국제 외교관계의 특성상 제한적일 수밖에 없기 때문에, 정부의 영역 보다는 민간 영역인 탐정의 활동이 더욱 요구되고 있는 분야이기도 하다.[42]

　(2) '은닉재산'이란 체납자가 은닉한 현금·예금·주식·그 밖에 재산적 가치가 있는 유·무형의 재산을 말한다.[43] 한편, 조세를 탈루한 자에 대한 탈루세액 신고, 부당하게 환급·공제받은 세액을 산정하는 데 중요한 자료를 제공한 자, 체납자의 은닉재산을 신고한 자, 해외금융계좌 신고의무 위반행위를 적발하는 데 중요한 자료를 제공한 자 등에 대하여는 신고·포상 등을 지급하고 있다.[44]

4) 탐정과 출입국관리사범에 대한 관계

　(1) 우리나라의 경우 국내 체류 외국인이 250만 명을 웃도는 본격적인 다문화사회로 진입하고 있고, 그리고 750만 명의 재외동포가 전세계에 퍼져있는 하나의 지구촌 시대에

---

40) (경찰청) 범죄수사규칙 제173조 [경찰청훈령 제954호, 2019. 11. 14., 일부개정] 지명수배라 함은 법정형이 사형 무기 또는 장기 3년 이상의 징역이나 금고에 해당하는 죄를 범하였다고 의심할 만한 상당한 이유가 있어 체포영장 또는 구속영장이 발부된 자 등 수사기관이 특정한 피의자에 대하여 관내 또는 관련지역이나 전국 수사기관에 범인을 추적·체포·인도할 것을 의뢰하는 제도이다.

41) http://news.khan.co.kr/kh_news/khan_art_view.html?art_id=201805142315005 (2020년 08월 26일자 검색. 문 대통령 "해외 은닉 불법재산 모두 찾아 환수하라")

42) https://namu.wiki/(2020.8.26.자 검색) "외국에서의 조사를 위해 외국의 탐정을 고용하는 것은 기존에도 합법이었다. 2012년에는 국세청에서도 미국의 사설 탐정 업체에 3,300만원을 주고 비밀 계좌 정보를 입수해 역외 탈세범을 잡아냈다. 사설탐정 회사는 어떤 방법으로 정보를 입수했는지는 국세청에 밝히지 않았다. 국세청이 탐정 회사에 건넨 돈은 2012년 역외 탈세 조사를 위해 국세청에 처음 배정된 예산(특정업무경비)에서 나온 것이었다."

43) 국세기본법 제84조의2(포상금의 지급) 제3항

44) 국세기본법 제84조의2([시행 2020. 6. 9.] [법률 제17339호, 2020. 6. 9., 타법개정]

살고 있다. 따라서 국가간의 경계가 허물어지고 사람과 자원의 이동이 신속하게 이루어지고, 국내 체류하는 외국인의 수도 급격히 증가하고 있다. 이에 따라 외국인에 의한 각종 범죄 및 사회적 문제의 이슈가 증가하고, 재외동포의 각종 피해가 증가하고 있음에도 불구하고, 이를 전담하는 국가기관 및 인력은 소수의 출입국관리공무원을 비롯한 경찰(외사경찰)이 전담하고 있을 뿐이다.

(2) 외국인에 대한 인권 및 각종 사건으로부터 권리보호 및 피해구제와 재외동포의 체류국에서의 보호를 위해서는 글로벌(Globalization) 탐정조사(Private Investigation)의 영역 확장이 절실히 요구되는 시점에 와 있다고 볼 수 있다. 따라서 글로벌시대의 탐정 영역의 지속적인 발전을 위해서는 출입국관리사범에 대한 이해가 필수적이다. 따라서 탐정은 출입국관리사범을 비롯한 각종 국제 범죄를 인지하였을 때, 신고 요령·법적 절차·포상금 지급 등에 대한 제반 소양을 갖추는 것이 필요하다고 생각되어진다.

제4절 지식재산권 침해방지기법

Ⅰ. 개설

1. 지식재산권의 의의

1) 지식재산이란 인간의 창조적 활동 또는 경험 등에 의하여 창출되거나 발견된 지식·정보·기술, 사상이나 감정의 표현, 영업이나 물건의 표시, 생물의 품종이나 유전자원(遺傳資源), 그 밖에 무형적인 것으로서 재산적 가치가 실현될 수 있는 것을 말한다.

2) '지식재산권'(intellectual property right)이란 지적 능력을 가지고 만들어 낸 창작물에 대한 권리로서, 법령 또는 조약 등에 따라 인정되거나 보호되는 지식재산에 관한 권리를 말한다.[45] 지식재산권은 지식소유권이라고도 한다. 과거에는 지적재산권·산업재산권 등으로 불렀으며, 아직도 '지적재산권' 또는 '지적소유권'이라는 용어가 사용되고 있기도 한다.

3) 세계지적소유권기구(World Intellectual Property Organization, WIPO) 설립조약 제2조 제8항에서는 지식재산권에 대하여 '문학·예술 및 과학적 저작물, 실연자(實演者)의 실연,

---

45) 지식재산 기본법 제3조 [시행 2018. 6. 20.] [법률 제15245호, 2017. 12. 19., 일부개정]

음반 및 방송, 인간 노력에 의한 모든 분야에서의 발명, 과학적 발견, 의장, 상표, 서비스표, 상호 및 기타의 명칭, 부정경쟁으로부터의 보호 등에 관련된 권리와 그 밖에 산업, 과학·문학, 또는 예술분야의 지적활동에서 발생하는 모든 권리를 포함한다'고 규정하고 있다. 따라서 WIPO는 지식재산권에 대하여 인간의 지적 창작물에 관한 권리와 표지(標識)에 관한 권리를 총칭하는 말로 폭넓게 정의하고 있다.[46]

2. 지식재산권 보호의 필요성

1) 지식재산권 보호에 대한 최초의 논의는 산업재산권 보호를 주요내용으로 하는 1883년 파리 협약(Paris Convention)을 필두로 하여,[47] 1886년 저작권 보호를 주요내용으로 하는 베른협약(Berne Convention)[48] 순으로 전개 되었다.

2) 오늘날 첨단 통신의 발달로 정보의 유통이 순식간에 이루어지고 있다. 그 결과 어떤 개인이나 단체·기업 또는 국가가 상당한 시간과 인력 및 비용을 투입하여 얻은 각종 정보와 기술 또는 문화를 다른 개인이나 기업이 이를 무단으로 이용하거나, 또는 제3국으로 몰래 빼가는 등 타인의 지식재산권을 침해하는 사례가 허다하다. 따라서 각국에서는 각종 법률과 제도를 통해 지식재산권을 보호하기 위한 자구책을 강구하고 있는 것이 현 실정이다.

II. 지식재산권의 정의와 종류

지식재산권은 크게 산업재산권과 저작권으로 나뉘어진다. 산업재산권은 산업과 경제활동 분야의 사람의 정신적 창작물에 부여되는 것으로서, 특허권·실용신안권·디자인권·상표권 등이 있다.

---

46) 김형중 외, 「민간조사의 이론 및 실무」, 서울: 박영사, 2020, p. 419.

47) 파리협약은 공업소유권의 보호를 위한 국제기구에 관한 조약[Paris Convention for the Protection of Industrial Property]을 말한다. 1884년 체결 되었는데, 특허·상표·산업디자인 등에 대한 보호를 제공하며 WIPO가 관장하고 있다.

48) 문학적 및 예술적 저작물의 보호를 위한 베른협약[Berne Convention for the Protection of Literary and Artistic Works]은 저작권의 국제적 보호를 목적으로 체결된 협약을 말한다. 현재 체약국이 150여 국에 이르고 있으며, 우리나라는 1996년 가입하였다.

1. 산업재산권

산업재산권은 특허청의 심사를 거쳐 등록하여야만 보호대상이 되며, 보호기간도 10～20년으로 저작권에 비해 짧다. 우리나라에서의 산업재산권은 특허청에서, 저작권은 문화체육관광부에서 관장하고 있다. 지식재산권 보호법률로는 「상표법」·「특허법」·「실용신안법」·「저작권법」·「디자인 보호법」·「발명진흥법」 등이 있다.

1) 특허권(「특허법」)

특허권은 법률에 근거를 두고 그 요건에 합치하면 인정되는 배타적 권리로서 설정등록에 의하여 발생한다.

(1) 보호대상 및 특징

① 보호대상은 발명이다

② 발명이란 자연법칙을 이용한 기술적 사상의 고도의 창작이다

③ 특허권자는 물건의 특허발명에 있어서는 그 물건을 생산·사용·양도·대여·수입 또는 전시하는 권리를 독점하고, 방법의 발명인 경우에는 그 방법을 사용하는 권리를 독점하며, 물건을 생산하는 방법의 발명인 경우에는 그 방법에 의하여 생산한 물건을 사용·양도·대여·수입 또는 전시하는 권리를 독점한다.

④ 특허제도의 원칙으로는 ㉠ 권리주의(법률에 근거를 두고, 그 요건에 합치하면 인정하는 배타적 권리), ㉡ 등록주의(별도의 등록절차를 요함), ㉢ 심사주의, ㉣ 직권주의, ㉤ 서면주의, ㉥ 국어주의, ㉦ 도달주의, ㉧ 수수료 납부주의, ㉨ 1건 1통주의 등이다.

(2) 특허권의 효력

① 특허권의 존속기간은 출원공고가 있는 경우 그 공고가 있는 날부터, 출원공고가 없는 경우에는 특허권의 설정등록이 있는 날부터 15년으로 하며, 특허출원일부터 20년을 초과할 수 없다. 즉, 특허출원일로부터 20년이 되는 날까지이다. 다만, 특허청장에게 연장등록출원서를 제출하는 경우에는 특허권의 존속기간을 연장할 수 있다.

② 특허권자는 업으로 그 특허발명을 실시할 권리를 독점한다. 다만, 그 특허권에 관하여 전용실시권을 설정한 때에는 제100조 제2항의 규정에 의하여 전용실시권자가 그 특허발명을 실시할 권리를 독점하는 범위 안에서는 그러하지 아니하다.

③ 법인 대표자의 특허권 침해행위는 대표자와 함께 양벌규정에 의해 법인도 처벌된다.

④ 특허권의 침해행위는 친고죄이다.

(3) 특허권의 침해행위

아래에 해당하는 행위를 업으로 하는 경우에는 특허권 또는 전용실시권을 침해한 것으로 본다(동법 제127조).

① 특허가 물건의 발명인 경우에는 그 물건의 생산에만 사용하는 물건을 생산·양도·대여 또는 수입하거나 그 물건의 양도 또는 대여의 청약을 하는 행위

② 특허가 방법의 발명인 경우에는 그 방법의 실시에만 사용하는 물건을 생산·양도·대여 또는 수입하거나 그 물건의 양도 또는 대여의 청약을 하는 행위

③ 타인의 특허권 또는 전용실시권을 침해한 자는 그 침해행위에 대하여 과실이 있는 것으로 추정한다(동법 제130조).

(4) 단속

① 수사 기관

㉠ 특허권 침해행위는 특허권자나 전용실시권자의 고소를 받아 수사한다(친고죄). 따라서 특허권 침해행위는 친고죄이므로 고소 없이는 처벌이 불가능하다.

㉡ 특허된 것이 아닌 물건을 특허된 것으로 허위표시한 것은 아닌지, 또는 특허 출원 중이 아닌 물건을 특허된 것으로 허위표시한 것은 아닌지 판단한다.

㉢ 특허된 것이 아닌 방법이나 특허 출원 중이 아닌 방법에 의하여 생산한 물건 또는 그 물건의 용기나 포장에 허위로 특허표시 또는 특허출원 표시를 하거나 이와 혼동하기 쉬운 표시를 한 것은 아닌지 조사한다. 따라서 특허를 허위(㉡의 경우) 또는 혼동하기 쉽게 표시(㉢의 경우)한 자는 「특허법」위반으로 처벌받을 수 있다.

㉣ 특허법원에 특허와 관련된 사건이 계류 중인 경우가 많으므로, 신중을 기해야 한다.

㉤ 법인의 침해행위는 실행행위자와 함께 양벌규정에 의해 법인도 처벌한다.

② 탐정의 착안사항

탐정은 의뢰인의 특허권 침해 사례를 의뢰하는 경우, 아래와 같은 경우에는 인지를 한 후 의뢰인에게 그 사실을 보고할 수 있다.

㉠ 특허된 것이 아닌 물건을 특허된 것으로 허위표시

㉡ 특허출원 중이 아닌 물건을 특허출원 된 것으로 허위표시

ⓒ 특허된 것이 아닌 방법이나 특허출원 중이 아닌 방법에 의하여 생산한 물건
또는 그 물건의 용기나 포장에 특허표시 또는 특허출원 표시를 하거나 이와
혼동하기 쉬운 표시를 하는 행위등

2) 실용신안권(「실용신안법」)

실용신안권이란 산업상 이용할 수 있는 물품의 형상·구조 또는 조합에 관한 고안
으로, 특허청에 이를 등록함으로써 권리에 대한 효력이 발생한다.

(1) 보호대상 및 특징

① 보호대상은 '실용적 고안'이다

② '고안'이란 자연법칙을 이용한 기술적 사상의 창작을 말한다. 물건의 형상·구
조·조합에 관한 것이다.

③ 등록실용신안에 관한 물품의 생산에만 사용하는 물건을 업으로서 생산·양도·
대여·수입하거나, 업으로서 그 물건의 양도 또는 대여의 청약을 하는 행위는 실용신안
권을 침해한 것으로 본다(동법 제29조).

(2) 실용신안권의 효력과 보호

① 실용신안권의 존속기간은 실용신안권 설정등록일이 된 날부터 실용신안등록출
원일 후 10년이 되는 날까지로 한다(출원일로부터 10년).

② 실용신안권의 침해범죄는 비친고죄이다(일부는 친고죄).

(3) 탐정의 착안사항

실용신안권 침해는 비친고죄이므로 수사기관은 고소나 고발이 없어도 수사에 착수
할 수 있으나, 다만 「실용신안법」 제45조(실용신안권자 등의 책임)를 침해한 경우에는 친
고죄로 하고 있다. 따라서 탐정은 실용신안권 침해 사례를 수집하여 수사기관에 고발하
거나 또는 실용신안권자(고소권자)의 의뢰를 받아 사건을 수임하는 것이 가능하다.

3) 디자인권(「디자인법」)

디자인권이란 산업적 물품 또는 제품의 독창적이고 장식적인 외관형상의 보호를
위하여 등록을 통해 허용된 권리이며, 산업재산권의 하나이다. 과거에는 의장권이라 하
였으나, 「의장법」이 「디자인법」으로 개정되면서 의장권도 '디자인권'으로 개칭되었다.

(1) 보호대상 및 특징

① 보호대상은 '디자인'이다.

② 물품 및 글자체의 형상·모양·색채 또는 이들을 결합한 것으로서 시각을 통하여 미감을 일으키게 하는 것에 대한 권리이다.

③ 디자인을 창작한 자 또는 그 승계인은 「디자인보호법」에 따라 디자인 등록을 받을 권리가 있다. 2인 이상이 공동으로 디자인을 창작하여 등록한 경우에는 이 디자인은 공유로 한다.

④ 등록디자인이나 이와 유사한 디자인에 관한 물품의 생산에만 사용하는 물품을 업(業)으로서 생산·양도·대여 또는 수입하거나, 업으로써 그 물품의 양도 또는 대여의 청약을 하는 행위는 당해 디자인권 또는 전용실시권을 침해한 것으로 본다.

(2) 디자인권의 효력과 보호

① 디자인권의 존속기간은 디자인권 설정의 등록일로부터 20년으로 한다. 즉, 디자인권은 설정등록한 날부터 발생하여 디자인특허출원일 후 20년이 되는 날까지 존속한다.

② 디자인권자는 그 등록의장으로 된 물건을 생활수단으로 제작·사용·판매할 권리를 독점한다.

③ 디자인권의 침해범죄는 친고죄이다.

(3) 탐정의 착안사항

디자인권은 친고죄이다. 따라서 탐정은 의뢰인의 의뢰를 받아 디자인권 침해사례 등의 사건을 수임하는 것이 가능하다.

4) 상표권(「상표법」)

상표권은 생산자 또는 상인이 상표를 특허청에 출원해 등록함으로써, 등록상표를 지정상품에 독점적으로 사용할 수 있는 권리이다. 상표권은 산업재산권의 하나이다.

(1) 보호대상 및 특징

① 보호대상은 등록된 상표(商標)이다. 상호는 「상표법」 및 「부정경쟁방지및영업비밀보호에 관한 법률」에서 보호된다.

② 상표라 함은 상품을 생산·가공·증명 또는 판매하는 것을 업으로 영위하는 자가 업무에 관련된 상품을 타인의 상품과 식별되도록 하기 위하여 사용하는 기호·문자·도형 또는 그 결합을 말한다.

③ 상표권자는 그 상표권에 관하여 타인에게 전용사용권을 설정할 수 있고, 전용 사용권자는 그 설정행위로 정한 범위 안에서 지정상품에 관하여 등록상표를 사용할 권리를 독점한다.

④ 상표권자는 그 상표권에 관하여 타인에게 통상사용권을 설정할 수 있고, 통상 사용권자는 그 설정행위로 정한 범위 안에서 지정상품에 관하여 등록상표를 사용할 권리를 가진다.

(2) 상표권의 효력과 보호

① 상표권은 설정등록에 의하여 발생하고 그 존속기간은 설정등록일로부터 10년이며, 10년마다 갱신할 수 있다. 따라서 상표권은 갱신등록으로 10년마다 갱신이 가능하므로, 보호기간은 무한할 수 있다.

② 상표권은 재산권의 일종으로서 특허권 등과 같이 담보에 제공될 수 있으며, 상표의 등록 여부를 불문하고 그 지정상품의 영업과 함께 이전하는 경우에만 이전성이 인정된다.

③ 상표권은 출원 순위에 따라 인정되는 것이 원칙이며, 각 상품마다 각각 상표를 등록하여야 보호를 받는다.

④ 상표권은 속지주의에 따라 국내에만 효력이 미친다. 따라서 우리나라에 등록된 상표를 임의로 해외공장에서 생산한 물건에 부착하여 현지에서 판매한 것을 상표권 침해행위로 보고 국내법으로 처벌할 수 없다.

⑤ 「상표법」은 등록된 상표권을 보호하는 데 비하여, 「부정경쟁방지법 및 영업비밀보호에 관한 법률」은 등록 여부를 불문하고 널리 인식된 상표이면 보호를 받을 수 있다.

⑥ 「상표법」에 「부정경쟁방지 및 영업비밀보호에 관한 법률」과 다른 규정이 있는 경우에는 「상표법」이 우선하여 적용된다.

⑦ 상표권의 침해는 비친고죄이다.

(3) 상표권 침해행위

상표권 침해에 관해서는 권리침해의 금지 및 예방청구권·손해배상청구권·신용회복조치청구권 등 민사상의 권리가 인정될 뿐만 아니라, 침해행위를 한 자에게는 형사상의 책임도 인정된다. 상표권의 침해행위로는 다음과 같은 것 등을 들 수 있다.

① 타인의 등록상표와 동일한 상표를 그 지정상품과 유사한 상품에 사용하거나 타인의 등록상표와 유사한 상표를 그 지정상품과 동일 또는 유사한 상품에 사용하는 행위

② 타인의 등록상표와 유사한 상표를 그 지정상품과 동일 또는 유사한 상품에 사용하거나 사용하게 할 목적으로 교부·판매·위조·모조 또는 소지하는 행위

③ 타인의 등록상표를 위조 또는 모조하거나 위조 또는 모조하게 할 목적으로 그 용구를 제작·교부·판매 또는 소지하는 행위

④ 타인의 등록상표 또는 이와 유사한 상표가 표시된 지정상품과 동일 또는 유사한 상품을 양도 또는 인도하기 위하여 소지하는 행위

(4) 가짜 유명상표 부착한 제품 단속시 착안사항[49]

① 수사기관

ㄱ 등록되지 않은 상표와 상호는 보호대상이 아니다.

ㄴ 상표권 침해죄의 보호법익은 개인적 재산권과 공익도 포함되므로, 비친고죄이다. 따라서 고발이 없어도 수사를 개시할 수 있다.

ㄷ 「상표법」으로 인지한 경우 특허청에 상표 등록 여부와 상표권자를 확인하고, 권리자를 상대로 상표 위조 여부 확인서를 받는다.

ㄹ 저명한 미등록 상표의 무단사용·상품의 출처지 허위표시 행위는 「부정경쟁방지 및 영업비밀보호에 관한 법률」위반으로 의율한다. 그러나 농수산물원산지 허위표시행위는 「농수산물품질관리법」, 「수산물품질관리법」위반으로 의율하여야 한다.

ㅁ 위조상품은 진품에 비하여 품질이나 상태가 조잡하고 가격이 현저히 낮다는 특징이 있다.

ㅂ 위조상품으로 보이는 데도 판매업자가 위조상품을 부인하는 경우에는 거래명세서 등을 요구하여 공급자를 추궁한다.

ㅅ 위조상품은 공휴일 또는 심야나 새벽시간대에 대형 재래시장을 중심으로 이루어지는 경우가 많다. 따라서 위조상품 주 거래시간을 파악하여 대상자를 기획 수사하는 것이 좋다.

ㅇ 인터넷상에서 명품 브랜드제품이라고 판매하면서 정품가격 대비 50% 이상 턱없이 싼 제품에 대해서는 주의를 기울일 필요가 있다.

ㅈ 거래 장소에서 거래명세서 위조상품 관계장부 등을 압수하여 증거자료를 확보해야 하고, 위조상품에 대한 소유권 포기각서를 받도록 해야 한다.

---

49) 전대양, 위의 책, p. 903; 강동욱. 윤현종, 위의 책, pp. 343~344.

② 탐정의 착안사항

상표권 침해는 비친고죄이다. 따라서 수사기관은 고발이 없더라도 인지 후 언제든지 수사를 개시할 수 있다. 그러나 탐정의 경우에는 상표권자의 의뢰를 받고 '짝퉁' 등의 상표권 침해사례 등을 수집하여 의뢰인에게 보고하거나 또는 공익신고도 가능하다.

2. 저작권

저작권은 인간의 사상 또는 감정을 표현한 창작물인 저작물에 대한 배타적·독점적 권리이다. 이러한 저작물에는 소설·시·논문·강연·연술(演述)·각본·음악·연극·무용·회화·서예·도안(圖案)·조각·공예·건축물·사진·영상(映像)·도형(圖形)·컴퓨터프로그램 등 문화 예술분야의 창작물에 부여되는 것이다. 여기에 더하여 원저작물을 번역·편곡·변형·각색·영상제작 등의 방법으로 작성한 창작물(이를 2차적 저작물이라 한다)과 편집물로서 그 소재의 선택 또는 배열이 창작성이 있는 것(이를 편집 저작물이라고 한다)도 독자적 저작물이다.

1) 보호대상 및 분류

(1) 보호대상 저작물

보호대상은 인간의 사상 또는 감정을 표현한 문학·학술·예술분야의 창작물인 저작물에 대한 배타적 독점적 권리를 말한다.

① 저작물

    ㉠ 문학·음악·미술 등 1차적 저작물·예컨대, 노래연습장의 무인영상반주기를 이용한 대중가요 연주 등은 음악저작물로서 「저작권법」에 의해 보호된다.

    ㉡ 1차적 저작물을 번역·각색·편집하여 새로 작성한 2차적 저작물도 보호대상이다.

(2) 보호받지 못하는 저작물

① 「헌법」·법률·조약·명령·조례 및 규칙

② 국가 또는 지방자치단체의 고시·공고·훈령 그 밖에 이와 유사한 것

③ 법원의 판결·결정·명령 및 심판이나 행정심판절차 그 밖에 이와 유사한 절차에 의한 의결·결정 등

④ 국가 또는 지방자치단체가 작성한 것으로서 ① 내지 ③에 규정된 것의 편집물

또는 번역물

　⑤ 사실의 전달에 불과한 시사보도

　⑥ 공개한 법정 국회 또는 지방의회에서의 연설 등은 저작권의 객체가 아니다.

2) 저작권의 분류 및 존속기간

산업재산권	유형	내 용
저작권	저작인격권	• 저작자가 자신의 저작물에 대해 정신적·인격적 이익을 법률로써 보호받는 권리라고 할 수 있다. 저작인격권은 저작자 일신에 전속한다. • 저작인격권은 각국의 입법례마다 다르지만, 우리나라의 경우 공표권[50]·성명표시권[51]·동일성유지권[52] 등 세 가지 권리를 인정하고 있다.
	저작재산권	• 저작자가 자신의 저작물에 대해 갖는 재산적인 권리를 뜻한다. 따라서 일반적인 물권과 마찬가지로 지배권이며, 양도와 상속의 대상일 뿐만 아니라 채권적인 효력도 가지고 있다. • 저작재산권은 원칙적으로 저작자가 생존하는 동안과 사망 후 70년간 존속한다. 공동제작물의 저작재산권은 맨 마지막으로 사망한 저작자가 사망한 후 70년간 존속한다. • 저작재산권으로는 복제권·공연권·공중송신권·전시권·배포권·대여권·2차적 저작물의 작성권 등이 있다.
	저작인접권	• 저작인접권이란 저작권에 인접한 저작권과 유사한 권리로서, 저작물을 일반공중이 향유할 수 있도록 매개하는 자에게 부여한 권리를 말한다. 즉, 저작물을 사람들에게 전달하는 데에 특별한 역할을 한 자신의 저작물에 대해 갖는 재산적인 권리를 뜻한다. • 저작인접권은 실연의 경우 실연을 할 때, 음반의 경우 그 음을 맨 처음 그 음반에 고정한 때, 방송의 경우 방송을 한 때부터 권리가 발생하며, 다음 해부터 기산하여 70년(방송의 경우에는 50년)간 존속한다. • 저작인접권자로는 배우·가수·연주자와 같은 실연자, 음반제작자, 방송사업자를 들 수 있다. 예컨대, 음반제작자는 디지털음원에 대해 복제권·전송권 등을 행사할 수 있으며, 인터넷과 라디오방송에서 자신의 음반이 송신되는 경우 보상금을 청구할 권리를 가진다.
	데이터베이스	• 데이터베이스의 제작자의 권리는 제작물이나 부호·문자 등의 자료를 체계적으로 배열 또는 구성한 편집물 중에서 그 자료를 개별적으로 접근 또는 검색할 수 있도록 한 것을 말하며, 이를 저작권법에서 보호하고 있다. 즉, 데이터베이스를 구축한 제작자의 인적·물적 노력과 투자를 보호하기 위한 것이다. • 데이터베이스의 제작자의 권리는 제작을 완료한 때 발생하여 그 다음 해부터 5년간 존속한다. 다만, 데이터베이스의 갱신 등을 위하여 인적 또는 물적으로 상당한 투자가 이루어진 경우에는 당해 부분에 대한 데이터베이스 제작자의 권리는 그 갱신 등을 한 때부터 발생하며, 그 다음 해부터 기산하여 5년간 존속한다. 데이터베이스 제작자의 권리는 여타 저작권에 비해 아주 짧다.

3) 저작권 침해 및 권리구제

(1) 침해로 보는 행위

① 다음 각 호의 어느 하나에 해당하는 행위는 저작권 그 밖에 이 법에 따라 보호되는 권리의 침해로 본다.

> ㉠ 수입 시에 대한민국 내에서 만들어졌더라면 저작권 그 밖에 이 법에 따라 보호되는 권리의 침해로 될 물건을 대한민국 내에서 배포할 목적으로 수입하는 행위
>
> ㉡ 저작권 그 밖에 이 법에 따라 보호되는 권리를 침해하는 행위에 의하여 만들어진 물건(제1호의 수입물건을 포함한다)을 그 사실을 알고도 배포할 목적으로 소지하는 행위
>
> ㉢ 프로그램의 저작권을 침해하여 만들어진 프로그램의 복제물(제1호의 수입물건을 포함한다)을 그 사실을 알면서 취득한 자가 이를 업무상 이용하는 행위

② 저작자의 명예를 훼손하는 방법으로 저작물을 이용하는 행위는 저작인격권 침해로 본다.

(2) 침해의 정지 등 청구

① 저작권 그 밖에 이 법에 따라 보호되는 권리(제25조·제31조·제75조·제76조의2·제82조·제83조 및 제83조의2 규정에 따른 보상을 받을 권리를 제외한다. 이하 이 조에서 같다)를 가진 자는 그 권리를 침해하는 자에 대하여 침해의 정지를 청구할 수 있으며, 그 권리를 침해할 우려가 있는 자에 대하여 침해의 예방 또는 손해배상의 담보를 청구할 수 있다.

② 저작권 그 밖에 이 법에 따라 보호되는 권리를 가진 자는 제1항의 규정에 따른 청구를 하는 경우에 침해행위에 의하여 만들어진 물건의 폐기나 그 밖의 필요한 조치를 청구할 수 있다.

---

50) 공표권이란 "저작물을 대외적으로 공개하는 권리"라고 할 수 있다.
51) 성명표시권이란 "저작자가 그의 저작물을 이용함에 있어서 자신이 저작자임을 표시할 수 있는 권리"라고 할 수 있다.
52) 동일성유지권이란 "저작자가 자신이 작성한 저작물이 어떠한 형태로 이용되더라도 유지되도록 할 수 있는 권리"를 말한다.

(3) 손해배상의 청구

① 지적재산권 그 밖에 이 법에 따라 보호되는 권리(저작인격권 및 실연자의 인격권을 제외한다)를 가진 자(이하 '저작재산권자등'이라 한다)가 고의 또는 과실로 권리를 침해한 자에 대하여 그 침해행위에 의하여 자기가 받은 손해의 배상을 청구하는 경우에 그 권리를 침해한 자가 그 침해행위에 의하여 이익을 받은 때에는 그 이익의 액을 저작재산권자 등이 받은 손해의 액으로 추정한다.

② 저작재산권자 등이 고의 또는 과실로 그 권리를 침해한 자에 대하여 그 침해행위에 의하여 자기가 받은 손해의 배상을 청구하는 경우에 그 권리의 행사로 통상 받을 수 있는 금액에 상당하는 액을 저작재산권자 등이 받은 손해의 액으로 하여 그 손해배상을 청구할 수 있다.

③ 제2항의 규정에 불구하고 저작재산권자 등이 받은 손해의 액이 제2항의 규정에 따른 금액을 초과하는 경우에는 그 초과액에 대하여도 손해배상을 청구할 수 있다. 등록되어 있는 저작권·배타적 발행권(제88조 및 제96조에 따라 준용되는 경우를 포함한다). 출판권·저작인접권 또는 데이트베이스제작자의 권리를 침해한 자는 그 침해행위에 과실이 있는 것으로 추정한다.

(4) 탐정과 저작권 침해와의 관계

저작재산권은 원칙적으로 저작자가 생존하는 동안과 사망 후 70년간 존속한다. 저작권은 친고죄이다(일부 예외 있음). 따라서 탐정은 저작권자의 의뢰를 받아 저작권침해 사례 등을 수집하여 의뢰인에게 보고하는 것은 가능하다.

3. 신지식재산권

신지식재산권이라 함은 특허권 등의 전통적인 지식재산권 범주로는 보호가 어려운 컴퓨터프로그램·유전자 조작동식물·반도체설계·인터넷·캐릭터산업 등과 관련된 지적재산권을 말한다.

1) 의의

인간의 지적연구활동의 소산을 보호하는 지식재산권은 크게 보아 '산업재산권'과 '저작권'으로 분류된다. 그러나 정보기술 등 첨단의 급속한 발달로 인해 전통적인 지식재산권, 즉 산업재산권과 저작권으로 보호가 어렵거나 상당한 논란을 유발하는 신

기술이 등장하게 되었다. 이러한 새로운 분야의 지식재산들을 '신지식재산권'이라 부른다.[53]

2) 신지식권의 유형

신지식재산권은 (1) 컴퓨터 프로그램·인공지능·데이터베이스와 같은 '산업저작권', (2) 반도체집적회로 배치설계·생명공학과 같은 '첨단산업재산권', (3) 영업비밀·멀티미디어와 같은 '정보재산권'으로 분류된다. 이외에도 인터넷 도메인·지리적 표시·만화영화 등의 주인공을 각종 상품에 이용하여 판매할 수 있는 캐릭터, 독특한 색채와 형태를 가진 콜라병·트럭의 외관과 같은 독특한 물품의 이미지인 Trade Dress(상품외장)·프랜차이징 등도 신지식재산권의 일종으로 포함되기도 한다.[54]

3) 신지식권의 권리보호

소프트웨어·생명공학발명·반도체회로설계 등은 특허대상이 아니라는 것이 정부입장이었으나, 특허선진국(미국·일본 등)의 움직임에 맞춰 우리나라도 신지식재산권을 점차 특허로 인정하는 추세에 있다(예컨대, 특허청은 소프트웨어를 디스켓·CD 등에 담으면 '매체특허'로 인정하고 있다). 이하에서는 '반도체회로배치설계권'과 '부정경쟁방지및영업비밀보호권'에 한정하여 기술하였다.

(1) 배치설계권

배치설계권은 「반도체직접회로의 배치설계에 관한 법률」에 의해 보호를 받는다.

① 보호대상 및 특징

　　㉠ 보호대상은 반도체직접회로의 배치설계에 관한 창작자의 권리이다.

　　㉡ 반도체직접회로란 반도체 재료 또는 절연 재료의 표면이나, 반도체 재료의 내부에 한 개 이상의 능동소자(能動素子)를 포함한 회로소자(回路素子)들과 그들을 연결하는 도선(導線)이 분리될 수 없는 상태로 동시에 형성되어 전자회로의 기능을 가지도록 제조된 중간 및 최종 단계의 제품을 말한다.

　　㉢ 신지식재산권의 일종이다.

---

53) https://terms.naver.com/entry.nhn?docId 검색일 2020. 8. 28.

54) http://www.pmg.co.kr(박문각) https://terms.naver.com/entry.nhn? 검색일 2020. 8. 28.

② 배치설계권의 효력과 보호

　ㄱ 배치설계권의 존속기간은 설정등록일로부터 10년으로 한다. 다만 영리를 목적으로 그 배치설계를 최초로 이용한 날부터 10년 또는 그 배치설계의 창작일로부터 15년을 초과할 수 없다.

　ㄴ 배치설계권의 침해는 친고죄이다.

③ 탐정의 역할

배치설계권은 친고죄이다. 따라서 탐정은 배치설계권자의 의뢰를 받아 사건을 수임하고 그 침해사례 등을 파악하여 의뢰인에게 보고하는 것이 가능하다.

(2) 부정경쟁방지 및 영업비밀보호권

경영상의 정보와 기술상의 정보는 신지식재산권의 일종이라고 볼 수 있다. 따라서 부정경쟁방지 및 영업비밀보호권은 「부정경쟁방지 및 영업비밀보호에 관한 법률」에서 보호를 받는다.

① 보호대상 및 특징

　ㄱ 보호대상은 영업비밀이다.

　ㄴ 영업 비밀이란 공공연히 알려져 있지 아니하고 독립된 경제적 가치를 가지는 것으로, 비밀로 관리된 생산방법·판매방법 그 밖에 영업활동에 유용한 기술상 또는 경영상의 정보를 말한다.[55]

　　㉮ 유용성이란 사업 활동에 사용·이용됨으로써 비용의 절약·경영효율의 개선에 유용할 것을 요하는 것으로, 정보의 객관성·유용성을 의미한다. 따라서 보유자가 주관적으로 유용성을 판단하는 것은 보호대상에서 제외한다. 또한 정당한 사업 활동으로 객관적·경제적인 가치가 인정되어야 한다. 따라서 공해유발, 탈세정보 등 사회정의에 반하는 것은 영업비밀이라 볼 수 없다. 한편, 직접 영업활동에 이용되지 않지만 알고 있으면 경쟁상 유용하게 활용될 수 있는 정보 등은 여기에 해당된다(원자재 단가·고객정보 등).[56]

　　㉯ 경제적 가치성은 독립적인 경제적 가치를 지닐 것을 요하는 것으로, 공공연히 알려지지 않은 비밀이기 때문에, 보유자만 독자적으로 향유할 수 있

---

55) 대판 1996.12.23. 96다16605 [영업비밀침해금지등].
56) 의정부지법 2016.9.27. 2016노1670.

는 경제적 가치를 의미한다. 즉, 경제상의 이익을 얻을 수 있는 정보, 정보의 취득·개발에 상당한 비용이나 노력이 필요한 정보의 현실적인 정보, 장래에 경제적 가치를 발휘할 가능성이 있는 정보, 과거 실패한 연구 데이터와 같은 정보 등 잠재적으로 유용한 정보로 여기에 포함된다.

㉰ 비밀성(비공지성)은 공연히 알려져 있지 않을 것을 요하는 것으로, 외부 공개성 여부를 판단한다. 비밀의 공지 시점은 해당 정보를 알고 있는 자가 비밀유지 의무가 없는 자에게 알린 시점과 해당 정보를 보유한 자가 당해 정보를 특허 출원한 시점으로 한다. 불특정 다수인에게 공연히 알려져 있지 아니할 것을 요하며, 도서·잡지·신문 등 간행물 매체나 인터넷 등에 공개되지 않고, 정보 보유자를 통하지 않고서는 당해 정보를 입수할 수 없는 상태를 말한다.

㉱ 비밀 관리성은 객관적으로 인식 가능한 상태의 비밀유지가 관리되고 있을 것을 요한다. 따라서 기술상 또는 경영상의 정보가 비밀이라고 인식될 수 있는 표시와 정보 취급자들에게 당해 정보가 비밀이라고 고지했는지 여부, 기술상 또는 경영상의 정보에 접근할 수 있는 대상자를 제한 또는 정보 저장장소에 대한 하드웨어, 소프트웨어적 접근 제한 장치 여부, 정보에 접근할 수 있는 대상자에게 기밀유지 각서 작성 등 비밀준수 의무 부여 등이 필요하다.

㉢ 영업비밀의 비공지성·경제적 유용성·비밀관리성 등의 엄격한 요건이 요구된다.

㉣ 경영상의 정보와 기술상의 정보 모두를 보호한다.

㉤ 신지식재산권의 일종이며, 미수범 및 예비음모를 처벌한다.

② 부정경쟁방지 및 영업비밀보호권의 효력과 보호
㉠ 권리의 보호기간은 제한이 없다.

㉡ 영업비밀 침해행의 금지 또는 예방을 청구할 수 있는 권리는 영업비밀 침해행위가 계속되는 경우에 영업비밀 보유자가 그 침해행위에 의하여 영업상의 이익이 침해되거나, 침해될 우려가 있다는 사실 및 침해행위자를 안 날로부터 3년간 행사하지 아니하면 시효(時效)로 소멸한다. 또 그 침해 행위가 시작된 날

부터 10년이 지난 때에도 같다.

ⓒ 영업비밀보호권의 침해는 비친고죄이다.

③ 수사기관의 부정경쟁방지 및 영업비밀보호권 수사시 착안 사항[57]

ⓐ 부정경쟁행위 관련 여부 조사

㉮ 바로 구별하기 어려운 유사상호를 사용하여 상품주체를 혼동시키는 행위(예컨대, 나이키 등), ㉯ 유사도매인으로 홈페이지를 운영하여 영업주체를 혼동시키는 행위, ㉰ 기타 상품의 출처지·원산지 등을 오인하도록 하는 행위인지를 조사한다.

ⓑ 타인의 상품을 사칭하거나 허위광고를 하는 행위인지를 조사한다.

ⓒ 영업비밀의 침해·유출·누설 등을 조사한다.

ⓓ 아직 등록은 되지 않았지만 이미 널리 알려지거나 저명한 상표를 무단사용하는 행위를 조사한다.

ⓔ 상호를 도용하는 행위를 조사한다.

④ 탐정의 착안사항

영업비밀이란 비밀로 유지된 생산방법·판매방법 기타 영업활동에 유용한 기술상 또는 경영상의 정보를 말한다. 권리보호기간은 제한이 없으며, 비친고죄이다. 따라서 탐정은 의뢰인에게 의뢰를 받은 경우 수사기관이 행하는 수사시 착안 사항 등을 기본틀로 하여 부정경쟁방지 및 영업비밀보호권 침해사례 등을 수집하여 의뢰인에게 보고하는 것은 가능하다.

「관련 판례」

★ 甲 주식회사에서 이사로 근무하던 피고인이 자신의 업무용 컴퓨터에 저장되어 있던 甲 회사의 영업비밀인 고객정보 파일을 퇴사 전에 이동식 메모리 디스크에 옮겨두었다가 퇴사 후 고객정보를 사용하였다고 하여 부정경쟁방지 및 영업비밀보호에 관한 법률 위반으로 기소된 사안에서, 甲 회사는 고객정보를 비밀로 유지하기 위한 '합리적인 노력'을 다하였으므로 고객정보 파일은 같은 법상 보호되는 영업비밀에 해당한다고 선고한 사례

---

57) 강동욱·윤현종, 위의 책, p. 344 ; 김종식 외 공편저, 위의 책, p. 543.

> **판결요지**
>
> 피고인은 '이 사건 고객정보는 비공지성이 결여되어 있어 영업비밀로 볼 수 없다'고 주장하나, 이 사건 고객정보에는 고객의 성명, 소속업체, 직위, 이메일주소, Fax 번호, 휴대전화번호 등과 같은 민감한 개인정보들이 포함되어 있어 이를 '공연히 알려져 있는 것'으로 볼 수는 없으므로, 피고인의 위 주장은 받아들이지 아니한다.
>
> [의정부지법 2016.9.27. 2016노1670 판결 : 상고]

제5장 ┆ 탐정 창업

제1절 개설

I. 창업일반

창업을 준비하는 과정은 하나의 작품을 만들어 가는 과정이다. 창의적인 아이디어를 실재로 현실화하는 과정이다. 이 과정에는 무수한 노력과 열정, 그리고 시간이 소요된다. 자신만의 창업아이템을 가지고 면밀한 시장조사와 위험요인을 제거한 후, 객관적 사업성판단에 따라 사업계획서를 작성하여야 한다. 사업계획서에 의한 창업아이템과 관련된 해당법률의 검토를 거친 후 기획·소요자금산출·자금조달방법·조직에 대한 인력구성과 필수인력확보·마케팅·홍보전략 등 구체적 '창업 흐름도'를 작성하여야 한다.

탐정업 창업의 장점으로는 첫째, 소자본으로도 창업이 가능하다는 것이다. 즉, 대규모 설비나 시설·인원, 장비를 필요로 하지 않는다. 둘째, OECD 35개 국가 중 유일하게 탐정법이 존재하지 않는 우리나라에서 탐정업은 신직업군으로 무한한 경쟁력과 잠재시장을 갖고 있다. 셋째, 투입된 시간과 인력에 비하여 고부가가치의 생산성을 갖고 있다. 넷째, 업무의 특성상 보람있고 여유로운 근무패턴이 가능하다. 다섯째, 정년이 없는 평생직업이다. 대부분 직종이 중장년을 선호하지 않지만, 탐정업은 중장년의 장점인 풍부한 경험과 판단력을 필요로 하기 때문이다.

이러한 탐정업을 창업하기 위한 일련의 과정은 다음과 같다. 먼저 관할 세무서에 사업자등록을 신청하면, 사업자등록증상의 업태가 '서비스[1]'로, 종목은 '탐정업'으로 표기되며, 이때 업태를 같이하는 기존 사업자등록증에 종목추가도 가능하다. 또한 사업자 형태에 따라 '개인사업자'와 '법인사업자'로 구분된다.

---

1) 사업자코드 749200.

1. 탐정업의 시장

오늘날 탐정업의 시장은 하루가 다르게 성장하고 있다. 산업이 발전하고 사회가 복잡해질수록 시회구성원간의 다양한 분쟁과 사건이 발생한다. 사인간 분쟁이 발생하면 우선적으로 자력구제의 방법을 강구하겠지만, 현실적으로 문제해결이 그리 쉽게 되지는 않는다. 사인간의 분쟁은 대부분 민사사건이므로 경찰 등 공권력은 '민사사건불개입원칙'에 따라 개입할 여지가 그리 많지 않다. 따라서 이를 해결하기 위한 방법은 공적수사기관이 아닌 변호사나 탐정 등에게 의뢰하는 여건이 조성될 수밖에 없고, 이에 비례하여 탐정활동의 영역도 확대될 수밖에 없다.

일본은 현재 약 6만여 명의 탐정이 연간 250만 건의 사적영역 서비스를 제공하고 있다. 우리나라도 관계 법령이 제정된다면 약 15,000명의 탐정이 연간 100~150만 건, 1조5,000억원의 경제유발 효과가 기대되고, 나아가 15,000명의 탐정과 탐정업무를 보조할 사무인원까지 합친다면 약 4~5만 개의 일자리창출이 예상된다.

2. 창업의 흐름

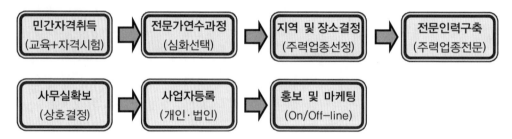

3. 사업자 결정

개인사업과 법인사업에 적용되는 세율은 이익(과세표준)규모에 따라 차등된다. 또한 이익을 정산할 때 개인사업은 법인사업과는 다르게 개인의 사업소득세로 분류되어 종합소득세에 합산됨을 유의하여야 한다(예: 임대소득·근로소득·금융소득·기타소득 등).

4. 개인사업자와 법인사업자의 장단점

구분	개인사업		법인사업	
장점	• 설립절차가 간단 • 의사결정 과정이 단순 • 회사자금인출의 자유로움		• 대규모 자금 조달이 용이함 • 채무에 대한 유한책임(지분율 할) • 법인세율이 상대적으로 낮음	
단점	• 자금조달이 상대적으로 어려움 • 채무에 대한 무한책임 • 일정소득 이상시 높은 세율적용		• 설립절차 상대적 복잡 • 의사결정과정 복잡 • 회사자금인출시 일정한 형식 필요	
적용 세율	종합소득과세표준		과세표준	
	1,200만이하	6%	2억원이하	10%
	4,600만이하	72만원+1,200만초과 15%		
	8,800만이하	582만원+4,600만초과 15%	2억원~200억원	2,000만원 +2억초과 20%
	1억 5천만이하	1,590만원+8,800만초과 35%		
	3억원이하	3,760만원+1억 5천초과 38%	200억초과	39억 8천만원 +200억초과 22%
	5억원이하	9,460만원+3억초과 40%		
	5억원초과	1억 7,460만원+5억초과 42%		

5. 지역 및 장소선정 방법

지역은 인구가 밀집되어 있는 광역 대도시를 유망지역으로 볼 수 있으며, 장소는 대로변으로 의뢰자의 접근이 용이하고 주차공간이 있으며, 법원·검찰청·시청·구청·군청 등 행정기관이 함께 있는 부근을 선택할 수 있다면 최적지로 볼 수 있다. 상권형성의 이론상 초기에는 경쟁업소를 회피하려는 경향이 있을 것이고, 향후 성업이 될 경우 상권이 밀집되는 업종이라고 예견된다. 따라서 초기에는 지역(상권)을 선점하는 것이 매우 중요한 전략이다.

사무실의 내부는 의뢰자가 방문했을 때 심적으로 편안하며 부담감이 없는 분위기를 조성하는 것이 필요하고, 상담은 전문 상담사와 대면 또는 비대면으로 이루어져야 한다. 상담장소는 의뢰인의 프라이버시가 전적으로 보장되어야 하며, 필요한 경우 출장 상담도 이루어져야 한다.

6. 상담[2)]

상담의 전 과정은 상담자가 의뢰인에게 신뢰를 줄 수 있는 방법으로 진행되어야 한다. 의뢰인과의 첫 만남 단계이므로 상담자는 다음의 방법을 유의하여 임하여야 한다.

1) 태도적 측면

(1) 내방자가 상담에 임하는 탐정의 진정성을 읽을 수 있도록 성실하게 질문·답변해야 한다.

(2) 상담시에는 반드시 내담자와 상담자 양쪽에 메모지와 필기도구를 두되, 상담 중 '긴 문장이나 장황한 상황'을 그대로 받아 적는 식의 메모는 삼가해야 한다(초보자 또는 융통성이나 순발력이 부족한 사람으로 비침).

(3) 중요한 내용이나 핵심 포인트(Key word)만을 메모하였다가 상담 중 적절히 상기시키거나 강조한다.

(4) 상담 중 녹음은 금물이다. 이는 내담자를 내쫓는 일보다 더한 상담의 실패요인이 된다.

(5) 인간적 신뢰를 돈독히 할 수 있는 고향·동문관계·종교·취미 등을 상담 중 가볍게 언급하는 것은 좋으나, 내담자의 아픈 기억을 되살릴 수 있는 대화나 화제는 질문하지 않는 것이 바람직하다. 하지만 내담자가 스스로 자신의 여러 아픈 사연을 애기 하려 할 때에는 이를 가로 막지 말고 차분히 경청하면서 가끔 동의를 표하거나 함께 걱정하는 등의 반응을 자연스럽게 보이는 게 좋다.

(6) 객관성이 없거나 검증되지 않은 무용담(武勇談)을 늘어 놓지 말아야 한다.

(7) 상담 내용에 자신감을 보이는 것은 좋으나 자신이 마치 탐정 학술이나 실무에 1인자인 양 허세를 부리지 말아야 한다(내담자는 바보가 아니다).

2) 전문성 측면

(1) 탐정 관련 기본적 학술을 터득해 둘 것

(2) 탐정활동을 제어하는 관련법과 법적용 상 논란을 정리해 둘 것

(3) 탐정활동 상 바탕이 되는 여러 법제 상식을 읽혀 둘 것

(4) 탐정활동 상 바탕이 되는 주요 수단과 방법을 설명할 수 있을 것

(5) 탐정업의 전제, '조리(條理)와 이익형량(利益刑量)'을 논할 수 있을 것

(6) '내담자가 당면한 문제'와 관련된 '탐정활동경험'을 비교 설명할 수 있을 것

(7) 실질과 능률, 학술과 법리에 근거하지 않은 제안이나 주장은 삼가할 것

---

2) 김종식 편저, 「탐정실무총람」, 서울: 한국민간학술연구소, 2020, pp. 184~185.

(8) 사회적 주요사건·사고·분쟁 등과 관련하여 편향된 언동을 자제할 것

(9) 상담 내용과 관련된 핵심 학술이나 판례를 예시하면서 내담자에게 전체 내용을 통일성있게 요약해 준다.

7. 상호작명 및 명함제작 방법

　탐정사무소의 명칭은 등록자격명칭(탐정사)과 관계없이 독자적으로 작명하면 된다. 다만, 상호[3]를 작명할 때 창업하고자 하는 개인이나 법인체는 탐정업과 관련하여 현재 보유하고 있거나, 향후 추진하고 싶은 자신만의 사업아이템이나 특성을 나타낼 수 있는 상호를 선택하는 것도 하나의 방법이다.

　이미 주지하였듯이 2020. 8. 5일 이후부터 상호에는 '탐정'이란 명칭을 사용할 수 있고(예: 부산탐정사무소, 샬록홈즈탐정법인, 갑돌이탐정사무소 등), 당연히 '탐정사, '사설탐정', '민간탐정'이란 명칭도 사용할 수 있다(예: 부산탐정사, 셜록홈즈시설탐정법인, 삼천리민간탐정(주) 등).

　새로 지은 법인의 상호가 이미 등록되어 있는지 알아보려면 인터넷등기소(www.iros.go.kr)사이트 하단에 있는 '법인상호검색하기'를 검색하면 알 수 있고, 동일 상호라 하여도 동일업종이 아니면 등록 가능하다(예: 유통업−삼천리, 요식업−삼천리 등록 가능). 이에 대한 확인은 한국표준산업분류 중 소분류 이하를 참고하여 목적의 구체성을 판단 할 수 있는데, 통계청(www.kostat.go.kr)이나 통계분류포털(kssc.kostat.go.kr)을 참조하면 된다.

　명함의 제작방법은 명함의 이름 앞에 '탐정' 또는 '탐정사'란 수식어를 넣어서 대외적으로 신뢰와 안정감을 주는 것이 필요하고, 다음의 예와 같은 명함을 제작하는 것도 가능하다.

「명함의 예시」

☞ 1. 삼천리탐정사무소 대표탐정 갑 돌 이	☞ 2. 갑돌이사설탐정사무소 사설탐정 갑 돌 이	☞ 3. 부산탐정조사사무소 탐정사 갑 돌 이

---

3) 동일한 특별시·광역시·시 또는 군내에서는 동일한 영업을 위하여 다른 사람이 이미 등기한 것과 동일한 상호는 등기할 수 없다(상업등기법 제29조). 또한 타인의 영업으로 오인할 수 있는 상호를 사용하는 행위는 상법, 부정경쟁방지 및 영업비밀보호에 관한 법률에 의하여 금지된다(상법 제23조 제1항, 제4항, 부정경쟁방지 및 영업비밀보호에 관한 법률 제2조 제1호 나목).

8. 홍보

탐정업에 대한 홍보방법은 전 분야를 대상으로 하는 일반적인 방법과 3~5분야의 특화된 전문업종(아이템)을 대상으로 하는 홍보방법이 있다. 한편, 대상 분야를 불문하고 공통적인 홍보의 방법으로는 홈페이지·인터넷포털·블로그·SNS를 활용하는 것 등이 있다.

다만, 탐정업의 특성상 불특정 다수를 상대로 홍보하는 것보다는 공권력이나 유사업종이 미치지 못하는 분야의 탐문이나 자료수집·증거를 확보하는 전문업종 등의 수요처를 타킷으로 홍보하는 것이 더 효과적일 수도 있다. 이를 위해서는 우선적으로 그에 따른 시장조사가 이루어져야 하며, 객관적인 데이터를 기반으로 홍보계획이 수립·전개되어야 할 것이다.

9. 창업비용 및 구비장비

창업비용은 기본적으로 창업인가비용, 사무실 임대료 및 사무집기 구입비, 전용프로그램개발 및 구축비, 그리고 구비해야 할 장비(카메라·위치추적기·녹음기·캠코더·증폭마이크·수신기 등)가 필요하다. 규모나 형태에 따라 창업초기 홍보비와 유지비, 사무보조인력 인건비를 포함하여야 한다.

탐정업의 창업은 타 업종에 비하여 비교적 적은 예산으로 출발할 수 있다. 업종의 특성상 많은 자본이나 우수한 시설·장비보다는 뛰어난 전문인력구축이 창업의 성패를 결정짓는 중요변수로 작용할 수 있다.

신규 설립 시 절차(개인·법인)

구분	개인사업	법인사업
필요서류	1. 사업자등록신청서 2. 임대차계약서 사본 3. 동업계약서(공동사업자의 경우) 4. 대표자 도장 5. 대표자 신분증 ☞ 관할 세무서방문 후 당일 처리됨	1. 법인설립신고 및 사업자등록신청서 2. 법인명의 임대차계약서 사본 3. 주주 또는 출자자 명세서 4. 발기인대표 명의 주금 납입증명서 5. 임원 및 주주 개인인감증명서, 인감도장, 주민등록등본 ☞ 대부분 법무사무소를 통함(약 4~5일 소요)
공통	• 업태 – 서비스업 • 종목 – 탐정업, 정보수집업, 정보보안서비스업 등 • 사업용 은행계좌 – 미개설 시 매출액에 대한 가산세(0.2%)가 나옴 • 사업용 신용카드 – 부가세 및 소득세 신고시 절세를 할 수 있다.	

10. 「근로기준법」과 관련된 노무실무

근로계약은 사업자등록증이 발급되기 전이라도 근로자가 존재한다면, 발급전이라도 근로계약서 작성의무가 있다. 만약 근로계약서를 작성하지 않았을 경우 500만원 이하의 벌금이 부과된다. 여기서 창업자가 주의하여야 할 것은 「근로기준법」과 지원제도가 국가정책과 맞물려 있기 때문에 매년 변경된다는 점이다. 업체의 규모(근로자 수)와 신설업체·기존업체, 채용된 근로자의 고용유지기간·실직기간·4대보험가입 유무와 취업 전 필수교육 이수여부에 따라 지원기준이 달라지므로 꼼꼼히 살펴봐야 한다. 그러므로 창업자는 본서에 기술된 노무실무를 응용하여 년도별, 시기별, 정책별, 지원기준별로 변경사항을 주의 깊게 반영시켜야 한다는 점에 유념해야 한다.

근로계약서에 기재해야 할 필수 항목

① 인적사항(성명·주민번호·주소·연락처 등)

② 임금(임금의 구성항목·계산방법·지급방법 명기)

③ 근로시간(법정 근로시간 준수)

④ 취업장소와 해당업무

⑤ 주휴일 표기(1주 평균 15시간이상 근무자)

⑥ 연차유급휴가 표기(근로자 5인 이상일 경우)

⑦ 취업규칙에 관한 사항(근로자 10인 이상일 경우)

☞ 표준근로계약서 양식은 고용노동부 홈페이지(www.moel.go.kr)에서 다운 받을 수 있다.

근로자 5인 미만 사업장에 적용 예외되는 「근로기준법」

① 법정근로시간(주52시간)의 제한이 없고, 시간외수당(연장·야간·휴일근로수당) 가산임금 불지급.

② 연차유급휴가와 생리휴가가 적용되지 않으며, 법정휴일이 주휴일과 근로자의 날에 국한 됨.

③ 사업주가 근로자를 해고할 경우 별도의 해고사유가 없이 해고일 30일전에 통지만 하면 됨.

☞ 해고예고제도 적용 제외자[4)]

- 근로자로서 3개월을 계속 근무하지 않은 자
- 천재·사변·그 밖의 부득이한 사유로 사업을 계속하는 것이 불가능한 경우
- 근로자가 고의로 사업에 막대한 지장을 초래하거나, 재산상 손해를 끼친 경우로서 고용노동부령으로 정하는 사유에 해당하는 경우

근로자 5인 미만 사업장에도 적용되는 「근로기준법」

① 해고예고는 30일 전에 하여야 하고, 해고예고수당을 지급해야 함.

② 주15시간 이상 근로자(월60시간)에게 주휴수당을 지급해야 함.

③ 계속 근로 1년 이상인 근로자의 퇴직금지급 의무가 발생.

④ 최저임금 이상을 지급해야 함.

⑤ 근로계약서작성과 성희롱예방·장애인 인식 교육을 해야 함.

※ 상시근로자 계산방법[5)]

1개월 동안 동원된 총 근로자수 ÷ 1개월 동안 가동일 수

= 가동일 수 중 50%가 5인 이상이었다면 5인 이상 사업장으로 판정

---

4) 2019년 1월 15일부로 시행

5) 근로기준법시행령 제7조의2(상시 사용하는 근로자 수의 산정 방법) ① 법 제11조 제3항에 따른 "상시 사용하는 근로자 수"는 해당 사업 또는 사업장에서 법 적용 사유(휴업수당 지급, 근로시간 적용 등 법 또는 이 영의 적용 여부를 판단하여야 하는 사유를 말한다. 이하 이 조에서 같다) 발생일 전 1개월(사업이 성립한 날부터 1개월 미만인 경우에는 그 사업이 성립한 날 이후의 기간을 말한다. 이하 "산정기간"이라 한다) 동안 사용한 근로자의 연인원을 같은 기간 중의 가동 일수로 나누어 산정한다.

　② 제1항에도 불구하고 다음 각호의 구분에 따라 그 사업 또는 사업장에 대하여 5명(법 제93조의 적용 여부를 판단하는 경우에는 10명을 말한다. 이하 이 조에서 "법 적용 기준"이라 한다) 이상의 근로자를 사용하는 사업 또는 사업장(이하 이 조에서 "법 적용 사업 또는 사업장"이라 한다)으로 보거나 법 적용 사업 또는 사업장으로 보지 않는다.

　1. 법 적용 사업 또는 사업장으로 보는 경우: 제1항에 따라 해당 사업 또는 사업장의 근로자 수를 산정한 결과 법 적용 사업 또는 사업장에 해당하지 않는 경우에도 산정기간에 속하는 일(日)별로 근로자 수를 파악하였을 때 법 적용 기준에 미달한 일수(日數)가 2분의 1 미만인 경우

　2. 법 적용 사업 또는 사업장으로 보지 않는 경우: 제1항에 따라 해당 사업 또는 사업장의 근로자 수를 산정한 결과 법 적용 사업 또는 사업장에 해당하는 경우에도 산정기간에 속하는 일별로 근로자 수를 파악하였을 때 법 적용 기준에 미달한 일수가 2분의 1 이상인 경우

11. 임금에 대한 이해

1) 통상임금

근로자에게 전체 또는 정해진 근로에 대하여 정기적·일률적으로 지급하기로 한 금액(월급, 주급, 일급, 시간급, 도급)

☞ 통상임금에 포함되는 수당
- 직무수당, 직책수당
- 물가수당, 조정수당
- 기술수당, 자격수당, 특수작업수당, 위험수당
- 승무수당, 운항수당, 항해수당

2) 평균임금

지급발생 이전 3개월간 임금총액을 그 기간의 총 일수로 나눈 금액

☞ 평균임금 계산식
1일 평균임금＝최종 3개월간 임금총액÷최종 3개월간 일수
예＞ 7,500,000원(월 250만원)÷90일＝83,333월(1일)

☞ 최종 3개월 간의 임금총액이란?
3개월 간의 월급여액＋{(최종 1년간의 상여금＋연차수당)×(3/12)}

3) 편리하고 알기 쉬운 급여·퇴직금·실업급여·4대보험료 자동계산 Site

(1) 급여·퇴직금·실업급여 자동계산 Site[6]

첫째, 네이버 검색창에서 "급여계산기"를 입력 후 Enter키 ↵

둘째, 급여 지급 대상자의 시급(2023년 9,620원)과 한 달 근무 시간을 입력한 후 '계산하기'를 클릭하면 급여 지급 대상자의 한 달 급여가 자동으로 계산된다.

---

6) 출처: 급여계산기 : 네이버 통합검색(naver.com)

위와 같은 방법으로 급여 지급 대상자의 퇴직금과 실업급여도 자동 계산할 수 있으므로, 경리나 회계직원이 없는 소규모 기업의 기업주가 알아두면 편리한 Site이다.

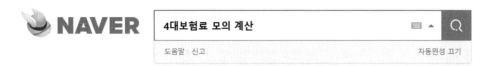

(2) 4대보험료 자동계산 Site[7]

첫째, 네이버 검색창에서 '4대보험료 모의계산'을 입력 후 Enter키 ↵

둘째, '4대보험료 모의계산'을 클릭한 후 급여 지급 대상자의 한 달 급여와 근로자 수(대부분 150인 미만)를 입력한 후 우측 상단 '계산'을 클릭하면 자동으로 국민연금보험료, 건강보험료, 장기요양보험료, 고용보험료가 사업주 부담금과 근로자부담금으로 구분되어 자동 계산된다.

---

7) 출처: 4대보험료 모의계산 : 네이버 통합검색(naver.com)

Ⅱ. 창업과 운영에 필요한 지원제도

1. 두리누리사회보험 지원제도(매월 지원)

지원자	근로자수	지원율	근로자	사업주	지원기간
신규가입자 (직전 6개월)	10명 미만	80%	40%	40%	36개월
대상 및 신청방법	☞ 대상 : 월평균 급여 260만원 미만 신규 가입근로자 및 사업주 각각 지원 • 고용보험료+국민연금 보험료의 80%지원 • 전년도 종합소득 4,300만원 미만, 재산세 과세표준액 6억원 미만 자 • 4대 사회보험정보연계센터(www.4insure.or.kr) 신청서 다운로드 • 제출서류(미가입사업장)-보험관계성립신고서 및 피보험자격취득 신고서				

2. 일자리 안정자금 지원제도

월 근로일수	지원금(매월)	지원구분
22일 이상	30,000원	매년 신청
대상 및 신청방법	☞ 대상 : 월평균 급여 230만원 미만 근로자를 30명 미만 고용 중인 사업주만 지원 • 근로복지공단 일자리안정지원추진단(www.jobfunds.or.kr)신청서 다운로드	

3. 신중년적합직무 채용 지원제도

구 분	지원금	지원구분
우선지원 대상기업	매월 800,000원	1년
중견기업	매월 400,000원	1년
조건 및 신청방법	☞ 조건 : 50세 이상 구직자를 신중년적합직무에 정규직으로 채용할 경우 월 60시간 이상 근무, 6개월 이상 고용 유지, 고용 후 만 50세 이상 피보험자 수 증가, 사업주가 지급한 임금의 80% 한도로 지급 • 고용센터 홈페이지: www.work.go.kr 신청서 다운로드 ※ 신중년 적합직무 판정기준 　1) 다른 세대에 비해 신중년이 더 수월하게 업무를 해 낼 수 있는 직무 　2) 고령화, 정보통신발달로 새로운 일자리수요가 예상되는 직무 　3) 기업의 인력수요가 증가하는 직무중에서 직업훈련 등을 통해 신중년이 노동시장에 재진입하기 수월한 직무	

4. 기타 지원제도

1) 청년 추가 고용 장려금(매월 75만원) & 청년 내일 채움 공제와 연결
2) 워라밸일자리(매월 최대 120만원, 1년)
3) 정규직 전환 지원(매월 최대 90만원, 1년)
4) 고용촉진 장려금(매월 60만원, 1년)
5) 유연근무제(연 최대 520만원)-출퇴근선택제 / 원격 or 재택근무제 등
6) 그 밖에 출산육아기 고용안정장려금(매월 최대 110만) 등과 시기적으로 정부나 지자체의 장려·육성정책에 따른 지원금이 있다.

창업실무

2019년도 탐정업무의뢰 영역별 분포도[8]를 살펴보면, 1위) 실종 가족 등 사람찾기, 2위) 이혼 및 가정문제 피해 관련 증거수집, 3위) 채권, 채무로 인한 소송증거자료수집, 4위) 기업부정비리조사 순이었다.

Ⅰ. 탐정 창업아이템의 비율과 상담 건수

1. 창업 아이템 영역별 점유비

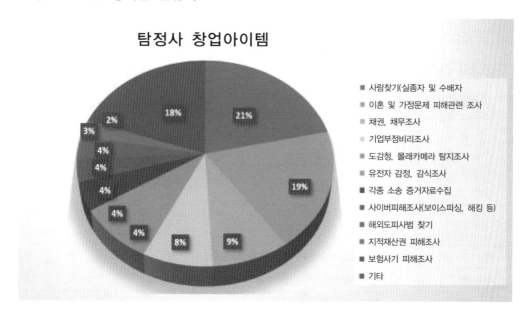

탐정사 창업아이템

■ 사람찾기(실종자 및 수배자
■ 이혼 및 가정문제 피해관련 조사
■ 채권, 채무조사
■ 기업부정비리조사
■ 도감청, 몰래카메라 탐지조사
■ 유전자 감정, 감식조사
■ 각종 소송 증거자료수집
■ 사이버피해조사(보이스피싱, 해킹 등)
■ 해외도피사범 찾기
■ 지적재산권 피해조사
■ 보험사기 피해조사
■ 기타

2. 창업 아이템별 상담 건수

의뢰영역	상담건수	비고
사람찾기(실종자 및 수배자)	24	
이혼 및 가정문제 피해관련 조사	21	
채권, 채무조사	10	
기업부정비리조사	9	

8) PIA협회 영역별 상담건수 통계, 통계기간 : 2018.01.01.~2019.08.

도감청, 몰래카메라 탐지조사	5	
유전자 감정, 감식조사	5	
각종 소송 증거자료수집	5	
사이버피해조사(보이스피싱, 해킹 등)	4	
해외도피사범 찾기	4	
지적재산권 피해조사	3	
보험사기 피해조사	2	
기타[9]	20	
합계	112	

II. 탐정실무

1. 탐정의 표준업무 흐름

단계	내용
1. 상담	전화, 메일, 면담 등으로 의뢰내용 상담
2. 견적	상담내용을 비춰 요금견적
3. 조사에 관한 협의	조사시의 이행조건, 의뢰인의 요구, 수임료의 지불방법 등을 결정
4. 계약체결	중요계약사항(의뢰인의 의뢰목적, 이행조건, 필요한 조사결과의 명확화 등), 조사기간, 수임료 등을 표기
5. 착수금 입금	착수금-중도금-완료금-성공보수(특약삽입 시) 순
6. 업무개시	업무개시와 함께 의뢰인에게 업무추진 내용 정기 보고
7. 업무종료	수집·분석자료 결과분석
8. 의뢰인께 보고	수집·분석자료 의뢰인께 제공
9. 후속조치	의뢰정보 자료파기, 조사결과가 후일 필요할 경우 조언 및 서포트

2. 수임료의 책정방법

아직까지 우리나라는 탐정업의 수임료 책정에 관한 공식적 기준이 존재하지 않는다. 다만, 2020. 11. 10. 국회의원 이명수의원 등 13명이 국회에 발의한 「탐정업 관리에

---

9) 기타 : 부정선거조사 17건, 의료사고피해조사 2건, 국제무역분쟁조사 1건.

관한 법률(안)」 2105157호의 제24조(수수료)"와 2020. 11. 26. 국회의원 윤재옥의원 등 10
명이 국회에 발의한 「탐정업의 관리에 관한 법률(안)」 2105766호의 제13조(부당한 비용 청
구 금지 등)에 의하면 두 법률안 동일하게 대통령령으로 정한다고 되어 있다. 다음은 우
리와 문화나 사회구조가 매우 비슷한 탐정선진국 일본의 수수료적용의 예이다.[10]

1) 표준형

일반적이고 평이한 수임건에 적용된다. 업무를 추진함에 있어 변수나 최초 예상치
가 최종결과에서 크게 벗어나지 않는 수임건에 적용된다.

2) 표준형+성공보수

수임료를 완전성공보수제로 적용하는 것이 불가능한 이유는 반드시 조사가 성공한
다는 보장이 없기 때문이다. 하지만 최근 일부에서는 완전성공보수제를 채용하는 곳도
있다. 예를 들자면, 미행조사일 경우 "미행을 놓치는 등 탐정 측의 실수로 미행을 완료
하지 못한 경우는 조사료를 청구하지 않는다" 또는 "일부만 청구한다" 등의 특약을 계
약 시 명기하는 것이다.

성공보수제의 대표적인 예는 실종자 찾기에서 볼 수 있다.

예를 들자면, 실종자 찾기는 1개월 500만원을 기본금으로 하고, 그 기간 내에 실종
자를 찾았을 경우, 성공보수로써 별도로 300만을 더 청구하는 식이다.

찾지 못할 경우에도 기본요금은 발생하지만 찾을 수 있느냐 없느냐에 따라 결과가
크게 달라지므로, 성공보수제가 잘 적용된 분야라고 할 수 있다.

3) 표준형 + 증액특약

수임받은 업무의 리스크를 감안하여 수임료를 올리는 요금체계도 있다. 예를 들면,
의뢰인이 먼저 조사를 수행하다가 실패를 한 후에 탐정사무소로 찾아오는 경우가 있다.
이 경우 타겟이 이미 경계를 하고 있기 때문에 미행조사라도 실패할 확률이 높아진다.

탐정은 경계하고 있는 타겟의 미행을 성공시키기 위해 투입요원을 늘리는 등 보다
많은 노력과 신경을 쓰게 되고, 투입요원을 늘리는 만큼 진행비용도 추가로 발생하게
된다.

---

10) 米澤 太(2005), 探偵］の始め方・儲け方, 株式会社 ぱる出版, 東京都, pp. 32~33.

4) 표준형+감액특약

(1) 장기조사건

조사가 장기간을 요하는 의뢰건은 표준금액에서 요금을 낮추는 경우가 있다.

1일 24시간의 잠복이면 25만원이지만, 2일이면 50만원인 것을 40만원으로, 실종자를 찾는 경우는 1개월에 500만원이면, 2개월은 800만원으로 낮추는 경우이다.

(2) 복수 인원 투입

미행조사에 탐정 2명을 붙이는 경우에는 1시간에 20만원이 들지만, 이 경우 2명에 15만원으로 등으로 낮추기도 한다.

(3) 초기 자료 제공

의뢰시 의뢰인이 초기에 제공하는 자료의 실질적인 양(量)과 질(質)에 따라 비용을 감액하는 경우이다. 예를 들어 실종자 찾기의 경우, 실종자에 대한 실종 전후의 정보나 과거의 실종경력, 실종의 원인·사진·실종시 복장·신장·혈액형·근무처·신체적 특징·친구나 컴퓨터 검색내용이나 SNS 정보 등이다.

수임료의 책정이나 적용에서 중요한 것은 의뢰인과의 충분한 상담이 이루어져야 하고, 업무수행 중 발생이 예상되는 다양한 경우를 고려하여야 한다. 그러나 가장 중요한 것은 의뢰인과 탐정과의 신뢰관계형성임을 명심하여야 한다. 이는 향후 발생할지도 모르는 수임료의 조정이나 업무진행에 결정적인 영향을 미치게 된다.

3. 일본 탐정업종 수임료 예시[11]

일본은 2006년 「탐정업의 업무의 적정화에 관한 법률」이 제정되면서 설립된 일본 탐정협회에서 공표한 윤리강령에 따른 표준수임료체계가 있지만, 각 지역별·업체별로 그 적용에 있어서는 다소 편차를 보이고 있다. 우리나라도 하루속히 「탐정업 관리에 관한 법률」이 제정되어서 표준수임료체계가 적용됨이 바람직하다.

다음은 현재 일본에서 성업 중인 탐정회사의 의뢰건 별 요금표 예시이다.

---

11) 米澤 太, 앞의 책, p. 61.

1) たくみ探偵興信所(타쿠미탐정흥신소) 요금표[12]

조사항목	투입인력·장비	요금		비고
행실조사	조사원1인+차량 無	8,800엔		− 1시간 당 금액 − 역외출장·여비별도 − 장기간의 경우 할인 적용 − 난이도에 따라 차액 발생
	조사원2인+차량 無	17,600엔		
	조사원1인+차량 有	17,600엔		
	조사원1인+차량 有	26,400엔		
소재조사	상 동	상 동		상 동
기업조사 (내부)	상 동	상 동		상 동 (근무실태·자회사·계열사조사)
기업조사 (신용)	조사원+치량+장비+α	별도 협의		회사의 자금현황·대표자의 평가·신용, 자본금의 추이·자금조달·향후 전망 등
실종· 가출조사	조사원+치량+장비+α (1개월기준)	간이 조사	懸內−20만엔 懸內＋懸外−30만엔	− 포괄적, 장기간 소요가 특징 − 최단시간 최다방법동원이 중요
		심층 조사	100만엔	
도청·도촬 조사	차량 1대	2만엔		− LDK는 리빙룸, 다이닝룸, 키친(부엌)의 약자
	1 룸 (20㎡)	3만엔		
	1LDK (30㎡)	5만엔		
	2LDK (50㎡까지)	6만엔		
	3LDK ~ 5LDK까지	7만엔		
	주택이나 사무실	10만엔		

---

12) https://takumi−tantei−office.com, 福岡市 博多區 博多驛東 1−13−17, 검색일 2020.11.30.

2) 北九州總合探偵事務所(기타큐슈총합탐정사무소) 요금표[13]

조사항목	기본요금	조사요금	성공보수
행실조사	30,000엔	1시간 12,000엔	없음
사람찾기	80,000엔~	200,000엔~	있음 0엔~
신원조사	–	80,000엔~	있음 0엔~
스토커조사	70,000엔~250,000엔	–	있음 0엔~
도청·도촬조사	발견 1방12,000엔 GPS발견 1대18,000엔		

3) さくら幸子(사쿠라사치코 탐정사무소) 요금표[14]

조사항목	기본요금	조사요금	성공보수
행실조사	30,000엔~	세부별도	세부별도
사람찾기	30,000엔~ 50,000엔(3년 이상)	세부별도	세부별도
결혼조사	30,000엔~	세부별도	없음
신원조사	30,000엔~	세부별도	세부별도
스토커조사	30,000엔~	세부별도	없음
도청·도촬조사	30,000엔~	세부별도	없음
기업조사	사안에 따라 결정	세부별도	세부별도

4. 계약서작성 방법

탐정사무소가 의뢰인과 교환하는 계약서에는 극히 기본적인 항목을 간결하게 넣는 것이 일반적이다.

우수한 탐정사무소일수록 계약서는 심플하게 작성되는 경향이 있다. 계약서에 구속되어 업무진행의 한계를 보이는 것보다는 견실하고 결과물 있는 조사를 우선시 하고 있기 때문이다.

탐정의 조사활동은 예기치 못한 일이 벌어지는 경우가 자주 있다. 계약서에는 세세

---

13) https://kitakyushu—tantei.com/cost/, 후쿠오카 현 기타큐슈시 고쿠라 미나미구 津田南마치 18–26, 검색일 2020. 11. 30

14) https://www.sakurasachiko.jp/sp/price/, 삿포로시 주 오구 미나미 1 条東 2 쵸메 8–1 선 시티 빌딩 3F, 검색일 2020. 11. 23.

한 점까지 정해 버리면 조사활동을 제한하게 되어 조사에 지장이 생기는 경우가 발생할 수도 있다. 이것은 의뢰인에게도 득이 되지 않는다.

또한 조사가 100프로 성공한다고 보장되지 않는다. 특히 의뢰인의 입장에서 보면 100프로 성공으로 만족하는 결과가 아닐 수도 있다.

의뢰내용을 상세히 듣고, 어디까지 할 수 있는지, 조사결과로 어디까지 밝혀낼 수 있는지, 결과에 대한 기대와 실망은 어떤 게 예상되는지를 반드시 설명해 주어야 향후 발생할지도 모를 의뢰인과의 분쟁을 예방할 수 있다.

끝으로, 해약에 대해서는 사전에 확실히 정해 둘 필요가 있다. 탐정사무소에서 가장 곤란한 것은 해약에 관한 분쟁이다.

특히 탐정의뢰 관련 민원건이 소비자센터 등에 접수되면 의뢰인의 일방적으로 주장한 내용이라도, 소비자의 의견을 우선시 하는 관계로 탐정사무소의 입장은 반영되기 쉽지 않다.

미행조사를 위해 미리 인원을 확보하여 예비조사를 행한 후 미행을 개시하는 전날에 해약을 요구했다면, 그에 따른 소요경비(위약금)를 청구해야 마땅하다. 그러나 의뢰인의 입장에서는 잘 납득이 가지 않는 경우가 허다하다.

5. 계약서 작성시 주의할 점

계약서는 심플한 것이 최적이지만 계약할 때에는 의뢰인과 상호 신뢰를 기본으로 한 믿음이 형성되어지고 난 후, 충분히 설명하고 이해되었을 때 계약이 이루어져야 한다.

1) 조사의 목적을 명확히 한다. 무엇을 위해 무엇을 조사하는 것인지를 명시

2) 조사내용이 사회상규나 법령 등을 위반할 위험이 있는 의뢰 등은 행하지 않는다는 것을 명시

3) 행실조사인 경우 요금은 시간제로 하는 경우가 많으며, 비록 유동적인 경우라도 조사하는 기간을 명시

4) 조사기간의 연장 또는 조사항목의 추가 가능성, 그 경우 추가요금 발생 등을 명시

5) 조사의 과정에서 얻은 의뢰인 또는 조사대상자의 개인정보, 의뢰내용 등을 비밀로 하는 의무가 있는 것을 명시

6) 계약의 해약, 중지, 변경의 경우 필요한 요금규정 명시

7) 조사 결과에 관해 조사 종료 후 보고서를 작성 제출 명시

8) 보고서를 받은 의뢰인은 그 조사서를 악용하지 않는다 등을 명시

9) 개인정보보호법에 의한 개인정보 활용동의 및 의뢰건의 위임조사계약체결 명시

6. 보고서 작성 방법

1) 객관적 사실에 근거하여 알기 쉬운 문장을 사용한다.

2) 일정별·항목별로 상세하게 기술한다.

3) 사진과 동영상이 있다면 해상도를 높힌다.

4) 마지막으로 의뢰인에게 필요한 탐정의 소견을 기술한다.

7. 탐정의 금기사항[15]

1) 어떠한 경우라도 조사결과를 위조·변조하지 마라.

2) 실지출 비용을 과다 책정하거나 인위적으로 조작하지 마라.

3) 고액을 제시하는 의뢰는 일단 의심부터 하라.

4) 조사결과를 주관적 관점에서 판단하지 마라.

5) 할 수 없는 의뢰(조사)는 처음부터 수임하지 마라.

8. 조사업무 중 계약 해지 사유

다음의 사항이 판명 될 경우 계약을 취소할 수 있다.

1) 불법한 개인의 사생활조사 판명시

2) 조직폭력단에 관한 문제 판명시

3) 공익상 비밀유지가 불가능한 의뢰건으로 판명시

4) 명확한 불법 부당 행위 목적임이 판명시

5) 기타 미풍양속과 사회상규에 반하는 것으로 판명시

9. 탐정업자의 준수사항[16]

탐정의 권리나 의무는 앞에 탐정의 윤리와 역사에서 이미 기술하였기 때문에, 여기서는 탐정업 창업시 실무상 필요한 계약사항 등 구체적인 사항에 한정하였다.

---

15) 米澤 太, 위의 책, p. 43.

16) 김종식 편저, 위의 책, pp. 268~270.

1) 부당한 비용 청구 금지: 탐정업자는 정당한 수수료 외에는 어떠한 명목으로도 의뢰인으로부터 금품 또는 재산상 이익을 청구하여서는 아니 된다.

2) 업무처리부의 작성 및 보관: 탐정업자는 업무처리부를 비치하고 의뢰받은 사항과 자료수집 내용을 처리부에 작성, 이를 보관하여야 한다.

3) 의뢰인의 신원확인: 탐정업자가 사건을 의뢰 받은 경우에는 의뢰인의 주민등록 증·운전면허증 등 법령에 따라 신원을 확인할 수 있게 작성된 증명서의 제출이나 제시 등의 방법으로 의뢰인이 본인이거나 그 대리인임을 확인하여야 하고, 그 확인 방법 및 내용 등을 처리부에 기재하여야 한다.

4) 계약사항 서면교부: 탐정업자가 의뢰인과 대행업무를 행하는 계약을 체결하는 경우에는 계약을 체결하는 탐정업자의 성명, 사무소명칭, 계약년월일, 수집할 자료의 내용, 기간 및 방법, 수집 진행상황 및 결과의 보고방법과 기한, 의뢰인이 지불하여야 할 금전의 액수와 지급시기 및 방법, 업무의 위탁에 관하여 특약으로 정한 것 등이 포함된다.

5) 자료수집의 제한 준수 및 타직역의 고유업무 불가침: 탐정업자는 '개인정보 등 법률이 보호하고 있는 영역의 자료'를 수집하여서는 아니 되며, 개별법으로 정하고 있는 타 직역의 고유업무를 존중하여야 한다.

6) 위법한 자료수집 거부 및 대행 중단: 탐정업자는 대행을 의뢰받은 내용에 위법한 사항이 있는 경우에는 대행을 거부하여야 하고, 또한 의뢰받은 내용의 대행 결과가 범죄 행위 등 불법행위에 사용되거나 사용될 것을 안 경우에는 해당 대행업무를 중단하여야 한다.

7) 직무범위 초과행위 및 등록민간자격증 대여 등의 금지: 탐정업자는 그 직무 범위를 초과하여 업무를 행하여서는 아니되며, 다른 사람에게 자기 명의를 사용하여 대행업무를 하게 하거나 등록증을 양도·대여하여서는 아니 된다.

8) 손해배상 책임: 탐정업자는 업무를 수행함에 있어 고의 또는 과실로 의뢰인 또는 제3자에게 손해를 끼쳤을 때에는 그 손해를 배상할 책임이 있다.

제3절 탐정의 업무영역

Ⅰ. 서설

탐정의 대표적인 업무영역에 대해서는 대분류해서 기술하는 것이 일반적이다. 그러나 실질적으로 창업과 실무영역으로 들어가면 각 대분류에서 다시 구체적 중소 분류로 나누어지며, 수백 개의 업무영역으로 세분화될 수 있다. 하지만, 창업을 준비하는 탐정이라면 백화점식으로 업무를 취급하는 것보다는 3~5개 특화된 실무아이템을 갖고 시작할 것을 권장한다.

Ⅱ. 탐정의 업무영역

1. 탐정 업무영역의 다양성과 광범위성

탐정의 업무영역은 법률행위인 소송관계·사인 간 계약관계에서 발생하는 사건, 그리고 민·형사상 소송관계나 계약관계와는 전혀 무관한 사람 찾기·인물평판조사·채용조사·결혼상대조사·공익신고 등 우리가 알고 있는 일반적인 업무영역보다는 훨씬 더 다양하고 광범위하다.

이와 같은 현상은 현대인이 삶을 영위하기 위하여 작용되었던 모든 행위와 의사표시가 상호간 문제가 되어 사회상규에 어긋나지 않는 범위 내에서 전문적인 서비스를 필요로 하고 있기 때문이고, 여기에 부합할 수 있는 전문영역이 바로 탐정의 업무영역이라고 할 수 있다.

2. 치안서비스 방향의 전환과 신규 탐정업무의 출현

오늘날 선진국은 민·관 혼합치안서비스 형태에서 민간이 주도하는 치안서비스 방향으로 그 흐름이 전환되고 있다. 따라서 이러한 흐름속에서 의뢰인 중심의 차별화된 서비스를 충족시키기 위한 직업군으로써 탐정이라는 존재가 더욱 필요하게 될 것이며, 앞으로 탐정의 업무영역 중 신규 전문 영역의 출현이 예상된다. 최근 시대적 변화와 수요에 따라 국내에 결혼이나 취업·유학, 그 외의 목적으로 입국 또는 귀화한 외국인들의 사건을 전담으로 하는 이주민 전문탐정과 핵가족화와 고령화, 언텍트 및 재택근무 문화의 도래로 인하여 급속도로 성장한 반려동물 시장의 사건을 전문으로 하는 반려동물 전문탐정[17]의 출현이 요구되고 있다. 결과적으로 탐정의 업무영역은 기존의 형식과 틀 안에서 고정적으로 멈춰서 있는 것이 아니라, 지금도 확장·창출되고 있는 현재 진행형이다. 특히 탐정의 이러한 업무영역은 업종의 특성상 AI의 알고리즘으로는 해결할 수 없고, 인간만이 Solution을 제공할 수 있는 분야이기도 하다.[18]

Ⅲ. 업무영역 별 탐정의 조사분야

탐정에게 찾아오는 의뢰건의 공통점은 인적 조사를 기본으로 한다는 점이다. 따라서 탐정에게 요구되어지는 자질은 처음부터 끝까지 인간에 대한 통찰력이다. 탐정의 업무는 의뢰인과의 상담에서부터 시작되며, 그 중에는 특수활동을 동반할 정도의 조사가 필요한 경우도 있는 반면, 탐정의 업무가 아닌 경찰이나 변호사의 업무가 되는 경우도 있다. 이와 같은 이유로 초기 의뢰인에 대한 상담 방법과 의뢰내용파악의 중요성이 강조되고 있는 것이다.

조사라는 서비스의 범위는 상담을 받고, 어느 정도까지 의뢰인의 요구에 대응할 것인가와 업무화 시킬것인지를 정하는 과정이다.

의뢰인이 가지고 있는 문제의 배경이 천차만별인 이상, 조사라는 서비스의 범위도 무한대로 넓다. 거기에 어디까지 범위를 정해 조사를 행하며 업무를 추진해 나갈지는 다양한 경험과 자료를 바탕으로 이루어져야 한다. 이하에서는 탐정의 업무영역 중 더욱 전문화되고 세분화되어지고 있는 업무분야에 한정하여 기술하였다.

1. 법률서비스 조사분야

1) 법률서비스 조사분야의 개념

탐정의 법류서비스 조사분야는 현행 법률제도상 두 가지 측면에서 접근해 볼 수 있다. 하나는 의뢰인이 관련자료를 스스로 조사·수집·분석하기 어려운 초기단계에서 조사활동을 통하여 사실관계 확인 및 유의미한 관련정보 등을 제공하는 것이고, 또 하나는 소송 전·후과정에서 변호사로부터 수임받은 해당자료를 조사·수집·분석하여 제공

---

17) 부산 소재 ROK탐정그룹은 2022년 4월 한국직업능력연구원으로부터 '반려동물탐정사'민간자격을 국내 최초로 인가받았다(민간자격 등록번호 제2022~002230호).
18) 김동일, "한국형 탐정제도의 정립 방안 연구", 부산외국어대학교 박사학위논문, 2023, p. 137.

하는 방법이 있다.

2) 주요 업무분야

(1) 의뢰인에게 유리한 유의미한 자료 조사·수집·분석 제공

(2) 채무면탈을 위한 채무자의 은익재산, 위장, 도피재산의 조사

(3) 소송관계자의 소송 전 보전과 소송 중 법률활동을 돕기 위한 증인·증거확보, 진정·탄원·건의·청원 등을 위한 자료수집

(4) 변호사로부터 수임한 민·형사, 행정 및 가사사건 자료수집, 사실조사, 분석

2. 부동산전문 조사분야

1) 부동산전문 탐정의 개념

부동산 거래에서 발생하는 각종 사고를 조사하는 전문탐정을 말한다. 부동산전문탐정은 거래관계에서 발생하는 부동산 소유권의 사취나 권리자로서 누려야 할 지위에 부수되는 위험요소를 사전에 인지하여 사고발생을 예방하거나, 발생하였을 경우 신속하고 효율적으로 대응하는 방안을 제시하여 의뢰자의 재산권보호와 피해회복을 목적으로 활동한다. 한편, 우리나라는 전국민의 70%가 아파트에 주거하고 있다. 이에 따라 매년 수억원에서 수십억원에 달하는 아파트관리비가 집행되고 있고, 그 결과 각종 비리와 부조리, 불법·부당한 행위가 이루어지고 있는 것이 현 실정이다. 따라서 탐정은 이러한 분야에서도 불법행위 등을 조사하여 바로잡는 업무를 수임하는 것도 가능할 것이다.

2) 주요업무분야

- 매매, 임대차 등 부동산 거래시 진정한 소유권자 조사
- 기획부동산, 불법 알박기투기자, 건설자재 도난 및 손실원인 조사
- 변호사 의뢰에 의한 부동산관련 소송사건의 증거자료 수집
- 불법유치권자, 채무면탈 도피채무자 소재파악
- 부동산 거래시 다운계약서작성·이중계약서작성
- 부진정 소유권자, 불법·허위·과장 광고에 의한 피해
- 불법무등록 중개업자의 중개행위사고 등의 업무 수행

- 부동산 소유자·점유자·관리자 등 부동산 사기조사 및 권리관계 분석업무
- 집합건물 관리비의 부당·불법 집행관련건 사건 조사

3. 기업전문조사 분야

1) 기업전문 조사분야의 개념

기업체 관련 전문탐정업무는 성격상 비노출과 비공개성이 있기 때문에, 우리가 보고 들은 이야기보다 훨씬 다양하고 일반에게는 잘 알려지지 않는 탐정의 업무영역이 존재하고 있다.

탐정은 외부 전문가로서 기업리스크를 줄이기 위하여 기업내에 발생하고 존재할 수 있는 각종 비리와 직업윤리에 위배되는 사안, 그리고 경영리스크를 발견하고 사전에 감지하여 예방함으로써 기업의 이미지실추와 기업경영 전반에 걸친 광범위한 손실을 방지하는 역할을 수행할 수도 있다.

또한 오늘날 글로벌화된 산업사회에서 세계 각국은 자국의 기간산업과 첨단기술을 보호하려는 경향을 강하게 나타내고 있지만, 반대로 이러한 각국의 중요한 기술과 정보를 불법적인 방법으로 빼내어 상대방에게 치명적인 손해를 유발시키는 산업스파이가 활동하고 있기도 하다. 따라서 이들을 사전에 적발하여 예방하거나 사후에 피해를 최소화하는 역할 또한 기업탐정이 하여야 할 업무분야이다.

2) 산업스파이

산업스파이란 국가나 기업에서 개발한 각종 특허나 프로젝트, 경쟁우위에 있는 첨단산업기술과 정보를 불법적 수집·탐지하여 경쟁관계에 있는 국가나 기업에 정보를 제공하는 행위를 하는 자를 말한다. 이들은 주로 경쟁업체의 의뢰를 받은 외부 산업스파이와 전문적으로 경쟁력 있는 산업정보를 불법적으로 수집하여 경쟁국가나 업체에 판매하는 전문스파이도 있다. 그러나 대다수의 산업정보 유출은 기업체 내부의 임직원 중 핵심기술과 정보자료에 쉽게 접근할 수 있는 조직원의 배신행위나 경쟁사의 스카웃제의에 의해 발생하고 있다.

3) 주요 업무분야

- 임직원의 부정행위조사
- 기업의 불법행위조사
- 기업의 주요 유무형 자산과 기밀사항의 외부 유출행위조사
- 임직원 채용시 평판조사
- 개인정보보호 · 통신보안 · 시설보안 · 준법정신교육
- 경쟁사의 자사우수인력 스카웃 행위방지
- 기밀누설 및 산업스파이 조사
- 기업내 각종 불법 · 부정행위 관련자 공모 여부 조사
- 언론 및 소비자대응 업무
- 기업이미지 손상방지업무
- 각종 기업환경 저해 및 경영여건 침해방지 업무
- 내부통제시스템구축과 컨설팅 등

4. 재산관련 조사분야

(1) 재산관련 조사분야의 개념[19]

재산관련조사란 개인 또는 기업이 상거래 혹은 사적 거래 시 가압류 · 가처분의 물권확보를 위하여 상대방의 재산상태 등의 파악 또는 채무명의를 집행하기 위하여 의뢰자의 의뢰를 받아 각종 재산(부동산 · 유체동산 · 임차보증금 · 차량 · 건설기계 · 유가증권 등)에 관련 된 정보를 조사하여 제공하는 업무이다.

현재의 탐정은 재산관련조사업무에서 허가 받은 신용정보조사업체나 수사상 필요한 경우의 경찰 · 검찰 조사업무와는 달리 의뢰인의 위임을 받아 유의미한 자료를 수집 분석 · 제공하는 업무만이 가능하다. 따라서 재산관련 조사분야는 「신용정보법」과 「개인정보법」 등에 저촉될 소지가 많기 때문에 위법행위가 되지 않도록 충분한 법적 검토가 이루어져야 할 것이다.

---

19) 강영숙, 「탐정(민간조사)실무」, 인천: 진영사, 2015, p. 19.

5. 사람찾기 조사분야

1) 사람찾기 조사분야의 종류

> • 가출인 – 우발적·계획적 가출인 찾기, 미성년 및 성인 가출인 찾기
> • 해외이산가족·입양인·남북이산가족 찾기
> • 실종자·행방불명자·잠적자·정신이상자 찾기
> • 만나고 싶은 사람 찾기(전우·동창·친구·옛애인·고향사람·옛 직장동료 등)
> • 해외도피 경제사범찾기·도피자 소재파악 및 송환관련 업무

2) 주요 세부조사 업무

- 의뢰건 접수·상담
- 조사계획 수립
- 탐문조사·정황증거 수집
- 실종자·행불자·가출자 소재파악
- 미아 소재파악
- 국내 및 국외 현지탐색
- 국내, 국외 탐정들과의 네트워크를 통한 조사

6. Cyber 범죄관련 조사분야

1) Cyber 범죄관련 조사분야의 개념

4차 산업혁명으로 대변되는 21세기는 정보통신기술의 발달과 영역확장으로 Cyber 상 범죄가 빈번하며, 그 증가속도도 매우 급속하게 변화하고 있다.

인터넷환경과 정보통신기술, Cyber에 대한 전문지식이 함양된 탐정은 의뢰인의 수임을 받아서 첫째 Cyber상의 범죄증거 수집·분석, 둘째 Cyber 범죄 용의자 신원확인 IP 주소 추적, 셋째 Cyber범죄 예방시스템 구축 및 방재컨설팅 활동을 할 수 있다.

2) 주요업무 분야

> • 개인의 신용정보 유출
> • 기업의 첨단기밀 유출

- 전자상거래범죄
- 특정인에 대한 유언비어 유포
- 컴퓨터를 이용한 금융사기
- 악성바이러스 유포
- 컴퓨터프로그램·시스템 파괴목적이 해킹
- 살인청부, 성매매 등 사이버공간 상의 범죄

7. 지식재산권 침해 조사분야

1) 지식재산권의 개념

지식재산권이란 인간의 지적창작물에 대한 권리와 표지에 대한 권리를 총칭하는 것으로서, 여기에는 정신적 재화인 무형재산을 말한다.

탐정은 개인 및 기업의 의뢰를 받아 상표권·저작권·「부정경쟁방지법」위반 등에 대한 자료를 수집·조사할 수 있다.

주요 조사 업무로는 첫째 지식재산권 침해사범의 유통경로를 파악하고, 둘째 지식 재산권 침해사범의 제조시설을 추적하며, 셋째 지식재산권의 침해행위에 대한 적극적인 예방 및 보호와 침해행위 조사, 넷째 ON-Line/OFF-Line의 지식재산권 침해 증거자료 수집·분석하여 의뢰인에게 제공하는 것 등이다.

2) 주요업무 분야

- 인간의 창조물인 '기술', '지식' 또는 '정보'
- 발명(특허권), 고안(실용신안권), 의장(의장권), 상표(상표권), 초상권
- 저작물(영화, 음악, 사진 등), 컴퓨터프로그램, 영업비밀
- 반도체 칩의 배치설계, 데이터베이스, 기업의 산업재산권
- 그 외 산업·예술상 보호할 가치가 있는 모든 권리와 이익 등

8. 공공 및 사회안전 조사분야

1) 「공익신고자보호법」에 의한 불법·위법·부정·부패행위 신고
2) 국민건강·보건·환경·위생 등 안전관련 위반 증거수집

　3) 산업안전·사회안전·건설·소방·소비자이익보호 등 공익침해 사실조사

　4) 불량 및 부정식품제조, 유통·무허가식품 및 허가식품의 위변조, 불법식품 수입 신고

　5) 변질식품 또는 유해물질사용제조 등의 행위와 식품에 대한 허위·과대광고 제보

9. 이주민 전문분야[20]

　오늘날 한국 사회는 급격한 고령화와 저출산, 3D업종 기피 현상, 농어촌의 노동 인력과 지방대학의 입학정원 부족, 그리고 K-Pop으로 대변되는 한류의 영향 등으로 동남아를 비롯한 세계 각국에서 한국인과의 결혼 또는 취업·유학·산업 연수 등의 명목으로 국내에 해마다 엄청난 숫자의 외국인이 유입되고 있다. 이러한 외국인의 국내 유입은 국내 산업의 부족한 노동력과 국제결혼을 통한 농어촌의 인구구성에 절대적인 역할을 하면서, 거스를 수 없는 시대적 흐름으로 자리매김하고 있다.

　이 분야에서 발생하고 있는 각종 민원과 사건(위장결혼 및 결혼 전 행실 조사, 위장취업, 위장 유학, 불법체류, 국내 및 해외 잠적, 해외자금 유출, 해외부동산 투자사고, 외국인 배우자의 재산 은닉, 이주민 간 폭력 및 범죄행위, 고용주의 불법 노동 강요, 착취, 밀수, 성매매, 환전사고 등)을 전문으로 하는 이주민 전문 탐정의 수요가 예상된다.

10. 반려동물 전문 분야[21]

　2020년 말 현재 한국의 반려 가구는 604만 가구이고, 전체 가구의 29.7%를 차지하며, 반려인 수는 1,448만 명으로, 4명 중 1명 이상이 반려동물과 함께 살고 있다.[22] 특히 급격한 사회구조 변화(핵가족, 고령화, 독거노인 가구, COVID-19로 인한 언택트, 재택 근로자 증가, 젊은 층의 비혼, 독신가구 증가 등)로 반려동물을 키우는 인구는 폭발적으로 증가하고 있다.

　반려동물의 실종과 유기로 인한 각종 사고, 분쟁 발생시 법적인 문제, 위·수탁자 과실 문제, 상해나 죽음으로 인한 손해사정 및 보험처리 등을 전문으로 하는 반려동물 전문 탐정의 수요가 예상된다.

---

20) 김동일, 앞의 논문, p. 137.

21) 김동일, 앞의 논문, p. 138.

22) 황원경·손광표, "2021 한국반려동물보고", 「KB금융지주」, KB금융지주경영연구소, p. 1.

11. 기타 전문 조사분야

1) 선거사범전문: 공무원불법선거운동개입, 불법선거운동 조직설치·운영, 공직선거, 금품·향응제공, 허위사실공표·비방·흑색선전, 공직후보자 공천대가를 포함한 불법정치자금수수, 선거비용 및 정치자금회계보고 관련 불법행위의 정보나 단서·증거 등의 수집을 전문으로 하는 탐정

2) 경비전문: 대형마트나 백화점등 대규모판매시설에 근무하면서 시설내에서 발생하는 각종 절도(소매치기) 등의 검거, 시설 내 근무자의 근태 및 서비스 등을 감시하고 부정행위 등을 적발하는 탐정

3) 이혼소송전문: 재판상 이혼소송 등에 사용될 정보나 단서·증거 등을 수집하는 업무, 또는 배우자의 술책적 부정행위(고의적 간통행위)에 대한 증거를 수집하는 탐정

4) 신고포상금전문: 국민권익위원회 운영 국가청렴정보시스템이나 국민신문고, 국세청,공정거래위원회, 보건복지부, 금융감독원, 보험감독원, 각지방 지자체, 소방서, 산림청에서 운영하고 있는 위반(위법)사례 신고포상금 지급제도를 전문으로 하는 탐정 등을 들수 있다.

제4절 공익신고자 포상제도 등

Ⅰ. 공익신고의 정의[23]

공익침해행위가 발생하였거나 발생할 우려가 있다는 사실을 신고·진정·제보·고소·고발하거나 공익침해행위에 대한 수사의 단서를 공익신고접수기관에 제공하는 것을 말한다. 다만, 공익신고 내용이 거짓이라는 사실을 알았거나 알 수 있었음에도 불구하고 공익신고를 한 경우, 공익신고와 관련하여 금품이나 근로관계상의 특혜를 요구하거나 그 밖에 부정한 목적으로 공익신고를 한 경우에는 공익신고로 보지 아니한다.

---

23) 공익신고자보호법 제2조(정의)

1. 공익침해행위[24]

공익침해행위란 국민의 건강과 안전, 환경, 소비자의 이익, 공정한 경쟁 및 이에 준하는 공공의 이익을 침해하는 행위를 말한다.

2. 공익신고 등

공익신고 등이란 공익신고와 공익신고에 대한 조사·수사·소송 및 공익신고자 보호조치에 관련된 조사·소송 등에서 진술·증언하거나 자료를 제공하는 것을 말한다.

3. 공익신고자 등

공익신고자 등이란 공익신고자와 공익신고에 대한 조사·수사·소송 및 공익신고자 보호조치에 관련된 조사·소송 등에서 진술·증언하거나 자료를 제공한 사람을 말한다.

Ⅱ. 공익신고 접수기관 등

1. 공익신고 접수기관

누구든지 공익침해행위가 발생할 우려가 있다고 인정하는 경우에는 다음의 어느 하나에 해당하는 자에게 공익신고를 할 수 있다.

1) 공익침해행위에 대한 지도·감독·규제 또는 조사 등의 권한을 가진 행정기관이나 감독기관(이하 "조사기관"이라고 한다).

2) 수사기관

3) 위원회

4) 그 밖에 공익신고를 하는 것이 공익침해 행위의 발생이나 그로 인한 피해의 확대방지에 필요하다고 인정되어 대통령령으로 정하는 자

2. 공익신고의 대상

공익신고의 대상은 국민의 안전·건강·보건·환경·위생·소비자이익·공정경쟁 및 이에 준하는 공공의 이익을 침해하는 행위 등이다.

---

24) 동법 제2조(정의) 제1항, 가~나

안전	• 폭발위험이 있는 가짜 자동차에어컨냉매가스를 무허가로 수입·납품행위 • 불성실한 책임감리 등으로 시설물의 중대한 손괴를 야기하는 행위 • 술에 취한 상태에서 선박의 조타기를 조작하는 행위 • 건축사가 아닌 자가 설계·시공감리를 하는 행위
건강	• 농수산물 우수관리인증 허위표시 • 학교급식의 원산지표시·유전자변형 표지를 거짓으로 기재하여 사용하는 행위 • 무면허의료행위·무자격자의 의약품조제·판매·면허사항 외의 의료행위 • 위해식품제조 및 판매·유통기한 변조, 식품인증마크 불법사용
환경	• 폐기물 불법매립 행위 • 유독물사용 인쇄시설을 운영하면서 대기배출시설 설치신고를 하지 않는 행위 • 악취관리지역에서 악취배출시설을 신고하지 아니한 행위 • 유해물질·농약·축산배수 등을 공공수역에 유출하는 행위
소비자 이익	• 중국산 농산물을 국내산으로 허위표시하여 유통하는 행위 • 정보주체의 동의를 받지 아니하고 개인정보를 제3자에게 제공하는 행위 • 물품·용역으로 인해 소비자의 생명·신체·재산에 위해를 발생시키는 행위 • 이자율을 초과한 이자수수·미등록 대부업자로부터 채권을 양도받아 추심
공정 경쟁	• 가격담합 등 부당공동행위, 가격차별 등 불공정거래 행위 • 불법하도급 거래 행위 • 대규모유통업자가 납품업자에게 불리하게 계약조건을 변경하는 행위 • 국제상거래에 있어 외국공무원에 대한 뇌물을 제공하는 행위

3. 공익신고 방법

전국 어디서나 국번 없이 110번 또는 1398번, 홈페이지, 방문, 우편, 팩스(044-200-7972), 공익신고 앱, 청렴신문고 acrc.go.kr, 국민신문고 epeople.go.kr 등을 이용하면 된다.

1) 신고절차

신고자		위원회		위원회
공익신고	→	접수사실확인	→	이첩
조사·수사기관	→	조사·수사기관	→	위원회
조사·수사	→	결과통보	→	신고자에게 결과통보

2) 공익신고서 기재 내용

(1) 공익신고자의 이름, (2) 주민등록번호, (3) 주소 및 연락처, (4) 공익침해행위를 하는 자, (5) 공익침해행위 내용, (6) 공익신고의 취지와 내용 등을 적은 문서와 공익침해행위의 증거 등을 첨부하여 조사기관·수사기관·위원회 등의 어느 하나에 해당하는 자에게 제출하면 된다.

4. 포상금 지급절차

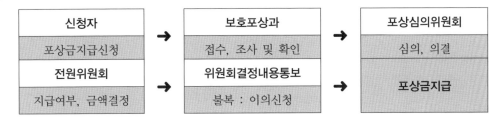

신청자	보호포상과	포상심의위원회
포상금지급신청	접수, 조사 및 확인	심의, 의결
전원위원회	위원회결정내용통보	포상금지급
지급여부, 금액결정	불복 : 이의신청	

5. 공익신고의 포상

공익신고에 대한 포상결정은 국민권익위원회가 선정하여 지급한다. 공익신고로 국가·지방자치단체에 재산상 이익을 가져오거나 손실을 방지하는 경우 또는 공익의 증진을 가져온 경우, 최고 2억원의 포상금을 지급한다.

1) 공익침해신고 포상제도

포상금 지급사유	포상금 지급기준
(1) 공익침해행위를 한 자에 대하여 기소유예, 형의 선고유예·집행유예 또는 형의 선고 등이 있는 경우 (2) 시정명령 등 특정한 행위나 금지를 명하는 행정처분이 있는 경우 (3) 공익침해행위 예방을 위한 관계법령의 제정 또는 개정 등 제도개선에 기여한 경우 (4) 과태료 또는 과징금의 부과처분이 있는 경우 (5) 사회재난의 예방 및 확산방지 등에 기여한 경우	지급사유 1~5에 해당하는 경우 2억원 이하의 포상금 지급
신청기한	국가 또는 지방자치단체의 수입의 회복이나 증대에 관한 법률관계가 확정되었음을 안 날부터 2년 이내, 그 법률관계가 확정된 날부터 5년 이내에 신청

2) 공공재정 부정청구 등 신고 포상제도

포상금 지급기준	포상금 지급사유
(1) 신고자에게 2억원 이하의 포상금 지급 (2) 보상심의위원회 및 전원위원회 심의의결을 거쳐 포상금 지급여부 및 지급금액 결정	① 부정수익자에 대하여 공소의 제기·기소유예·기소중지, 징계처분 및 시정 조치 등이 있는 경우 ② 법령의 제정·개정 등 제도개선에 기여한 경우 ③ 부패행위신고에 의하여 신고와 관련된 정책 등의 개선·중단 또는 종료 등으로 공공기관의 재산상 손실을 방지한 경우 ④ 그 밖에 포상금을 지급할 수 있다고 포상심의위원회가 인정하는 경우
(3) 지급기한[25]	특별한 사유가 없는 한 신청일로부터 90이내 지급여부 및 지급금액 결정
(4) 지급제한	부정청구 등의 감사수사 또는 조사업무에 종사하거나 종사했던 공직자가 자신의 직무와 관련하여 신고한 경우
(5) 감액사유[26]	① 증거자료의 신빙성 등 신고의 정확성 ② 언론매체에 의하여 공개된 것인지의 여부 ③ 신고자가 신고와 관련하여 불법행위 가담 여부 ④ 부패행위사건의 해결에 기여한 정도

3) 부패행위신고 포상제도[27]

포상금 지급사유	포상금 지급기준
(1) 부패행위자에 대하여 공소의 제기·기소유예·기소중지, 통고처분, 과태료 또는 과징금의 부과, 징계처분 및 시정 조치 등이 있는 경우 (2) 법령의 제정·개정 등 제도개선에 기여한 경우 (3) 부패행위신고에 의하여 신고와 관련된 정책 등의 개선·중단 또는 종료 등으로 공공기관의 재산상 손실을 방지한 경우 (4) 그 밖에 포상금을 지급할 수 있다고 포상심의위원회가 인정하는 경우	① 지급 사유 1~5에 해당하는 경우에는 2억원 이하의 포상금을 지급 ② 포상심의위원회 및 전원위원회 심의·의결을 거쳐 포상금 지급 여부 및 지급금액 결정
신청기한	국가 또는 지방자치단체의 수입의 회복이나 증대에 관한 법률관계가 확정되었음을 안 날부터 2년 이내, 그 법률관계가 확정된 날부터 5년 이내에 신청

---

25) 공공재정 부정청구 금지 및 부정이익 환수 등에 관한 법률 제24조 및 부패방지권익위법 제70조 제1항.

26) 동법 시행령 제20조 제1항.

27) 부패방지 및 국민권익위의 설치와 운영에 관한 법률(약칭 부패방지권익위법 제58조). 부패행위신고는 내외국인을 불문, 피해자, 목격자, 혹은 우연히 알게 된 제 3자 등 누구든지 가능하다.

6. 신고자 보호

1) 공익침해행위 신고자 보호제도

(1) 비밀보장[28]	누구든지 공익신고자 등이라는 사정을 알면서 그의 인적사항이나 그가 공익신고자등임을 미루어 알 수 있는 사실을 다른 사람에게 알려주거나 공개 또는 보도하여서는 안 된다.
(2) 신변보호[29]	신고자는 공익신고 등을 이유로 자신과 친족 또는 동거인의 생명, 신체에 불안이 있는 경우 국민권익위원회에 신변보호조치를 요구할 수 있고, 위원회는 경찰관서의 장 등에게 신변보호조치를 요청할 수 있다.
(3) 책임감면[30]	공익신고 등과 관련하여 공익신고자등의 범죄행위가 발견된 경우에는 그 형을 감경·면제할 수 있고, 공익신고등과 관련하여 발견된 위법행위 등을 이유로 징계나 불리한 행정처분을 당한 경우 위원회에 징계나 행정처분의 감경 또는 면제를 요구할 수 있다.
(4) 보호조치[31]	누구든지 공익신고자에게 공익신고를 이유로 신분상·행정적·경제적 불이익조치를 할 수 없으며, 공익신고 등을 이유로 불이익조치를 받은 때에는 원상회복이나 그 밖에 필요한 조치 등을 요구할 수 있다.

2) 공공재정 부정청구 등 신고자 보호제도

(1) 신분보장[32]	누구든지 신고 등을 이유로 징계조치 등 어떠한 신분상 불이익이나 근무조건상의 차별을 받지 아니하며, 공공재정 부정청구 등 신고자에게 불이익을 주면 과태료를 부과 받게 된다.
(2) 신변보호[33]	공공재정 부정청구 등 신고자는 부정청구 등 신고를 한 이유로 자신과 친족 또는 동거인의 생명, 신체에 불안이 있는 경우 국민권익위원회에 신변보호조치를 요구할 수 있고, 위원회는 경찰청장 등에게 신변보호조치를 요청할 수 있다.
(3) 비밀보장[34]	신고자 등의 동의 없이 그의 인적사항이나 그가 신고자 등임을 미루어 알 수 있는 사실을 다른 사람에게 알려주거나 공개 또는 보도하여서는 안 된다.
(4) 책임감면[35]	신고 등을 함으로써 그와 관련된 자신의 범죄가 발견된 경우 그 신고자 등에 대하여 형을 감경 또는 면제할 수 있다.

28) 공익신고자보호법 제12조
29) 동법 제13조
30) 동법 제14조
31) 동법 제15조, 제17조
32) 공공재정 부정청구 금지 및 부정이익 환수 등에 관한 법률 제19조
33) 동법 제21조
34) 동법 제20조
35) 동법 제22조

3) 부패행위 신고자 보호제도

(1) 신분보장[36]	신고 또는 신고에 협조한 이유로 어떠한 불이익이나 차별 또는 그에 대한 우려를 받지 않아야 하며, 부패신고자에게 불이익을 주면 과태료나 징계처분을 받게 된다.
(2) 신변보호[37]	부패신고자는 부패행위 신고를 한 이유로 자신과 친족 또는 동거인의 생명, 신체에 불안이 있는 경우 국민권익위원회에 신변보호조치를 요구할 수 있고, 위원회는 경찰청장 등에게 신변보호조치를 요청할 수 있다.
(3) 비밀보장[38]	신고자의 동의 없이 그의 인적사항이나 신고자임을 미루어 알 수 있는 사실을 다른 사람에게 알려주거나 공개 또는 보도하여서는 안 된다.
(4) 책임감면[39]	신고를 함으로써 그와 관련된 자신의 범죄가 발견된 경우 그 신고자에 대하여 형을 감경 또는 면제할 수 있으며, 이는 공공기관의 징계처분에 관하여도 준용된다.

7. 범죄수익 환수 포상[40]

국고귀속금액[41]	포상금 상한액	
	일반인	법 제13조제1항[42] 단서에 해당하는 또는 금융회사 등에 종사하는 사람
200억원 이상	1억원	1,000만원
100억원 이상 200억원 미만	7,000만원	700만원
50억원 이상 100억원 미만	5,000만원	500만원
10억원 이상 50억원 미만	3,000만원	300만원
1억원 이상 10억원 미만	1,000만원	100만원
5,000만원 이상 1억원 미만	700만원	70만원
5,000만원 미만	500만원	50만원

---

36) 부패방지권익위법 제62조~제63조의2
37) 동법 제64조의2, 제65조
38) 동법 제64조, 제88조
39) 동법 제66조
40) 범죄수익은닉의 규제 및 처벌 등에 관한 법률 시행령, 제2조(신고 또는 공로의 범위)
41) 범죄수익은닉의 규제 및 처벌 등에 관한 법률 제3조(포상금의 지급 기준 등).
42) 제13조(포상금 지급) ① 법무부장관은 몰수대상재산이 몰수·추징되어 국고에 귀속된 경우에는 수사기관에

8. 어린이집 공익제보 포상

　어린이집 공익제보 포상이란 「보조금관리에 관한 법률」 및 「어린이집 공익신고자에 대한 포상금 지급에 관한 규정」[43)]에 의하여 보조금부정수급, 아동학대 및 급·간식 부적정 등 어린이집의 법 위반사례를 신고한 공익제보자에 대하여 신고포상금을 지급하는 제도를 말한다.

1) 신고접수 기관 및 신고방법

　신고접수기관으로는 지자체·이용불편신고센터·아동보호전문기관·수사기관 등이 있으며, 유선접수·홈페이지·방문신고 등의 방법으로 신고하면 된다.

2) 신고포상금 지급절차

　「어린이집 공익신고자에 대한 포상금 지급에 관한 규정」 제5조(포상금의 지급 시기) 신고 대상 행위의 위법사실이 확정되거나, 행정처분이 집행된 경우로서 부정수급액이 환수된 경우에 한하여 지급하되, 포상금액이 확정되어 신고인에게 통보한 날로부터 60일 이내에 포상금을 지급하여야 한다.

　(1) 공익신고 접수기관은 사실관계 확인을 거쳐 관할 시·군·구청장에게 통보한다.

　(2) 시·군·구청장은 관계규정에 의거 행정처분 및 부정수급액 환수를 한 사건에 대하여 보건복지부장관에게 포상금 신청서를 제출한다.

　(3) 보건복지부장관은 포상금액을 확정하여 신고인에게 통보한 날로부터 60일 이내에 지급청구서 등 지급을 위한 개인정보를 제출받아 확인 후 포상금을 지급한다.

신고한 자 또는 몰수·추징에 공로가 있는 자에게 포상금을 지급할 수 있다. 다만, 공무원이 그 직무와 관련하여 신고하거나 금융회사등에 종사하는 사람이 제5조제1항에 따라 신고한 경우에는 포상금을 감액하거나 지급하지 아니할 수 있다. ② 제1항에 따른 포상금 지급 대상이 되는 신고 또는 공로의 범위, 포상금 지급의 기준·방법 및 절차 등에 관하여 필요한 사항은 대통령령으로 정한다. [본조신설 2013. 5. 28.]

43) 보건복지부훈령 제47호

3) 신고포상금 지급기준

유형	포상금지급액, 산정기준, 산출방법	포상금
(1) 부정 수급	환수금액 1,000만원 이하	환수액×30/100(최대300만원)
	환수금액 1,000만원초과 ~ 1억이하	300만원+(1,000만원초과환수액×20/100), 최대2,100만원
	환수금액 1억초과	2,100만원+(1억원초과환수액×10/100), 최대5,000만원
(2) 아동 학대	아동학대로 판정 시	100만원
	벌금형 이상 선고를 받은 경우	500만원
	벌금형이상 선고와 학대가 장기간, 집단적으로 이루어진 경우	1,000만원
(3) 급식	어린이집에서 조리한 음식이 상한 경우	100만원
	어린이집에서 조리한 음식물의 재사용	50만원
(4) 차량	음주하고 통학버스를 운전한 경우	100만원
	운전 중 휴대폰 사용	50만원
	보호자 등 동승의무 위반	50만원
	미신고 차량을 통학버스로 이용	50만원

4) 각종 공익신고 포상금제도

항목	조건	포상금	신고처	비고
신용카드결재거부 사실과 다른 결재	1개월 이내 신청	5천-5만 : 1만원 5만-250만: 20% 250만 이상 :50만원	국세청 국세상담센터 126	
현금영수증 미발급 현금영수증발급 거부	현금영수증의무발행 업종 제3자 현금거래도 가능 5년 이내 신청	5천-5만 : 1만원 5만-250만: 20% 250만 이상 :50만원	국세청 국세상담센터 126	연간 1500만원 한도
차명계좌사용	타인계좌입금요구 타 가맹점전표결재 탈세액1천만 이상	1건당 100만원	국세청 국세상담센터 126	연간 5천만 한도
체납자은익재산	은익재산국고환수	징수금액의 5~15%	국세청 국세상담센터 126	최대 20억원

명의위장사업장	위장명의로 사업영위	건당 100만원	국세청 국세상담센터 126	
일반조세탈루	탈루세액5천만 이상 탈루세액국고환수	탈루세액의 5~20%	국세청 국세상담센터 126	최대 40억
조세범칙행위	탈루세액5천만 이상 탈루세액국고환수	탈루세액의 5~20%	국세청 국세상담센터 126	최대 40억
신용카드불법모집	불법모집	길거리모집-50만원 과다경품제공-50만원 타사카드모집-100만원 무등록모집-100만원 종합카드모집-200만원	금융감독원	
휴대폰불법지원 모집	과당지원금 과대경품지원	건당 200~1000만원	공정거래 위원회	
불법다단계모집	불법적 다단계모집행위	건당 100만~2천만원	공정거래 위원회	
노래방불법영업	주류판매 도우미	건당 100만원	각 구청 식품위생과	
대포차신고	무명의 대포차	건당 10만원	각 지자체 교통과	
소방시설부실관리	고장난 시설방치 비상구 막는 행위	건당 10~30만원	소방서	
산불유발행위	산에서 소각행위 산불예방장치 파손	최고 300만원	산림청	
쓰레기불법소각	유독가스발생물소각	과태료의 20% 가정집-10만원 공사장 등-20만원	지자체환경과 국민신문고	
쓰레기무단투기	무단투기 발생시	건당 30만원	각 구청 청소과	
담배꽁초무단투기	차량블랙박스	건당 2~3만원	각 지자체	
아동, 청소년성매매	유인, 권유, 알선 문자, 채팅	건당 70~100만원	여성가족부 경찰청112	
부동산다운계약서	실재와 다른 이면계약	과태료의 20%	각 지자체	최고 1천만원
자가용화물차 불법행위	영업행위	건당 20만원	각 지자체	연간 100만원

식품위생위반	유통기간경과 원산지표시위반	건당100~500만원	각 구청 식품위생과	
진료비부당청구	진료비거짓청구병원	내부종사자-10억원 일반인-500만원	보건복지부	
외국인환자불법유치	불법으로 외국인환자 의료기관에 소개 브로커	건당 100만원	보건복지부	최대 1000만원
무자격약사	불법 약제조	최고 1억원	보건복지부	
정형외과가짜환자	거짓환자행세	건당 100~300만원	손해보험협회	
폐콘크리트무단방류	증빙영상, 사진	최고 2000만원	각 지자체	

5) 포상금의 종류 및 관련기관

포상금 종류	관련기관	홈페이지	포 상 금
환경오염	환경부	www.me.go.kr	건당3만원~50만원
선거사범신고	선관위	www.nec.go.kr	최고5천만원~1억원
미성년주류판매	경찰서	검색창에 관할경찰서	건당20만원
임대주택불법전대	건교부	www.nolit.go.kr	건당30만원
담배꽁초투기	지자체	검색창에 관할경찰서	건당3천원~4만원
악취폐기물투기	지자체	검색창에 관할경찰서	최고10만원~100만원
건축폐기물투기	지자체	검색창에 관할경찰서	건당15만원
유사석유제품	석유품질관리원	www.kpetro.or.kr	건당5만원~500만원
부정불량식품	식약청	www.mfds.go.kr	건당5만원~30만원
쓰레기불법투기	지자체 청소환경과	검색창에 관할구청	건당3만원~20만원
원산지표시제	국립농산물품질관리원	www.naqs.go.kr	건당5만원~200만원
가짜양주고발	대한주류공업협회	www.kalia.or.kr	건당100만원~2000만원
일회용품	지자체 청소환경과	검색창에 관할경찰서	건당1만원~10만원
신문고시위반	공정위	www.ftc.go.kr	건당40만원~100만원
학원부조리신고	교육청	각 시도 교육청	건당30만원~200만원
현금영수증	국세청	www.nts.go.kr	건당100만원~500만원
불량LPG신고	한국가스안전공사	www.kgs.or.kr	건당50만원

문화재사범신고	문화재청	www.cha.go.kr	최고1000만원
신용카드위장가맹	여신금융협회	www.crefia.or.kr	건당100만원
거액탈세	국세청	www.nts.go.kr	포탈세액의 3~10%
농지불법허가	농림부	www.mafra.go.kr	건당50만원
병무비리신고	병무청 /각 지방청	www.mma.go.kr	건당10만원~100만원
증권불공정거래	한국거래소	ipc.krx.co.kr	건당500만원~1억원
상거래담합행위	금융감독원	www.fss.or.kr	최고1억원
의약품불법처방	각 보건소	www.chc.mohw.go.kr	벌금액의 10%
부정축산물	환경부	www.me.go.kr	최고300만원
성매매	경찰서	검색창에 관할경찰서	건당200만원~1천만원
불법무면허택시신고	시청 /다산콜센터	www.seoul.go.kr	건당50만원
개인택시불법양도양수	시청 /다산콜센터	www.seoul.go.kr	건당50만원
허위과대광고	노동부고용센터	www.work.go.kr	건당20만원~50만원
거짓구인광고	노동부고용센터/시군구	www.work.go.kr	건당40만원~50만원
보험범죄	금융감독원	www.fss.or.kr	건당30만원~1억원
불법오락실 /게임장	경찰서	검색창에 관할경찰서	건당30만원~1천만원
불법의료행위	보건소	www.chc.mohw.go.kr	벌금액의 10%
의료보험부당청구	보건복지부	www.mw.go.kr	최고10만원~500만원
장기요양기관신고	국민보험공단	www.nhis.or.kr	최고2000만원
애견삽불법신고	대한수의사회	www.kvma.or.ke	건당30만원
마약사범	대검마약부	www.spo.go.kr	최고1억원
지하철범죄신고	지하철공사	www.seoulmetro.co.kr	최고1천만원

제5절 서식

Ⅰ. 공적신고 서식

탐정이 업무활동 중 공적신고와 관련된 공적신고 서식이다. 이하에서는 「청탁금지법」위반 및 채용비리·복지 및 보조금 부정수급·공공재정 부정청구·부패행위·행동강령위반·공익침해행위 등의 신고 내용과 서식 등을 기술하였고, 이외에도 의뢰인의 의뢰에 따른 업무를 수행하기 위한 서식 등도 첨부하였다. 실무상 참고하길 바란다.

1. 「청탁금지법」위반·채용비리 신고안내

부정청탁 또는 수수 금지 금품 등을 받은 공직자 등 또는 「청탁금지법」위반행위를 알게 된 자는 누구든지 국민권익위원회에 신고할 수 있다(「부정청탁 및 금품수수등 수수의 금지에 관한 법률」 제7조 제6항, 제9조 제6항, 제13조 제1항).

> ※ **공직자 등** : 「국가공무원법」 또는 「지방공무원법」에 따른 공무원과 그 밖에 다른 법률에 따라 그 자격·임용·교육훈련·복무·보수·신분보장 등에 있어서 공무원으로 인정된 사람, 공직유관단체 및 기관의 장과 그 임직원, 각급 학교의 장과 교직원 및 학교법인의 임직원, 언론사의 대표자와 그 임직원

■ 청탁금지법위반·채용비리 신고서(자진 신고용)

접수번호		접수일자	처리일자
신 고 자	성명		주민등록번호 (외국인등록번호)
	소속		연락처
	주소		

부정청탁을 한 자 또는 금품등을 제공한 자	성명		
	직업 (소속)		연락처
	주소		
	법인·단체 등의 경우	명칭	
		소재지	
		대표자 성명	

신고취지 및 이유	

부정청탁 및 금품등 수수 내용	일시
	장소
	내용(금품등 수수의 경우 그 종류 및 가액)

금품등 반환여부 및 방법(금품등 수수의 경우)	반환여부
	반환 일시·장소 및 방법(반환한 경우)

증거자료	
비고	

위와 같은 사실을 신고합니다.

년   월   일

신고자   (서명 또는 인)

국민권익위원회위원장   귀하

210mm×297mm[일반용지 60g/㎡(재활용품)]

■ 청탁금지법위반·채용비리 신고서(제3자 신고용)

접수번호		접수일자		처리일자	
신 고 자	성명			주민등록번호 (외국인등록번호)	
	직업 (소속)			연락처	
	주소				
피신고자 (신고대상)	성명				
	직업 (소속)			연락처	
	주소				
	법인·단체등의 경우	명칭			
		소재지			
		대표자 성명			
피신고자 (신고대상)	성명				
	직업 (소속)			연락처	
	주소				
	법인·단체등의 경우	명칭			
		소재지			
		대표자 성명			
신고취지 및 이유					
법 위반행위 내용	일시				
	장소				
	내용				
증거자료					
비고					

위와 같이 피신고자(신고대상)의 「부정청탁 및 금품등 수수의 금지에 관한 법률」

위반행위를 신고합니다.

년 　 월 　 일

신고자　　　　　　　　　　　　　　(서명 또는 인)

국민권익위원회위원장　　귀하

210mm×297mm[일반용지 60g/㎡(재활용품)]

2. 복지·보조금 부정수급 신고안내

중앙 및 지방정부의 예산·기금을 재원으로 지원되는 각종 보조금·지원금 등을 거짓 신청이나 그 밖의 부정한 방법으로 지급받거나 사용하는 경우

1) 사회보장보험(국민연금, 국민건강보험, 산재보험, 고용보험)

2) 공공부조(국민기초생활보장, 의료급여, 기초노령연금)

3) 복지시설 보조금(지원금) 등 정부복지의 부정수급 관련 사례 일체

4) 「보조금 관리에 관한 법률」을 위반한 부정수급

■ 복지·보조금 부정수급 신고서

신 고 자	성 명		주민등록번호	
	☎번호		직 업	
	주 소			
피신고자 (신고대상)	성 명		주민등록번호	
	☎번호		직 업	
	주 소			
신고취지 및 이유				
증거서류				
비 고				

위와 같이 피신고자(신고대상)의 부패행위를 신고합니다.

20 . . .

위 신고자 　　　(인 또는 서명)

국민권익위원회위원장 　귀 하

3. 공공재정부정청구 등 신고안내

법령 또는 자치법규에 따라 공공재정(공공기관이 조성·취득하거나 관리·처분·사용하는 금품 등)에서 제공되는 보조금·보상금·출연금이나 그 밖에 상당한 반대급부를 받지 아니하고 제공되는 금품 등으로서 대통령령으로 정하는 것을 허위청구·과다청구·목적외 사용·오지급한 경우

1) 보조금(공익적 사업을 조성하거나 재정상의 원조를 위해 교부되는 보조금)

2) 보상금(국가 및 지방자치단체의 적법한 사업 수행에 있어 발생한 손해나 손실의 보상금)

3) 출연금(연구개발사업의 수행, 공공목적을 수행하는 기관의 운영 등 특정한 목적을 달성하기 위한 출연금)

4) 상당한 반대급부를 받지 아니하고 제공되는 것으로 대통령령으로 정하는 금품 등

■ 부정청구등 신고서

접수일자		접수번호		처리기간	

신고자	이름		주민등록번호	
	주소			
	연락처		소속	

피신고자	이름			
	소속		주소	알고 있는 경우 기재
	직위	알고 있는 경우 기재	연락처	알고 있는 경우 기재

신고내용	

신분공개 동의여부	1. 위원회 심사·확인과정 　앞으로 귀하의 신고사건에 대하여 우리 위원회에서 조사·확인하는 과정(내부결재 및 신고자 보호·보상 절차 포함)에서 별도의 통지 없이 귀하의 인적사항 또는 신고 내용 관련정보를 밝히거나 암시하는 것에 동의하시겠습니까? 　[ ] 동의　　　[ ] 부동의 2. 조사기관 조사과정 　귀하의 신고사건이 조사기관에 이첩(송부)되는 경우, 조사기관의 감사·수사 또는 조사과정 등에 있어서 귀하의 신분을 밝히거나 암시하는 것에 동의하시겠습니까? 이에 부동의 하시는 경우에는 귀하의 인적사항을 제외하여 이첩(송부)하게 됩니다. 　[ ] 동의　　[ ] 부동의
타기관 신고 및 쟁송 여부 등	[ ] 감사원, 수사기관, 해당 기관의 감독기관 등에 신고사실 있음 　(신고기관 :　　　　　　신고일 :　　　　　　조치결과 :　　　　　) [ ] 민사·형사·행정소송 또는 행정심판 및 이에 준하는 절차 진행 중 (　　　　　)

위와 같이 피신고자에 대하여 신고합니다.

20　년　월　일

신고자　　　　　　　　(인 또는 서명)

국민권익위원회위원장 귀하

210mm×297mm[일반용지 60g/㎡(재활용품)]

4. 부패행위 신고대상

「부패방지 및 국민권익위원회의 설치와 운영에 관한 법률」 제2조 제4호

1) 공직자가 직무와 관련하여 그 지위 또는 권한을 남용하거나 법령을 위반하여 자기 또는 제 3자의 이익을 도모하는 행위

2) 공공기관의 예산사용, 공공기관 재산의 취득·관리·처분 또는 공공기관을 당사자로 하는 계약의 체결 및 그 이행에 있어서 법령에 위반하여 공공기관에 대하여 재산상 손해를 가하는 행위

3) 위에서 규정한 행위 및 그 은폐를 강요·권고·제의·유인하는 행위

■ 부패행위 신고서

신고자	성 명		주민등록번호	
	☎번호		직 업	
	주 소			
피신고자 (신고대상)	성 명		주민등록번호	
	☎번호		직 업	
	주 소			
신고취지 및 이유				
증거서류				
비 고				

위와 같이 피신고자(신고대상)의 부패행위를 신고합니다.

20 . . .

위 신고자   (인 또는 서명)

국민권익위원회위원장 귀하

5. 행동강령위반 신고안내

국민 누구라도 공직자의 행동강령 위반사실을 알게 된 때에는 국민권익위원회에 신고할 수 있다.

※ 당해 공직자가 소속된 기관의 장 또는 행동강령책임관에게도 신고 가능

■ 행동강령위반 신고서

접수번호		접수일자	처리일자	처리기간	60일
신고자	성명		주민등록번호 (외국인등록번호)		
	☎번호		직업		
	주소				
피신고자 (신고대상)	성명				
	☎번호		직업		
	주소				

신고취지
및 이유

증거서류

비고

위와 같이 피신고자(신고대상)의 행동강령 위반행위를 신고합니다.

년   월   일

위 신고자   (서명 또는 인)

국민권익위원회위원장   귀하

210mm×297mm[일반용지 60g/㎡(재활용품)]

6. 공익침해행위 신고안내

국민의 건강과 안전, 환경, 소비자의 이익 및 공정한 경쟁을 침해하는 행위로서
「공익신고자 보호법」별표에 규정된 법률의 벌칙이나 인·허가의 취소처분, 정지처분
등 행정처분의 대상이 되는 행위

■ 공익침해행위신고서

접수일자			접수번호		처리기간	60일

신고자	이름			주민등록번호		
	주소					
	연락처			직업		

피신고자	이름			주민등록번호		
	주소					
	연락처			직업		

공익신고 취지 및 이유	
공익신고 내용	※ 위반 법률, 구체적 위반 사항 등 해당 공익침해행위의 내용을 가급적 자세히 기재하여 주시기 바랍니다. (예시 : 약사법을 위반하여 무자격자가 의약품을 판매하는 행위 등)
증거자료 등 첨부서류	

위와 같이 피신고자의 공익침해행위를 신고합니다.

20   년   월   일

신고자   (인 또는 서명)

국 민 권 익 위 원 회 위 원 장 귀하

210mm×297mm[일반용지 60g/㎡(재활용품)]

「시설물의 안전관리에 관한 특별법」,「식품위생법」,「자연환경보전법」,「의료법」
등 284개 법률

II. 탐정 관련 서식

탐정 관련 서식은 현행법하에서 규정된 것은 아니지만 실무상 편의를 위하여 작성한 것이므로, 이에 의하여 서류를 작성하여도 무방하다고 생각된다.

의뢰 및 수임계약서

아래와 같이 의뢰 및 수임계약을 체결합니다

의뢰인	성명		생년월일		연락처	
	주소				이메일	
	직업		직위		본인 확인	*신분 확인 필*
수임인	성명		생년월일		연락처	
	탐정사 자격사항	*자격증 확인 및 사본 교부*			이메일 (팩스)	
사건내용	※ 6하원칙과 관련자료의 조사·수집·정황파악에 근거가 될 수 있는 내용으로 기재 ☞ 이면 계속					

수임 조건	계약기간	시작일: 년 월 일 시 종료일: 년 월 일 시			
	수임방법	조사 목적·방법·내용·불법배제원칙 등			
	수임료	총수임료	원	지불조건 및 날짜	
		계약금	원	지불일	
		중도금	원	지불일	
		잔 금	원	지불일	
		성공보수	원	지불일	
		특약금	원	지불일	
	업무진행 및 결과보고	업무진행 보고방법	※ 구체적으로 기재		
		결과보고 방법	※ 구체적으로 기재		
특약	기본특약 ①비밀준수·파기의무, ②조사기간연장·단축, ③해약·해제 추가특약 ①표준수임료+α, ②표준수임료-α, ③표준수임료+조건부				

사건의뢰인 000와 수임인(개인·법인) 000는 위 각항의 계약사항에 대하여 신의성실원칙에 입각하여 제반 법률을 준수하고, 성실하게 이행할 것을 약정하고 각 각 2부작성 날인하여 보관합니다.

년 월 일

의뢰인 : 인(서명)　　　　수임인 : 인(서명)

000탐정사무소 (직인)

자료(정보)수집 활동 보고서[44]

보고일시 보고회차 보고방법	보고일시	보고일시기재	보고회차	1차보고 or 최종보고 등
	보고방법	서면 or 구두 등 표기	연락처	전화보고시 기재
수신	홍길동			
제목	가출인 000의 생사 여부 및 소재파악 활동 보고			
보고자	홍길동 탐정사무소 대표 000 또는 탐정 000			
내용 (요지)	200자 내외(1면주의)			
첨부	사진 등 증거물이 있을 경우 그 목록을 기재하고 실물은 첨부			
보고시 의뢰자 추가 요청사항 등				

한국민간조사학술연구소 고안양식(2020)

---

44) 김종식, 위의 책, p. 116.

탐정(자료수집) 활동 결과보고서[45]

보고일시	년 월 일 시
수신	홍길동
제목	가출인 000의 생사여부 및 소재파악 활동보고
보고자	000탐정사무소 대표 000(날인)*최종보고는 반드시 대표가 함
요지	200자 내외
내용	▷육하원칙에 입각하여 '이 칸'에 A4 1장 내외의 분량으로 서술 (1면 주의) ▷'사안'에 따라 내용은 구두보고로 갈음하거나 생략할 수 있음 ▷수시 정보보고 차원의 중간보고 시에는 제목을 '자료(정보)수집활동보고서'라 표기함이 적격하고, 최종 결과보고 시에는 정보는 물론 단서나 증거 등이 총망라되는 탐정활동(자료수집) 전반에 대한 보고라는 측면에서 제목을 '탐정(자료수집)활동 결과보고서'로 표기함이 옳다.

한국민간조사학술연구소 고안양식(A4용지 1장 크기)

---

45) 김종식, 위의 책, p. 379.

탐정 선임확인서

사건번호 :

의뢰인(고객) :

   홍길동(주민번호 :   )   ☎ :

   주소 :

사건명 :

위 사건에 관하여 000 탐정을 선임합니다.

20 .   .

의뢰인 홍길동   인

0000탐정 사무소

주소 : 부산광역시 부산진구 중앙대로 0000-1

☎ : 051)710-0000   FAX : 051)710-0000

대표 000 인

Ⅲ. 결론

탐정업의 창업에는 IQ 180 이상의 비상한 두뇌와 비범한 추리력, 그리고 통찰력을 필수 요건으로 하지 않는다. 다만, 성실하고 정직하며 시간과 약속을 잘 지키고 나름대로의 투철한 직업관과 고품격 직업윤리를 갖추면 된다. 아울러 관련 법률과 이론에 정통하며 창업지역에서 본인의 인성됨을 인정받을 수 있는 다양한 인적네트워크가 형성되어있고, 그 지역의 인문과 지리에 밝은 자라면 누구나 성공적 창업을 할 수 있다.

창업 성패의 저울은 비범한 경력과 능력보다는 사전에 충분한 준비기간과 실천계획을 수립한 후 주도면밀하게 추진해 나아가는 자에게 기울어진다고 본다.

"미래는 준비하는 자의 몫이다."

참고문헌

「국내문헌」

권창기·김동제·강영숙 공저(2011),「탐정학」, 인천: 진영사.

고석규·심희기 외(1999),「암행어사란 무엇인가」, 서울: 박이정.

강기욱(1997),「정보아카데미」, 생산성본부.

강동욱·윤현종(2019),「탐정학개론」, 서울: 박영사.

강보현(2018),「기업윤리」, 서울: 박영사.

강영숙 외(2009),「탐정(민가조사)학 개론」, 인천: 진영사.

강영숙(2016),「탐정(민간조사)실무」, 인천: 진영사.

강영숙(2016),「탐정학개론」, 인천: 진영사.

강지형(2018),「강지형의 탐정백서」, 서울: 누멘.

경찰대학(1998),「경찰윤리론」, 서울: 경찰대학.

경찰대학(1998),「경찰정보론」, 서울: 경찰대학.

김상호 외(2006),「경찰학개론」, 서울: 법문사.

김순석·김양현외(2017),「일반경비원신임교육」, 인천: 진영사.

김선영 외(2018),「변호사처럼 창업하고 대기업처럼 운영하라」, 이코노믹북스.

김승길(1994),「신세대 관상법」, 서울: 한마음사.

김윤덕(2001),「국가정보학」, 서울: 박영사.

김윤태 외(2017),「세계의 정치와 경제」, 서울: 한국방송통신대학교출판문화원.

김종식 외 공편저(2016).「탐정학술편람」, 한국지식개발원.

김종식 편저(2020),「탐정실무총람」, 서울: 한국민간학술연구소.

김대길(2000),「시장을 열지 못하게 하다」, 서울: 가람기획.

김재민 외 편저(2007),「경찰수사론」, 경찰대학.

김태길(2002),「윤리학」, 서울: 박영사.

김충남(2002),「경찰학개론」서울: 박영사.

김형배(2006),「민법학강의」, 서울: 신조사.

김형중 외(2020),「일반 경비원 현장실무론」, 서울: 박영사.

김형중 외(2020),「민간조사의 이론 및 실무」, 서울: 박영사.

김형중(2020),「민간조사의 이론 및 실무」, 서울: 박영사.

김형중 외(2020),「수사학총론」, 서울: 형지사.

김형중(2020),「경찰학개론」, 서울: 청목출판사.

김형중(2017),「Perfect 행정법」, 서울: 박영사.

김형중(2016),「한국경찰사」, 서울: 박영사.

김형중(2015),「경찰학총론」, 서울: 형지사.

김형중(2014), 「새로쓴 경찰행정법」, 서울: 박영사.

김형중(2012), 「범죄수사총론」, 서울: 청목출판사.

김형중·김순석·김양현·정의롬·조상현(2020), 「개정2판 경찰학총론」, 서울: 청목출판사.

민경묵(2017), 「민경묵 수사」, 서울: book stealer.

박노섭(2007), 「강력범죄수사론」, 경찰대학.

박노섭 외(2014), 「범죄수사학」, 서울: 상상나눔.

박철상·백승호·장유승·권두환·안대희·유봉학·김문식·박현모·최성환·이근호(2011), 「정조의 비밀어찰, 정조가 그의 시대를 말하다」, 서울: 도서출판푸른역사.

백영정 편저(2017), 「한국사회문제」, 서울: 한국방송통신대학교출판문화원.

손상철(2005), 「민간조사학개론」, 서울: 백산출판사.

손자 지음·김원중 옮김(2011), 「손자병법」, 서울: 글항아리.

송덕수(2020), 「민법강의」, 서울: 박영사.

신양균(2009), 「형사소송법」, 서울: 화산미디어.

신현주(2002), 「형사소송법」, 서울: 박영사.

오갑균(1995), 「조선시대 사법제도사 연구」, 서울: 삼영사.

오형근(2019), 「형법각론」, 서울: 박영사.

이만종(2007), 「경찰수사총론」, 서울: 청목출판사.

이상원·이승철(2019), 「탐정학」, 인천: 진영사.

이성용(2015), 「경찰윤리」, 서울: 박영사.

이원숙(2005), 「사회적 망과 사회적 지지이론」, 서울: 홍의제.

이은모(2011), 「형사소송법」, 서울: 박영사.

이재상·장영민·강동범(2019), 「형법학개론」, 서울: 박영사.

이재상·조균석(2019), 「형사소송법」, 서울: 박영사.

이재희·김경진외(2017), 「직업윤리」, 서울: 양성원.

이주원(2020), 「형사소송법」, 서울: 박영사.

이창무 외(2013), 「산업보안이론」, 경기: 법문사.

이희승 편저(1999), 「국어 대사전」, 서울: 민중서림.

임규혁(1996), 「교육심리학」, 서울: 학지사.

임동규(2009), 「형사소송법」, 서울: 법문사.

임승휘(2004), 「절대왕정의 탄생」, 서울: 살림.

임승휘(2006), 「근대 주권론의 역사적 함의」-근대의 경계에서 독재를 읽다-, 서울: 그린비.

임홍빈(2003), 「인권의 윤리」, 「인권의 이념과 아시아적 가치론」, 서울: 아연출판부.

임준태(2007), 「법과학과 범죄수사」, 서울: 21세기사.

전대양(2009), 「범죄수사」, 서울: 21세기사.

조 내버로 외 지음·박정길 옮김(2010), 「FBI 행동의 심리학」, 서울: 리더스 북.

조철옥(2005), 「경찰윤리학」, 서울: 대영문화사.

조철옥(2003), 「경찰행정론」, 서울: 대영문화사.

전대양(2009), 「범죄수사」, 서울: 21세기사.

전용우(2016), 「채권회수 이론과 실무」, 유로출판사.

지원림(2013), 「민법강의 제11판」, 홍문사.

천도교 편찬위원회(1981), 「천도교 백년약사」, 천도교 중앙총부.

최선우(2008), 「민간경비론」, 인천: 진영사,

최애경(2018), 「직업윤리와 기업윤리」, 서울: 청람.

최광선(1999), 「몸짓을 읽으면 사람이 재미있다」, 서울: 얼빛.

치안본부(1989), 「서구경찰」, 서울: 정양사.

한국정신문화원(1991), 「한국민족대백과사전1」.

현규병(1995), 「한국경찰제도사」, 국립경찰전문학교.

폴 에크먼 지음·이민아 옮김(2008), 「얼굴의 심리학」, 서울: 바다출판사.

프레드 러스트만 지음·박제동 옮김(2004), 「CIA 주식회사」, 서울: 수희재.

Richard Saferstein 저. 박성우·홍성욱 역(1988), 「수사와 과학」, 서울: 한림원.

명종실록 권2

영조실록 권3

중종실록 권2

삼국사기 권제 18 고구려본기

삼국사기 권제 26 백제본기

삼국사기 권제 38 잡지 제7

삼국사기 권제 42 열전 제2

「국외문헌 및 자료」

米澤 太(2005), 探偵〕の始め方·儲け方, 株式会社 ぱる出版, 東京都.

村上 麻利(2007), "探偵業の業務の適正化に関する法律等の概要について", 東京法令出版株式会社, 25(8).

Ashely Keith, The Private Investigator's Handbook(sydney:(Bay Island Group LTD, 1996).

A. J Jeffreys, V Wilson and S. L.Thein: Hypervariable minisatellite regions in DNA. Nature, 314.1985.

Chesney, M. A., Ekman, P., Friesen, W. V., Black, G. W. & Hecker, M. H. L. 1990. Type A behavior pattern: Facial behavior and speech components. Psychosomatic Medicine 53.

Edwin J. Delattre, Character and cops: Ethics in policing, 3rd, The AEl press, 1996.

Hess, Kären M. and Wrobleski, Henry M.(1966), Introduction to Private Security, N.Y.:West Publishing Company.

Mark M. Lowental, Intelligence: From Secrets to Policy(Washington D.c: C & Tress, 2000).

Merriam~Webstes Collegiate Dictionary, 1995: 1140; LongMan, Advanced American Dictionary, 2009.

Micheal Felderberg, "Gratuities, Oorruption, and Democratic Ethos of Policing: The Case of the Free Cup of coffee." in Frederick A. Elliston and Michael Feldberg eds, Moral Issue in police Work, Rowman and Allanheld, 1985.

Richard E. Kania, "should we tell police to say Yes to Gratuities?", in Criminal Justice Ethics, Summer/Fall,

1988.

Robert J·Fisher & Gion Green, Introduction to Security 5th ed, Butterworth－HeinemannI (usa), 1992.

John Kleinig, The Ethics of policing, Cambridge Univ. press. 1996.

Philip John Stead, The Police of Britain(Macmillanm 1983).

Arthur, S. J. (1962). Ethics for Inverstiators. Journal of Criminal Law and Criminology. Vol 53, Issue 2 June.

Weston, Paul B. and Kenneth M. Wells, Criminal Investigation(prentice Hall, 1986).

http://www.doopedia.co.kr

https://en.WiKiPedia.org/wiki/Kate Warne

http://www.pmg.co.kr(박문각) https://terms.naver.com/entry.nhn?

http://www.aaden－detektive－leipzig.de/aaden－wirtschaftsdetektei－gmbh－leipzig/rechtssicherheit－et
hik

http://www.sterreichischer Detektiv－Verband

http://www.oedv.at/ethische－grundsatze/

http://nittyokyo.or.jp/annai/rinri/

https://ko.wikipedia.org

https://namu.wiki/

http://www.fss.or.kr

http://insucop.fss.or.kr

http://www.fnnews.com/news

https://www.happycampus.com/report－doc/18836640/

http://jad.area9.jp/article/0197192.html

http://daichokyo.or.jp/rinrimouryou

http://www.inverstigateway.com/resource/licenseing.html

http://licegweb.doacs.state.fl.us/investigations/reciprocity.html

http://www.tali.org/how－to－join－tali

https:blog.naver.com/PostPrint.nhn?blogId

https://blog.naver.com/PostPrint.nhn?blogId

http://blog.daum.net/coworker/5235954

http://blog.naver.com/will84

https://www.happycampus.com/report－doc/18836640/

http://news.khan.co.kr/kh_news/khan_art_view.html?art_id＝201805142315005

たくみ探偵興信所, https://takumi－tantei－office.com

さくら幸子, https://www.sakurasachiko.jp/sp/price/

北九州總合探偵事務所, https://kitakyushu－tantei.com/cost/

「참고논문 및 학회지」

강관수·오호철, "탐정소설의 탄생과 근대적 법적 질서", 인문사회21, 제9권 6호, 2018.

강영숙·김태환, "미국의 탐정제도에 관한 연구", 12, 「시큐리티연구」, (12), 한국경호경비학회, 2006.

경재웅, "독일 탐정산업의 발전 및 운용에 관한 법적 근거 및 규제 방안", 한국경찰학회보 21권 6호, 2019.

김계원·서진석, "민간조사(탐정) 학과의 교과과정 연구", 「한국공안행정학회보」, 62, 한국공안행정학회, 2016.

김동일, "한국형 탐정제도의 정립 방안 연구", 부산외국어대학교 박사학위논문, 2023.

김영수, "612년 여·수 전쟁과 고구려의 첩보전", 민족문화, 제30집, 2012.

김정규·강맹진, "탐정 공인 자격화 방안에 관한 연구", 「한국치안행정논집」, 4(2), 한국치안행정학회, 2017.

나영민, "탐정의 도입방안에 관한 연구", 연세대학교 석사학위논문, 2005.

노진거, "탐정제도 도입의 주요 쟁점 연구", 경기대학교 박사학위논문, 2019.

노진거, "민간조사제도(탐정제도) 쟁점분석과 정책적 대안 연구", 중부대학교 석사학위논문, 2016.

박대규, "스페인의 공인 탐정", 「정책브리핑」, 검찰청, 2007.

이건수, "탐정제도 도입방안과 관리주체에 관한 연구", 「법학연구」, 21(4), 한국법학회, 2021.

이대선, "한국형 탐정관리제도의 운영 방안에 관한 연구", 단국대학교 박사학위논문, 2019.

이병문, "다문화 치안활동의 합목적성에 관한 실증적 연구", 신라대학교 박사학위논문, 2015.

이상수, "탐정업의 효율적 관리와 운영을 위한 주요 쟁점과 입법방안", 「탐정법 제정 어떻게 할 것인가? 입법방향과 전략」, 한국행정학회·경찰발전연구회 공동주최세미나 자료집, 2020.

이상원·김상균, "공인탐정교육관련 모형에 관한 기초연구", 한국민간경비협회, 제8회 춘계학술세미나, 한국민간경비학회, 2006.

이상원·이승철, "탐정의 직업윤리에 관한 고찰", 한국민간경비학회보 제18권 제4호, 2019.

이상훈, "신직업으로서 탐정제도의 필요성과 업무범위에 관한 연구", 한국경찰연구, 17(4), 한국경찰연구학회, 2018.

이승철, "미국 탐정제도의 고찰과 시사점", 「한국민간경비학회보」, 17(4), 한국민간경비학회, 2018.

이하섭, "외국사례를 통한 민간조사제도 도입에 관한 연구", 「한국민간경비학회보」, 11(4), 한국민간경비학회, 2012

장영우, "왕자호동의 중의적 맥락 고찰", 한국문화연구, 43집, 2012.

정웅, "민간조사관 자격시험 및 교육훈련 제도 모형에 대한 연구", 「치안정책연구」, 24(2), 치안정책연구소, 2010.

정일석, "민간경비 영역확장을 위한 민간조사제도 도입방안", 용인대학교 박사학위논문, 2008.

정일석·박지영, "민간조사업 관리 감독 기관 선정에 관한 연구", 한국경호경비학회지, 제21권, 2009.

정형근, "변호사의 직업윤리에 대한 고찰", 법조, 663, 2009.

조성호, "경철사를 통해본 경찰정신", 한국민간경비학회보, 제11호, 한국민간경비학회, 2008.

조창길, "국내 탐정교육의 활성화 방안에 관한 연구", 용인대학교 박사학위논문, 2020.

채미하, "堤上의 未斯欣 구출과정과 신라의 성장", 신라사학보, 25권, 2012.

탁희성, "민간조사제도 도입논의에 관한 비판적 검토와 입법적 제언", 경찰학논총, 제13권 제2호, 2018.

하금석·강동욱, "탐정업 관련 법률의 제정방향", 「법과정책연구」, 20(4), 한국법정책학회, 2020.

황명준, "일본 탐정제도의 법제화와 운용에 관한 비교법적 연구", 「법학연구」, 18(1), 한국법학회, 2018.

황원경·손광표, "2021 한국반려동물보고", 「KB금융지주」, KB금융지주경영연구소, 2021.
황요완, "공인탐정제도 도입시 문제점과 해결방안에 관한 입법론적 연구", 동아대학교 박사학위논문, 2017.
황정익·김윤철·백창현, "공인조사(공인탐정)제도의 도입에 관한 연구", 치안정책연구보고서, 2005.
국립과학수사연구소, "심리학적 프로파일링 기법에 관한 연구", 대원인쇄소, 1996.

「기타 자료」

김종식, "탐정학술지도사 등 탐정업관련 등록자격 5종 동시시험 내달 9일 시행", 브레이크뉴스, 2019. 11.12.
김종식, "현행법 하에서 「탐정업사무소」라는 상호 가능 or 불가능", 시민일보, 2019.10.01.
김종식, "신직업 '자료탐문업(탐문지도사)' 창업을 제안한다", 브레이크뉴스, 2018.10.24.
강효은, 「탐정은 벤처보다 낫다」, 동아일보사, 2000.
경찰청(2009), "실종사건 수사 매뉴얼", 「기본(전문)매뉴얼 제82호」, 「경찰청」.
경찰청(2016), "실종아동안전 업무매뉴얼", 「경찰청」.
실종아동등 및 가출인 업무처리 규칙(경찰청 예규 제533호, 2016.2.25).
국가정보원, 「산업스파이사건 재조명」, 국가정보원 산업기밀센터, 2004.
경찰청 홈페이지, www.police.go.kr(2019.12.14. 검색).
사단법인 국제산업보안정보협회, http://iisia.or.kr
법제처국가법령정보센터, www.moleg.go.kr
국민권익위원회 국가청렴정보시스템, www.clean.go.kr
특허청, www.kipo.go.kr
출입국·외국인정책본부, www.immigration.go.kr
한국저작권보호원, https://www.kcopa.or.kr
법제처,국가법령정보센터, http://www.law.go.kr/main.html
기획재정부, http://www.korea.go.kr

저 / 자 / 소 / 개

김형중(金亨中)

〈약력〉

· 제주제일고등학교 · 경북대학교 문리대 사학과 졸
· 건국대학교 대학원 행정학 석사 · 부산경성대학교 대학원 행정학 박사(1996)
· 부산동의대학교 대학원 법학박사(2004)

〈경력〉

· 경찰간부후보생 졸업, · 총경, 제주지방경찰청 수사과장
· 경남지방경찰청 형사과장 · 경비교통과장, · 부산지방경찰청 정보과장 · 보안과장 · 외사과장
· 부산지방경찰청 사하서 · 부산진서 · 연산서 · 남부서장, · 전) 부산외국어대학교 법 · 경찰학부 교수
· 현) ROK탐정그룹 이사장, · 현) 대한민국 경비협회 부산지방협회장

〈포상〉

· 치안본부장(1983) · 내무부장관(1984) · 총무처장관(1989) · **대통령표창**(1990) · 경찰청장(2000) ·
  녹조근정훈장(2002) · **황조근정훈장**(2017) 외 23회 · 부산외대강의우수상(2011) · 부산외대 연구상(2014)

〈연구실적〉

· 고려시대 경찰관료제에 관한 연구(1996. 행정학 박사논문)
· 행정경찰기능에 관한 법 · 제도사적 연구(2004. 법학 박사논문)
· 치안성과주의에 대한 실태와 개선방안에 관한 연구, 한국공안행정학회보 제19권 제4호(2010.12)
· 고조선 시대의 경찰기능에 관한 연구, 한국경찰학회보 제13권 제2호(2011.06)
· 고려전기 금오위의 조직과 기능에 관한 연구, 한국경찰연구 제10권 제3호(2011.09)
· 동의사건 등 희생자의 명예회복 및 보상에 관한 연구, 경찰학논총 제6권 제2호(2011.11)
· 한군현시대의 경찰조직과 기능에 관한 연구, 한국공안행정학회보 제47호(2012.04)
· 고려전기의 감옥조직과 그 기능에 관한 연구, 교정연구 제57호(2012.12)
· 고려 국초 순군부(徇軍部)의 실체에 관한 연구, 경찰학연구 제13권 제1호(2013.03)
· 고려 무신정권기의 경찰조직과 그 기능에 관한 연구, 한국공안행정학회보 제52호(2013.07)
· 고려 전기의 왕실호위제도의 조직과 기능에 관한 연구, 한국경호경비학회 제36호(2013.08)
· 한국 형벌문신의 발전사와 현대적 의미에 대한 小考, 한국경찰학회보 제15권 제3호(2013.06)
· 한국과 일본의 형벌문신에 대한 역사와 사회 · 문화 · 법제도적 측면에 대한 비교연구, 한국경찰연구 제12권 제4호(2013.12)
· 조선초기의 순군만호부의 조직과 기능에 관한 연구, 역사와 경제 90(2014.03)
· 조선시대 다모의 실체에 과한 小考, 한국공안행정학회보 제59호(2015.06) 외 다수

〈저서〉

· 「한국고대경찰사」(수서원, 1991)
· 「범죄수사총론」(청목출판사, 2012)
· 「새로쓴 경찰학총론」(형지사, 2014)
· 「새로쓴 경찰행정법」(박영사, 2014)
· 「한국경찰사」(박영사, 2016)
· 「범죄수사각론」(청목출판사, 2020)
· 「전면개정판 한국경찰사」(박영사, 2020)
· 「탐정활동의 이론 및 실무」(박영사, 2020)
· 「개정판 경찰행정학」(박영사, 2021)

· 「한국중세경찰사」(수서원, 1998)
· 「경찰학개론」(청목출판사, 2009)
· 「범죄학」(그린, 2013)
· 「새로쓴 경찰학각론」(청목출판사, 2014)
· 「경찰행정학」(박영사, 2015)
· 「일반경비원 현장실무론」(수정판, 박영사, 2020)
· 「민간조사의 이론 및 실무」(박영사, 2020)
· 「개정판 범죄학」(그린출판사, 2020)

김동일(金東一)

〈약력〉
· 서울남강고등학교
· 부산외국어대학교 중국어과 졸업
· 부산외국어대학교 교육대학원 석사
· 부산외국어대학교 일반대학원 법학박사

〈경력〉
· 전) 부산외국어대학교 랭귀지파크 원장
　　　부산외국어대학교 특임교수
· 현) GMC교육그룹 상임고문
　　　ROK탐정그룹 대표이사
　　　ROK탐정교육원 원장
　　　ROK탐정협회 수석부회장
　　　동서대학교 탐정사최고위과정 교수
　　　부산진경찰서 경미범죄심사위원
　　　K-탐정단 부울경 총괄본부장
　　　(사)대한민국경비협회부산지방협회 사무처장

〈연구실적〉
· 한국형 탐정제도의 정립 방안 연구 (2023. 법학 박사논문)

〈저서(공저)〉
· 「일반경비원 현장실무론」(수정판, 박영사, 2020)
· 「민간조사의 이론 및 실무」(박영사, 2020)

탐정활동의 이론과 실무

초판발행   2023년 6월 16일

지은이   김형중·김동일
펴낸이   안종만·안상준

편 집   윤혜경
기획/마케팅   박세기
표지디자인   이솔비
제 작   고철민·조영환

펴낸곳   ㈜ **박영사**
                서울특별시 금천구 가산디지털2로 53, 210호(가산동, 한라시그마밸리)
                등록 1959. 3. 11. 제300-1959-1호(倫)

전 화   02)733-6771
f a x   02)736-4818
e-mail   pys@pybook.co.kr
homepage   www.pybook.co.kr
ISBN   979-11-303-1774-8   93350

정 가   27,000원